W0374220

C A R L AUER

Manager*ie*

4. Jahrbuch

Systemisches Denken und Handeln im Management

Herausgeber:

Christof Schmitz
Barbara Heitger
Peter-W. Gester

1997

DTP-Management: Peter-W. Gester
DTP, Grafik u. Design: Drißner-Design u. DTP, Heidelberg
Umschlaggestaltung: Drißner-Design u. DTP, Heidelberg
Umschlagentwurf: Cyan, Heidelberg
Gesamtherstellung: Kösel Druckerei, Kempten
Printed in Germany 1997
ISBN 3-927809-57-8

Die Deutsche Bibliothek- CIP-Einheitsaufnahme

Managerie : ...Jahrbuch für systemisches Denken und Handeln
im Management. - Heidelberg : Auer
Erscheint jährlich. - Aufnahme nach 1 (1992)
ISSN 0942-4121
1 (1992) -

INHALTSVERZEICHNIS

VORWORT DER HERAUSGEBER

Systemisches Denken und Handeln hat in den letzten Jahren im Management Einzug gehalten. Die Manager*ie*, deren vierten Band Sie in Händen halten, hat als Forum systemischer Ideen versucht, ihr Scherflein dazu beizutragen – wie wir meinen mit Erfolg. In vielfältigen Kontexten hat systemisches Denken Anwendung gefunden, für Anregungen wie Verwirrung gesorgt und ist selbst angeregt und irritiert worden. Zwei zentrale Schienen scheinen uns in dieser Bewegung beobachtbar zu sein.

Die eine beschäftigt sich mit der Kunst des Intervenierens in Organisationen, vor allem mit der Frage, wie Veränderungsprozesse, sei es durch Manager oder durch Berater, wirkungsvoll gestaltet und beeinflußt werden können. In der zweiten Schiene geht es um die Anwendung systemischer Ideen auf spezifische Funktionen und Kontexte, z.B. Marketing, Vertrieb, Wissensmanagement, Non-Profit-Organisationen usw. Zu beiden Schienen finden Sie Beiträge in dieser Managerie.

Wir haben folgende Themenschwerpunkte für Sie zusammengestellt:

- *Die Praxis berichtet*
- *Systemische Konzepte diesseits ...*
- *... und jenseits des Unternehmens*
- *Andere Interventionsformen: Kunst und Event*
- *Und am Ende – die Krise*

Wie in den drei vorangegangenen Jahrbüchern geht es uns nicht um die perfekten Lösungen oder die endgültigen theoretischen Entwürfe, sondern darum, für an Konzepten und Erfahrungen interessierte Praktiker Trends und Entwicklungen, Pionierprojekte und wichtige Spezialfragen zu thematisieren und die Vielfalt des Systemansatzes zur Sprache zu bringen. Die Manager*ie* soll so als Medium systemischer Entwicklungen im Managementbereich dienen und zur fruchtbaren Weiterentwicklung beizutragen.

Wir wünschen Ihnen eine anregende und im positiven Sinne irritierende Lektüre.

Die Herausgeber
Christof Schmitz, Barbara Heitger, Peter-W. Gester
Zürich, Wien und Heidelberg im Januar 1997

Ein kurzer Überblick über die Beiträge:

S. Mingers, H. Schober und M. Veith beschreiben ein Beratungsprojekt, in dem in einem Warenhaus eine zusätzliche Steuerungsebene eingezogen wurde. Die Berater wurden dabei von einer Begleitforscherin beobachtet. Der Beitrag berichtet sowohl über den Beratungprozeß als auch von der Reflexion der Forscherin mit den Beratern.

F. Ernst beschreibt, wie bei der *Mercedes-Benz AG* im Rahmen der großen Reorganisation des Werks Sindelfingen der damit einhergehenden erheblichen Veränderung der Konzepte und Rollendefinitionen des neuen internen Dienstleistungscenters in einem Pilotprojekt Rechnung getragen wurde. Der Autor geht detailliert den Erfahrungen nach, die zeigen, welche Rolle die Kultur im Rahmen eines ganzheitlichen Veränderungsprojektes spielt.

Auch ***C. Wegenast und F.-J. Richter*** beschäftigen sich mit Kulturwandel. Sie thematisieren ihre Erfahrungen, die sie in einem großen Industrieunternehmen mit „Metasymbolik“ in Form eines „Werkskonzeptes“ gemacht haben, also mit dem Versuch, mittels Kulturartefakten Signalwirkung für Prozesse der Organisationsentwicklung zu erzielen.

Ch. Schmitz und M. Lenglachner diskutieren die Funktion und Bedeutung von Entscheidungen im „Vor und Zurück“ von Veränderungsprozessen sowohl anhand eines konkreten Beispiels als auch konzeptionell und stellen ein pragmatisches Konzept von Veränderung vor.

F. Simon unternimmt den Versuch, die Frage zu beantworten: „Was ist systemisches Management?“, und diskutiert einige zentrale Thesen, die zeigen, wie „die Ordnung der Selbstorganisation“ entsteht.

Aus einer Forschungsaktivität des Bereichs Technik und Gesellschaft der *Daimler-Benz AG* berichtet ***M. Steinbrecher***. Anhand eines konkreten Beispiels aus der Unternehmenspraxis zum Thema „Führung“ wird die Brauchbarkeit einer DV-gestützten Simulation als Instrument zur Darstellung und Verstehbarkeit von Komplexität aufgezeigt.

H.K. Stahl beschäftigt sich mit der Komplexität der Beziehungen zu Kunden und entwickelt angesichts der sich in aller Munde befindlichen, aber unzureichenden Appelle zu „mehr Kundenorientierung“ eine systemtheoretische, systematische Vorstellung der „dauerhaften Kunden-Lieferanten-Beziehung“.

Auch ***Th. Gehlert*** geht von der Frage aus, wie es denn dazu kommen kann, daß „die Kunden aus den Augen verloren gehen“ können, und wendet systemisches Denken auf den Vertrieb an. Er beleuchtet in seinem Beitrag das

Zusammenspiel von Kunde, Vertrieb, Kommunikation, Innovation und beschreibt dazu drei zentrale Erfolgsfaktoren.

B. Zucker und Ch. Schmitz diskutieren die Frage, wie wichtig Leidenschaften und „errotics", also die Lust, diszipliniert aus Fehlern zu lernen, sind, um Unternehmen zu jenen „Labs" werden zu lassen, die es braucht, um Wissen optimal zu managen. Wissensentwicklung benötigt Experimente – Innovation braucht Wissensentwicklung – Wissen ist die ultimative Ressource im Wettbewerb.

Aus der Zukunft zurück in die Gegenwart kommt ***L. Reuter*** in seinem Beitrag. Er beschreibt, welche Rolle die Verwendung der zeitlichen Dimension „Zukunft" in der Strategieentwicklung spielen kann.

Die nächsten beiden Beiträge beschäftigen sich mit Non-Profit-Organisationen. ***H. Hill*** zeichnet nach, wie sich die öffentliche Verwaltung „dennoch bewegt", „wie Bürokratien lernen" (können).

H. Jarmai und F. Zauner entwickeln Perspektiven für ein eigenständiges Verständnis der Architektur und Führung von Non-Profit-Organisationen.

Über das Abenteuer, Kunst in Beratungsprozesse einzubauen, berichten ***Ch. Jacobs und J. Frank*** in ihrem Beitrag über den „neuen Sinn eines seltsamen Amtes". Ist die Narrenrolle eine neue, alte Möglichkeit für Berater? Wer hat sich nicht schon als Narr am Hofe gefühlt?

A. Burhorn und M. Wortmann schildern ihr Gespräch mit dem Soziologen Niklas Luhmann über den Ansatz des „Invents". Was ist ein „Invent"? Sie werden es – soviel sei vorweg verraten – auch sehen.

Wenn schon fast alles gelaufen ist, kommt sie doch noch – die Krise? ***A. Pellert*** berichtet aus einer Forschungsarbeit zur Frage, wie Organisationen auf Krisen reagieren.

T. und A. Silow beschäftigen sich damit, wie man einen konstruktiven Weg zur Transformation von Krisen finden kann.

Die Praxis berichtet …

VOM „UNSICHTBAREN WESEN" ZUM UNÜBERSEHBAREN TEAM

Die Entwicklung einer zusätzlichen Steuerungsebene in einem Warenhaus – Eine Beratung mit Begleitforschung

Einleitung

„Wie können wir unsere Führungsstrukturen weiterentwickeln? Wie verbessern wir die Kooperationsbeziehungen zwischen den Führungsebenen? Wie kann das bislang ungenutzte Potential der stellvertretenden Abteilungsleiter/innen (Assistent/innen) für die Steuerung des Hauses wirksam werden? Oder zusammengefaßt: Welche Voraussetzungen müssen im Management geschaffen werden, um den immer schwieriger werdenden Marktbedingungen rasch und effektiv begegnen zu können?"

Diese und weitere Fragen standen am Beginn eines knapp einjährigen Beratungsprozesses in einer Zweigniederlassung eines Warenhauskonzerns. Im folgenden Artikel erhalten Sie einen Einblick darüber, wie ein systemtheoretisch orientiertes Beratungsteam eine Klientenorganisation darin unterstützt, diese Fragen zu klären, Lösungen zu entwickeln und umzusetzen. Der Beitrag fokussiert dabei die Entdeckung, Entwicklung und Einbindung der zweiten Führungsebene in die Gesamtsteuerung des Hauses. Da dieser Beratungsprozeß vor den kritischen Augen einer Begleitforscherin ablief, die außerdem die Auswirkungen der Beratung drei Monate nach Beendigung evaluierte, erhalten Sie nicht nur eine selektiv geschönte Selbstbeschreibung von Beraterin und Berater, sondern eine Sicht aus mehrfachen Blickrichtungen (Berater, Beraterin, Begleitforscherin, Klienten).

Das Warenhaus in Jungberg[1] ist eine von 53 Zweigniederlassungen des Warenhauskonzerns „Buywell". Der Konzern ist dezentral ausgerichtet. Der Eigenständigkeit der einzelnen Häuser entsprechend ist jede Niederlassung mit allen erforderlichen Funktionen ausgestattet: Warenbeschaffung, Absatzsteuerung, Dekoration, Werbung, Personal, Verwaltung, Controlling. Im Rahmen von strategischen Vorgaben ist der Geschäftsführer einer jeden Niederlassung für sein Budget, seine Planung und das Ergebnis „seines"

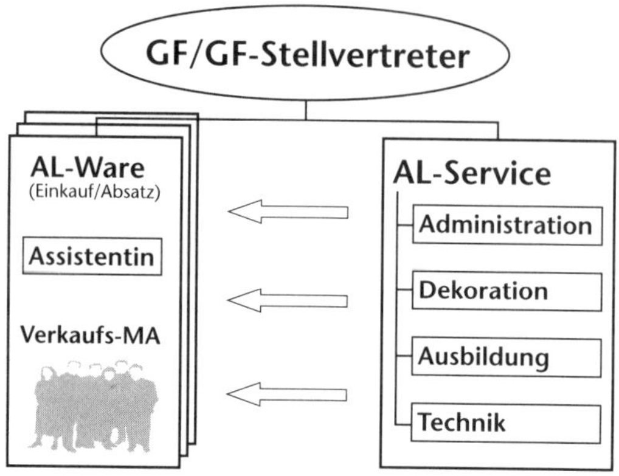

Abb. 1: Organisationsaufbau der „Buywell“-Niederlassungen

Hauses voll verantwortlich. Lediglich die Organisationsprinzipien, nach denen sich die einzelnen Häuser gliedern, sind einheitlich gestaltet.

Der Vorstand des Unternehmens gelangte Ende der achtziger Jahre zu der Überzeugung, daß die Aufrechterhaltung der Dezentralität sowie eine Verstärkung der Kundenorientierung nur durch ein hoch entwickeltes Managementbewußtsein, durch Mitarbeiterorientierung und durch die Erhöhung der Problemlösungskapazität in den Zweigniederlassungen zu realisieren sei. Zu diesem Zweck sollte die Teamfähigkeit in den einzelnen Häusern forciert ausgebaut werden. Der Vorstand faßte daher vor mehreren Jahren den Beschluß, jedem Haus zusätzliche Budgets für sogenannte „Haus- und Teamentwicklungsmaßnahmen“ zur Verfügung zu stellen, die durch externe Organisationsberatung unterstützt werden.

Dabei wurden zunächst nur die Abteilungsleiter und Abteilungsleiterinnen (AL)* der jeweiligen Zweigniederlassung einbezogen, da sich Vorstand und Geschäftsleitung in erster Linie auf deren Kompetenz und Funktionsausfüllung konzentrierten. Die AL sind jedoch, bedingt durch umfangreiche

* Zur besseren Lesbarkeit werden im weiteren Text die folgenden Abkürzungen verwendet:
AL = Abteilungsleiter/innen
ASS = Assistent/innen
GF = Geschäftsführer
GL = Geschäftsleitung
GS = Gruppensprecher
MA = Mitarbeiter/innen
BS = Beratersystem
KS = Klientensystem
BKS = Beratungssystem

Einkaufstätigkeiten, häufig außer Haus. Das bedeutet – wie in der Beratung bemerkt wurde –, daß sie Gefahr laufen, aktuelle Marktentwicklungen und die damit einhergehenden Veränderungen im Verhalten von Kunden und Konkurrenz aus dem Blickwinkel zu verlieren.

Diese Beobachtung sowie das vom Beratungsteam unterstützte Bewußtsein, daß nicht nur der Einkaufsseite, sondern auch der Absatzseite besondere Aufmerksamkeit zu zollen ist, rückte die Bedeutung der Assistenten und Assistentinnen (ASS) in den Vordergrund. Im Gegensatz zu den AL sind die ASS kontinuierlich im Haus und stehen in permanentem Kundenkontakt. Damit war der Ausgangspunkt für die Integration der ASS in die Hausentwicklung in Jungberg geschaffen.

Die Handlungen des Beratungsteams sind von der grundlegenden Annahme geleitet, daß Veränderungen immer *intern* gefundene Antworten auf *externe* „wichtige" Ereignisse sind. Die Kunst der Beratung besteht daher weitestgehend darin, ein wichtiges Umfeld aufzubauen, das „wichtige" Ereignisse produziert. Beraterin und Berater nennen dies den Aufbau eines „Beratungssystems" (Veith 1994a, S. 11 ff.).

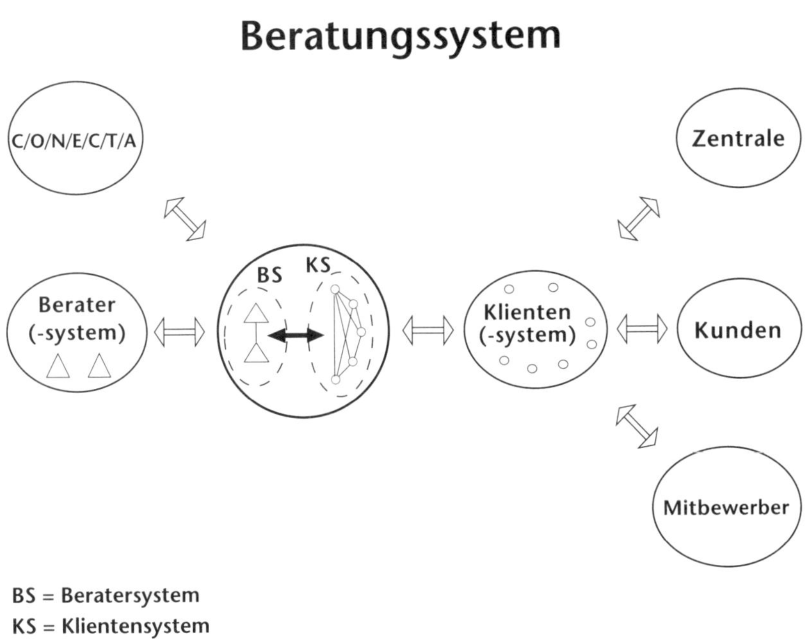

Abb. 2: Aufbau des „Beratungssystems"

Das Beratungssystem ist eine eigenständige Einheit, die Klienten und Berater für die Zeit des Beratungsprozesses integriert. Das „Produkt“ dieses Systems (Diagnosen, Entwicklungskonzepte, Veränderungsmaßnahmen u.a.m.) ist hoffentlich so bedeutend und qualitativ passend, daß es vom Klientensystem wahrgenommen, aufgegriffen und für die eigenständige Entwicklung genützt wird.

Der folgende Artikel beschreibt das Gelingen und Scheitern dieses Prozesses.

I Die Klienten: Spezifika und Entwicklungsfelder

Ein komplexes soziales System bietet dem Auge eines außenstehenden Betrachters ein Bild, dessen Farbpalette zuweilen verwirrend, dessen Kontur verschwimmend und dessen Aussage alles andere als eindeutig ist. Praktisch erfahren, theoretisch gebildet, intuitiv begabt – wie auch immer: In jedem Fall sind die als begnadet zu bezeichnen, denen es gelingt, das Funktionieren eines Systems zu verstehen, welches, etwa im Gegensatz zu einer Kaffeemaschine oder Saftpresse, nichttrivialen Gesetzmäßigkeiten gehorcht. Nun gibt es unendlich viele Blickwinkel, unendlich viele Details, die geeignet erscheinen, um aus den gebotenen bunten Mosaiksteinchen ein möglichst „wirklichkeitsnahes“ Bild von dem interessierenden System zu zeichnen. In unserem Zusammenhang konzentriert sich die Analyse auf drei wesentliche Dimensionen:

(1) Die abteilungsbezogene Funktion der Assistent/innen (ASS)
(2) Die Assistent/innen als Team
(3) Das Team der Assistent/innen im Kontext der Gesamtorganisation

1 Die abteilungsbezogene Funktion der Assistent/innen

Als stellvertretende Abteilungsleiter/innen haben die ASS der Warenhauskette „Buywell“ sowohl operative Aufgaben wie auch Führungsaufgaben zu erfüllen. Die Liste der *„[operativen, d. Verf.] Aufgaben der Assistent/innen“*[2] ist lang. Sie reicht von der Verkaufsaufsicht über die Steuerung der Warenpräsentation, der Sortiments- und Altwarenüberwachung, der Entwertung, der Organisation von Werbeware, der Erstellung von Statistiken und der Abwicklung von Kundenreklamationen bis hin zur Personaleinsatzplanung und zur Kontrolle von Auftragsrückständen. Dabei differieren die tatsächlichen Zuständigkeiten der ASS, ihre Verantwortungs- und Aufgabenbereiche von Abteilung zu Abteilung.

Die Situation der *ASS als Führungskräfte* zeichnet sich durch drei Besonderheiten aus: Erstens üben die ASS ihre Führungsleistung auf der untersten Hierarchieebene aus, zweitens befinden sie sich in einer „Sandwich“-Position zwischen Abteilungsleiter/in (AL) und Mitarbeiter/innen (MA),[3] und drittens ist ihre Funktionsausübung als Stellvertreter/in an die An- bzw. Abwesenheit der AL gebunden.

Wie die lange Aufgabenliste der ASS belegt, sind diese als Führungskräfte auf der unteren Hierarchieebene sehr stark in das operative Alltagsgeschäft eingebunden, so daß sie sich nicht qualitativ als Führungskraft von den MA abheben. Im Gegenteil: gerade ihre zentrale Bedeutung bei der Ausübung operativer Tätigkeiten bindet sie in funktionaler Hinsicht an die Ebene der MA als ihresgleichen. Das Selbstverständnis, für die MA nicht nur Vorbild, sondern auch Führungskraft zu sein und damit Aufgaben zu erfüllen, die nicht nur im operativen Bereich liegen, ist kaum vorhanden.

Über ihnen die AL, unter ihnen die Verkäufer/innen, befinden sich die ASS in der typischen Sandwich-Position von Zwischenvorgesetzten. Die Erwartungen, die die AL als Vorgesetzte und die MA als Unterstellte verfolgen, sind vielfach widersprüchlicher Natur und nur schwer miteinander zu vereinbaren[4]. So erwarten die AL als Vorgesetzte, daß die ASS die MA zu höchstem Arbeitseinsatz motivieren, damit der Absatz der Ware, und mit diesem zugleich der Umsatz, gesteigert werden kann. In der Logik der MA hingegen gelten harte Zahlen wenig. Sie erwarten von den ASS, vor strenger werdenden Anforderungen seitens der AL „geschützt" zu werden.

Aufgrund ihrer Tätigkeiten für den Einkauf sind die AL – je nach Abteilung unterschiedlich häufig und lang – außer Haus. In der Zeit ihrer Abwesenheit werden sie von den ASS vertreten. Da die ASS bei Anwesenheit des AL in die Reihe der MA zurücktreten, pendeln sie stets zwischen verschiedenen Hierarchieebenen und Funktionsausübungen hin und her. Ein solches Pendeln verstärkt die Tendenz, Grenzen vor allem nach unten verschwimmen zu lassen und die Erfüllung „sicherer" operativer Aufgaben in den Vordergrund der Aufmerksamkeit zu stellen.

2 Die Assistent/innen als Team

Vor Beginn der Beratung gab es im Warenhaus „Buywell" in Jungberg eine abteilungsübergreifende Koordination nur zwischen den AL. Die Kooperation der ASS verlief bislang in erster Linie auf informeller Ebene und auch nicht im Kreis der Gesamtgruppe, sondern auf der Basis persönlicher Kontakte und Austauschbeziehungen zwischen einzelnen.

Von Seiten und damit auch im Kontext der Gesamtorganisation ist die *Zielsetzung*, die die ASS *als Team* im Hause Jungberg verfolgen sollen, nicht geklärt. Die auf der Ebene des Vorstandes überlegten und beschlossenen Steuerungsaufgaben der ASS sind kaum umgesetzt und noch wenig diskutiert worden. Die Funktionen der ASS sind somit in zweifacher Hinsicht offen:

erstens als stellvertretende Abteilungsleiter/innen und zweitens als eigenständiger Führungskreis.

3 Das Team der Assistent/innen im Kontext der Gesamtorganisation

Denken wir in der Gesamtlogik des Unternehmens, so stellt sich die Frage, welche Funktionen der ASS-Kreis als ausdifferenzierte Gruppe ausüben soll. Welche Aufgaben stehen offen, die für die Bildung eines gemeinsamen Kreises zweckvoll und sinnstiftend sind, deren Erfüllung für die Operationsweise des Gesamtunternehmens erforderlich ist und die nicht bereits etwa durch die Aktivitäten des schon länger bestehenden AL-Kreises abgedeckt werden? Welche Funktion hat also das Team der ASS *als Team* im Kontext des Unternehmens zu erfüllen?

Bereits vor einigen Jahren ist im Vorstand sowie in den Reihen der Geschäftsführer der Warenhauskette „Buywell" die Überzeugung gewachsen, daß *„Marketing nicht nur die Einkaufsseite, sondern auch die Absatzseite beinhaltet"* (Interview des Beraters, September 1994). Diese wird in den einzelnen Häusern von „Buywell" in erster Linie durch die ASS vertreten. Die ASS befinden sich stets im Verkaufsraum. Sie überblicken die aktuellen Bewegungen am Markt und avancierten damit in der Vorstellung des Vorstandes und einiger GF zunehmend zur *„alltäglichen oder allwöchentlichen Instanz der gesamten Haussteuerung in Abstimmung mit dem Geschäftsführer und dem Abteilungsleiter"* (Interview des Beraters, September 1994). Nach deren Auffassung seien die ASS hinsichtlich ihrer Funktion und Stellung geeignet, um situativ auf die Schwankungen der Kundenfrequenz und des Warenflusses zu reagieren und in entsprechender Weise die alltäglich anfallenden Steuerungsaufgaben, wie Personaleinsatzplanung und Dekoration, zu übernehmen. Allerdings sei dies nicht abteilungsspezifisch, sondern -übergreifend zu gestalten, denn *„sonst zerfleddert das Haus"* (ebd.). So entstand die Idee, in den jeweiligen Niederlassungen die ASS als Team zu konstituieren, welches zur Bewältigung der genannten Steuerungsaufgaben in der Lage ist.

II Die Beraterin, der Berater: Konzepte und Theorien

Um nachvollziehen zu können, durch welche Brille das Beratungsteam das Klientensystem beobachtet, mit Hilfe welcher Unterscheidungen es seine Analysen vornimmt und auf welche Instrumente es zur Durchführung seiner Interventionen zurückgreift, ist zunächst einmal ein Verständnis von deren genereller, übergreifender Beratungsphilosophie erforderlich. Darüber hinaus ist von Interesse, welche theoretischen und methodischen Ansätze die Beraterin und der Berater im Hinblick auf die zentralen Problemstellungen, die dem Beratungsprozeß Inhalt und Richtung verleihen, verfolgen. Wie schon im vorhergehenden Abschnitt deutlich wurde, sind diese vor allem mit dem Stichwort „Teamentwicklung" zu fassen. Den nun folgenden, wenn auch nur kurzen und überblickshaften Ausführungen zur Theorie und Methodik des Beratungsteams liegen verschiedene Interviews zugrunde, die die Beraterin und der Berater zwischen April und November 1994 führten.

1 Grundlegende Beratungstheorie und -methodik

Anfang der achtziger Jahre bildete sich der sog. *„systemische Beratungsansatz"* heraus. Die Leistung der systemisch orientierten Berater/innen besteht *„nicht so sehr in der Überbringung inhaltlicher Problemlösungen, sondern im funktionalen Steuern von Prozessen sozialen Handelns, die dem Klienten das Verstehen der notwendigen inhaltlichen Problemlösungsschritte sowie der begleitenden sozialen Prozesse ermöglichen soll"* (Carqueville 1991, S. 264).

Jedoch selbst die Beratungsunternehmen, die sich den systemischen Ansatz auf ihre Fahnen schreiben, sind nicht einheitlicher Coleur. Die folgende Übersicht veranschaulicht zusammenfassend, in welcher Weise und mit welchem Verständnis das hier betrachtete Beratungsteam seine Beratungs-

Dimensionen systemischer Beratung	Beschreibungen des Beratungsteams
Definition externer Beratung: Beratung als Interaktion zweier sozialer Systeme	*„Beratung kann als hochspezialisierte zeitlich begrenzte Interaktion zwischen Beratersystem und Klientensystem verstanden werden."*
Beratungsmodell: <u>1. Modell: „Beratungssystem"</u> 1. Element: Beratersystem (BS) 2. Element: Klientensystem (KS) 3. Element: Beziehungen von BS + KS 4. Element: die relevanten Umwelten <u>2. Modell: „Beratung als dreistufiger Prozeß"</u> 1. Phase: Informationssammlung 2. Phase: Hypothesenbildung 3. Phase: anschlußfähige Interventionen	*„Das Beratungssystem [BKS] muß Verhaltensweisen produzieren, die das KS in Irritation bringen. Das heißt, Situationen dort zu schaffen, die sich von den Situationen des KS unterscheiden, schauen, daß das BKS eine relevante Umwelt für das KS wird."* *„Ich nehme mir eine Sitzung zum Sammeln von Informationen. Nach der Sitzung bilde ich mit meinem Kollegen Hypothesen, so ein vereinfachtes Modell der inneren Logik des KS, das sich in Teilen den Selbstbeschreibungen des KS annähert, denn nur dann kann ich anschlußfähige Interventionen planen. Alles, was wir da machen, ist eine Intervention. Und jede Reaktion von denen ist eine Information für uns über sie, die uns dazu dient, neue Hypothesen zu bilden und darauf aufbauend neue Interventionen zu planen."*

Tab. 1: Grundlegende Beratungstheorie und -methodik

Dimensionen systemischer Beratung	Beschreibungen des Beratungsteams
Beobachtungsfokusse: (1) Selbstbeschreibungen des KS (2) Beziehungen innerhalb des KS (3) System-Umwelt-Beziehungen (4) Umgang mit Problemen (5) Dynamik des KS (6) Erwartungen bzgl. der Beratung (7) Selbstbeobachtung des BS im Beratungsprozeß	(3): *„Welche Personen/Gruppen/Organisationen außerhalb des KS sind in der Beratung zu berücksichtigen, weil sie* a) für das KS von Bedeutung sind *b) die Bedeutung auf sie Einfluß nehmen wird."* (5): *„Was sind die zentralen Spielregeln? Was hält den Gleichgewichtszustand des KS aufrecht, aus dem heraus es nicht in Bewegung ist oder in Bewegung kommt? Was war früher, was ist jetzt, was wird in Zukunft sein?"* (6): *„Was soll nach der Beratung für das KS anders sein?"* (7): *„Wir als Berater/innen sind Teil des Prozesses. Die Reaktionen des KS auf unsere Interventionen lassen uns nicht unberührt. Wir versuchen, diese Resonanz – das, was das KS bei uns auslöst – zu nutzen."*
Beratungsprinzipien: <u>bzgl. der Beziehung zum KS:</u> (1) absichtsarmes Engagement (2) Selbstveränderung (3) Allparteilichkeit (4) Wirklichkeitskonstruktionen und Beobachtungen als Basis (5) Unterschied Innen-/Außensicht nutzen	(1): *„Das heißt, engagiert, neugierig und empathisch zu sein, ohne jedoch dem KS vorschreiben zu wollen, was es genau richtigerweise tun soll."* (2): Ein Berater *„trägt nicht die Verantwortung für die Veränderung des KS. Er trägt jedoch Verantwortung gegenüber der eigenen Profession."* (3): Allparteilichkeit heißt, *„alle Seiten von Widersprüchen verstehen und damit für das ganze KS nutzbar machen"* bzw. *„sich mit allen und keinem zugleich verbünden"*.
<u>bzgl. der Kooperation im BS:</u> (1) Konflikte miteinander draußen halten (2) keine blockierende Konkurrenz (3) Routinen vermeiden	(1): *„Der wichtigste Grundsatz ist, daß man miteinander kreativ sein kann in der Situation, das heißt daß man sich auch trotz Konflikten auf der Personenebene nicht gegenseitig blockiert."*

Tab. 1: Grundlegende Beratungstheorie und -methodik

Dimensionen systemischer Beratung	Beschreibungen des Beratungsteams
Interventionsziele: (1) neue Sichtweisen (2) neue Handlungsoptionen (3) Bewußtseinsarbeit (4) Identitätserhaltung in einer Umwelt (5) Dynamik in Gang setzen (6) Selbstbeschreibungsfähigkeit erhöhen (7) Lernfähigkeit fördern (8) wirksame Umwelt produzieren	(2): *„Es geht also darum, andere Handlungsketten herzustellen. Diese können dann verbindlich werden, z. B. durch die Einrichtung von Strukturen oder durch die Herstellung von Mustern."* (3): *„Und als nächster, eigentlich als letzter Schritt, kommt die Bewußtseinsarbeit. Wobei Organisationen ja kein Bewußtsein haben, die können ja nur über sich selber kommunizieren."* (4): *„Langfristig gesehen geht es um das Überleben des Klientensystems in seiner Umwelt."*
Interventionsstrategie: Aufbau und Gestaltung des Beratungssystems	*„Dabei geht es auch um die Sicherstellung der Information der relevanten Umwelten sowie um die Klärung der Fragen, wer kommt wie lang zu welchem Thema zusammen, und wie ausführlich werden Themen bearbeitet."*
Interventionsinstrumente: (1) zirkuläres Fragen (2) Innenkreis/Außenkreis (3) „open chair" (4) „open reflecting" (5) positive Konnotation (6) paradoxe Intervention (7) Splitting	(1): Ein solches Fragen *„geht immer in Richtung des Tuns, (...) fokussiert immer das Verhalten und dessen Wirkung: Was tun Sie, und wie wirkt sich das aus?"* (4): Ebenso wie beim zirkulären Fragen besteht die Methode der „reflektierenden Diskussion" darin, *„über andere in der Gegenwart dieser anderen zu tratschen"*.

Tab. 1: Grundlegende Beratungstheorie und -methodik

theorie und -methodik mit Leben füllt. Unter dem Stichwort „Beratungstheorie" wird der Blick hierbei auf das zugrundeliegende Beratungsmodell, die Beobachtungsfokusse sowie die Beratungsprinzipien gerichtet. Unter dem Stichwort „Beratungsmethodik" werden die Interventionsziele, -instrumente und -strategien betrachtet.[5]

2 Beratungstheorie und -methodik zum Bereich „Teamentwicklung"[6]

Ein zentrales Ziel des in diesem Artikel betrachteten Beratungsprojekts besteht in der Etablierung der Assistent/innen als Team. Zu diesem Zweck

Dimensionen systemischer Beratung	Beschreibungen des Beratungsteams
Definition von Team: (1) löst abteilungsübergreifend Probleme (2) betreibt Mehrweg-Kommunikation (3) gleichwertige Interdependenz von Funktionen;	(3): *„Ein Team zeichnet sich also nicht durch die Aufhebung der Funktionen aus, sondern dadurch, wie die Funktionen zueinander in Relation zu treten haben. Natürlich bleibt der GF GF und die ASS bleiben ASS. Aber gefragt ist jetzt nicht die hierarchische, sondern die inhaltliche Position.“*
Zielsetzung von Teamentwicklung: (1) Arbeitsfähigkeit herstellen (2) Kooperationsfähigkeit verbessern	(1): *„Die Zielsetzung von Teamentwicklung besteht darin, das Team arbeitsfähig zu machen.“* Ein arbeitsfähiges Team betreibt *„Metareflexion“* bzw. nimmt eine *„rekursive Auswertung immer von dem, was passiert“*, vor.
Voraussetzungen für die Arbeitsfähigkeit von Teams: <u>auf der Ebene des Individuums:</u> (1) Erwartungssicherheit bzgl. der eigenen Funktion im Team (2) Wissen über Arbeitsabläufe (3) Kontakt zu den wichtigsten Kooperationspartnern (4) soziale und fachliche Kompetenzen (5) innere Beweglichkeit (6) Standpunkte einnehmen können (7) Reflexionsfähigkeit auf der sachlichen Ebene und der Beziehungsebene	(4): *„Und für Teams gehört die Fähigkeit zu fragen dazu, auch als Vorgesetzter, als GF, daß man sich einander fragend zuwendet, daß man also sicherstellt, daß man einander versteht.“* (5), (6): Der einzelne im Team darf *„nicht von fixen Standpunkten ausgehen, sondern von beweglichen. Man muß also ein Maß an innerer Beweglichkeit entwikeln, beeinflußbar sein, aber auch Standpunkte beziehen können.“*
<u>auf der Ebene der Organisation:</u> (1) Klare Definition von Erwartungen gegenüber dem Team (2) Bereitstellung von Informationen (3) Verfügbarkeit von Zeit zur Bildung einer Teamkultur (4) Herstellen von teamadäquaten Strukturen und institutionellen Formen (5) Koppelung und Koordination von Team und Organisation	(2), (3): Neben dem Zugang zu den erforderlichen Informationen hat die Organisation Zeit zur Verfügung zu stellen, *„damit sich überhaupt etwas wie Teamkultur bilden kann.“* (4): *„Und daß Strukturen oder institutionelle Formen geschaffen werden, wo bewußt gesagt wird, so, jetzt setzen wir uns teammäßig zusammen. Daß man also unterscheidet zwischen einer Informationssitzung und einer Teamsitzung.“*

Tab. 2: Beratungstheorie und -methodik zum Bereich „Teamentwicklung“

Dimensionen systemischer Beratung	Beschreibungen des Beratungsteams
Entwicklungsphasen von Teams: (1) „Nullphase“: „null“ Differenzen (2) Differenzierung von Erwartungen (3) Differenzierung von Funktionen (4) Differenzierung von Rollen (5) Differenzierung von Koalitionen	(1): *„Man weiß von niemanden, wer er ist und wo er steht.* (2): Die Teammitglieder beginnen *„sich wechselseitig abzuklopfen und zu schauen: Was ist voneinander zu erwarten?“.* (3): Die Mitglieder *„überlegen: Aha, von dem könnte man das gebrauchen und von dem das“.* (5): Spätestens jetzt werden sich *„schon Untergruppen gebildet haben, Koalitionen, was natürlich mehr Sicherheit gibt“*, zu entscheiden, ob und wie heikle Themen anzusprechen sind.
Typische Fragestellungen und Themen: (1) gemeinsame Aufgabe/Existenzgrund (2) Grenzen (3) Verhältnis von Individuum und Gruppe (4) Struktur der Gruppe (5) Dynamik von Einfluß unterschieden (6) Verhältnis von Gruppe und Organisation	(1): *„Die Frage ist: Wieweit wird dieser Sinn, warum es uns als Gruppe gibt, vergemeinschaftet? Dazu gehört die Klärung der Leistungen und der Kriterien für die Zielerreichung usw.“* (2): *„Hier geht es um die Fragen des Territoriums, der Mitgliedschaft und der Identität.“* (6): *„Da geht es um die Informationsweitergabe, die Ressourcenbereitstellung.“*
Interventionsziele: (1) Vernetzung von Team und Organisation (2) emotionale und fachliche Unterstützung	(1): Unterbleibt die Vernetzung, ist aufzuzeigen, *„was passiert, wenn es nicht abgestimmt wird“.* (2): *„Teams so weit aufzumunitionieren, daß sie sich das, was sie brauchen, von der Organisation holen können.“*
Interventionsinstrumente: (1) „Kennenlern-Spiele“ (2) zirkuläres Fragen (3) Feedback (4) Theorie-Inputs (5) Innenkreis/Außenkreis	(1): *„Das gegenseitige ‚Abtasten‘ wird durch Kennenlern-Spiele gefördert.“* (2): Durch zirkuläres Fragen werden *„Kommunikationsanlässe zur Verfügung gestellt.“* (3): Feedback zur professionellen Rolle und zum Qualifikationsstand, was *„etwas ganz Heikles und Heißes ist“*, initiieren. (5) *„Daß wir uns als Berater rausnehmen, daß die miteinander sich anschauen können, was ihnen geglückt und nicht geglückt ist.“*

Tab. 2: Beratungstheorie und -methodik zum Bereich „Teamentwicklung“

wird in einem ersten Schritt das Team als solches gefestigt und arbeitsfähig gemacht. In einem zweiten Schritt werden die Funktionen des Teams im Kontext des Gesamtunternehmens bestimmt. Es stellt sich nun die Frage, mit welchen theoretischen Annahmen und methodischen Instrumenten sich die Beraterin und der Berater diesen Zielsetzungen einer Teamentwicklung nähern[7].

Nachdem nun die Entwicklungsfelder des Klientensystems sowie die theoretischen und methodischen Ansätze des Beratersystems dargelegt wurden, sind die erforderlichen Voraussetzungen geschaffen, um den Beratungsprozeß, seine Stationen und Wirkungen, erfassen und nachvollziehen zu können.

III Der Beratungsprozeß

Nehmen wir an, einem außenstehenden Beobachtungsposten sind alle relevanten Informationen über die Probleme des Klientensystems (KS) und deren Hintergründe sowie über die theoretischen und methodischen Ansätze des Beratersystems (BS) bekannt. Gleichwohl sind Prognosen über den Inhalt und den Verlauf des Beratungsprozesses nur sehr begrenzt, fast gar nicht möglich. Die Bezeichnung „Beratungs*prozeß*“ macht sich stetig ihrer zweiten Worthälfte verdient: In der Interaktion von Klientensystem und Beratersystem sind unvorhersehbare Dynamiken und Turbulenzen nicht minder wahrscheinlich wie hypothetisch bereits vermutete und tatsächlich erfolgende Ereignisse. Welche Überraschungen und Nichtüberraschungen das Beratungsprojekt zur „Hausentwicklung Jungberg“ in sich birgt, wird im Folgenden ersichtlich. In einem ersten Abschnitt werden dazu zunächst die Anlage der Beratung sowie die wichtigsten Ausgangshypothesen des Beratungsteams erläutert. In einem weiteren Abschnitt folgt die Darlegung der einzelnen Beratungsschritte im Verlauf des Hausentwicklungsprojektes.

1 Beratungsdesign und Hypothesen zur Ausgangssituation

Der Beratungsverlauf umfaßt folgende *fünf Phasen*:

Einführungs- und Interviewphase:

In dieser dreitägigen Phase beschreiben Berater und Beraterin den Klienten zunächst den Beratungsablauf und ihre Arbeitsweise. Danach führen sie Gruppeninterviews durch, um die Sichtweisen, Beschreibungen und Beobachtungen der GL, AL und ASS zur derzeitigen Situation des Warenhauses zu erheben. Dies findet direkt im Büroteil des Warenhauses statt, um dem Beratungsteam gleichzeitig Gelegenheit zu bieten, das Haus samt Warenangebot und -präsentation sowie dessen Erscheinungsbild gegenüber den Kunden zu studieren.

Klausur	TN-Kreis	Fokus	Termin
0.*	GL, AL, ASS	Beschreibung des Beratungsablaufs und Erfassung der Ausgangssituation	02/94
1.	GL, AL	Vertiefung der hausinternen Probleme; Ableitung von Erwartungen an die ASS	04/94
2.	ASS, Vorm. des 2. Tages: GF	Klärung der abteilungsspezifischen Funktionen der ASS; Formierung der ASS als Team	06/94
3.	ASS, ab Abend 2. Tag: GL, AL	Teamentwicklung mit den ASS; Klärung der hausspezifischen Funktionen des Teams	10/94
4.	AL, ab Abend 2. Tag: GL, ASS	Koordination von GL, AL- und ASS-Kreis; Reflexion der Hausentwicklung	11/94
*Einführungs- und Interviewphase			

Tab. 3: Übersicht der Beratungsklausuren

Erste bis vierte Beratungsklausur:
Die Klausuren dauern jeweils drei Tage und werden in unterschiedlichen Tagungshotels in etwa halb- bis zweistündiger Entfernung von Jungberg durchgeführt. Die Leitung erfolgt durch das Beratungsteam. Der Teilnehmer/innenkreis setzt sich jeweils unterschiedlich zusammen (vgl. dazu die folgende Tabelle).

Hypothesen zur Ausgangssituation
Um die Situation der ASS im Warenhaus „Buywell", Jungberg pointiert zu beschreiben, bildet das Beratungsteam auf der Grundlage der Interviews fünf Hypothesen:

(1) Das Selbstverständnis der Assistent/innen:
Die Selbstbeschreibungen der ASS sind inhomogen. Dies spiegelt sich nicht nur im unterschiedlichen Verständnis der eigenen Rolle als Verkäufer/in und stellvertretende AL, sondern auch an den unterschiedlichen Bezeichnungen, die im Haus für die ASS existieren: Substitute, AL-Assistenten, Stellvertretung und „zweite Reihe". Die Inhomogentität zeigt sich weiters an den unterschiedlichen Karrierevorstellungen der ASS, die sehr offen aus-

gesprochen werden: *„Ich möchte unbedingt und gerne Abteilungsleiterin werden.“ „Ich möchte sicherlich kein Abteilungsleiter werden.“ „Ich möchte zurückgestuft werden. Mir ist die Verantwortung zuviel.“*

(2) Das Führungsverständnis der Assistent/innen:
Allen ASS ist gemeinsam, daß sie „Führung“, verstanden als Mitarbeiter- oder Abteilungsführung, nicht als eigene Aufgabe begreifen. Ob und in welcher Weise sie sich in ihrer Position als Zwischenvorgesetzte näher zum jeweiligen AL oder zu den MA stellen, ist ganz unterschiedlich und hängt insbesondere von den jeweiligen persönlichen Zielvorstellungen ab: *„Abteilungsleiter und Assistenten sollen eine Einheit sein.“ „Ich habe den Anspruch, in der Mitte zu stehen.“ „Ich bin Puffer zwischen oben und unten.“ „Wenn sie nicht da ist, nehme ich ihre Position ein und treffe Entscheidungen, ansonsten trete ich zurück.“*

(3) Das Teamverständnis der Assistent/innen:
Die ASS verstehen sich zum Zeitpunkt der Befragung nicht als kohärentes Team. Es gibt nur wenige Querverbindungen, wenig Erfahrungsaustausch und wechselseitige Unterstützung, obwohl ein hohes Ausmaß an Gemeinsamkeiten in den individuellen Arbeitssituationen der einzelnen festgestellt wird. Der Wunsch nach Vertiefung der wechselseitigen Beziehungen wird durchgängig geäußert.

(4) Die Wahrnehmung der Assistent/innen durch die Geschäftsleitung und die Abteilungsleiter/innen:
Der Geschäftsführer sieht die Entwicklung der ASS als eines der Hauptziele der Hausentwicklung an, ohne jedoch zum Befragungszeitpunkt genaue Erwartungen an die Funktion der ASS oder an die Gruppe dieser Funktionsträger *als Team* formulieren zu können. Die AL schätzen als eine der wesentlichen Schwächen des Hauses die *„Schwachbrüstigkeit“* der ASS ein, aufgrund derer diffizile Aufgaben an diese nicht delegiert werden könnten. Obwohl sie darin übereinstimmen, daß die *„Assistenten ganz wichtig (sind), um die Abteilungen zu stärken“*, wird ihnen im Arbeitsalltag kaum Unterstützung zu Qualifizierung und Weiterentwicklung angeboten.

(5) Zukunftsperspektiven der Assistent/innen (als Team) im Haus Jungberg:
Da die AL häufig außer Haus sind, um Wareneinkäufe für ihre Abteilungen zu tätigen (oft über mehrere Wochen hinweg), ist es für den Erfolg des gesamten Warenhauses von großer Bedeutung, daß die ASS ihre Tätigkeit selbstbewußt und selbständig ausüben. Voraussetzung dafür ist, daß die ASS Klarheit über die Erwartungen der AL und der GL gewinnen sowie Rückhalt in einem funktionierenden Team finden. Nur so werden die ASS in Zukunft Aufgaben der Abteilungsführung und Haussteuerung effektiv wahrnehmen können.

Als *Metapher* für die Ausgangssituation im Hause Jungberg entwirft das Beratungsteam das Bild einer *„Frühlingswiese mit verschiedenen bunten Blumen* *und Knospen, vermischt mit wildwuchernden Gewächsen, Kräutern und Unkräutern. An mehreren Stellen sind noch Beete erkennbar, die vor längerer Zeit angelegt worden sein dürften. Am Rande dieser Wiese gibt es mehrere, völlig voneinander verschiedene Sträucher, die ein wenig Schatten spenden. Es gilt nun, diese Wiese zu kultivieren, ohne aber ihren ursprünglichen Charakter zu zerstören, verschiedene Stellen besonders zu düngen und zu pflegen, Unkraut zu jäten, einige Wege anzulegen, um Neuwuchs zu ermöglichen, der sich in die Landschaft gut einfügt."*

2 Beratungsschritte und -wirkungen

Systemisch orientierte Berater/innen wissen (spätestens seit Watzlawick), daß „man nicht nicht intervenieren" kann. Jede Kommunikation, jede Handlung der Berater/innen stellt eine Intervention dar, die das Klientensystem, eingebunden im gemeinsamen Beratungssystem (BKS), mehr oder weniger interessiert bzw. anregt. Vor diesem Hintergrund leuchtet ein, daß es bewußte und unbewußte, geplante und ungeplante Interventionen gibt. Unter Intervention versteht das Beratungsteam, in Anlehnung an Willke (1987), eine zielgerichtete Kommunikation zwischen zwei Systemen, die die Autonomie des intervenierten Systems respektiert. Das bedeutet, daß das Beratersystem (BS) zwar zielorientiert – im Hinblick auf den Beratungserfolg – arbeitet, gleichzeitig jedoch davon auszugehen ist, daß dem Klientensystem (KS) lediglich Vorschläge und Anregungen für seine Entwicklung und Veränderung angeboten werden kann. Ob und wie es diese aufgreift, entscheidet es selbst. „Bewußt geplante" Interventionen des Beratersystems lassen sich in verschiedene Prozeßschritte zerlegen:

1. Prozeßschritt: Beobachtung des KS, des BKS, des BS
2. Prozeßschritt: Hypothesenbildung
3. Prozeßschritt: Zielsetzung und Planung der Intervention
4. Prozeßschritt: Umsetzung der Intervention
5. Prozeßschritt: (un)beabsichtigte Wirkungen der Intervention

Diese fünf Prozeßschritte werden im Folgenden im Hinblick auf die drei relevanten Beratungsachsen nachvollzogen:

(1) die Klärung der abteilungsbezogenen Aufgaben und Zuständigkeiten der Assistent/innen;
(2) die Förderung der Arbeitsfähigkeit und Festigung des Teams der Assistent/innen nach „innen";
(3) die Einbindung des Teams der Assistent/innen in die Gesamtorganisation.

2.1 Die Klärung der abteilungsbezogenen Funktion der Assistent/innen

Die Aufgaben, die die ASS in ihren jeweiligen Abteilungen zu erfüllen haben, sind in einer langen Liste von Tätigkeitsbeschreibungen festgehalten. Tatsächlich jedoch führt keine der ASS *alle* Aufgaben, die in dieser Liste aufgezählt sind, durch. Ihre diesbezüglichen *Beobachtungen* fassen Beraterin und Berater mit der *Hypothese* zusammen, daß sowohl die Funktion wie auch die Position der ASS in ihrem Schwerpunkt ungeklärt sind und daher in den einzelnen Abteilungen auch sehr unterschiedlich gehandhabt werden. Damit *„die Assistentinnen und Assistenten Sicherheit über ihre eigene Rolle gewinnen“*, ist es daher *Ziel* dieses Beratungsschrittes, *„sowohl in Absprache mit der Geschäftsleitung als auch in Auseinandersetzung mit der jeweiligen Abteilungsleiterin die Aufgaben und Zuständigkeiten der Assistentinnen und Assistenten neu und verbindlich zu definieren“* (Teambesprechung, Klausur 2).

Zur Klärung der abteilungsbezogenen Aufgaben der ASS nimmt das Beratungsteam folgende *Interventionen* vor: Zunächst vereinbaren Beraterin und Berater mit dem GF, das ursprüngliche *Design der Beratung zu ändern* und zur *zweiten Klausur* nicht nur die ASS, sondern auch den GF einzuladen. So können offene Fragen nicht nur diskutiert, sondern zugleich mit verbindlichen Vereinbarungen beantwortet werden.

Bevor der GF am Vormittag des zweiten Tages eintrifft, werden die ASS aufgefordert, in Kleingruppen ein *Bild zu malen* mit dem Titel: *„Die ASS – das unbekannte Wesen“*. Die Bilder spiegeln sehr deutlich die Situation der ASS wieder: Auf einem Bild führen die ASS ein Schattendasein hinter dem Rücken ihrer AL, die mit dem GF Vereinbarungen treffen, welche sie wiederum umzusetzen haben, ohne jedoch bei den Beschlüssen beteiligt zu sein. Ein anderes Bild stellt die Arbeit im Büro dar und läßt erkennen, in welchem Ausmaß die ASS vor allem auch mit verkaufsfremden Aufgaben des (bürokratischen) Alltagsgeschäfts zugeschüttet sind. Die übrigen beiden Bilder spielen auf die prekäre Position der ASS zwischen AL und Verkäufer/innen und ihren einander widersprechenden Erwartungen an.

Eine nächste *Aufgabenstellung* thematisiert die wenig geklärte *„Ist-Situation, Rolle und Funktion der ASS“*. Wiederum in Kleingruppen sind folgende Fragen zu bearbeiten:

1. *Für uns alle ist klar, daß ...*
2. *Für uns alle/viele ist unklar, daß ...*
3. *Einige meinen das, andere meinen dies ...*
4. *Wir alle meinen das ..., vermuten aber, daß der GF oder die AL das anders meinen.*

Die Auswertung dieser Überlegungen erbringt eine Reihe von Punkten, die aus der Sicht der ASS noch offen und daher mit dem GF und den AL zu klären sind. Neben konkreten Aufgabengebieten und der Frage, inwieweit diese zu erfüllen oder nicht zu erfüllen sind, kommen verschiedene Kritikpunkte der ASS an dem Planungs- und Steuerungswesen im Hause zu Tage. So wird beispielsweise (mit den Antworten zur zweiten Frage) kritisiert, daß *„wichtige Infos nicht weitergegeben werden“*, *„keine Einbeziehung [der ASS] bei Vorbereitungen und Planungen“* erfolgt und der GF *„keine Besprechungen mit der zweiten*

Reihe" durchführt. Das Gefühl unzureichender Wertschätzung kommt mit den Bemerkungen (zur dritten Frage) zum Ausdruck, daß *„die ASS zu viel arbeiten, der GF jedoch denkt, sie arbeiten zu wenig"*, *„die ASS zu wenig Gehalt bekommen, der GF jedoch denkt, sie bekommen zu viel"*.

Bereits während der zweiten Beratungsklausur zeigen die Interventionen des Beratungsteams *Wirkung*: Die Bilder sowie die Ergebnisse der beiden genannten Aufgabenstellungen werden dem GF am zweiten Tag präsentiert und gemeinsam diskutiert. Bei einigen der unklaren Punkte im Hinblick auf die Aufgaben der ASS wird sofort eine Einigung zwischen dem GF und den ASS erzielt. Die Diskussion der übrigen Punkte wird vertagt, da hierzu die Mitsprache der AL erforderlich ist. Die ASS erhalten jedoch die Zusage, daß bis zu einem festgelegten Datum auch in diesen Fragen eine Grundsatzentscheidung fallen wird. Überdies bietet der GF an, jeden Monat mindestens eine Besprechung mit den ASS durchzuführen, so daß Rückmeldungen gegeben und offene Fragen laufend geklärt werden können.

Die Situation und Funktion der ASS in ihrer jeweiligen Abteilung wird nochmals im Rahmen der *dritten Beratungsklausur* fokussiert. Zunächst *beobachten* die Berater, daß die Stimmung unter den ASS im Vergleich zur letzten Klausur sehr locker und gelöst, das Auftreten selbstbewußter geworden ist: Besonders positiv äußern sich die ASS über das verbesserte Verhältnis zum GF, mit dem nun regelmäßig Besprechungen stattfinden und von dem sich die ASS *„jetzt wirklich ernst genommen fühlen"* (ASS, Klausur 3). Die Situation innerhalb der einzelnen Abteilungen habe sich jedoch, so klagen die ASS, nach wie vor nicht gebessert. Nur wenige AL seien an einem Bericht über den Verlauf der zweiten Beratungsklausur interessiert gewesen. Weiterhin müßten sie den AL hinterherlaufen, um die notwendigen Informationen zu erhalten.

Als nächsten Schritt planen Beraterin und Berater daher, *„Rahmenbedingungen zu schaffen, die im geschützten Kontext der Beratung den Austausch zwischen Abteilungsleiter/innen und ihren Stellvertreter/innen ermöglichen und vertiefen"* (ebd.). Um das Bewußtsein der ASS dafür zu schärfen, welche ähnlichen, aber auch unterschiedlichen Probleme und Formen der Zusammenarbeit mit ihren jeweiligen AL bestehen, regt das Beratungsteam die ASS zum gegenseitigen Erfahrungsaustausch an und nützt damit die im Klientensystem bestehenden Ressourcen: Die ASS sollen sich für ein *Interviewgespräch in Dreiergruppen* zusammensetzen. Thema der Befragung ist die Beziehung zu ihrer jeweiligen Abteilungsleiterin im Hinblick auf die Arbeitsbereiche Ware/ Abteilungsaufbau, Controlling und Mitarbeiterführung:

Was geht leicht miteinander?
Was geht schwer miteinander
Was trägt die Abteilungsleiterin dazu bei?
Was trägt die Assistentin dazu bei?

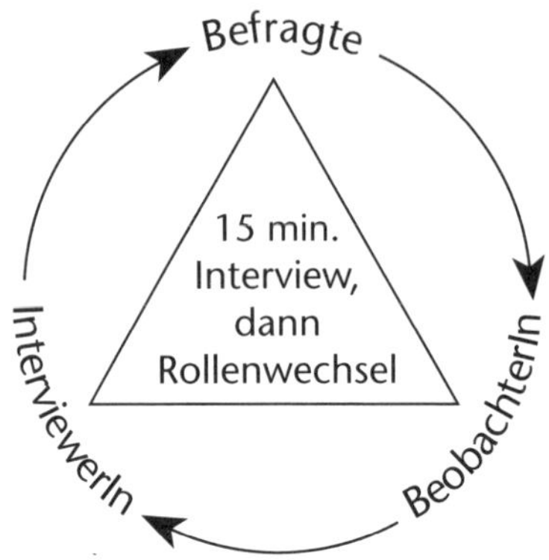

Die Auswertung dieser Gespräche zeigt, daß die Probleme in den einzelnen Abteilungen sehr unterschiedlich sind. Es wird jedoch einhellig kritisiert, daß der Informationsfluß zwischen ASS und AL nicht funktioniert. Eine Assistentin beklagt sich über die *„Kühle und fehlende Hilfs- wie Gesprächsbereitschaft“* ihres Vorgesetzten, der das Arbeiten in der Abteilung zum *„reinsten Psychoterror“* mache (ASS, Klausur 3). Zu einem späteren Zeitpunkt greifen die Berater diese Übung nochmals auf und regen die ASS an, zunächst einzeln und dann zu zweit in *„Umsetzungspaaren“* das vorangegangene Interviewgespräch nochmals wie folgt auszuwerten:

Meine Schlußfolgerungen für mein zukünftiges Verhalten gegenüber meinem Abteilungsleiter bzw. meiner Abteilungsleiterin:

> *Was möchte ich gleichlassen?*
> *Womit möchte ich aufhören?*
> *Was möchte ich Neues – (bis) wann, mit welchem Risiko,*
> *mit welchem Ergebnis – ausprobieren?*

Während eine Partnerin ihre Pläne und Überlegungen darlegt, fragt die andere Partnerin nach und hilft, zu konkretisieren und die Konsequenzen abzuschätzen. Beide vereinbaren miteinander einen *„Kontrolltermin“*, um sich gegenseitig von ihren Unternehmungen und (Miß-)Erfolgen zu berichten.

Nachdem, wie geplant, auch die AL am Nachmittag des zweiten Tages zur Beratung dazugestoßen sind, besteht die Intervention des Beratersystems darin, die Beziehung zwischen den AL und ihren Stellvertreter/innen zu fokussieren. Die Aufgabe für die jeweiligen Duos – die *AL und ihre ASS* – lautet, *„am Abend ein Gespräch über die Abteilungssituation zu führen, gemeinsam Pläne zu fassen und Vereinbarungen zur Lösung bestehender Probleme zu treffen“*. Am nächsten Vormittag fragt das Beratungsteam, wie es den Duos *„in den*

Gesprächen gestern abend ergangen ist". Die Reaktionen sind ausgesprochen positiv. In den Wortmeldungen zeichnet sich deutlich ab, daß das Gesprächsklima *„diesmal außerhalb des Hauses und in einem informellen Rahmen sehr angenehm"* war und *„wichtige Punkte, was zu verbessern ist"*, entschieden werden konnten.

Sowohl die Installierung der *„Umsetzungspaare"* wie auch insbesondere die *„Abendgespräche im Duo"* sind bei den Klienten auf sehr positive Resonanz gestoßen. Eine der positiven *Wirkungen*, die mit den Umsetzungspaaren in Verbindung gebracht werden, ist die gegenseitige Unterstützung, die Möglichkeit zum unmittelbaren Erfahrungsaustausch sowie der Anreiz, unter der „Obhut" einer Partnerin Veränderungen in Angriff zu nehmen. Auf das Abendgespräch im Duo kommen im weiteren Verlauf der gesamten Beratung sowohl die AL als auch die ASS immer wieder zu sprechen. Von beiden Seiten wird betont, daß dieses ungestörte Zweiergespräch in angenehmer Hotelatmosphäre, fernab der Alltagshektik, den Ausgangspunkt für eine verbesserte Beziehung und die Basis für eine verstärkte Kommunikation und Verständigung geboten hat.

2.2 Die Etablierung der Assistent/innen als Team

Wie kann aus einem Haufen zusammengewürfelter Menschen ein arbeitsfähiges, mit Steuerungsfunktionen betrautes Team werden? Diese Frage beschäftigt das Beratungsteam insbesondere im Rahmen der zweiten und der dritten Klausur, die das BS nutzt, um Schritte der Teamentwicklung einzuleiten und zu fördern. Die Ausgangsbedingungen zur Bewältigung dieser Aufgabe stellen sich alles andere als hilfreich dar. Die während der Interviewphase gesammelten *Beobachtungen* und formulierten *Hypothesen* des Beratungsteams bestätigen sich (vgl. insb. Hypothese 4): Weder der GF noch die AL noch die ASS selber haben bislang Vorstellungen darüber entwickelt, welche Funktionen die ASS als eigenständiger Führungskreis zu erfüllen haben. Die ASS sind *„bislang noch nicht als eigenständiges Team anerkannt und bedürfen daher der Unterstützung bei der Formierung als teamfähige Gruppe"* (Teambesprechung, Klausur 2). Gerade weil die (funktionelle) Einbindung des Teams in die Gesamtorganisation offen ist und daher von außen eher Mißtrauen und Vorbehalte als Unterstützung zu erwarten sind, seien die Stärkung und der Zusammenhalt nach innen um so zentraler. Als Gruppe treffen die ASS im Rahmen der zweiten Beratungsklausur „jungfräulich" zusammen: Bislang existierte keine Teamkultur. Zusammenkünfte und Absprachen fanden bisher, wenn überhaupt, dann nur zwischen einzelnen und auf privater, informeller Ebene statt. Ein weiteres Erschwernis schließlich betrifft die Kompetenzen der ASS, die mehr in der Erfüllung operativer Aufgaben rund um den Verkauf liegen als in der Gestaltung und Steuerung effizienter Teamarbeit. Es überrascht daher nicht, daß *„sich bislang die ASS nicht miteinander in Beziehung setzen, sondern nur gemeinsam über andere sprechen"* (ebd.).

Im Rahmen der zweiten Beratungsklausur sind es im wesentlichen drei *Interventionen,* die darauf abzielen, die Formierung der ASS als Team zu fördern. Eine erste Intervention beinhaltet die *Auswertung der Besprechung der ASS mit dem GF.* Die ASS finden sich dazu in Kleingruppen zusammen und beantworten folgende Fragen:

1. *Was ist in der Besprechung mit dem GF gut gelaufen?*
2. *Was ist bisher weniger gut gelaufen?*
   - *Welche Aktivitäten sind von wem zu tun/zu unterlassen?*
   - *Welche Rahmenbedingungen sind erforderlich?*
3. *Was müssen wir daher unbedingt bei künftigen Besprechungen beachten (tun, unterlassen, Rahmenbedingungen)?*

Auf diese Weise werden die ASS angeregt, nicht über andere, sondern über sich als Team zu sprechen und zu reflektieren, wo ihre Stärken und Schwächen und damit ihre Entwicklungsfelder liegen. Die jeweiligen Kleingruppen stimmen überein, daß die Moderation der Besprechung durch die inzwischen gewählten Gruppensprecherinnen sowie die schriftliche Fixierung der wichtigsten Besprechungsergebnisse positiv zu bewerten sind. *„Weniger gut gelaufen“* sei die Strukturierung des Gesprächsverlaufs und die Ausgewogenheit der Wortmeldungen. Oft sei die Gruppe von einem Punkt zum nächsten gesprungen, ohne den vorherigen zu Ende diskutiert zu haben. Zudem hätten einige Teammitglieder andere häufig unterbrochen oder aufgrund ihrer Dominanz am Reden gehindert. Die Gruppe beschließt daher, künftig *„zu Beginn der Zusammenkünfte Tagesordnungspunkte zu sammeln“*, *„eine Diskussionsleiterin zu wählen“* und darauf zu achten, daß *„der rote Faden nicht verlorengeht“*.

Mit der darauffolgenden, zweiten Intervention vollzieht das Beratungsteam bezogen auf die Gruppenprozesse einen Fokuswechsel von der sachlichen Ebene hin zur Beziehungs- und strukturellen Ebene. Nach einer kurzen *Erläuterung der drei Dimensionen von Gesprächen – „sachliche Ebene, Beziehungsebene, strukturelle Ebene (Funktionen, Positionen)“* – bringt das Beratungsteam einen kurzen *Theorie-Input zum Thema „Feedback“* ein. An Hand des „Johari-Fensters“[8] nach J. Luft und H. Ingham werden offene und verdeckte Bereiche zwischenmenschlicher Beziehungen und Kommunikation verdeutlicht. Um den „Bereich des blinden Fleckes“ und damit des Nichtwissens über das eigene Handeln und dessen Wirkungen zu minimieren, ist es hilfreich – so die Ausführungen des Beratungsteams – von anderen Rückmeldungen zu erhalten. Durch *„einen Vergleich von Selbstbild und Fremdbild“* könne damit zugleich der Anteil der *„bewußten Handlungen“* vergrößert werden. Die darauf folgende dritte Intervention ist das Einrichten eines Feedbackkreises. Um die bei einem solchen Austausch wachsende Unsicherheit auf der emotionalen Ebene abzufedern, bieten Beraterin und Berater strukturelle Hilfen in Form von *Regeln zur Vorgehensweise* an. Durch das „sichere“ Wissen, was zu tun und wie dies zu tun ist, wird es den Klienten ermöglicht, sich auf die emotionale Unsicherheit einzulassen. Die ASS setzen sich in einem Kreis zusammen und geben sich gegenseitig Rückmeldung. Die Berater bieten als Moderatoren Unterstützung. Bei den *Feedbacks* spielt sich die Regel ein, sowohl in professioneller Hinsicht (zum Beispiel bezüglich Mitarbeiterführung, Arbeitsstil) wie auch in persönlicher Hinsicht (Kollegialität, Hilfsbereitschaft) um Rückmeldung zu bitten.

Während der *dritten Beratungsklausur* lassen sich bereits erste *Wirkungen* der Interventionen zur Etablierung der ASS als Team feststellen. Im Vergleich zum vorherigen Treffen strahlen die ASS als Gruppe eine spürbare Einheit und Zusammengehörigkeit aus. Die Solidarität untereinander und das Bemühen um gegenseitige Unterstützung sind deutlich ausgeprägt. So lautet denn auch die *Beobachtung und Hypothese* des Beratungsteams, daß *„das Team der ASS sehr gut zu funktionieren scheint und es gelungen ist, den inneren Zusammenhalt der Gruppe zu stärken“* (Teambesprechung, Klausur 3). Als *Zielsetzung* für weiteres Vorgehen sollen *„die positive Entwicklung des ASS-Kreises gestärkt und weiter vorangetrieben“* sowie *„zur Bearbeitung und Lösung konkreter Probleme und Konflikte Instrumente zur Verfügung gestellt werden“* (Teambesprechung, Klausur 3).

Zur Qualifizierung der ASS nimmt das BS eine mehrstufige *Intervention* – bestehend aus Theorie-Input und Videoanalyse – vor. Zunächst erläutern Beraterin und Berater folgendes:

„Schritte der Problemlösung“:

1. *Austauschen über die Erscheinungsformen des Problems:*
   Wer sieht das Problem? Wer sieht es nicht? Wer sieht es anders?
   Wo und wann tritt es auf? Wo und wann tritt es nicht auf?
   —> Beschreibung der Symptome
2. *Mögliche Ursachen*
   —> erweiterte Problemsicht; zu den „wirklichen“ Problemen kommen; Erklärungen finden
3. *Lösungsalternativen suchen, die zur Erklärung passen*
4. *Tun*
5. *Beobachten, wie es wirkt; wenn es nicht wirkt, wieder zurück zu 1.*

An Hand einer konkreten Fragestellung üben die ASS im Gesamtkreis die *Anwendung dieses Problemlösungsschemas*. Das Beratungsteam, das während der Besprechung der ASS außerhalb des ASS-Kreises sitzt, nimmt, mit Einverständnis der Teilnehmer/innen, das *Gespräch per Video auf*.

Ein *Theorie-Input* soll danach eine differenzierte Auswertung der Videoaufzeichnung erleichtern:

Beobachtungskategorien für Arbeitsgruppen:

- strukturiertes Vorgehen („Problemlösungsschritte“)
- Verteilung des „Raumes“ der einzelnen Mitglieder: Wer achtet wie darauf?
- Wie baut man aufeinander auf?
- Wie werden Themen/Ideen fortgeführt und abgeschlossen?

An Hand der Videoaufzeichnung und mit Hilfe der Beobachtungskategorien *werten* die ASS, unterstützt vom Beratungsteam, die *Besprechung aus*. Es wird deutlich, daß es der Gruppe nun wesentlich leichter fällt, ihre Diskussion zu strukturieren, den roten Faden nicht zu verlieren und praktikable Lösungsvorschläge zu erarbeiten. Auch die sich herauskristallisierende Rollenverteilung in der Gruppe – etwa die Sprachrohrfunktion eines „Vielredners“ – wird aufgegriffen und analysiert. Die Berater loben, daß *„die Schritte zur Problemlösung, wenn auch nicht durchgängig, so doch insgesamt gut vollzogen wurden“*, und regen an, zukünftig *„auf eine gleichmäßige Beteiligung bei den Diskussionen zu achten“*.

In der zweiten und dritten Beratungsklausur zeichnen sich – als *Wirkungen* der Interventionen – bereits wesentliche Entwicklungsschritte bei der Etablierung der ASS als Team ab. Die ASS gewinnen an Sicherheit sowohl im Hinblick auf ihre Funktion und Stellung innerhalb ihrer Abteilung als auch im Kontext ihrer Gesamtgruppe. Die Solidarität untereinander sowie das wachsende Zusammengehörigkeitsgefühl stärken das Team nach innen. Die ASS finden schnell Wege und Möglichkeiten, um die vom Beratungsteam gebotenen Instrumente der Teamarbeit effektiv einzusetzen. Die Besprechungen gewinnen zusehends an Struktur und Effizienz – nicht zuletzt aufgrund der mitgebrachten „Arbeitsdisziplin“ der ASS, die es ihnen erleichtert, der bisweilen strengen Moderation ihrer Gruppensprecherinnen zu folgen und konsequent die Schritte zur Bearbeitung von Problemstellungen nachzuvollziehen.

2.3 Die Einbindung des Teams der Assistent/innen in die Gesamtorganisation

Wie schon in der Interviewphase zeichnet sich auch im Rahmen der ersten Beratungsklausur ab, daß die Einbindung der ASS als Team in den Gesamtkontext des Hauses unklar und unvorbereitet ist. Sowohl die Geschäftsleitung (GL) wie auch die AL verfolgen mit der Hausentwicklung nur sehr vage und abstrakt das Ziel, *„die ASS stärker einzubeziehen“* (GL, AL, Klausur 1). Zu Beginn der Beratung scheinen die ASS diese Ungeklärtheiten zunächst am wenigsten zu quälen. Sie sind zunächst vollauf mit sich und ihrer Gruppe sowohl beschäftigt wie auch zufrieden: Endlich stehen sie mit ihren (abteilungsinternen) Sorgen nicht mehr alleine da, sondern haben einen Kreis von „Leidensgenossen“ gefunden, der nicht nur Verständnis, sondern auch gegenseitige Unterstützung verspricht. Die Offenheit des GF sowie seine Zusage, mindestens einmal pro Monat für Besprechungen zur Verfügung zu stehen, bieten vorerst genügend externen Rückhalt und Bestätigung von organisationeller Seite. Der GF seinerseits wiederum genießt die Sympathie der anerkennungshungrigen ASS, die er dank seiner Zuwendung leicht gewinnen kann. Die AL reagieren unterschiedlich auf das Erstarken der ASS. Einige beurteilen die Entwicklung positiv und versprechen sich sowohl im Hinblick auf die Arbeit in ihrer Abteilung als auch im Hinblick auf die Gesamtsteuerung des Hauses Erleichterung und Verbesserung. Andere wiederum sind irritiert. Sie wissen die Aufwertung ihrer Stellvertreter/innen nicht genau zu deuten und befürchten, in ihrer eigenen Position geschwächt bzw. verdrängt zu werden. Es bleibt daher nicht aus, daß sich die ASS von Abteilungsleitersseite *„nicht ernstgenommen fühlen"*, da diese ihre *„Treffen belächeln und ironische Bemerkungen darüber machen, ‚was denn nun wieder so Wichtiges besprochen werden mußte'"* (ASS, Klausur 3).

Auf der Grundlage dieser *Beobachtungen* formuliert das Beraterteam die *Hypothese*, daß mit der Etablierung der ASS als Team von GF- und Abteilungsleitersseite verschiedenste Befürchtungen, Widerstände und Instrumentalisierungsversuche verbunden werden. Die nächste *Zielsetzung* ihrer Interventionen ist daher, *„die Aufgaben, die der ASS-Kreis – im Unterschied zum AL-Kreis – als Beitrag zur Haussteuerung übernehmen soll, zu klären, und zwar in Abstimmung aller drei Hierarchieebenen"*.

Als erste Anregung im Laufe dieser nun folgenden *Interventionsreihe* verdeutlicht die Beraterin im Rahmen der *dritten Beratungsklausur* an Hand eines Bildes die *Führungssituation im Haus*:

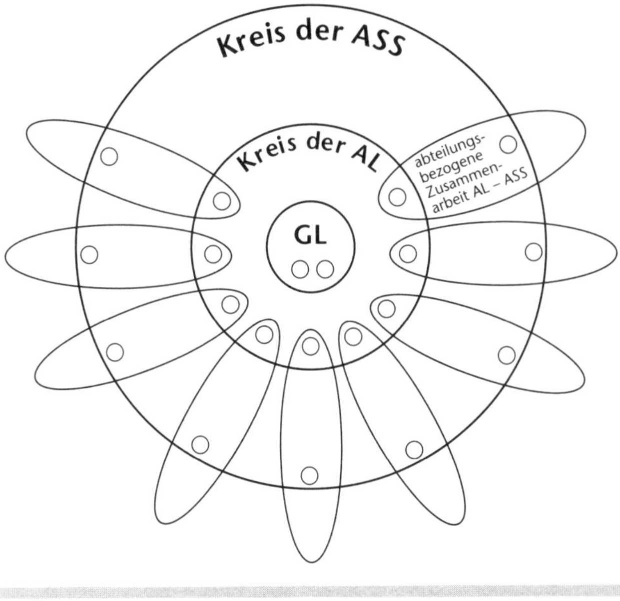

Abb. 3

In einem nächsten Schritt stellt das Beraterteams der Geschäftsführung die Aufgabe, für folgende Fragen Vorschläge zu erarbeiten:

Funktionen von Abteilungsleiter/innen- und Assistent/innen-Kreis:
- *Was ist Aufgabe des Kreises der ASS für das Haus?*
- *Was ist Aufgabe des Kreises der AL für das Haus?*

Zur Beantwortung dieser Fragen setzen sich der GF und sein Stellvertreter zusammen. Es fällt ihnen schwer, *„strategische Ziele“* für die jeweiligen Kreise zu formulieren. Nach langer Ratlosigkeit, geduldigen Erklärungsversuchen der Beraterin und – als letzter Verzweifelungsakt – Befragung der Begleitforscherin wird schließlich unter dem Stichwort *„Aufgaben des ASS-Kreises“ „Personaleinsatzplanung, Mitarbeiternähe und Kundennähe“* notiert. Unter dem Stichwort *„Aufgaben des AL-Kreises“* folgen größtenteils Tätigkeiten, die die AL (einzeln) zur Leitung ihrer Abteilung auszuführen haben: *„Planung, Warenumbau, Warensteuerung, Hauszielsetzung, Führung, Umsetzung von Sortimentskonzept und Strategien“*. Bei der Präsentation der erarbeiteten Punkte reagieren die ASS sichtlich enttäuscht. Sie hatten mehr als die dürftigen Angaben der Geschäftsleitung zu den künftigen Funktionen des ASS-Kreises erwartet. Der „Vielredner“ unter den ASS bringt mit einer spontanen Äußerung die Stimmung der zweiten Reihe zum Ausdruck: *„Wir Assistenten sind wirklich die unbekannten und unsichtbaren Wesen*[9]*. Wofür sind wir denn eigentlich da? Benutzt uns der Geschäftsführer nur, um Druck auf die Abteilungsleiter auszuüben?“* Die letzte, zweifellos heikle Frage bleibt im Raum stehen und bis auf weiteres, zumindest im Plenum, unbeantwortet.

Um die Enttäuschung vor allem der ASS über die begrenzten Vorschläge der GL konstruktiv aufzufangen, schlägt das Beratungsteam im weiteren vor, daß sich der Kreis der AL und der Kreis der ASS (getrennt voneinander) zusammensetzen und die *Ausführungen der GL ergänzen. „Zu dem Bild der Geschäftsleitung“* sollen nun folgende Fragen beantworten werden:

- *Was paßt?*
- *Was paßt nicht?*
- *Was ist zu vertiefen/ergänzen?*

Die Ergänzungen der AL beschränken sich dabei im wesentlichen auf die Aufgaben des AL-Kreises, dessen eigenständige Formierung sie nun auch einfordern: Ebenso wie die ASS wollen nun auch die AL regelmäßige Treffen – ohne Beisein der GL – abhalten. Die GL reagiert nicht gerade begeistert auf diesen Vorschlag, offenbar in der Befürchtung, die AL könnten sich als Koalition *gegen* die GL zusammenschließen. Im Gegensatz zur GL und zu den AL präsentieren die ASS sehr konkrete Vorstellungen und präzise ausgearbeitete Vorschläge im Hinblick auf die Funktionen eines eigenständigen ASS-Kreises. Die Weit- und Übersicht der ASS über die zu erfüllenden operativen

Aufgaben wird mehr als offensichtlich. Darüber hinaus scheint die Arbeitsfähigkeit des Teams der ASS weniger beeinträchtigt zu sein als die der GL- und AL-Ebene, deren Kooperation durch – in erster Linie unausgesprochene – Spannungen und Konflikte belastet ist.

Durch die Interventionen des Beratungsteams bzw. deren *Wirkungen* ist nun zweifellos einiges zum Brodeln gekommen: Der Kreis der ASS hat an Stärke und Selbstbewußtsein gewonnen. Sowohl innerhalb ihrer Abteilung wie auch im Kontext des Gesamthauses geben sich die ASS nicht mehr mit dem Schicksal „unbekannter Wesen“ zufrieden, sondern fordern die klare Definition und Anerkennung ihrer Funktion und Position ein. Für die AL haben die ASS als Team gar an Vorbildcharakter gewonnen. Diese nutzen die Teamentwicklung der ASS als Anlaß, um sich ebenfalls als eigenständiges Team *ohne* GF zusammenzufinden, sich ein Stück weit von diesem freizuschwimmen und größere Gestaltungsräume zu gewinnen. Die Unantastbarkeit des GF erscheint nunmehr erschüttert. Mit der Diskussion um die Steuerungsfunktionen der einzelnen Kreise kommen zwangsläufig Kritikpunkte an der Gesamtsteuerung des Hauses zur Sprache. Was bislang nur hinter vorgehaltener Hand und in der Kantine ausgetauscht wurde, verschafft sich nun öffentlich seinen Platz. Nach wie vor ist die Kritik verhalten und vorsichtig, jedoch eindeutig: Die AL sind mit den Führungsleistungen des GF und seines Stellvertreters unzufrieden. Viele Probleme, die im Hause bestehen, führen sie auf unzureichende Rahmenbedingungen zurück, deren Bereitstellung und Steuerung ihrer Auffassung nach in der Verantwortung der GL liegt. Aber auch diese steht nicht wehrlos und ohne Argumente da. Sie weiß um die bisweilen nicht unerheblich blockierende Konkurrenz unter den AL, die so manche gemeinsamen Projekte und Kooperationen zwischen den Abteilungen unmöglich macht. Zudem beklagt sie die Unzuverlässigkeit der AL, die vielmehr Kontrolle und direktivistische Lenkung statt Kontextsteuerung nahelege.

Mit dem Team der AL ist nun ein weiterer Kreis entstanden, der für die Steuerung des Hauses relevant ist. Das Beratungsteam stellt die *Hypothese* auf, daß sowohl der Kreis der ASS wie auch der Kreis der AL nach „innen“ hin über genügend Stabilität und Zusammengehörigkeit verfügen, um eine solide Basis gemeinsamer, fruchtbarer Arbeit schaffen zu können. Um die einzelnen Kreise sowie die GL im Sinne der „Hausentwicklung“ miteinander zu verknüpfen, so ihre *Zielsetzung* für die vierte Beratungsklausur, seien nunmehr Koordinationsinstanzen und Informationswege festzulegen. Zum Ende der dritten Beratungsklausur regen die Berater die AL daher an, ebenfalls wie die ASS ein bis zwei *Gruppensprecher/innen zu wählen* und bis zum Beginn der vierten Klausur bereits ein Treffen im neu formierten AL-Kreis abzuhalten.

In der *vierten und letzten Beratungsklausur interveniert* das Beratungsteam dahingehend, die GL, die AL sowie die ASS aufzufordern, in ihren jeweiligen Kreisen Überlegungen zu den *Funktionen der Gruppensprecher/innen* anzustellen. Im einzelnen soll diskutiert werden, welche Aufgaben sie zu erfüllen haben und welcher Formen von Unterstützung sie dabei bedürfen. Nach einer Stunde Gruppenarbeit kommen die Klienten im Plenum zusammen und präsentieren ihre Ergebnisse. In einem Diskussionsprozeß, der von dem Beratungsteam als Moderatoren unterstützt wird, legen GF, AL und ASS gemeinsam fest, welche Zuständigkeiten die Gruppensprecher/innen haben, in welcher Weise sie in ihrer Arbeit von der GL, vom AL- und ASS-Kreis unterstützt werden und schließlich, welche Austausch- und Abstimmungsformen es zwischen den Gruppensprecher/innen untereinander und zur GL hin geben wird.

Mit diesem letzten Beratungsschritt haben die Interventionen des Beratungsteams vor allem auf der strukturellen Ebene *Wirkung* gezeigt: Mit der Etablierung der ASS und der AL als eigenständige Teams ist der Weg bereitet, die Kooperation untereinander zu verstärken und den Hausinteressen gegenüber dem *„Abteilungsegoismus"* (AL, Klausur 3) Vorrang zu verschaffen. Insoweit die ASS und die AL Probleme im Haus gemeinsam und damit effizienter angehen, erhält zudem die GL mehr Freiraum, sich statt einzelnen, spezifischen Problemen den eigentlichen Führungsaufgaben und damit der Gestaltung der erforderlichen Rahmenbedingungen zu widmen. Die Funktion und Kommunikation der Gruppensprecher/innen wiederum gewährleistet, daß die einzelnen Führungskreise nicht in ein abgehobenes Eigenleben abdriften und statt miteinander gegeneinander arbeiten. Sofern der Austausch zwischen den Gruppensprecher/innen gelingt, ist die konstruktive Koordination zwischen den Kreisen gesichert. Offen allerdings bleibt die Frage, wie gut es die GL vermag, den neuen Steuerungsinstanzen zu ihrer Wirkung zu verhelfen. Angesichts der erstarkenden Teams ist die GL mehr denn je gefordert, neue, nichthierarchische Steuerungsformen zu entwickeln. Zudem sind tieferliegende Konflikte, die sich an dem Thema der Teamentwicklung der ASS und der AL entzündet haben und nun aufgebrochen sind, aufzufangen und zu bewältigen.

IV Der Beratungserfolg: Reflexion und Fazit

Natürlich darf zum Abschluß der Diskussion die Gretchenfrage nicht unbeantwortet bleiben: Wie lassen sich nun letztlich die Resultate des Hausentwicklungs- und Beratungsprojektes beschreiben? Inwieweit vermochten die Klienten, die Impulse des Beratungsteams aufzugreifen und umzusetzen? Welche Wirkung konnte das Beratungsteam erzielen? Inwieweit waren die Interventionen anschluß- und ausbaufähig?

Drei Monate nach Abschluß der Beratung (Februar/März 1995) holt die Begleitforscherin daher zu einer letzten Interviewrunde aus. Bei einem Besuch des „Buywell"-Hauses in Jungberg werden – jeweils im Rahmen von Einzel- bzw. Gruppeninterviews – die Geschäftsleitung (GF, stv. GF), die

Abteilungsleiter/innen sowie die Assistent/innen befragt (Abschn. 1). Die Beraterin und der Berater resümieren auf der Grundlage dieser Interviews den Beratungserfolg (Abschn. 2). Die „innere“ Außensicht der Begleitforscherin schließt die Ausführungen (Abschn. 3) – es sei denn, auch die werten Leser/innen mögen, aus ihrer „äußeren“ Außensicht schöpfend, weitere Impulse und Gedanken beitragen (Abschn. 4).

1 Resümee der Klienten – drei Monate später

Ungefähr einen Monat nach der Beratung wurde der GF des Hauses Jungberg in eine andere Niederlassung versetzt. Der neue GF, der ebenfalls schon seit Jahren beim Konzern „Buywell“ als Führungsverantwortlicher tätig ist, schildert sehr ausführlich seine Einschätzungen der Probleme und Entwicklungen im Haus sowie die (ihm berichteten und selbst beobachteten) Wirkungen der Beratung. Schon während der Beratung und auch drei Monate später ist festzustellen, daß die ASS in der Ausübung ihrer Funktion an Kontur gewonnen haben und die Auswirkungen ihrer Handlungen im Haus Jungberg spürbar geworden sind. Das unbekannte und unsichtbare Wesen hat sich „gemausert“: *„Ich denke, daß sich die zweite Reihe hier im Haus bemerkbar gemacht hat. Also unsichtbar sind sie auf keinen Fall mehr. Im Gegenteil: Die sind sehr aktiv und lebendig.“* (AL)

Zur Klärung der abteilungsbezogenen Funktion der Assistent/innen

Ein wesentliches Ziel der Beratung bestand darin, die *abteilungsbezogenen operativen Aufgaben* der ASS zu klären und in Abstimmung mit dem GF einheitlich festzulegen. Da bereits vor der Beratung eine detaillierte Tätigkeitsbeschreibung existierte, *„hat es aufgrund der Beratung in diesem Punkt keine wesentlichen Änderungen gegeben“* (ASS). Aus der Sicht der ASS waren die Aufgaben, die sie in ihren jeweiligen Abteilungen zu erfüllen haben, *„von Anfang an schon ziemlich klar durch die Aufstellung in dem Heftchen, das wir da haben“* (ebd.).[10] Einige offene Fragen jedoch, wie zum Beispiel die Zuständigkeiten bei der Personaleinsatz- und der Warenplanung, sind aufgrund der Beratung geklärt worden. Nach Auffassung der AL ist somit *„die Aufgabenteilung zwischen Abteilungsleitern und Assistenten klarer geworden. (...) Die Assistenten sind nun wirklich eine große Hilfestellung, eine große Unterstützung für die Arbeit der Abteilungsleiter.“* (AL)

Nicht zuletzt aufgrund der erreichten Funktionsklärung der ASS ist auch *„das Verhältnis zwischen Abteilungsleitern und Assistenten noch intensiver geworden. (...) Wo vorher schon gute Ansätze da waren, sind weitere Fortschritte erzielt worden“* (AL; s.a. stv. GF; ASS). Ein verbessertes Verhältnis von AL und ASS, ein intensiverer Informationsaustausch und gegenseitige Abstimmungen wurden allerdings nicht in jeder Abteilung realisiert. Dort, *„wo schon vor der Beratung erhebliche Schwierigkeiten und Spannungen zwischen Abteilungsleitern und Assistenten existierten“*, konnten auch im Laufe und nach Abschluß der

Beratung *„keine wesentlichen Verbesserungen erreicht werden. (...) Zum Teil fehlen da (...) noch die Absprachen, und die Assistenten werden noch nicht so informiert, wie es eigentlich notwendig wäre.“* (AL)

Als „Sandwich“ zwischen der Ebene der AL und der Ebene der MA fühlten sich die ASS vielfach *„zwischen den Abteilungsleitern und den Mitarbeitern hin- und hergezogen“* (GF). Diese Zerrissenheit ist vor allem durch die widersprüchlichen Erwartungen bedingt, die die AL einerseits und die MA andererseits stellen. Das seit der Beratung verbesserte Austarieren der unterschiedlichen Erwartungen, das Aufweichen der Ambivalenzen und konsequentere Abgrenzen von nicht angemessen erscheinenden Forderungen ist letztlich auf zwei Entwicklungen zurückzuführen: erstens auf eine verbesserte Verständigung und Abstimmung zwischen AL und ASS, zu der vor allem die von den Beratern angeregten Zweiergespräche – AL/ASS – beitrugen (ASS); und zweitens auf die erhöhte *„Selbstsicherheit“*, die die ASS *„in Bezug auf ihre eigene Rolle“* erlangt haben: *„Die Beratung hat bei vielen von uns das Selbstbewußtsein gestärkt. Und das macht viel aus. Wenn du die Sicherheit hast, dann bist du auch mutiger, dich zu behaupten.“* (ASS) Anders als zuvor ist jetzt zu beobachten, *„daß die Assistenten ihren Anspruch sagen und durchsetzen, was sie sein wollen und was sie sind“* (AL).

Zur Etablierung der Assistent/innen als Team

GL, AL und ASS stimmen überein, *„daß die Beratung dazu geführt hat, die Assistenten (...) zu einem Team zusammenzuführen, welches fruchtbare Gespräche und Problemlösungen erreicht. (...) Für Team und Teamarbeit im Haus ist die Beratung die Initialzündung gewesen.“* (GF). Die zweite Reihe hat *„einen Mordsaufwind bekommen. Die sind nun hochmotiviert (...), und ihr Verständnis „füreinander, untereinander ist viel viel besser geworden“* (stv. GF). Als besonders positiv heben die ASS hervor, daß *„der Zusammenhalt von allen jetzt, von unserer Gruppe, die es ja vorher nicht gab, viel größer geworden ist“* (ASS). Sehr wesentlich haben sich in dieser Hinsicht vor allem *„die Gespräche ausgewirkt, die wir während der Seminare miteinander hatten. Die haben wirklich viel gebracht. (...) Wir haben uns besser kennengelernt. Frau Schulz und ich, wir sind ja beide im Erdgeschoß, aber mehr als ‚Hallo‘ und ‚Tschüß‘ haben wir nicht gesagt. Und jetzt konnten wir uns mal aussprechen.“* (ebd.) Dies kam der *Zusammenarbeit im Team* zugute, die nunmehr *„super funktioniert“* (stv. GF). Die Kooperation *„funktioniert so gut, daß wir tatsächlich in kürzester Zeit eine Warenschau über die Bühne ziehen können, und das deutet ja schon darauf hin, daß wir unheimlich gut zusammenarbeiten können“* (ASS). Auch die AL würdigen, daß *„der Kreis der Assistenten nun eine eigenständige Gruppe geworden ist, die sehr gut arbeitet“* (AL).

Um die inhaltliche Zusammenarbeit im Team anzuregen und zu unterstützen, fokussierten die Beraterin und der Berater nicht nur soziale Komponenten, sondern vermittelten den ASS darüber hinaus verschiedene *Instrumente* zur Strukturierung von Diskussionen („Problemlösungsschema“) sowie zur

Bewältigung von Konflikten („Feedback"). Von diesen Instrumenten haben die ASS jedoch, so ihre Schilderung, *„keine wieder aufgegriffen"* (ASS). Zum einen, weil *„die Zeit dafür fehlte, denn wir hatten ja das Weihnachtsgeschäft."* Zum anderen, so betonen die ASS mehrfach, weil *„keine weiteren Probleme im Team aufgetaucht sind"*, die die Verwendung der Instrumente erfordern würden: *„Wenn Themen anfallen, dann werden sie besprochen, und dann ist gut. Ansonsten gibt es keine Probleme. (...) Es gibt eigentlich keine Probleme, die wir zu lösen haben, nur Dinge, die besprochen werden müssen, und dann läuft die Sache."* (ebd.)

Zur Einbindung des Teams der Assistent/innen in die Gesamtorganisation

Schon während des Beratungsprozesses begann der frühere *GF*, monatliche *Besprechungen mit dem ASS-Kreis* durchzuführen. Die ASS würdigten dies und stellten befriedigt fest, daß *„der Geschäftsführer immer ein offenes Ohr für uns hat"* (ASS, Klausur 4). Der neue GF intensivierte den Kontakt zur zweiten Reihe. Die Besprechungen finden nunmehr wöchentlich statt, so daß die ASS *„umfassend von den Entwicklungen im Haus und den Ergebnissen der Besprechungen von Geschäftsleitung und Abteilungsleitern informiert werden"* (ASS). Mehr als zuvor fühlen sie sich aufgewertet und als Team anerkannt: *„Wir sind eine selbstbewußte, sehr starke Gruppe geworden, die gleichwertig zu setzen ist mit der Gruppe der Abteilungsleiter. Wichtig ist hierbei vor allem das sichere Gefühl, (...) daß wir wirklich ernstgenommen werden."* (ASS) Auch von den AL *„sind es nur noch wenige, die unsere Treffen belächeln und ironische Bemerkungen machen. Denn jeder Abteilungsleiter weiß, daß wir hundertprozentig unterstützt werden von dem neuen Geschäftsführer durch die unheimlich gute Information."* (ASS)

Drei Monate nach Abschluß der Beratung haben GF und stv. GF *„bislang noch nicht bemerkt, daß ein Austausch* [so wie in der vierten Klausur vereinbart, d. Verf.] *zwischen den Gruppensprechern der Abteilungsleiter und den Gruppensprechern der Assistenten stattfindet"* (GF). Auch *„die Vereinbarung, daß der Gruppensprecher der Abteilungsleiter sich am Donnerstag mit der Geschäftsleitung trifft und eine kurze Vorinformation über das, was besprochen wird, gibt, ist nicht eingehalten worden"* (stv. GF). Aus der Sicht des GF ist allerdings *„eine solche Vorinformation der Geschäftsleitung durch die Gruppensprecher schon aus sachlichen Gründen gar nicht notwendig, denn wir diskutieren das ja sowieso im großen Kreis"* (GF). Der Austausch zwischen den Gruppensprechern ist, so die Erläuterungen des AL-Gruppensprechers, *„einfach nicht so intensiv, weil, jetzt kommt wieder das schöne Wort: das Tagesgeschäft so zeitaufwendig ist. (...) Ich glaube, das muß sich erst noch einspielen."* (AL) Momentan laufen die beiden Kreise der AL und der ASS *„so ein bißchen nebeneinander her, wobei der eine nicht weiß, was der andere so genau macht. (...) Das läge sicherlich auch an mir, die Informationen zu holen. Aber das fällt dann unheimlich schwer, weil die Zeit oft nicht da ist, und dann vergißt man das auch wieder, weil dann wieder irgendwelche anderen Dinge kommen, die wichtiger sind, vermeintlich wichtiger sind."* (ebd.) Ebenso wie der Gruppensprecher der AL ist auch die Gruppensprecherin der ASS der Auffassung, daß der Austausch noch nicht funktioniert, weil bislang Zeit fehlt, viel Arbeit zu bewältigen ist und es daher versäumt wird, sich die entsprechenden Informationen einzuholen. Sie sieht jedoch *„darin kein Problem“*, da aufgrund der wöchentlichen Besprechungen des neuen GF sowohl mit dem Kreis der AL wie auch mit dem Kreis der ASS Informationslücken geschlossen werden und beide Seiten die aktuellen Themen und Beschlüsse des jeweils anderen Kreises nachfragen können.

Es stellt sich nun die Frage, welche *Funktion* der Kreis der ASS *im Kontext der Gesamtorganisation* übernimmt. Während der Interviews sowohl im Verlauf der Beratung wie auch im Anschluß an die Beratung wird deutlich, daß GL, die AL wie auch später die ASS nicht zwischen abteilungsspezifischen und abteilungsübergreifenden Aufgaben differenzieren. Auf die Frage, welche Aufgaben die ASS nicht innerhalb ihrer Abteilung, sondern abteilungsübergreifend als Team erfüllen sollen, geben die Klienten folgende Antworten: *„Die Erwartungen sind, daß die Assistenten die Aufgaben eines Assistenten wahrnehmen können, (...) daß der Assistent den Abteilungsleiter wirklich vertreten kann.“* (GF) *„Die Assistenten müssen den Abteilungsleitern eine Hilfestellung geben.“* (AL) *„Wir müssen alle Aufgaben des Abteilungsleiters übernehmen, wenn er nicht da ist.“* (ASS) Aus der Sicht von GF und AL nimmt das Team der ASS keine ausdifferenzierte Funktion wahr, die im Hinblick auf die Gesamtorganisation steuerungsrelevant ist: *„Abgesehen von der Personaleinsatzplanung erfüllt das Team der Assistentinnen und Assistenten keine abteilungsübergreifenden Aufgaben.“* (GF; s.a. AL; ASS)

2 Resümee der Beraterin und des Beraters zum Resümee der Klienten

In Bezug auf die drei relevanten Beobachtungsachsen – die Assistent/innen in ihrer Abteilung, als Team und als Steuerungsinstanz im Haus – stellen die Beraterin und der Berater zusammenfassend fest, *„daß die Hauptziele, die vom Geschäftsführer und auch vom Vorstand formuliert worden waren, erreicht wurden. Und zwar emotionell, daß die Assistentinnen und Assistenten nun Selbstbewußtsein haben, und auch strukturell, daß sie als Team inhaltlich arbeiten“* (S)[11] und *„... dies von den Betroffenen selbst sowie von außen seitens der Geschäftsleitung und von den Abteilungsleiterinnen und Abteilungsleitern wahrgenommen wird“* (V). Die allen drei Gruppierungen – GL, AL und ASS – *„gemeinsamen Beschreibungen und Beobachtungen, die als ein Ergebnis der Beratung zu werten sind“* (V), lassen darauf schließen, *„daß diese gemeinsame Wirklichkeitskonstruktion auch wirksam wird als, im positiven Sinn, self-fullfilling prophecy. In den Beschreibungen ist nichts enthalten, wo die Klienten einander blockieren. (...) Und das müßte eigentlich Verstärkung bedeuten. (...) Da muß man sich nicht mit Unterschieden in den Sichtweisen herumschlagen.“* (S)

Zur Klärung der abteilungsbezogenen Funktion der Assistent/innen

In den Interviews nach Abschluß der Beratung beschreiben die ASS, daß die *Aufgaben*, die sie innerhalb ihrer Abteilung zu erfüllen haben, *„schon immer* *klar gewesen sind, daß sich da durch die Beratung nichts verändert hat. Daß da ein paar Fragen offen waren, das war ganz und gar nicht der Fall aus ihrer Sicht.“* (S) Der Hypothese des Beraters zu Folge ist diese Sicht der ASS darauf zurückzuführen, *„daß ihre emotionale und strukturelle Aufwertung einfach zu einer anderen Wahrnehmungsfähigkeit geführt hat“* (ebd.). Die Beraterin vermutet hingegen, daß *„sich die Erinnerung verklärt und verändert hat. (...) Weil die Aufgabenstellung jetzt klar ist, ist ein bißchen weggerutscht, welche Teile vorher unklar waren. (...) Das ist nicht mehr wichtig.“* (V)

Zur Etablierung der Assistent/innen als Team

Die ASS betonen im Interview immer wieder, daß sie im Team *keine Probleme zu lösen*, sondern nur Themen zu besprechen haben. Die Beraterin stellt dazu die Vermutung auf, daß *„Erreichtes schon in Selbstverständlichkeit übergeht. (...) Wenn Themen anfallen, werden sie besprochen, und dann ist es gut. Ansonsten gibt es keine Probleme. Sie haben nichts, was sie nicht lösen könnten.“* (V) Der Berater weist ergänzend auf die hierbei zugrundeliegende Definition von „Problem“ hin: *„Ein Problem ist aus ihrer Sicht nur das, was sich nicht lösen läßt. (...) Und das ist eine ganz andere Definition von Problem – die eh gescheit ist, eigentlich originell.“* (S)

Die Erläuterungen der ASS, die im Laufe der Beratung vermittelten *Instrumente* für ihre Arbeit im Team *nicht zu verwenden*, werfen bei der Beraterin und dem Berater verschiedene Fragen und Hypothesen auf: *„Da habe ich mich gefragt, wie notwendig ist es, Instrumente zu geben? Oder wie differenziert oder einfach müssen Instrumente sein, daß sie weiterverwendet werden? Ich denke, daß es spannend wäre, unsere Interventionen nach dem Kriterium zu untersuchen, was war zuviel oder (...) zu kompliziert.“* (V; s.a. S) Eine andere Erklärung wäre, daß die Klienten die Instrumente gemäß ihren Alltagsanforderungen *„übersetzt haben, so wie sie die Instrumente brauchen. (...) Und Sie übersetzen die Instrumente so subtil in ihre eigene Sprache, in ihre eigene Logik, daß sie sowohl diesen Übersetzungsprozeß wie auch die tatsächliche Verwendung des Instruments gar nicht merken.“* (V) Inwieweit nun die eine oder andere Erklärung zutrifft, läßt sich nicht nachvollziehen. So oder so erscheint die Überlegung reflexionswürdig, *„wann die Vermittlung von Instrumenten eher den Beratern als ‚Kultkrücke‘ (‚das müssen die Klienten unbedingt wissen‘) dient und wann die Vermittlung von Instrumenten den Klienten nutzt, um diesen ihre Arbeit zu erleichtern.“* (V)

Zur Einbindung des Teams der Assistent/innen in die Gesamtorganisation

Eine der ersten großen gemeinsamen Aufgaben, die das Team der ASS in den Monaten nach der Beratung bewältigt, besteht in der Organisation der Warenschau. Bislang, und darauf sind die ASS sehr stolz, verlaufen die Vorbereitungen problemlos. Dem Gelingen der Warenschau scheint nichts mehr im Wege zu stehen. Von dem Erfolg der Veranstaltung sind nicht nur die ASS, sondern auch die GL und die AL überzeugt. Für die ASS *„ist die*

Organisation der Warenschau eine Art Vorzeigeprojekt, das dem Team die Gelegenheit bietet, aus seinem Schattendasein herauszutreten. Statt ‚Hausfrauenarbeit‘ – die im Hintergrund passiert, für deren Erledigung es nicht viel Anerkennung gibt – wird den ASS nunmehr auch ‚Künstlerarbeit‘ ermöglicht, die bemerkt und honoriert wird.“ (V)[12] Von Seiten der Gesamtorganisation erhalten die ASS darüber hinaus die Bestätigung, *„daß sie als Team genützt werden und ihnen Vertrauen entgegengebracht wird, daß sie etwas Gescheites zustande bringen“* (V).

Entgegen dem während des letzten Beratungsseminars gefaßten Vorhaben, eine direkte Koordination zwischen dem AL- und dem ASS-Kreis zu etablieren, findet ein *Austausch zwischen den Gruppensprecher/innen* der AL und der ASS nicht statt. Der Berater formuliert hierzu *„die Hypothese, daß die Funktion der Gruppensprecher und deren Verknüpfung sehr notwendig wäre, würde der neue Geschäftsführer nicht in der Weise, wie es nun geschieht, durchgreifen und unterstützen. So, wie der Geschäftsführer Informationen sammelt und weitergibt, ist der Austausch der Gruppensprecher nicht mehr erforderlich.“* (S) Der neue GF übernimmt in diesem Sinne *„die Funktion eines Schaniers beider Kreise“* (V). Die AL und ASS *„nehmen irgendwie wahr, daß der Austausch der Gruppensprecher eine Doppelung wäre, und damit verschwindet dieser zugleich aus der Welt.“*(S)

Zur zukünftigen Entwicklung der Klientenorganisation

Für die weitere Entwicklung des Hauses Jungberg werden aus der Sicht der Beraterin und des Beraters verschiedene „Knackpunkte“ ausschlaggebend sein. Für die ASS wird es in Zukunft darauf ankommen, *„die Bereitschaft und die Fähigkeit zu entwickeln, gegenüber den Mitarbeitern Führungsverantwortung zu übernehmen. Nur auf der Fachebene zu arbeiten wird, längerfristig betrachtet, zu Defiziten führen.“* (S) Ein weiterer Knackpunkt ist *„die stärkere Orientierung am Kunden“* (V). Gelingt es, die ASS in Richtung eines ausgeprägten Führungs(selbst)verständnisses gepaart mit einer erhöhten Kundenorientierung zu bewegen, so wird *„eine Ausdifferenzierung innerhalb des Assistenten-Kreises unumgänglich werden. Nur die Assistentinnen und Assistenten, die bereit und in der Lage sind, den zweiten Assistenten-Kurs zu absolvieren und zum Substitut aufzusteigen, werden im Assistenten-Kreis bleiben. Die übrigen werden über kurz oder lang (aus dem ASS-Kreis) ausscheiden müssen.“* (V)

Die bislang lediglich über den neuen GF erfolgende *Koordination zwischen AL- und ASS-Kreis* erachtet der Berater als weiteren kritischen Punkt in der Entwicklung des Klientensystems: *„Wenn kein direkter Austausch zwischen den Gremien besteht, können sich die Kreise nicht im Sinne einer Koevolution weiterentwickeln. Wenn sich die Kreise nur über den Geschäftsführer koppeln, dann sichert das zwar dessen Position, verhindert zugleich aber die direkte Auseinandersetzung beider Kreise.“* (S). Ein nur – im Kontext einer Dreierbeziehung – vermitteltes Gegenüber von AL- und ASS-Kreis wird seitens des GF *„kontrolliert und gefiltert“* (V) und kann somit *„zu Verwirrungen führen“* (S).

Worüber Beraterin und Berater weiter nachdenken

Am Ende eines Beratungsprojekts kann nicht nur das Klientensystem auf eine Reihe neuer Erkenntnisse und Veränderungen zurückblicken. Auch das Beratersystem bleibt nicht unbeeinflußt von den ablaufenden Prozessen, sammelt neue Erfahrungen, erprobt alternative Vorgehensweisen und erhält Denkanstöße für das zukünftige Beratungshandeln. Das „Hausentwicklungs- und Beratungsprojekt Jungberg" stellt in dieser Hinsicht keine Ausnahme dar.

So hat sich für die Beraterin und den Berater die für sie bisher gültige Annahme relativiert, *„daß wenn Du Einsicht erzielst, sich das Handeln automatisch ergibt"* (V). Insbesondere an Hand der Teamentwicklung der ASS hat sich jedoch *„genau das Umgekehrte erwiesen"* (V): *„Die Assistentinnen und Assistenten zeigen zwar (...) kein aufgeklärtes Bewußtsein, jedoch neue Handlungsfähigkeit."* (S) Für Beratung ergibt sich daraus die Frage, *„wann es unter Umständen gar nicht notwendig ist, Einsichten im Klientensystem zu evozieren, sondern einfach nur hilfreich erscheint, die Klienten zum Experimentieren und zum Ausprobieren neuer Verhaltensweisen anzuregen, die diese dann selbstverständlich ausführen, ohne zu reflektieren, warum Dinge jetzt plötzlich besser funktionieren."* (V)

An den Gedanken der Erzeugung von Handlungsfähigkeit schließt sich die Überlegung an, mit welcher Zielsetzung Interventionen geplant und durchgeführt werden. Besteht die *Zielsetzung von Interventionen* grundsätzlich darin, *„Konsequenzen zu bewirken, die (schon während, spätestens) nach der Beratung eintreten"*, oder kann eine mögliche Zielsetzung ebenso sein, *„im Moment der Beratung Sicherheit zu geben und einen Kontext zu kreieren, der eine Form der Zusammenarbeit mit dem Klientensystem ermöglicht, die sonst nicht möglich gewesen wäre"* (V).

3 Resümee der Begleitforscherin

Wer sich für „3-D-Bilder" begeistert und diese auch dreidimensional wahrzunehmen vermag, kennt das Phänomen: Der Blick ist starr auf einen Punkt gerichtet und schaut doch durch die Oberfläche hindurch. Zunächst passiert nichts, man hat ein Spiel von Farben und Formen vor sich, das nichts außer einer bunten Fläche preisgibt. Plötzlich verschwindet die Fläche, ein Raum, eine Welt öffnet sich. Figuren entstehen, Muster bilden sich, Sinn wird erkennbar. Erst dieses kleine Kunststück, den Blick zu verengen und doch in die Weite schweifen zu lassen, auf den Vordergrund zu schauen und trotzdem (auch) den Hintergrund zu sehen, macht es dem außenstehenden Betrachter möglich, über die Ebene des isolierten Details hinaus größere Sinnzusammenhänge zu erfassen, die Aufschluß über die „Wirklichkeit" des Systems geben. Das mühsam erkämpfte Bild ist jedoch immer wieder Erschütterungen und Irritationen ausgesetzt. Details tauchen auf und verschwinden wieder, lassen einen Bezug zum Gesamtzusammenhang erkennen und versperren im nächsten Moment den Blick auf ihn. Eine kleine, flüchtige

Ablenkung, und der glorreich erkämpfte, dreidimensionale Raum regeneriert zur platten, wüsten Fläche.

Läßt sich die Theorie auch nicht mit einer 3-D-Brille gleichsetzen, so stellt sich trotzdem die Frage, welche Möglichkeiten und Grenzen des „Sehens“, „Erkennens“ und „Beschreibens“ die Theorie offenbart, wenn sie mit der „harten“ Praxis konfrontiert wird. So stapfte auch die Begleitforscherin zunächst ungetrübten Mutes, beladen mit Sonnenschirm, Klappstuhl und einem Rucksack voller köstlichem „Systemtheorie-Proviant“ von der grünen, kultivierten Wiese „Universität“ mitten rein in den Dschungel der Beratungspraxis. Schnell stellte sich heraus, daß durch das sich bietende Gewirr von Lianen, wild wuchernden Sträuchern und Bäumen mit der Nagelschere allein kein Durchkommen ist. Anders als der Blick aus der Distanz dies erwarten läßt, verbirgt sich im Dschungelgestrüpp eine Beratungspraxis, deren Komplexität nur schwer in ein analytisches Raster zu pressen ist.

In der Tat sind die Begrifflichkeiten und das Instrumentarium der Systemtheorie für den Schritt in die konkrete Praxis bislang wenig entwickelt. Eine Begleitforschung, wie sie im Rahmen des in diesem Artikel beschriebenen Beratungsprojekts durchgeführt wurde, stellt eine mögliche Form dar, um – zum Nutzen der Wissenschaftlerin – den *Austausch von Theorie und Praxis* zu nähren. Auch der Beraterin und dem Berater eröffnen sich durch die Begleitforschung zusätzliche Sichtweisen und Anregungen: *Unmittelbar* ermöglichen die Beobachtungen der Begleitforscherin (Beobachtungen dritter Ordnung), „blinde Flecke“ in den Beobachtungen des Beratungsteams (Beobachtungen zweiter Ordnung) zu erkennen und entsprechend zu kompensieren. *Mittelbar* können überdies Beobachtungen und Einschätzungen des Klientensystems (Beobachtungen erster Ordnung) zugänglich gemacht werden, die sich nicht dem Beratungsteam, jedoch der Begleitforscherin erschließen, da diese auch in Abwesenheit von Beraterin und Berater Beobachtungen (beispielsweise während einer Gruppenarbeit) anstellt oder außerhalb des Beratungskontextes (in Pausen usw.) Interviews durchführt (Beobachtungen zweiter Ordnung).[13]

So gewinnbringend die Differenz der verschiedenen Sichtweisen ist, so groß ist zugleich die Gefahr ihrer Nivellierung. Dies, da die Begleitforscherin einem *doppelten Sog* ausgesetzt ist: So wie das Klientensystem einen Sog auf das Beratungsteam ausübt, Teil ihres Systems zu werden, üben die Klienten auch auf die Begleitforscherin eine gewisse verführerische Anziehungskraft aus. Aufgrund der Beobachtungen in plenaren und außerplenaren Situationen sowie der zahlreichen Interviews bietet es sich fast schon an, die Begleitforscherin – rundum mit Informationen ausgestattet – als „Vermittlerin“ sowohl innerhalb des Klientensystems als auch zwischen diesem und dem Beratungsteam zu nutzen. Der anonymste und damit „ungefährlichste“

Weg, (kritische) Botschaften etwa an den vorgesetzten Abteilungsleiter oder das Beratungsteam zu senden, verläuft über die Begleitforscherin als „neutraler, nichtbetroffener, interessensloser" Transmitter. Einem weiteren Sog unterliegt die Begleitforscherin seitens des Beratersystems: Nach einer gebührenden Zeit von „Kommunikations und Teilnahme-Diät" wird die Versuchung nur allzu drängend, sich als drittes Glied in den Stab ziehen zu lassen. Fast unbemerkt verschieben sich Aufmerksamkeiten und Fragestellungen von „Was geschieht hier, und wie ist dies zu erklären?" hin zu „Was geschieht hier und sollte als nächstes geschehen?".[14] Nehmen die Ähnlichkeiten jedoch zwischen den Beobachtungs- und Sichtweisen von Beratungsteam und Begleitforscherin zu, so verschwimmt die ansonsten gewinnbringende Differenz und zwar sowohl in sachlicher wie auch in sozialer und zeitlicher Hinsicht: Die Beobachtungsfokusse sind nicht mehr verschieden, sondern überlagern sich und stimmen zunehmend überein. Die Begleitforscherin wird zum Teammitglied und damit zur Koberaterin. Die Interviews markieren keine „Beratungsauszeit" mehr, sondern bedeuten eine Fortsetzung des Beratungsprozesses bzw. der Teambesprechungen.[15]

Wissen Begleitforscherin und Beratungsteam dem gemeinsamen Projekt Nutzen abzugewinnen, so können auch die Klienten – allerdings nicht ohne ein erhebliches Maß an Tribut leisten zu müssen – profitieren. Zunächst zum *Tribut*: Auch wenn die Klienten ihr Einverständnis geben, über die Intention der wissenschaftlichen Begleitung informiert und mit dem Versprechen versehen sind, Ergebnisse in schriftlicher Form geliefert zu bekommen, so ist deren Belastung nicht unerheblich. Die Bearbeitung von organisationellen wie auch oftmals persönlichen Problemen, die im Kontext der Beratung zur Sprache kommen, ist letztlich eine „intime" Angelegenheit. Hinzu kommt die Zumutung, neben dem dichten und sehr intensiven Beratungsprogramm für Interviews zur Verfügung zu stehen, die nicht nur Zeit, sondern auch (von dem eigentlichen Prozeßgeschehen) „abgelenkte" Aufmerksamkeit einfordern. Daß die Klienten nun doch auch *Gewinne* verzeichnen können, ist drei Umständen zu verdanken: Erstens erhalten die Klienten die Möglichkeit, den Veränderungs- und Beratungsprozeß im Hinblick auf dessen Anforderungen, auf dessen Gewinne sowie im Hinblick auf bereits geklärte bzw. noch zu klärende Fragen zu reflektieren. Zweitens – damit einhergehend – erleichtert die Begleitforschung es den Klienten, ihr „Klientenhandeln" zu überprüfen, ihre Erwartungen an eine externe Beratung zu entwickeln, zu überprüfen und explizit zu machen. Drittens schließlich erhalten die Klienten eine schriftliche Dokumentation und Auswertung des Beratungsprozesses, so daß einzelne Beratungs- und Veränderungsschritte nachvollzogen, Vereinbarungen genau überprüft und theoretische wie methodische Inputs des Beratungsteams immer wieder in Erinnerung gerufen werden können.

Resümee der Leser/innen …

Anmerkungen

1 Um die Anonymität der Klientenorganisation zu wahren, wurden alle Namen und Ortsbezeichnungen von den Verfasser/innen geändert.

2 Hervorhebungen im Zitat stammen an dieser und an den folgenden Stellen von den Verfasser/innen.

3 Zu diesen Problembereichen vgl. etwa Wimmer (1992a).

4 Oder anders ausgedrückt: Sie haben hausintern zwei „Märkte“ zu bedienen, die mit völlig unterschiedlichen Erwartungen an sie herantreten (vgl. dazu Simon & C/O/N/E/C/T/A 1992, S. 92 ff.).

5 Die folgenden Ausführungen zur Beratungstheorie und -methodik basieren weitgehend auf folgenden Autor/innen: König/Volmer (1994); De Shazer (1992); Schmid (1994); Palazzoli et al. (1981; 1988); Tomm (o.J.); Veith (1994a; 1994b); Walter/Peller (1994).

6 In diesem Abschnitt werden nur die für den hier betrachteten Beratungskontext relevanten Punkte aufgeführt.

7 Vgl. dazu ausführlicher Heintel/Krainz (1988).

8 Vgl. Luft (1972, S. 22 ff.).

9 Dieser Ausdruck spielt auf das Bild an, das die Assisten/innen während der zweiten Beratungsklausur gemalt haben und das sie als Schatten hinter dem Rücken ihrer Abteilungsleiter/innen zeigt.

10 Zu dieser Äußerung der Assistent/innen, die im Widerspruch zu deren Auskunft ein Jahr zuvor steht, nach der die Aufgaben weitestgehend unklar sind, siehe die Interpretationen des Beraterteams im folgenden Kapitelabschnitt.

11 In diesem Abschnitt werden die Aussagen von Beraterin (V) und Berater (S) differenziert, um die sich ergänzenden oder unterschiedlichen Sichtweisen zu verdeutlichen.

12 Vgl. dazu Simon & C/O/N/E/C/T/A (1992, S. 49 ff.).

13 Lebt die Beratung vornehmlich von der Differenz der Selbstbeobachtungen und -beschreibungen des Klientensystems (KS) (*Beobachtungen erster Ordnung*) und den Beobachtungen und Beschreibungen des Beratersystems (BS) bezogen auf die Selbstbeschreibungen des Klientensystems (*Beobachtungen zweiter Ordnung*), profitiert die Begleitforschung von der Differenz der Beobachtung der (Fremd-)Beschreibungen des Beratersystems und den (Selbst-)Beschreibungen des Klientensystem (*Beobachtungen dritter Ordnung*).

14 Was der Auslöschung der differenzgenerierenden Beobachtung dritter Ordnung gleich käme.

15 Während die hier betriebene Begleitforschung auf diesen Differenzen aufbaut, verzichtet die Aktionsforschung bewußt auf deren Etablierung.

Literatur

Carqueville, P. (1991): Rollentheoretische Analyse der Berater-Klienten-Beziehung. In: M. Hofmann (Hrsg.): Theorie und Praxis der Unternehmensberatung. Bestandsaufnahme und Entwicklungsperspektiven. Heidelberg, S. 247–280.

De Shazer, St. (1992): Der Dreh. Überraschende Wendungen und Lösungen in der Kurzzeittherapie. 2. Aufl. Heidelberg (Carl-Auer-Systeme).

Grinell, S. (1990): Rollenverhalten in der Supervision/Beratungsbeziehung. In: G. Fatzer u. C. D. Eck (Hrsg.): Supervision und Beratung. Ein Handbuch. Köln. S. 109–113.

Heintel, P. u. E. E. Krainz (1994): Projektmanagement. Eine Antwort auf die Hierarchiekrise? 3. Aufl. Wiesbaden (Gabler).

König, E., G. Volmer (1994): Systemische Organisationsberatung. Grundlagen und Methoden. Weinheim.

Luft, J. (1972): Einführung in die Gruppendynamik. Stuttgart (Klett).

Palazzoli, M. S., L. Boscolo, G. Cecchin u. G. Prata (1993a): Paradoxon und Gegenparadoxon: Ein neues Therapiemodell für die Familie mit schizophrener Störung. 8. Aufl. Stuttgart (Klett-Cotta).

Palazzoli, M. S., L. Anolli, P. Di Blasio, L. Giossi, J. Pisano, C. Ricci, M. Sacchi u. V. Ugazio (1993b): Hinter den Kulissen der Organisation. 5. Aufl. Stuttgart.

Schein, E. H. (1969): Process Consultation. Vol. 1. Reading, MA.

Schmid, B. (1994): Wo ist der Wind, wenn er nicht weht? Paderborn.

Simon, F.B. & CONECTA (1992): Radikale Marktwirtschaft. Verhalten als Ware oder Wer handelt, der handelt. Heidelberg (Carl-Auer-Systeme).

Steyrer, J. (1991): „Unternehmensberatung“ – Stand der deutschsprachigen Theoriebildung und empirischen Forschung. In: M. Hofmann (Hrsg.): Theorie und Praxis der Unternehmensberatung. Bestandsaufnahme und Entwicklungsperspektiven. Heidelberg, S. 1–44.

Tomm, K. (o.J.): Zirkuläres Interview. Arbeitspapier. o.O.

Veith, M. (1992): Die Rolle der Führungskraft. Unveröffentl. Teilnehmerunterlage der C/O/N/E/C/T/A. Wien.

Veith, M. (1994a): Systemische Organisationsberatung. Unveröffentl. Teilnehmerunterlage der C/O/N/E/C/T/A. Wien.

Veith, M. (1994b): Systemische Interventionen. Unveröffentl. Teilnehmerunterlage der CONECTA. Wien.

Walter, J. L. u. J.E. Peller (1994): Lösungsorientierte Kurztherapie. Ein Lehr- und Lernbuch. Dortmund.

Watzlawick, P. (1978): Wie wirklich ist die Wirklichkeit? Wahrnehmung, Täuschung, Verstehen. München.

Willke, H. (1987): Strategien der Intervention in autonome Systeme. In: D. Baecker et al (Hrsg.): Theorie als Passion. Frankfurt/M (Shurkamp), S. 333–361.

Willke, H. (1991): Systemtheorie. Eine Einführung in die Grundprobleme. 3. überarb. Aufl. Stuttgart/New York (UTB Gustav Fischer).

Wimmer (1991): Organisationsberatung – Eine Wachstumsbranche ohne professionelles Selbstverständnis. Überlegungen zur Weiterführung des OE-Ansatzes in Richtung systemischer Organisationsberatung. In: M. Hofmann (Hg.). Theorie und Praxis der Unternehmensberatung. Bestandsaufnahme und Entwicklungsperspektiven. Heidelberg: 45–136.

Wimmer, R. (1992a): Die erstmalige Übernahme einer Führungsaufgabe: Der Sprung ins kalte Wasser. *Hernsteiner* 1: 3–6.

Wimmer, R. (1992b): Der systemische Ansatz – mehr als eine Modeerscheinung“? Zur professionellen Orientierung von internen Experten für Organisations- und Personalentwicklung. In: C. Schmitz, P.-W. Gester u. B. Heitger (Hrsg.): Managerie. 1. Jahrbuch für systemisches Denken und Handeln im Management. Heidelberg (Carl-Auer-Systeme), 70–104.

Wohlgemuth, A.C. (1991): Der Makrotrend in der ganzheitlichen Organisationsforschung. In: M. Hofmann (Hrsg.): Theorie und Praxis der Unternehmensberatung. Bestandsaufnahme und Entwicklungsperspektiven. Heidelberg, S. 137–163.

EIN „KULTURPROJEKT" ALS BAUSTEIN EINES GANZHEITLICHEN VERÄNDERUNGSKONZEPTES

Ausgangssituation

Das Werk Sindelfingen ist das größte Produktionswerk der *Mercedes-Benz AG*, in dem die Limousinen der C-Klasse, der E-Klasse und die komplette S-Klasse fertiggestellt werden. Vor ca. drei Jahren wurde die interne Struktur des Werkes auf das Produktionsleistungs-Center-Konzept umgestellt. Gleichzeitig wurde auf sozialverträglichem Wege eine beträchtliche Reduzierung der Belegschaft erreicht.

Die Einführung der Leistungs-Center-Struktur hatte eine beträchtliche Aufwertung der Produktionsbereiche zur Folge. Dazu trug auch die Integration sogenannter „technischer Stäbe" (Faust et al. 1994) wie Instandhaltung, Verfahrensentwicklung, Arbeitswirtschaft und Arbeitsvorbereitung bei.

Die Umgestaltung der Bereichslandschaft nach der Profit-Center-Logik führte zur Entstehung eines (fiktiven) internen Marktes, welcher einerseits erheblich zur Transparenz der Kostenströme beitrug und andererseits zu einem Verschlankungsdruck auf die indirekten Bereiche führte. Mit diesen Maßnahmen veränderte sich auch die Stellung der internen Dienstleister erheblich, und es wurden neue Konzepte und Rollendefinitionen seitens der neu gegründeten Dienstleistungscenter erforderlich.

Im Personalbereich wurde dieser Situation mit einem Pilotprojekt Rechnung getragen, welches, in Anlehnung an die Personalstrategie der *Mercedes-Benz AG*, eine Integration von klassischer Personalarbeit und von Veränderungsberatung zum Ziel hatte. Leitvision war dabei eine interne Personalberatung gewesen, welche für einen Produktionsbereich des Werkes eine Komplettdienstleistung – von der Individualbetreuung bis zur Prozeßbegleitung – anbieten sollte. Dieser Kunde war der „Rohbau" mit zu diesem Zeitpunkt ungefähr 5000 Mitarbeitern.

In zweijähriger Arbeit wurde mit der Center-Leitung eine Veränderungsstrategie entwickelt, welche hauptsächlich mit selbstreferentiellen Projekten den Rohbau auf die Herausforderungen der Zukunft vorbereiten sollte.

Das Management der Veränderungsprozesse wurde im Verlauf regelmäßig abgehaltener Center-Klausuren geleistet, wo notwendige Veränderungsziele diskutiert und entsprechende Projekte verabschiedet wurden.

Als Leitprozeß hat sich die flächendeckende Einführung von Gruppenarbeit bewährt. Sie war schon von Anfang an als ein „Hebel zur Kulturveränderung“ begriffen worden, da die systemische Einführung von Gruppenarbeit das Kooperations- und Entscheidungsverhalten der Gesamtorganisation auf den Prüfstand stellt (Ernst 1994).

Auf einer der Center-Klausuren war auf Wunsch der Center-Leitung eine Qualifizierungsmaßnahme für Teamleiter[1] beschlossen worden. Vorrangige Zielsetzung dieses Lernprojektes war es vor allem, eine homogene Ausbildung der betroffenen Führungskräfte sicherzustellen, da die Anforderungen an die Mitglieder der beiden bisherigen Führungsebenen in der Vergangenheit doch sehr unterschiedlich gewesen waren.

Es sollte sich allerdings frühzeitig herausstellen, daß mit der Herausbildung einer eigenen ebenenspezifischen Identität eine Irritation der darüber und darunter liegenden Hierarchieebenen verbunden war. Verschärft wurde dieser strukturelle Gegensatz durch unternehmensweite Veränderungsprozesse, wie Gruppenarbeit (GA), kontinuierliche Verbesserungsprozesse (KVP) und Reorganisation der Zeitwirtschaft (REZEI)[2], wo den Teamleitern unter Umgehung der Abteilungsleiter Schlüsselrollen bei der Implementierung zugeschrieben worden waren.

Ein weiteres Element der Verunsicherung war im Wunsch der Centerleitung zu erblicken, den Lernprozeß der Teamleiter unter ein ausgewähltes „Korridorthema“ (Stiefel 1984 ff.) zu stellen. Das Projekt sollte funktionale, aber insbesondere auch dysfunktionale Auswirkungen der seitherigen Unternehmenskultur auf das praktische Führungshandeln untersuchen und bearbeiten. Vor diesem Hintergrund muß der Vorgang als eine erhebliche Intervention ins System verstanden werden.

Dieser Beitrag handelt davon, auf welche Weise der Lernprozeß angelegt wurde und welche theoretischen Grundannahmen der Vorgehensweise zugrunde liegen. Es sollen ausgewählte Interventionen beschrieben und die Auswirkungen dieser gezielten „Einmischungen“ (Wimmer 1992, S. 71 ff.) besprochen werden. Ein wesentlicher Teil dieses Artikels wird der Darstellung der „losgetretenen Konflikte“ im System und den damit verbundenen Irritationen der Unternehmens- und Bereichskultur vorbehalten bleiben.

Verortung des Prozesses

Der Qualifizierungsprozeß der Teamleiter ist als ein selbstreferentielles Lernprojekt unter mehreren zu begreifen. Neben der schon erwähnten „flächendeckenden“ Einführung von Gruppenarbeit wurden im selben Zeitraum in zahlreichen anderen Projekten Veränderungsvorhaben bearbeitet. In solch einer turbulenten Situation muß durch ein abgestimmtes Veränderungsmanagement eine ganzheitlich wirkende Veränderungsstrategie sichergestellt werden. Auf Beraterseite wurde und wird dabei mit recht komplexen Beratersystemen gearbeitet, welche ihrerseits der Absprache und Abstimmung untereinander bedürfen.

Das entstandene Beraternetzwerk rekrutiert sich längst nicht mehr ausschließlich aus für den Rohbau zuständigen Beratern, sondern schließt Berater unterschiedlicher Abteilungen und – zeitlich begrenzt – auch externe Berater mit ein. Im Verlaufe des Artikels wird noch zu zeigen sein, welche „Schwingungen" im Klientensystem aufeinander abgestimmte, interne Beraterteams hervorrufen können. Es sollen indes auch die Risiken dieser Form strategisch angelegter Veränderungsberatung nicht verschwiegen werden.

Die erklärte Absicht der Center-Leitung war es gewesen, die Teamleiter zu einer funktionierenden Führungsebene mit definiertem Zuständigkeits- und Verantwortungsbereich zu machen. Es war vorauszusehen, daß sich durch den Wegfall einer Hierarchieebene der Aufgabenbereich der seitherigen Hauptgruppenleiter nachhaltig verändern würde. Bisher war diese Ebene eher mit technischen Problemlösungen betraut gewesen. Führungsaufgaben waren in der Vergangenheit schwerpunktmäßig von Meistern und Abteilungsleitern wahrgenommen worden. In der neuen Situation entstand die dringende Notwendigkeit, ein neues Selbstverständnis mit dieser aus Meistern und ehemaligen Hauptgruppenleitern „zusammengewürfelten" Hierarchieebene zu entwickeln.

Neue Führungsorganisation

„alt"		„neu"
Abteilungsleiter		Abteilungsleiter
Hauptgruppenleiter	→	Teamleiter
Normalschicht – Meister (M 5)	↗ ↘	Teamleiter / Meister
Schicht – Meister (M 3/M 4) Gruppenmeister (M 2)	→ →	Meister

Die neue Bezeichnung „Teamleiter" trägt der veränderten Führungsaufgabe Rechnung. In diesem Begriff kommt eine veränderte Einstellung zur Rolle der

Führungskraft überhaupt zum Ausdruck. Das Team als eine teilautonome Organisationseinheit rückt in den Mittelpunkt der Betrachtung.

Teams in diesem Zusammenhang dürfen keinesfalls mit „zusammengewürfelten“ Projektteams oder fallweise zusammentretenden Arbeitsgruppen verwechselt werden. Teams nach dem hier vertretenen Verständnis bestehen aus den direkten Mitarbeitern und deren Führungskraft. Nach dieser Logik kann eine Führungskraft zwei Teams angehören, einmal dem Team ihres Vorgesetzten, zum anderen dem Team, dessen Vorgesetzter sie selbst ist.

Die folgende Übersicht soll die Verschachtelung von Subsystemen (sprich Teams) veranschaulichen.

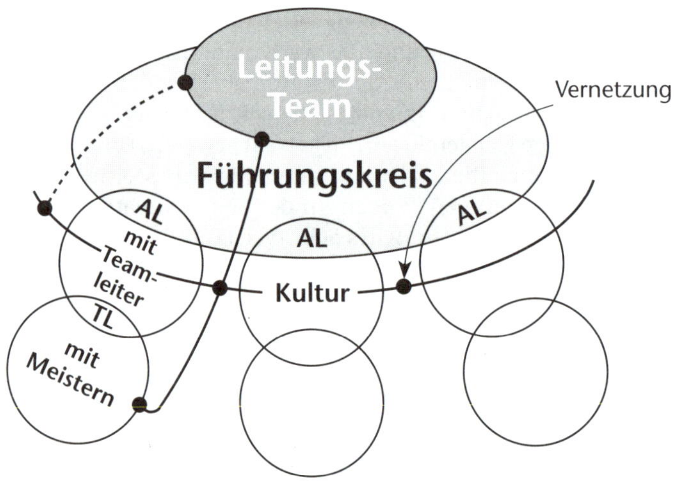

Abb. 1: Hierarchisches „System-Modell“

Die bilaterale Beziehung zwischen Mitarbeiter und Vorgesetztem verliert demgegenüber an Bedeutung. Fähigkeiten in der Entwicklung und Steuerung von Teams werden erheblich wichtiger als in der Vergangenheit. „Loslassen-Können“, bei gleichgebliebenem Verantwortungsumfang der Vorgesetzten, wird zur Voraussetzung für erfolgreiches Führungshandeln. Der Aufbau einer funktionalen „Teamkultur“ erweist sich daher als doppelt notwendig. Einerseits erwarten Mitarbeiter zunehmend, relevante Entscheidungsprozesse mitgestalten zu können, andererseits sind die Vorgesetzten darauf angewiesen, daß die übertragenen Aufgaben „in ihrem Sinne“ bearbeitet werden. Ein gesundes Team ermöglicht eine Balance dieser sich prinzipiell widersprechenden Ansprüche.

Anlage des Projektes und inhaltliche Ausrichtung

Die Lernsituation wie auch die Rolle der Berater wurden so gestaltet, daß die Teamleiter die Veränderungsproblematik quasi aus „verkehrter Perspektive“, nämlich aus Sicht von Teammitgliedern erleben konnten. Infolgedessen wurde in einer Auftaktveranstaltung mit der Gruppe ein relativ großer Freiraum für Selbstorganisation vereinbart. Nach einem „commitment“ über die grundsätzliche Zielrichtung des Lernprojektes in Abhängigkeit von Vorgaben aus der Hierarchie nannte die Gruppe die für sie wesentlichen Bearbeitungsfelder. Diese wurden von den Prozeßberatern in das Seminarkonzept eingearbeitet. Häufigkeit und Dauer von Klausurtagungen wurden gemeinsam zwischen Gruppe, Projektleitung und Prozeßberatern verhandelt und abgestimmt. Für die Verarbeitung des Gelernten in der Praxis formierten sich Kleingruppen, welche einen nicht unerheblichen zusätzlichen Arbeitsaufwand zu bewältigen hatten.

Zusätzlich übernahm die Gruppe die Verantwortung für die Organisation und Durchführung der Seminarbausteine, für die keine Beratungsexpertise notwendig erschien. Dazu wurde ein kleines Informationsteam gebildet, welches bis zum Ende der Maßnahme Bestand haben sollte.

Die Qualifikationsbausteine, auf die sich die Gruppe mit den Prozeßberatern einigte, sind im folgenden Schaubild wiedergegeben. Auf jeder Klausur wurden ein oder auch zwei Bausteine bearbeitet. Inhaltlich kann in diesem Artikel auf diesen Teil der Arbeit kaum Bezug genommen werden. Lediglich die Art der Einbindung in den Gesamtprozeß soll kurz dargestellt werden.

Die Anwendung der Führungsinstrumente wurde mit starkem Praxisbezug diskutiert. Stets wurden Beispiele aus der realen Führungssituation der Teilnehmer zu Grunde gelegt. Dabei wurde eine Wechselwirkung zwischen den Entwicklungsprozessen in den Teams der einzelnen Teamleiter und dem Prozeß in der Lerngruppe angestrebt.

Einiges sollte sich im Verlauf des Projektes als gut geplant „entpuppen“, manches entwickelte sich unter Nutzung der Gunst der Stunde „glückhaft“, das eine oder andere an Interventionen erwies sich jedoch auch als „Flop“. Hilfreich war der experimentelle Grundzug des Projektes, so daß auch Fehler einer reflexiven Bearbeitung zugänglich gemacht werden konnten.

Das folgende Schaubild gibt die relevanten Bearbeitungsfelder im Seminar wieder.

Abb. 2: Ganzheitliches Führen im Team

Ausgangssituation in der Gruppe

Beziehungsdynamik

Die Dynamik, welche sich in der Gruppe entfalten sollte, speiste sich aus mehreren „Quellen“, auf die im folgenden kurz eingegangen werden soll.

Neben der sich bei allen gruppendynamischen Prozessen ereignenden „Beziehungsdynamik“ der Teilnehmer untereinander war außerdem mit einer Vielzahl von „präformierten“ Relationen der Teilnehmer zu rechnen. Einer Reihe von kameradschaftlichen Beziehungen und Zweckbündnissen standen teilweise seit langem gewachsene Animositäten und Konkurrenzkonstellationen gegenüber, die einer Bearbeitung in der Gruppe nicht unerheblichen Widerstand entgegensetzen sollten.

Strukturelle Dynamik

Im Gegensatz zur oben angesprochenen Beziehungsdynamik, welche sich im wesentlichen aus der Zusammenarbeit unterschiedlicher Personen ergibt, befaßt sich die strukturdynamische Sichtweise mit den überpersönlichen Dynamiken, die sich aus der Zugehörigkeit zu unterschiedlichen Strukturelementen der Organisation gewissermaßen zwangsläufig ergeben.

Ein wesentliches Element struktureller Dynamik im Projekt war mit der annähernden Zweiteilung der Gruppe in ehemalige Hauptgruppenleiter und Meister gegeben. Wesentlich tiefergehende Sozialisationsmechanismen bei den Meistern – die meisten haben „beim Daimler gelernt" – lassen diese Personengruppe eher skeptisch mit Veränderungen umgehen. Nicht selten standen das geäußerte Selbstbewußtsein dieser Teilnehmer und die Wirksamkeit ihres Engagements im Gruppenprozeß zu Anfang des Projektes in einem Mißverhältnis. Erst nach einigen Bearbeitungsschritten gelang es einigen, sich aus ihrer alten Rolle zu „emanzipieren" und sich in der Gruppe Gehör zu verschaffen.

Zudem gab es in der Lerngruppe Personen, welche auch schon in der Vergangenheit „Partner" auf verschiedenen Seiten des Tisches gewesen waren. (So war z.B. ein Teamleiter aus dem Planungsbereich auch schon früher für die Planung der Anlagen eines Teamleiters aus der „Produktion" „zuständig" gewesen).

Bis zur Einführung der Center-Organisation waren solche Verhältnisse aufgrund der funktionalen Zuständigkeiten in einem einigermaßen stabilen Gleichgewicht gewesen, wenn auch der eine den anderen wegen dessen sachzwangbedingten Marotten schon einmal belächelte. Zuweilen war es auch in der Vergangenheit zu gegenseitigen „Abwertungsspielen" gekommen, welche für eine gedeihliche Kooperation keineswegs „funktional" sein konnten.

Im Rahmen der Einführung der Profit-Center-Organisation kam es zu einer tiefgreifenden Erschütterung des Selbstverständnisses der einzelnen Bereiche. Die Aufwertung des Kernfertigungsbereiches als „Ort der Wertschöpfung" (Projekthandbuch McKinsey) ging mit einer radikalen Abwertung der „Dienstleister" einher, welche auch vor den Dienstleistern des eigenen Centers nicht halt machte. „Warum spurst du nicht so, wie ich will? Du bist doch mein Dienstleister!", konnte man so oder ähnlich häufig hören. Nicht selten wurde dabei die Gelegenheit benutzt, „alte Rechnungen zu begleichen" oder wenigstens den seither vermeintlich privilegierten Dienstleister „in seine Schranken zu verweisen".

Dieses Phänomen machte auch vor dem Beratungssystem nicht halt, da auch dieses im weiteren Sinne zu den Dienstleistern zu rechnen war. Man kann gewissermaßen ein Dilemma konstatieren. Erst mit der Center-Organisation werden die Voraussetzungen für systemische Beratung, nämlich Systemgrenzen, geschaffen. Gleichzeitig erschwert jedoch die Abwertung der Dienstleister das Zustandekommen einer tragfähigen Beratungsbeziehung zwischen internen Beratern und Klienten erheblich. Das Ausbalancieren eines funktionsfähigen und praktikablen Arbeitsverhältnisses gehört damit zu den existentiellen und permanenten Problemen für ein internes Beratungssystem unter Profit-Center-Bedingungen.

Unternehmenskultur

„Man soll die Dinge so einfach wie möglich darstellen – aber nicht einfacher.“
(unbekannter Verfasser)

Die Dynamiken von Beziehungen und Strukturen sind gewissermaßen die allfälligen Begleiter bei annähernd jeder Form von Zusammenarbeit innerhalb von Organisationen. Häufig außer Betracht bleiben indes spezifische Erscheinungen, welche üblicherweise unter dem Begriff „Unternehmenskultur“ zusammengefaßt werden. Eine der frühen Veröffentlichungen zum Thema hat das Phänomen als den „Geist und Stil des Hauses“ zu fassen versucht (Zürn 1985).

Erst mit der „japanischen Bedrohung“ und dem Auftreten erster krisenhafter Erscheinungen bei den Industrieunternehmen der westlichen Welt richtete sich das Augenmerk von Wissenschaft und Management verstärkt auf die „Eigenartigkeit“ insbesondere großer Unternehmungen. Bisher selbstverständliche Eigenschaften von Unternehmen wurden „fragwürdig“, andere schienen ein Garant für wirtschaftliches Überleben zu sein (Peters/Waterman 1982).

Rasch wurde deutlich, daß die Individualität von Unternehmen aus einer eigenständigen Kombination von Werten und Normen resultiert. Unterschätzt wird dabei zunächst, wie komplex Werte und Normen mit Systemen, Verhaltensprogrammen und Strukturen verflochten sind (Weick 1985).

Unternehmen bedienen sich zur Vorsteuerung individuellen Entscheidungshandelns in einer Vielzahl vergleichbarer Fälle überdauernder Wertepräferenzen. Beispielsweise regeln Traditionskulturen Karriereansprüche ihrer Mitglieder nach dem Anciennitätsprinzip. Erfahrung und lange Betriebszugehörigkeit sind bei Besetzungsentscheidungen in der Regel ausschlaggebend, Innovationsdisposition und Umsetzungsstärke dagegen nachrangige Kriterien. Die dominanten Werte von Unternehmenskulturen tragen zur spezifischen Anordnung und Ausprägung von Systemen, Verhaltensprogrammen und Strukturen bei. Verantwortlichkeiten und Zuständigkeiten werden beispielsweise über Organisationsstrukturen geregelt und geben gleichzeitig über die wertgebundene Haltung des Unternehmens gegenüber seinen Mitarbeitern Aufschluß. Führungsorganisationen mit acht oder mehr Führungsebenen können in diesem Zusammenhang Ausdruck einer statusorientierten Hierarchie sein.

Mercedes-Benz hat in engem zeitlichem und inhaltlichem Zusammenhang sowohl seine Führungsorganisation gestrafft als auch eine spezifische Form von Profit-Center-Organisation eingeführt. Es handelte sich dabei um gezielte Eingriffe in die bestehende Organisationskultur. Profit-Center-Konzepte ordnen beispielsweise den verantwortlichen Managern größere Kompetenzen zu und sorgen gleichzeitig für eine bessere Transparenz der jeweiligen Managementleistungen.

Nach dieser Logik sind Unternehmenskulturen ständig im Fluß, da die Veränderung von Strukturen und Systemen Einfluß auf das kulturelle Wertegeflecht nimmt. Eine große Gefahr für ehrgeizige Veränderungsprozesse besteht indes darin, daß der Ansatz auf der strukturellen Ebene stehenbleibt. Neue Verfahrensweisen werden im Geiste der alten Unternehmenskultur verwässert oder gar umgebogen.

Es darf bei Veränderungsprozessen nie aus den Augen gelassen werden, daß insbesondere starke Unternehmenskulturen über ein beachtliches Beharrungsvermögen verfügen (Bleicher 1990). Dies ist zu einem großen Teil mit „Prägungen" erklärbar, welche die Mitarbeiter im Laufe der Zeit erfahren haben. Sie „saugen" Prioritäten und Präferenzen wie „mit der Muttermilch" auf. Mit zunehmender Dauer der Mitgliedschaft in Organisationen treten Gewöhnungseffekte ein, werden Werte und Normen verinnerlicht und geraten schließlich zu „unhinterfragbaren Hintergrundannahmen", welche einem reflexiven Zugriff weitgehend entzogen sind.

Das Lernprojekt, über welches hier berichtet wird, hat es sich zur Aufgabe gemacht, die unternehmenskulturellen Einflüsse auf das Führungshandeln der einzelnen Teilnehmer zu untersuchen, dysfunktionale Effekte der alten Unternehmenskultur zu identifizieren und – wo möglich – neue erfolgversprechende Verhaltensweisen zu ermöglichen. In diesem Sinne ist das Projekt als eine „flankierende Maßnahme" zur erfolgreichen Einführung der Produktionsleistungs-Center-Struktur im „Rohbau" zu begreifen.

Die Erfahrung der Kontingenz

Wenn Kulturen auf sich selbst schauen, sind sie häufig „blind" für deren Verengungen und Dysfunktionalitäten. Die Organisation von Beobachtungen mit einem kulturfremden Fokus gehört demzufolge zu den Unumgänglichkeiten einer wirksamen Selbstbeobachtung. Als Katalysator für diese Prozesse fungiert das Beratungssystem, welches die Auseinandersetzung mit „Fremdem" anregen kann.

Es gibt eine Reihe von Instrumenten, welche zur Analyse und Bewertung der eigenen Unternehmenskultur konzipiert wurden. Viele dieser Verfahren sind in der einen oder anderen Weise einem normativen Grundverständnis verpflichtet. Sei es, daß sie explizit ein solches formulieren, sei es, daß sie über die Auswahl von Kriterien oder Fragen ein solches implizit zugrunde legen. Auch die aus dem Qualitätsmanagement übernommene Methode der „Kulturauditierung" operiert mit diesem Verständnis. Es werden „objektiv" gültige Analysekriterien unterstellt. Die betreffende Kultur wird in der Folge daran „gemessen“, in welchem Umfang (0–100 %) sie den jeweiligen Kulturwert erfüllt.

Bei der Anwendung als Selbsteinschätzungsinstrument kommt den selbst erarbeiteten Aussagen häufig ein geringer Aussagewert zu, da den betroffenen Kulturen in der Regel der Vergleichsmaßstab fehlt. Operieren beispielsweise Führungsteams mit der im Folgenden abgedruckten „Audit-Spinne“, kommen selbst dort, wo für außenstehende Beobachter eklatante Defizite zu verzeichnen sind, häufig allzu positive Selbsteinschätzungen zustande. Teilweise sind diese Ergebnisse mit der kulturellen Neigung erklärbar, Defizite nicht nach außen zu tragen. Zum überwiegenden Teil allerdings liegt es an der annähernden Umweltgeschlossenheit vieler Binneneinheiten, daß sie aus sich selbst heraus keine Differenzen im Sinne von Unterschieden produzieren können. Die Nutzung unterschiedlicher Werte- und Qualitätsmaßstäbe ist daher die unumgängliche Voraussetzung für eine produktive Erarbeitung des kulturellen Veränderungsbedarfs.

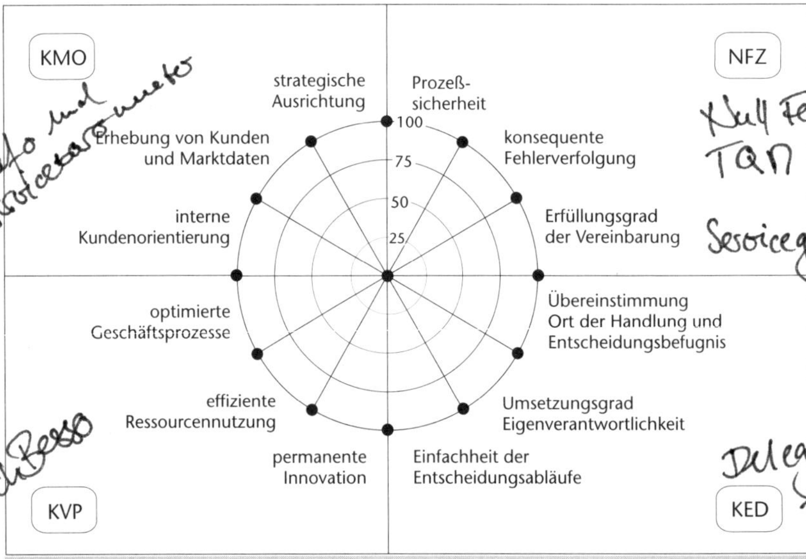

Abb. 3

Irritierende Erlebnisse kommen nur dort zustande, wo es gelingt, in Dialog mit Kooperationspartnern oder auch Kunden zu treten, welche in der Lage sind, ein kritisches Gegenbild der jeweiligen Kultur zu zeichnen. So können beispielsweise Großserienhersteller häufig von Kleinserienproduzenten und kundenauftragsbezogenen Herstellern in punkto Kundenorientierung viel lernen. Aus den genannten Gründen bietet es sich an, in eigens dafür gestalteten Workshops von Kunden und Lieferanten lernen zu wollen.

Die Lerngruppe der Teamleiter hat einen ähnlichen Weg beschritten. Nach sorgfältiger Prüfung der Lernbedürfnisse konnte ein amerikanischer Computerhersteller mit einer ebenfalls starken, aber dennoch sehr unterschiedlichen Unternehmenskultur als Austausch- und Lernpartner gewonnen werden.

Eine Theorieeinheit über ethnografische Erhebungsmethoden bereitete die Gruppe auf die Exkursion vor. In mehreren Kleingruppen erarbeiteten die Teilnehmer Beobachtungsschwerpunkte und entwickelten Auswertungsverfahren. Literatur mußte zu diesem Zweck gesichtet werden, und mehrere Auswertungsinstrumente für Unternehmenskulturen wurden auf ihre Tauglichkeit für die Belange der Lerngruppe geprüft.

Rückblickend war es von Vorteil, daß der Gedanke an eine Exkursion erst im Verlauf der Maßnahme gereift ist. Die Diskussionsprozesse, welche sich an

- der Auswahl der Firmen,
- den anzuwendenden Beobachtungsstrategien,
- den anzulegenden Beobachtungskriterien und
- den Modalitäten von Aus- und Bewertungen

„entzünden“, sind dann um so ergiebiger, wenn schon ein gewisses Maß an Vorerfahrungen bei der Beschäftigung mit Unternehmenskulturen vorliegt.

Insofern empfiehlt es sich, solche Prozesse nicht ganz zu Anfang des gemeinsamen Lernprozesses zu plazieren. Da indes Vorbereitung, Durchführung und Auswertung einer solchen Begegnung einige Monate in Anspruch nehmen können, sind einer optimalen zeitlichen Anlage auch bei mehrmonatigen Lernprogrammen enge Grenzen gesetzt.

Veränderungsarbeit als Konfliktbearbeitung

Bei kultureller Veränderungsarbeit kommt den dabei „losgetretenen“ Konflikten ein herausragender Stellenwert zu.

Kulturkonflikte repräsentieren in jedem Fall ein Wertedilemma, lagern jedoch den Konflikt an Personen an, den sog. Protagonisten. Im Kern handelt es sich jedoch um eine „überpersönliche“ Konfliktart, da es um die Aufrechterhaltung kultureller Spielregeln und erst in zweiter Linie um Beziehungen zwischen Personen geht.

In dieser Hinsicht steht der kulturelle Konflikt dem strukturellen nahe. Auch dort geht es um unterschiedliche Wahrnehmungs- und Verfahrensweisen, welche sich bei diesem jedoch aus der spezifischen Funktionslogik des jeweiligen Organisationsteils herleiten. So sind beispielsweise „Instandhalter“ auf eine vorbeugende Wartung ihrer Anlagen angewiesen. Dieser Bedarf kollidiert nicht selten mit Produktionserfordernissen, die im wesentlichen mit der Erbringung vorgegebener Stückzahlen innerhalb eines bestimmten Zeitraumes identisch sind. Im Falle des strukturellen Konflikts konkurrieren gewissermaßen unterschiedliche Arbeitsaufträge der Organisation miteinander. Die Protagonisten des Konflikts vertreten die jeweiligen Interessen ihrer Organisationseinheit und erfahren ihre Entlastung im jeweiligen „Heimathafen“. Dort wird der Konflikt verarbeitet, indem man auf „das Typische“ des Vorgangs verweist: „Die denken doch immer nur an ihre Stückzahlen“, „Jedesmal, wenn's brennt, wollen die vorbeugende Wartung durchführen“.

Bei der Entstehung eines Kulturkonflikts dagegen setzt sich zunächst mindestens ein Organisationsmitglied ins Unrecht, indem es eine Regelverletzung begeht. Sein Verhalten wird in der Folge als kulturelle Bedrohung wahrgenommen und in der Regel sanktioniert.

Personen, welche willens und in der Lage sind, kulturelle Veränderungen auszulösen, sind in Traditionskulturen in der Regel in der Minderzahl. Sie stellen sozusagen eine knappe Ressource dar. Sie laufen deshalb Gefahr, rasch kulturell „eingenordet“ und dabei „verheizt“ zu werden.

Verantwortungsvolle Beratungsarbeit trägt diesem Umstand Rechnung, indem Konflikte rasch von der „persönlichen Schiene“ auf kollektive Formen der Austragung ausgeweitet werden. Die reflexive Verarbeitung der Konflikte in Lernorganisationen kann sich dann auf die zugrundeliegenden Wertedilemmata und das „Typische“ an der Art und Weise des Konfliktablaufs konzentrieren.

Der Konflikt zwischen den Beratern und der Lerngruppe

Es soll im Folgenden der Konflikt zwischen Prozeßberatern und Gruppe nacherzählt werden, da sich an diesem Beispiel einige Begleitphänomene „kultureller Veränderungsarbeit“ veranschaulichen lassen. Die Beziehung zwischen Beratern und Lerngruppe war schon ganz von Anfang an durch einen „latent schwelenden“ Konflikt beeinflußt, welcher an bestimmten „Knotenpunkten“ des Prozesses in einen manifesten überzugehen „drohte“.

An dieser Stelle kann lediglich über die Gründe für diese „Schieflage“ spekuliert werden. Irritierend für die Gruppe war sicherlich, daß das Beraterteam aus einer Frau und einem Mann bestand. Zur Veranschaulichung: Es gab im Rohbau bei damals ca. 5000 Mitarbeitern keine Frau als Führungskraft. Der absolute Frauenanteil betrug 0,03 Prozent. Ebenfalls eine Rolle gespielt haben mag der „Unwille“, sich mit unternehmenskulturellen Verengungen „am eigenen Leib“ auseinanderzusetzen. In gewisser Weise ist damit auch die Frage nach der „organisationalen Lernbereitschaft“ gestellt. Schon deutlicher spürbar war letztendlich auch die Befürchtung, von der Center-Leitung für Veränderungsvorhaben mißbraucht zu werden, ohne gleichzeitig auf ausreichende Rückendeckung „im Konfliktfall“ hoffen zu dürfen. Schließlich und endlich ist der Beziehungsprozeß zwischen Beratern und Gruppe immer auch durch einen Auseinandersetzungsprozeß um „Macht“ überschattet, welcher in der Regel in gruppendynamischer Codierung in die Frage gekleidet wird: „Wer macht mit wem?“

Nacherzählenswert scheint der Prozeßverlauf aus zwei Gründen zu sein. Zum einen legt die für *Mercedes*-Verhältnisse ungewöhnlich heftige Konfliktaustragung die Vermutung nahe, daß es dabei um mehr – nämlich kulturelle Konflikte – als um die Machtfrage mit den Beratern ging. Zum anderen läßt der Konfliktverlauf Aufschlüsse über die „kulturtypische Verlaufsform“ von Konflikten zu.

Auslöser des folgenden Konfliktes war eine geplante Intervention der Berater am Ende eines Seminarblocks gewesen. Die Gruppe sollte in drei Untergruppen in Form einer „Hausaufgabe“ ein gezeichnetes Szenario vorbereiten, in dem die gesamte Gruppe in ihren typischen Beziehungen und Bezügen abgebildet sein sollte.

Die Gruppe hatte diese Instruktion ohne erkennbaren Widerstand passieren lassen, indem die einzelnen Teilnehmer die Anweisungen „ohne Murren“ mitschrieben. Schon im Vorfeld des nächsten Seminarblocks war allerdings abzusehen, daß die Bearbeitung der Aufgabe auf Schwierigkeiten und Widerstände stoßen sollte.

Insbesondere einzelne Abteilungsleiter, welche von ihren Mitarbeitern über das Ansinnen der Berater informiert wurden, machten sich zum „Sprachrohr“ des bis dahin nach außen unartikulierten Widerstandes. Die Aufgabe wurde dabei moralisch abqualifiziert. Es war die Rede von „menschenunwürdigen Vorgehensweisen“. Schließlich wurde der Vorgang dem Center-Leiter vorgetragen und mit ihm heftig diskutiert.

Zum Zeitpunkt der Präsentation der Gruppenergebnisse im Verlauf des nächsten Seminarblocks stellte es sich heraus, daß eine Gruppe ihre Aufgabe „stillschweigend“ nicht gemacht hatte. Projektleiter und Berater waren davon genauso wenig in Kenntnis gesetzt worden wie über die Verwerfungen im Vorfeld.

In der folgenden Auseinandersetzung zwischen Gruppe und Beratern, der Gruppe und dem Projektleiter und der Gruppe untereinander gelang es wie bei einer Zwiebel „Motivschicht“ um „Motivschicht“ abzutragen und besprechbar zu machen. Persönliche Erfahrungen mit strukturierten Feedback-Instrumenten, Befürchtungen, mit Kollegen nie wieder vertrauensvoll zusammenarbeiten zu können, kulturell „stigmatisiert“ zu werden und Karrierenachteile erleiden zu müssen, wurden genannt.

In der Diskussion wurde deutlich, daß zu den aus anderen gruppendynamischen Settings bekannten Widerständen eine „kulturbedingte“ Widerstandsverschärfung eintrat, welche nur durch die Verletzung der auf die Verwischung von Unterschieden angelegten Bereichskultur erklärbar ist.

Die Auseinandersetzung darum, ob die Aufgabe nun noch nachgeholt werden sollte, gipfelte schließlich in einer Situation, in der die Berater die Weiterführung des Seminars von der Bearbeitung der Aufgabe abhängig machten. Nach heftigen Diskussionen innerhalb der Gruppe wurde schließlich für eine Fortsetzung des Seminars unter den geschilderten Bedingungen votiert. Die Bearbeitung der Aufgabe bereitete denn auch in der Folge eher geringe Schwierigkeiten, und die Verarbeitung der Ergebnisse in der Großgruppe entspannte die Situation spürbar.

Die unternehmenskulturellen Anteile der Konfliktsituation und insbesondere des Konfliktverlaufs konnten zu diesem Zeitpunkt noch nicht reflexiv aufgearbeitet werden. Verschiedene Reflexionsebenen überlagerten bzw. durchdrangen sich gegenseitig. Die Singularität des Ereignisses verunmöglichte die eindeutige Herstellung eines konsistenten Sinnzusammenhangs zu diesem Zeitpunkt.

An diesem Beispiel läßt sich sehr schön eine Grunderfahrung erfahrungsorientierten Lernens veranschaulichen. Schütz und Luckmann (1994, S. 93) haben diesen Zusammenhang folgendermaßen beschrieben: „Wenn ich mich unseren Erfahrungen reflektierend zuwende, habe ich mich sozusagen außerhalb der Wir-Beziehung gestellt. Bevor ich über eine Wir-Beziehung nachdenken kann, müssen deren lebendige Erlebnisphasen abgebrochen werden oder verklungen sein. Ich lebe in einer Wir-Beziehung – und erlebe sie – nur dann, wenn ich in unseren gemeinsamen Erfahrungen aufgehe. Ich kann über sie reflektieren, aber nur ex post facto. Dabei können jedoch vergangene, gemeinsame Erfahrungen sowohl in großer Klarheit und genau als auch unscharf und verworren erfaßt werden.“

Carl Weick kommt das Verdienst zu, diese Erkenntnis auf Organisationen übertragen zu haben. In äußerster Zuspitzung lautet seine These: Organisationen handeln erst und legen dann ihrem Tun Sinn bei (Weick 1985). Nimmt man das von Schütz und Luckmann Gesagte ernst, dann ist dieser Sachverhalt nicht nur so, sondern er *muß* auch so sein, da an der Ungleichzeitigkeit von Erfahrung und Reflexion kein Weg vorbeiführt.

Der hier vorgestellte Konfliktverlauf ähnelt demzufolge mit gewissen Abstrichen der Katze von Erwin Schrödinger (Schrödinger 1963). Erst im Vorgang der Untersuchung wird der Sinn konstituiert, den eine Gruppe einem (zurückliegenden) Ereignis beimißt. Dazu bedarf es zunächst der emotionalen Distanzierung sowie einer einleuchtenden Erklärung in der Folge. Wiederholen sich bestimmte Abläufe, erleichtern sie die Identifikation als etwas Typisches. Erst in der Wiederholung gewinnen Abläufe Konturen, erst dann macht es Sinn, ihnen Sinn beizulegen. Es liegt dabei in der Hand der Prozeßberater, den Konstitutionsprozeß von Sinn durch eine zeitlich und inhaltlich abgestimmte Theoriearbeit zu flankieren und abzusichern.

Die Auswirkungen der regionalen Kultur

Die Unternehmenskultur von *Mercedes-Benz* hat eine lange Tradition und ist nach einer Definition von Bleicher (1990) eine „starke Unternehmenskultur". Solche Kulturen zeichnen sich durch große Homogenität und nicht selten auch durch Rigorosität beim Umgang mit „Kulturverletzungen" aus. Es spricht einiges dafür, daß die politische, religiöse und soziale Geschichte des Unternehmensumfeldes mit eine prägende Funktion bei der Entwicklung von Unternehmenskulturen spielt (Wever 1992).

Insbesondere in den süddeutschen Werken der *Mercedes-Benz AG* sind die Interdependenzen zwischen regionaler (schwäbischer) Kultur und den jeweiligen Werkskulturen stark spürbar. Ausstrahlungseffekte auf andere Werke im Laufe der Entstehungsgeschichte haben zu einem einheitlichen Kulturkern im Unternehmen geführt, welcher in den einzelnen Werken noch spezifische Ausprägungen erfährt. Insbesondere in Sindelfingen ist das regional eingefärbte Erbe stark spürbar. Nicht umsonst spricht man von einem „Sindelfinger Geist".

Sindelfingen liegt in dem Teil des heutigen Bundeslandes Baden-Württemberg, welchen man wegen seiner kulturellen Kontinuität mit dem Herzogtum Württemberg gern „Alt-Württemberg" zu nennen pflegt. Im konfessionell zersplitterten Südwesten der heutigen Bundesrepublik Deutschland stellt das ehemalige Herzogtum einen „protestantischen Brückenkopf" dar. „Alt-Württemberg kennzeichnete ein rigoroser Protestantismus, der konsequent auf Sittlichkeit, Fleiß und Sparsamkeit in diesem Lande achtete." (Wehling 1991, S. 17).

Die Erbsitte der Realteilung trug mit dazu bei, daß die Erwerbsgrundlage für bäuerliche Haupterwerbsbetriebe im 18. und 19. Jahrhundert zunehmend schwand. „Der Tendenz nach werden die Betriebe kleiner, die Existenzgrundlage schmaler, wer hier sich nicht abschafft und zusätzliche Erwerbsmöglichkeiten ergreift (im Dorfhandwerk, im Verlagswesen, der Textilfabrikation z.B.), ist bald am Ende" (Wehling 1991, S. 17).

Obrigkeit und Kirche überboten sich über mehr als drei Jahrhunderte darin, Leistungsverhalten und Alltagsverhalten ihrer Bürger zu regulieren und zu reglementieren. „Ein Leben unter solchen Bedingungen fördert nicht gerade die Solidarität, führt vielmehr zu einer wirkungsvollen wechselseitigen sozialen Kontrolle und Selbstdisziplin – für eine kapitalistische Industriegesellschaft sicherlich ausgesprochen funktional, genau so wie der Zwang, immer etwas schaffen zu müssen (das schwäbische Arbeitstrauma), für Ordnung und Sauberkeit zu sorgen: Man hat nichts zu verbergen.“ (Wehling 1991, S. 19).

Noch zusätzlich verschärft wurde die Strenge der lutherisch geprägten Lebensführung durch die in weiten Teilen Alt-Württembergs verbreitete religiöse Sonderbewegung des Pietismus. Was heißt Pietismus? „Man faßt unter diesem Begriff die Personen zusammen, die in immer größerer Zahl, an immer mehr Orten „privat, außerhalb des Gottesdienstes zusammentrafen, um über die Bibel und Fragen der Zeit gemeinsam nachzudenken und nach Antworten zu suchen.“ (Trautwein 1984, S. 124). Diese „Erweckungsbewegung“ entstand „als Reaktion auf den sozialen und ökonomischen Wandel des 18. und 19. Jahrhunderts“ und ist als ein Weg begreifbar, die zunehmende Beschneidung der materiellen Lebensgrundlage „für kleine Handwerker, Bauern und Weingärtner“ erträglicher zu machen (Assion 1984, S. 121).

Der Pietismus – eigentlich eine Bewegung, bei der der einzelne nur seinem Gewissen und einer eigenständigen Auslegung der Bibel verantwortlich ist – erstarrte rasch zu einem rigiden Sozialisationssystem. „Die allseitige Absicherung des Systems durch den Gerichts- und Lohngedanken (...) erlaubt dem jungen Menschen nur die Identifikation mit dem strengen Gott und stellt jede Abweichung unter Strafe: Spontaneität wird bedrohlich, weil sie die Kontrolle bedroht. Scham und Strafe sind notwendige Erziehungsmittel. Leistung wird früh und nachdrücklich gefordert ...“ (Trautwein 1984, S. 128).

Die schwäbische Kultur ist als Folge dieser Vorgänge durch einen engen normativen Kanon von Alltagsregeln geprägt, welche in der Regel im Gewande sprachlicher Verallgemeinerung daherkommen (man muß, kann, soll ...). Darüber hinaus sind weite Bereiche des Alltagshandelns so selbstverständlich geregelt, daß sie einer sprachlichen Problematisierung weitgehend entzogen sind. Sie sind zu „unhinterfragbaren Hintergrundannahmen“ geworden und steuern auf diese Weise unmerklich das alltägliche Verhalten des einzelnen. „Net schwätza, schaffa!“ lautet die diesbezügliche Regel.

In der Konsequenz werden in dieser Kultur als dem Erbe lutherisch-pietistischer Durchdringung aller Lebensbereiche Handlungen in einer Art binärer Logik nach recht und unrecht, seltener nach sinnvoll bzw. nicht sinnvoll beurteilt. Die Sanktionen bei „Kulturverletzung“ bewegen sich ebenfalls entlang moralischer Kategorien und werden bei Wiederholung mit Stigmatisierung und Ausgrenzung geahndet.

Die Konfliktaustragung, wenn man überhaupt von einer solchen sprechen kann, erfolgt in der Regel indirekt. Der Betroffene soll den Unmut des Kontrahenten spüren, ohne daß Gelegenheit zu einem Abgleich unterschiedlicher Erwartungshorizonte gegeben wird. Direkte Konfrontationen unterliegen sozialer Mißbilligung; indirekten Formen, auf Erwartungskonflikte aufmerksam zu machen, sind keine Grenzen gesetzt. Wer in einem Mietshaus einmal seiner Pflicht, die Treppen zu fegen, nicht nachgekommen ist, weiß, was gemeint ist. Die Bandbreite möglicher Reaktionen reicht von wohlwollenden Anfragen, ob man denn krank gewesen sei, bis zu mit fremdem Kehrricht gefüllten Mülleimern. Kommt es doch einmal zu offenen Konflikten, entbrennt der Streit in voller Heftigkeit, da die Erfahrung im Umgang mit Deeskalation und erfolgreich bewältigten Konflikten fehlt.

Wie kann man indes diese Erkenntnisse der empirischen Kulturwissenschaft für die Reflexionsarbeit in Kulturprogrammen fruchtbar machen?

Der Zugang über die Auswirkungen der regionalen Kultur auf die Unternehmenskultur erlaubt zunächst einen eher distanzierten Zugang zur Arbeit der Selbstbeobachtung und Selbstbeschreibung (Luhmann 1988). Ein direkter und kritischer Zugriff auf unternehmenskulturelle Dysfunktionalitäten löst dagegen bei starken und rigorosen Unternehmenskulturen heftige Widerstandsreaktionen aus. Insofern stellt diese Form der Annäherung ein schonendes Verfahren zur Auseinandersetzung mit sich selber dar.

Insbesondere die Beschäftigung mit den historischen, geographischen, politischen und religiösen Voraussetzungen einer spezifischen Kultur ermöglicht das Erlebnis der Kontingenz. Entwicklung von Kulturen ist so, aber auch anders möglich; keineswegs steckt eine Zwanghaftigkeit in der historischen Entwicklung. Schließlich wird mit einer solchen Vorgehensweise auch das Wissen um die Veränderbarkeit von Kulturen transportiert.

Die Arbeit an den geschichtlichen Wurzeln des eigenen Verhaltens stellt erfahrungsgemäß einen hohen Anreiz für die beteiligten Führungskräfte dar. Nicht selten liegen latente Unzufriedenheiten mit den Verengungen des Umfeldes vor. Ein theoretischer Erklärungsansatz erlaubt gleichermaßen Distanzierung zum eigenen Verhalten und dem der Umwelt wie auch einen gewissen „Machtzuwachs“ im Umgang mit anderen. Man weiß um die Bedingtheiten des Verhaltens anderer, und man kann dieses Wissen gegebenenfalls anwenden.

Die Reflexionsarbeit wurde mit einem Vortrag eingeleitet, welcher die historischen Bedingtheiten der regionalen Kultur beleuchtete und in eine Diskussion über die Auswirkungen auf das heutige kulturtypische Verhalten in der Region mündete. Zur Illustration konnten die Empfindungen und Beobachtungen der sogenannten „Reingeschmeckten“ unter den Teilnehmern genutzt werden. Gewissermaßen als Nebeneffekt wurden auf diese Weise auch latente Animositäten zwischen Zugereisten und Einheimischen indirekt bearbeitet. Dabei wurde offensichtlich, daß die Fremdheitserfahrungen ein wichtiger Fundus für die Reflexionsarbeit im System darstellten.

Es ging dabei natürlich auch nicht ohne Konflikte ab. Wenige, insbesondere ältere Teamleiter, reagierten mit Widerstand gegen diese „Nestbeschmutzung“ oder waren noch intensiv in der Haltung gefangen, es handele sich bei den kulturtypischen Regeln und Normen um die einzig mögliche Art und Weise, Zusammenleben in Kulturen zu organisieren. Interessanterweise löste diese Arbeitseinheit auch im systemischen Umfeld der Gruppe intensive Diskussionen über die Auswirkungen der regionalen Kultur auf „das System“ aus. Teilweise wurde auch mit Unverständnis reagiert. Mehrfach wurde der Verfasser auf diesen Teil der Arbeit angesprochen. Ganz idealtypisch ein schwäbischer Teamleiter: „Das ist ja alles nicht falsch, was sie erarbeitet haben, aber mußte es denn gesagt werden?“

Die vorrangige Haltung in der Gruppe indes war tiefes, nach innen gerichtetes Interesse und eine schweigsame, aber nicht feindselige Nachdenklichkeit bei vielen Teilnehmern.

Das für die Intensivierung des Diskussionsprozesses in der Gruppe verwendete Material soll mit einem Beispiel veranschaulicht werden. Besonderen Eindruck hinterließ ein längeres Zitat aus einem im vorigen Jahrhundert entstandenen Buch. In seinem Roman „Auch Einer“ hat Friedrich Theodor Vischer ein Schwabenbild vorgelegt, welches bei aller Problematik einer „Stammescharakterologie“ auch heute noch Aktualität für sich in Anspruch nehmen kann (Bausinger 1984). Insbesondere im Hinblick auf das Paradigma der 90er Jahre, die „lernende Organisation“, macht diese Zusammenfassung insbesondere „aufgeklärte“ Schwaben betroffen. Der Kern der Charakteristik soll deshalb an dieser Stelle ausführlich zitiert werden.

„Nachdenkliches Wesen, viel Talent, aber da stellt sich das T und L um: Talent bleibt latent. Sind so gescheit wie nur irgendjemand, haben aber wie die Schildbürger beschlossen, heimlich gescheit zu sein. Will nichts heraus. Kein Zusammenleben, keine Gesellschaft – denn verhockte Wirtshauskreise sind nicht Gesellschaft – kein Gespräch ... Guter Verstand überall. Aber kein Gespräch, kein geselliges, verbreitetes, Städte durchfliegendes Ventilieren neuer Dinge, die jedermann interessieren. Kein warmes Wort, kein lebendiger Ideenstreit über neue Bücher, Theaterstücke, Kunstwerke, aufregende politische Ereignisse oder Fragen. Scheint mir aber auch verstockter Eigensinn zugrundzuliegen, machen Gesichter, die sagen: jetzt, weil jedermann davon spricht, weil alle Welt meint, davon müsse die Rede sein, jetzt gerade erst recht nicht. – Sind übrigens auch fremdenscheu, fremdeln ... Formlosigkeit prinzipiell gemacht: sie gilt für wahre Natur; Form gilt für affektiert, vor allem: höher belebte Form, doch auch einfach richtige Form, zum Beispiel reines Deutsch. Wissen aber doch in Kunst und Wissenschaft sehr wohl, was große Form ist." (Vischer zit. bei Bausinger 1984, S. 16)

Kulturveränderung

„Wir können keine Strategie der Veränderung in Betracht ziehen, solange wir nicht den Mechanismus des ursprünglichen Lernens vollständig verstanden haben, sonst werden wir eher einen defensiven Widerstand als eine konstruktive Veränderung hervorrufen."
(Schein 1984, S. 37)

Im vergangenen Abschnitt wurde der Versuch gemacht, ausschnittsweise Entstehungsbedingungen von Unternehmenskulturen in Wechselwirkung mit der jeweiligen regionalen Umgebungskultur darzulegen. Der geschichtlich weit zurückliegende Entstehungszusammenhang und die Interdepenzen zwischen Umgebungskultur und Unternehmenskultur lassen auf eine tiefe Verankerung einzelner Wertebündel und Verhaltensvorgaben bei den jeweiligen Mitgliedern schließen.

Letztendlich stellt sich, wenn man zu einem tieferen Verständnis „der Mechanismen des ursprünglichen Lernens" gelangen will, die Frage, wie Individuen ihre kulturelle „Prägung" erfahren.

Es spricht einiges für die Auffassung, daß Unternehmenskulturen eine Antwort auf eine Urangst des Menschen, den *horror vacui,* sind. Kulturen organisieren einerseits Sicherheit über die Zugehörigkeit zu sozialen Gemeinschaften wie sie andererseits dysfunktionale (Über-)Komplexität auf ein „menschenmögliches Maß" reduzieren. Insoweit erfüllen Kulturen die Funktion, größere soziale Gemeinschaften handlungsfähig zu halten, indem sie das Verhalten des einzelnen steuern, ohne es explizit „vorschreiben" zu müssen.

Der Zugang zur jeweiligen Kultur erfolgt im wesentlichen induktiv, denn neue Mitarbeiter orientieren sich weitgehend am Verhalten der anderen. Kulturadäquates Verhalten wird dabei auf vielerlei Weise verstärkt, kulturabweichendes Verhalten demgegenüber auf die eine oder andere Weise „sanktioniert". Diese Form des „Lernens" erfolgt fast ausschließlich an Einzelfällen. Der größere Wertezusammenhang bleibt dabei sehr häufig unbesprochen. Damit bleiben die „Spielregeln" diffus und erschweren den reflexiven Zugang.

Es liegt im Wesen des induktiven Lernvorgangs, daß die kulturellen Grundlagen des Entscheidungsverhaltens dem reflexiven Zugriff der Mitglieder entzogen sind. Intuition steuert das Verhalten des einzelnen, nicht Reflexion.

Verhaltensvermeidung wird also über Sanktionen organisiert. Es werden jedoch nach unserer Beobachtung auch spezifische Verhaltensbereiche von Mitgliedern gemieden, wenn diese sich über die (kulturellen) Konsequenzen ihres Handelns nicht im klaren sind. Es liegen auch bei konkreter Nachfrage offenbar keine Erfahrungen mit sanktionierenden Reaktionen vor. Nur so ist es zu erklären, daß man auf die Frage, warum dieses oder jenes Verhalten im kulturellen Kontext nicht „gezeigt“ wird, häufig nur ein irritiertes Achselzucken zur Antwort bekommt. Dennoch wird das betreffende Verhalten aus Unsicherheit gemieden. Es ist daher eine der Aufgaben einer sauberen Kulturdiagnose, herauszufinden, wo einerseits solche „Leerstellen“ existieren und wo andererseits die Kultur heftig mit Abwehrreaktionen „zurückschlägt“. Dort, wo kulturelle Leerstellen existieren, verhält sich die Kultur „bedeckt“. Das Ausbleiben einer Reaktion bedeutet, daß sie mit dieser „Intervention“ nichts anzufangen weiß. Erfahrene Mikropolitiker bedienen sich solcher „blanks“, um ihre Anliegen durchzusetzen. Projektleiter beispielsweise wissen, daß viele Projekte keiner oder nur „gefühlsmäßiger“ Ergebniskontrolle unterliegen. In der Konsequenz werden viele Vorhaben dann eher „gesundgeredet“ denn gesund gemacht.

Aus beraterischer Perspektive stellt sich eine „kulturirritative“ Vorgehensweise bei einer Leerstellen-Problematik als Kunstfehler dar. Viele Kulturen tun sich nach unserer Kenntnis beispielsweise mit der Formulierung operationalisierbarer und damit überprüfbarer Ziele schwer. Handelt es sich um eine kulturbedingte Weigerung, Verbindlichkeiten einzugehen, ist eine kulturirritative Intervention – eventuell in Form einer paradoxen Verschreibung – durchaus indiziert, handelt es sich um ein *blank,* ist eine kompetenzaufbauende Intervention – beispielsweise über die Gestaltung modellhaften Lernens – eher angezeigt.

Es deutet nach unserer Erfahrung einiges darauf hin, daß bei systemischer Beratung allzu häufig auf die Kompetenz der jeweiligen Unternehmenskultur zur Lösung ihrer Probleme vertraut wird. In der Praxis werden dann Barrieren und Blockaden bearbeitet, wo kompetenzaufbauende Lernformen angezeigt wären.

Dort, wo mit Abwehrreaktionen gerechnet werden muß, ist sich die Kultur der jeweiligen Gefahr bewußt, welche in einer Verletzung der einschlägigen Normen oder gar Tabus lauert. Dieses intuitive Wissen beinhaltet in der Regel auch eine vage Vorstellung davon, wie Alternativen gestaltbar wären, wenn man sie denn zuließe. In diesem Sinne sind die kulturellen Widerstandsreaktionen als „Abschreckungsformen für allzu Vorwitzige“ begreifbar.

Der Hauptkonflikt

Schon frühzeitig entwickelte sich ein Konflikt, der annähernd die gesamte Dauer des Projekts in Anspruch nehmen sollte. Da im Verlauf des Prozesses paradigmatisch kulturelle Muster abliefen, soll auf den Verlauf dieses (Haupt-) Konflikts näher eingegangen werden.

Der Anlaß war ungeplant, wenn er sich auch nicht ohne innere Logik aufbaute. Die Gruppe hatte über den Projektleiter eine Anfrage an die Abteilungsleiter gerichtet, wie diese sich denn den zukünftigen Aufgabenumfang der Teamleiter vorstellen würden. Dieses Anliegen der Gruppe hatte seinen Ursprung wohl in der tief empfundenen Ahnung, daß die Mehrzahl der betroffenen Abteilungsleiter mit der „proklamierten Zielsetzung" nicht übereinstimmten. Mit dieser „Intervention ins System" sollte wohl ein bekanntes Muster des „Aussitzens und Ignorierens" mißliebiger Prozesse durchbrochen werden.

Die Antwort der Abteilungsleiter wurde als unbefriedigend wahrgenommen. Daraufhin entschloß sich die Gruppe – nach Rücksprache mit den Beratern –, ihr Selbstverständnis zu formulieren und mit einem Forderungskatalog an die Öffentlichkeit zu treten. Die Forderungen selbst waren dabei als durchaus maßvoll zu bezeichnen. Sie bewegten sich durchweg entlang der Leitlinien, welche sich durch den Wunsch nach „konsequenter Entscheidungsdelegation" fast zwangsläufig ergeben. Der Entschluß der Gruppe, ihrem Anliegen mit einem Bündel von schriftlich formulierten Forderungen Nachdruck zu verleihen, wurde von einer enormen Euphoriewelle begleitet. Zaghafte Versuche einiger weniger Teamleiter, auf die Risiken des Unterfangens aufmerksam zu machen, wurden von der allgemeinen Begeisterung regelrecht „weggespült".

Zu einer ersten, wenn auch noch nicht nachhaltigen Ernüchterung sollte es kommen, als auf Anraten der Berater eine kleine Gruppe von Teamsprechern ausgewählt werden sollte. Diesen sollte die Aufgabe zukommen, die Anliegen der Gruppe bei einem ersten Treffen mit den direkten Vorgesetzten möglichst begründet zu vertreten.

In einem von den Beratern unbeeinflußten Auswahlprozeß von rund zwei Stunden verständigte sich die Gruppe auf drei Repräsentanten. Die anschließende Prozeßauswertung ergab ein für die Gruppe tief beeindruckendes Bild. Die sogenannten „Platzhirsche" hatten sich bedeckt gehalten oder offenen Aufforderungen, sich zur Verfügung zu stellen, mit „fadenscheinigen" Ausflüchten entzogen. Die ansonsten so selbstbewußten Teamleiter aus dem Kernfertigungsbereich hatten sich genauso wenig für eine Sprecherfunktion engagiert wie eine Mehrzahl der ehemaligen Meister. Insbesondere den ehemaligen Meistern fiel es bei der Auswertung „wie Schuppen von den Augen", daß sie sich verhalten hatten wie zu ihren früheren (Funktions-)Zeiten.

Nach der Klausur erfaßte diese „Irritation" schnell die oberen Führungsebenen. Vordergründig entzündete sich der Konflikt wohl an der „Kulturverletzung“, Forderungen von unten nach oben zu stellen. Vermutlich war dies auch der Grund für die unerwartet heftige Reaktion der Abteilungsleiter. Einige hegten darüber hinaus den – unbegründeten – Verdacht, der Katalog richte sich vorrangig gegen einzelne Führungskräfte, welche ihren Mitarbeitern nicht genügend Freiraum gewährten. Aus den Reihen der Abteilungsleiter wurde in der Folge der Ruf nach einer „Nennung von Roß und Reiter“ laut. Konsequent verweigerte sich die Gruppe indes dieser „Zumutung“, da es deren Zielsetzung gewesen war, zu einer allgemeinverbindlichen Aufgabenabgrenzung zwischen Teamleiter und Abteilungsleiter beizutragen. Es war nicht Absicht der Gruppe gewesen, einzelne Führungskräfte „vorzuführen“.

In der Zwischenzeit war das zwischenmenschliche Klima im Bereich auf einem Tiefpunkt angekommen. Die Angehörigen der einzelnen Führungsebenen betrachteten die Handlungsweisen der jeweils anderen mit Argusaugen.

In dieser Situation wurde versucht, einzelne „Rädelsführer“ der Gruppe ausfindig zu machen. Teilweise zu Unrecht wurden einzelne Teamleiter für die konflikthafte Entwicklung verantwortlich gemacht und informell erheblich unter Druck gesetzt. Schließlich bröckelte auch die Solidaritätsfront innerhalb der Gruppe. Einzelne Teilnehmer traten einen gemäßigten Rückzug an und distanzierten sich vorsichtig von den seitherigen Aktionen.

Bei den folgenden Seminarblöcken war in der Gruppe eine zunächst depressive Grundströmung beobachtbar. Es war eine resignative Stimmung entstanden, welche genauso wenig eine angemessene Reaktion auf das Geschehen zu sein schien, wie die Euphorie zu Beginn des Prozesses.

Vernetzte Beratersysteme können in solchen Situationen einen nicht zu unterschätzenden Beitrag leisten, die Reflexionsarbeit beim Kunden nicht abreißen zu lassen. Sämtliche in diesem Zeitraum im Rohbau eingesetzten Berater und Beratersysteme waren über die einschlägigen Vorgänge informiert und ergriffen die Chance, die Geschehnisse im Projekt „Teamkultur“ in ihre Veränderungsarbeit einzubinden. Jede sich bietende formale oder informelle Gelegenheit wurde genutzt, die losgetretenen Konflikte zu thematisieren.

Zweimal wurde auf Center-Klausuren das Geschehen diskutiert. Das Projekt war Gegenstand eines Coachings mit der Center-Leitung, außerdem wurden „Verwerfungen“ bei der Einführung von Gruppenarbeit in Beziehung zu den Geschehnissen im Projekt „Teamkultur“ gesetzt.

Für den Zeitraum von zwei bis drei Monaten herrschte im Rohbau eine Situation, in der der kulturellen Veränderungsarbeit von allen Seiten höchste Aufmerksamkeit zuteil wurde. Auf diese Weise gelang es, den Reflexionsprozeß „in der Schwebe zu halten“ und nicht im Tagesgeschäft „abstürzen“ zu lassen.

Die Kontroverse hatte das gesamte System erfaßt, ohne vor der Center-Leitung Halt zu machen. Diese behandelte den Konflikt zunächst vorsichtig, beobachtete den Prozeß sehr sorgfältig und schaltete sich – als der Konflikt hochkochte – in die Konfliktlösung eher spät ein.

Zur Beilegung des Konflikts trugen schließlich ganz wesentlich zwei Veranstaltungen bei, bei denen die jeweiligen Sichtweisen der Abteilungsleiter und der Teamleiter – ohne die Berater – ausgetauscht und einer Verständigung nähergebracht wurden. Völlig beigelegt wurde der Konflikt, als im Beisein der Center-Leitung der zukünftige Aufgabenumfang der Teamleiter vereinbart und schriftlich fixiert wurde.

Insgesamt war der Prozeß aus Beratersicht für die Organisation insofern von Vorteil, als sich latent vorhandene Kulturmuster „materialisieren" ließen und damit einer reflexiven Bearbeitung zugänglich wurden. Es wurde anschaulich, was passiert, wenn man in die „Grauzonen" der Unverbindlichkeit, den Nährboden für Machtprozesse (Crozier/Friedberg 1979), hineinsticht. Tabus und kulturelle Abwehrreaktionen wurden besprechbar gemacht und mit einem Namen versehen. „Personifizierung von Konflikten", „Stigmatisierung", „Roß-und-Reiter-Mentalität" und ähnliche Begriffe haben Eingang in die Selbstbeschreibungskompetenz der Gruppe gefunden. Letztlich ist auch ein Bewußtsein dafür entstanden, daß nichts so heiß gegessen wird, wie es gekocht wurde – daß Konflikte fruchtbar sein können und sich erfahrungsgemäß auch wieder beilegen lassen.

Die Auswertung des „Kulturkonfliktes" war, solange die Auseinandersetzung andauerte, integraler Bestandteil der Reflexionsarbeit in der Projektgruppe und im kulturellen Umfeld. Dabei wurde ein Konfliktmodell eingeführt, welches im wesentlichen die drei Konfliktdimensionen von persönlichen, strukturellen und kulturellen Konflikten unterschied. Bei der Reflexion der erlebten Konflikte wurde in den einzelnen Workshops und im systemischen Umfeld regelmäßig auf dieses Modell rekurriert und versucht, in einer Art „konsensualem Prozeß" Übereinstimmung bezüglich der jeweils vorherrschenden Dimension zu erlangen. Die dabei entstandenen Diskussionen trugen ihrerseits zu einem vertieften Verständnis der Prozesse innerhalb der Organisation bei.

Konflikt-Typen

a) individuelle Konflikte

1. Macht
2. Interessen
3. Ziele
4. Erwartungen
5. Konkurrenz

b) strukturelle Konflikte

1. Schnittstellen /Nahtstellen
2. Arbeitsteilung (horizontal/vertikal)
3. Stab/Linie Prozeßkette
4. Bereichslogiken

c) kulturelle Konflikte

1. Wertekonflikte
2. Verfahrenskonflikte
3. Tabuverletzungen
4. Normbrüche
   etc. Erschütterungen der Grundannahmen (beliefs)

Insgesamt sollte die Einführung dieses einfachen Erklärungsmodells viel zur persönlichen Entlastung einzelner beitragen. Die Erkenntnis, daß bestimmte strukturell bedingte Auffassungs- und Verhaltensunterschiede so sein müssen, weil unterschiedliche Funktionslogiken gewissermaßen dazu zwingen, befreite vom Druck, in solchen Situationen dem anderen unbedingt den eigenen Standpunkt aufzwingen zu müssen.

Identifizierung und Umgang mit kulturellen Konflikten indes stellten besondere Herausforderungen für die Teilnehmer dar, die angetreten waren, um sich gewissermaßen „am eigenen Schopf“ aus den dysfunktionalen Zwängen der bisherigen Kultur zu lösen. Insbesondere für Kulturen mit der Tendenz, Abweichungen zu tabuisieren, sozusagen gar nicht in den Status von Besprechbarkeit gelangen zu lassen, sind Konflikte häufig für die Organisationsmitglieder der einzige Weg, sich „zu wundern“ beginnen zu können.

Die Auswirkungen des Prozesses im Rohbau

Konflikte in Organisationen sind nicht nur unumgänglich und normal, sondern bergen auch enorme Chancen für die Weiterentwicklung von Sozialsystemen. Bis dato waren im Rohbau – aber auch anderswo im Werk – eher als dysfunktional zu apostrophierende „Konfliktmuster“ an der Tagesordnung gewesen. In Analogie zum moralisierend-binären Umgang mit Konflikten in der regionalen Kultur waren aufkeimende Konflikte beständig „über einen Kamm geschoren“ worden. Konflikte wurden zudem fast ausnahmslos personalisiert. Dabei konnte es schon einmal zu ernsthaften Stigmatisierungen und Ausgrenzungen Andersdenkender kommen. In Zeiten, in denen tradierte Verhaltensmuster von Organisationen „fragwürdig“ werden und die zunehmende Turbulenz der Märkte auch zum kulturellen Um- und Verlernen zwingt, sind die oben angedeuteten typischen Reaktionsweisen eher als veränderungshemmend zu begreifen.

Es ist – so meinen wir – gelungen, die angesprochenen Konfliktmuster etwas zu entschärfen. Der nahezu hysterische Umgang mit dem ersten Aufbrechen von Konflikten ist einer gelösteren Haltung im Umgang mit kulturellen Dilemmata gewichen.

Der offensichtlichste Effekt für die Lerngruppe selbst war die Entwicklung einer eigenen Projektidentität. Sowohl als eine Reaktion auf den „Hauptkonflikt" wie auch auf Anfeindungen von Kollegen und Mitarbeitern löste sich die Gruppe vom „Stigma" der Qualifizierungsbedürftigkeit und definierte sich als eine Gruppe, die an der kulturellen Neuformierung des Bereichs ihren Anteil haben wollte.

Die Abteilungsleiter, welche bis dato eher eine Gruppierung von Einzelstreitern gewesen waren, formierten sich im Verlauf des Prozesses als eine eigenständige Gruppe, die seitdem ohne die Center-Leitung regelmäßig zusammentrifft. Mit dieser Entwicklung ist allerdings auch eine Tendenz zur Verselbständigung im konservativen Sinne verbunden. Es ist sicher nicht zuletzt dieser Erfahrung zu verdanken, daß sich die Center-Leitung für einen konsequenten Entwicklungsprozeß des erweiterten Leitungskreises entschieden hat.

Insgesamt scheint bei allen Ebenen das Bewußtsein ihrer Interdependenz gestiegen zu sein. Im zunehmenden Maße entwickelt die Center-Leitung die Fähigkeit, Veränderungsprozesse auf ihre Wirksamkeit beurteilen und entsprechend steuern zu können.

Einen großen persönlichen Entwicklungsschritt hat der Projektleiter aus der Abteilungsleiterebene gemacht. Es ist im wesentlichen seiner Bereitschaft zu verdanken, sich sowohl für die Gruppe als auch für seine Kollegen zu engagieren, daß die losgetretenen Konflikte letztendlich zu einer Erweiterung der Handlungskompetenz des Systems beitrugen. Es ist ihm überdies gelungen, den Konflikt zwischen Projekt und Linie auch für seine Führungsaufgabe fruchtbar zu machen.

Auf der Negativseite sind teilweise persönliche „Beschädigungen" einzelner zu verbuchen, da es nicht zu vermeiden war, daß die Suche nach Schuldigen und Rädelsführern gewissermaßen „weiterlief".

Die reflexive Verarbeitung des Erlebten und die Einsteuerung in eine geregelte Kommunikation innerhalb des Bereiches steht noch aus. Das Bewußtsein für die Notwendigkeit dieser „Nacharbeit" entwickelt sich eher langsam.

Die konfliktären Turbulenzen im Verlauf des Projekts haben auch vor dem Beratungssystem nicht haltgemacht. Zwischenzeitlich geriet die Zusammenarbeit mit der Abteilungsleiterebene in eine erhebliche Schieflage und stellt für die weitere Beratung eine nicht unbeträchtliche Hypothek dar. Es bleibt zu wünschen, daß es im weiteren Verlauf der Beratungsbeziehungen gelingt, auch diese Verwerfungen „bearbeitbar" zu machen.

Resümee

Wer Kulturprojekte in Auftrag gibt oder begleitet, muß sich die Frage stellen lassen, was er mit solchen Prozessen erreichen will.

Kulturen von Großorganisationen verfügen in der Regel über unerschöpfliche Reserven zur Reproduktion „klassischer Kulturmuster“. Vor allzu großer Erwartungseuphorie sei demzufolge insbesondere bei sehr großen Organisationen gewarnt. Kulturprogramme entfalten ihre größte Wirksamkeit dann, wenn sie in ein Gesamtveränderungskonzept eingebettet sind. Inhaltliche und zeitliche Übereinstimmungen mit den Veränderungslogiken der Gesamtorganisation sind dabei unumgänglich. Strukturen, Systeme und Programme müssen in zeitlicher Abstimmung mit Kulturveränderungsprozessen im Hinblick auf die geplante Soll-Kultur abgeändert werden. Nur dort, wo es gelingt, eine vernetzte Prozeßarchitektur aufzubauen, sind dauerhafte Kulturveränderungen wahrscheinlich. Kulturprogrammen im engeren Sinne kommt dabei die Aufgabe zu, „Transformationsprozesse“ zu flankieren, indem sie strategisch erwünschte Änderungen im Verhalten der Organisationsmitglieder ansteuern und reflexiv absichern.

Dieser hohe Anspruch ist indes in der Realität äußerst selten einzulösen. In der Regel bestehen auf der Managementebene nur sehr vage Vorstellungen vom anzustrebenden Endzustand. Kulturelle Lernprozesse in Programmen stellen demzufolge häufig eher experimentelle Schritte auf dem Wege in eine unklare Zukunft dar. In diesen Fällen ist mit dysfunktionalen Ungleichzeitigkeiten zu rechnen. Neue Strukturen werden entweder mit den unternehmenskulturell eingefärbten Problemlösemustern der Vergangenheit eingeführt, oder „hinderliche“ Systeme oder Programme können nach der Logik interner Entscheidungsverläufe nicht „rechtzeitig“ abgeändert werden. Solange beispielsweise Entlohnungssysteme Verwendung finden, welche Einzelleistung und Konkurrenzhaltung fördern, wird der Einführung von Gruppenarbeit nur ein Teilerfolg beschieden sein. Daran ändern auch noch so sorgfältig durchgeführte begleitende Kulturveränderungsmaßnahmen nichts.

„Insulare“ Kulturprojekte in den Subsystemen von Organisationen unterliegen zusätzlichen Einschränkungen. Sie müssen mit (Gegen-)Reaktionen ihres Umfeldes rechnen. Eine entsprechend kultursensible Kommunikationsstrategie ist eine „Überlebensfrage“ für das jeweilige Projekt. Kulturprojekte in dem hier vorgestellten Sinn können einen Beitrag zur Erweiterung der Handlungskompetenz in der betreffenden Unternehmenseinheit leisten. Geben Kulturprojekte vor, dieses ohne Konflikte leisten zu können, sind sie mit Skepsis zu betrachten. Nicht selten bleiben solche Veränderungsprozesse auf der „semantischen“ Stufe stecken. In solchen Fällen erhöht sich lediglich die Fähigkeit der Organisationsmitglieder, „veränderungsunschädliche Fensterreden“ zu halten.

Da Systeme, wenn sie auf sich selber schauen, für weite kulturelle Regelungsbereiche blind sind, entsteht für Veränderungsprozesse die Notwendigkeit, Selbstbeobachtung so zu organisieren, daß Alternativen ins Blickfeld geraten. Das geht nur mit kulturellen Irritationen, die wenigstens innere Konflikte bei den Mitgliedern auslösen können. Handelt es sich dabei um besonders heftige Zumutungen, wird der Konflikt manifest, indem er sich an Protagonisten anlagert. Der innere Zwist wird zum Konflikt zwischen Personen. Gelingt es nun, diesen Konflikt besprechbar zu machen und auf seinen wertmäßigen Hintergrund zurückzuführen, steigt die Chance für einen rationaleren Umgang mit Alternativen. Die Organisation beginnt zu lernen.

Ein erstes Aufbrechen kulturell motivierter Konflikte reicht allerdings in der Regel nicht aus, neuen erfolgversprechnenden Vorgehensweisen zum Durchbruch zu verhelfen. Zunächst einmal handelt es sich dabei lediglich um die Veranschaulichung einer bis dato unhinterfragbaren „Hintergrundregelung". Es liegt am jeweiligen System, ob es gelingt, den Veränderungen zum Durchbruch zu verhelfen.

Die Wirksamkeit des Prozesses steigt mit der Reichweite der losgetretenen Konflikte. Schafft man es, ein gesamtes System zum Schwingen zu bringen, ist die Voraussetzung für eine Selbstveränderung kultureller Werte und Handlungsmuster gegeben. Gelingt es überdies, sämtliche relevante Beteiligte auch emotional anzurühren, steigt die Chance, das System in einen Zustand der Plastizität zu überführen.

Große Veränderungschancen für die oberste Leitungsebene ergeben sich, wenn Konflikte die gesamte relevante Organisationseinheit erfaßt haben. Der Zustand der „größten Labilität" des Systems ist gleichzeitig der Zustand der größten Veränderungswahrscheinlichkeit.

Gelingt es indes nicht, das System im einen reiferen „Attraktorzustand" zu überführen, beginnt der Veränderungsprozeß ganz von vorne. Häufig stellen Mißerfolge sogar eine Hypothek für spätere Veränderungsvorhaben dar, da im System mit jedem gescheiterten Versuch die Resignation mitwächst. In diesem Sinn wird es zunehmend eine Schlüsselqualifikation für Führungskräfte werden, den „Zustand der größten Labilität" eines Systems erkennen und dann – *in time* – den entscheidenden „Hebel" ansetzen zu können. Das hier vorgestellte Projekt beansprucht nicht zuletzt, einen substantiellen Beitrag zum Aufbau einer solchen Kompetenz geleistet zu haben.

Für Organisationsberater stellt sich in diesem Zusammenhang ein ethisches Problem. Erfahrungsgemäß erkennen leitende Führungskräfte die Notwendigkeit eigenen kulturverändernden Handelns erst dann, wenn gewisse eigene Erfahrungen sowohl mit der Dysfunktionalität spezifischer unternehmenskultureller Wertebündel wie auch mit der Eigenlogik von Veränderungsprozessen vorliegen. Das sich daraus ergebende beratungsethische Problem läßt sich am ehesten in folgender Frage formulieren: „Ist es gerechtfertigt, in Organisationen Konflikte loszutreten, die nicht abzuschätzende Folgen für Mitarbeiter haben können, solange die Verantwortung tragenden Führungskräfte die Folgen solcher konflikthaften Prozesse nicht abzuschätzen und aufzufangen vermögen? Oder anders formuliert: Wie kann man der scheinbaren Notwendigkeit entrinnen, den eigenen Bereich zum Experimentier- und Lernfeld für Manager zu machen?

Eine Teilantwort scheint in der Notwendigkeit eines prozeßbegleitenden Coachings für die verantwortlichen Manager zu liegen. Letztlich resultiert aus den Erfahrungen in diesem Projekt die Empfehlung, rechtzeitig externe Berater als Coaches für die Leitungsebene zu lancieren, welche mit ihrer prozessualen und reflexiven Kompetenz zu einer adäquaten „Verarbeitung“ der auftauchenden Phänomene beitragen können. Verantwortliche und vertrauensvolle Kooperation zwischen Internen und Externen ist dafür allerdings eine unerläßliche Voraussetzung.

Anmerkungen

1 Die Ebene der Teamleiter war bei der Einführung der neuen Führungsorganisation der *Mercedes-Benz AG* durch Zusammenlegung zweier Hierarchieebenen entstanden und ist zwischen den Meistern und den Abteilungsleitern angesiedelt.

2 Alle drei Veränderungsprozesse werden von Faust et al. (1994) der „reflexiven Rationalisierung“ zugeordnet.

Literatur

Assion, P. (1984): „Volksfrömmigkeit“ als Identitäts- und Unterscheidungsmerkmal. In: Konfession – eine Nebensache? *Der Bürger im Staat* 34 (2): 120–123.

Bausinger, H. (1981): Zur politischen Kultur Baden-Württembergs. In: Baden-Württemberg. Eine politische Landeskunde (2. Auflage), S. 13–40.

Bleicher, K. (1990): Unternehmenskultur. In: A. Demuth, (Hrsg.): Unternehmenskultur. Imageprofile '90. Hamburg, Düsseldorf/Wien/New York, S. 9–21.

Crozier, M. u. G. Friedberg (1979): Macht und Organisation. Die Zwänge kollektiven Handelns. Königstein/Ts.

Ernst, F. (1994): Gruppenarbeit in der Automobilindustrie aus systemischer Sicht. *Organisationsentwicklung* 2: 43–55.

Faust, M., P. Jauch, K. Brünnecke u. C. Deutschmann (1994): Dezentralisierung von Unternehmen. Bürokratie- und Hierarchieabbau und die Rolle betrieblicher Arbeitspolitik. München.

Luhmann, N. (1988): Soziale Systeme. Grundriß einer allgemeinen Theorie (2. Aufl.). Frankfurt/Main.

Peters, T.G. u. R.M. Watermann (1982): in Search of Excellence. New York.

Schein, E. (1984): Soll und kann man eine Organisationskultur verändern? Organisationsentwicklung vor neuen Fragestellungen. *gdi impuls* 2: 31–43.

Schrödinger, E. (1963): Briefe zur Wellenmechanik. Wien.

Schütz, A. u. Th. Luckmann (1994): Strukturen der Lebenswelt, Bd. 1 (5. Aufl.). Frankfurt/Main.

Stiefel, R.Th.: Management-Andragogik und Organisationsentwicklung (MAO). Ein Informationsbrief für Führungskräfte, die sich für Lernen, Entwicklung und Wandel von und in Organisationen interessieren und engagieren. St. Gallen (seit 1979).

Trautwein, J. (1984): Pietismus – ein erfolgreicher Sonderfall. In: Konfession – eine Nebensache? Der Bürger im Staat, 34 (2): 124–133.

Weick, K. (1985): Der Prozeß des Organisierens. Frankfurt/Main.

Wehling, H.-G. (1991): Ein Bindestrich-Land? Verbundenes und Unverbundenes in der politischen Kultur Baden-Württembergs. In: Baden-Württemberg. Eine politische Landeskunde, Teil II. Stuttgart/Berlin/Köln, S. 13–26.

Wever, U.A. (1992): Unternehmenskultur in der Praxis. Erfahrungen eines Insiders bei zwei Spitzenunternehmen (3. Aufl.). New York.

Wimmer, R. (1992): Was kann Beratung leisten? Zum Interventionsrepertoire und Interventionsverständnis der systemischen Organisationsberatung. In: Wimmer, R. (Hrsg.) Organisationsberatung. Neue Wege und Konzepte. Wiesbaden, S. 59–111.

Zürn, P. (1985): Vom Geist und Stil des Hauses – Unternehmenskultur in Deutschland. Landsberg.

PROAKTIVER KULTURWANDEL DURCH METASYMBOLIK IN DER KONZEPTION EINES WERKSKONZEPTES

1. Einführung

Unternehmen sind Organisationen, die – vergleichbar den lebenden Organismen – spezifische Evolutionspotentiale entfalten können (vgl. Drazin/ Sanderlands 1992). Im Laufe der Unternehmensevolution werden verschiedene Stadien kultureller Verhaltenssystematik entwickelt und praktiziert, so daß sich die kulturelle Identität von Unternehmen ganz unterschiedlich präsentieren kann. Organisationen sind immer auch Kulturen, und die Evolution von Organisationen steht mit der spezifischen Veränderung dieser Kulturen in einem engen Zusammenhang (Weick 1969).

Die kulturelle Evolution von Organisationen beinhaltet Phasen kontinuierlicher Weiterentwicklung, aber auch Phasen der Stagnation. Stagnation kann im fehlenden Willen zur Veränderung auf Grund einer relativ stabilen Marktlage oder einer beherrschenden Marktposition begründet sein (vgl. Alevsson/Berg 1992). Erfahrungen, die ein Unternehmen in der Vergangenheit mit gelungenen und mißlungenen Problemlösungen gesammelt hat, werden in ungeschriebenen Gesetzen in die Gegenwart übertragen (Heinen/ Dill 1986).

Eine Möglichkeit des Vorgehens gegen kulturelle Stagnation besteht im gezielten Einsatz von Metasymbolen zur Initiierung eines proaktiven Kulturwandels. Metasymbolik soll definiert werden als Zielwertesystem, das über Kulturartefakte wie Sprache, Zeichen oder Rituale kommuniziert wird und eine Signalwirkung auf die weitere Organisationsentwicklung hat. Diese Definition von Metasymbolik projiziert die Vorstellung des Entstehens kultureller Werte und deren Funktion für menschliche Verhaltensmuster auf das Organisationsverhalten von Unternehmen, welche dadurch ihre soziale Identität erlangen (vgl. Richter 1994). Die Bedeutung von Metasymbolik erweitert die gängige Vorstellung von Symbolik in der Organisationstheorie (vgl. z.B. die Ansätze von Czarniawska-Joerges 1992 und Alevsson/Berg 1992), welche eher am Abbild einer bestehenden und weniger am Zielpunkt einer zukünftigen Unternehmenskultur ansetzt. Metasymbolik dagegen ist immer auf zukünftige Entwicklungen gerichtet.

Auf die Bedeutung von Metasymbolik hat bereits Wittgenstein in seinem Spätwerk hingewiesen (Wittgenstein gebraucht die Konnotation von „Sprachspielen", um der Agonistik von Metasymbolen Ausdruck zu verleihen, vgl. Wittgenstein 1967): Metasymbole konstituieren sich als Teil einer

Tätigkeit oder einer kulturellen Lebensform und beeinflussen deren Ausprägung. In diesem Sinne sind sie ein Regelwerk kultureller Kommunikation. Im Sozialisationsprozeß setzen sich Mitglieder einer Kulturgemeinschaft mit einer Vielzahl von Metasymbolen, die mit unterschiedlichen Lebensformen verbunden sein können, auseinander. Deshalb entwickeln sich Metasymbole sehr unterschiedlich voneinander, selbst wenn sie denselben Ursprung haben sollten.

Ziel dieses Beitrages ist die konzeptionelle Synthese von Metasymbolik und Unternehmenskultur auf der Ebene eines Managements des Wandels. Der Ansatz eines proaktiven Kulturwandels soll anhand eines Unternehmens diskutiert werden, das den Prototyp eines Metasymbolsystems in der Form eines „Werkskonzepts" bereits realisiert hat. Die Realisierung eines solchen Konzepts könnte zum zentralen Orientierungsrahmen für die Evolution von Unternehmen werden.

2. Die Rolle von Metasymbolik im organisationalen Evolutionsprozeß

Unternehmen erarbeiten sich im Laufe der Zeit eine handlungsleitende Kultur. Diese definiert unternehmensinterne Normen und Werte und beeinflußt die zu ihrer Erreichung einzusetzenden Mittel und Strategien. Die Kultur eines Unternehmens umschließt Wertvorstellungen und Normen zur Regelung des sozialen Verhaltens und entsteht parallel zur Unternehmensentwicklung (Heinen/Dill 1986). Die Wahrnehmung und Verankerung der Wertvorstellungen und Normen erfolgt in der Regel über Symbole (vgl. Maruyama 1993).

Symbole sind Zeichen, die einen bestimmten Bedeutungsinhalt darstellen und die über ein rein denotatives Verhältnis hinaus auch komplexere Kommunikationsinhalte mitteilen können. Sie versinnbildlichen z.B. die Wertvorstellungen menschlicher Gemeinschaften, die sich mit diesen Wertvorstellungen gegenüber ihren Außenwelten abzugrenzen versuchen. Kulturelle Artefakte (z.B. Kunst) wie auch menschliche Handlungen (z.B. Sprache, Rituale) bieten sich als Formträger von Symbolen an. Damit vermitteln Symbole den Sinnzusammenhang menschlichen Erlebens (vgl. Czarniawska-Joerges 1992).

In Unternehmen gelten, wie in jeder von Menschen gebildeten Gemeinschaft, bestimmte Grundannahmen, die sich in einem spezifischen Vokabular verschlüsselter Sprach- und Verhaltensformen zeigen. Erfolgreiche Problemlösungsroutinen und Erklärungsmuster sind Elemente solch kodifizierter und tradierter Sprach- und Verhaltensformen. Da der Gebrauch von Symbolik in Unternehmen nicht nur mit der Festigung bestehender kultureller

Handlungsweisen, sondern mit der Erzeugung eines Kulturwandels verbunden sein kann, soll hier von Metasymbolik gesprochen werden.

Ziel von Metasymbolik ist, die verschlüsselten Sprachformen sowie die Funktion der symbolischen Aussagen in Unternehmen selbst noch einmal zu hinterfragen. Metasymbolik führt damit in einen logischen Bereich zweiter Ordnung, da die Begriffslogik der Symbolik auf sich selbst angewandt wird (vgl. von Foerster 1987). Die Elemente der kulturellen Wertehierarchie werden durch Metasymbolik wahrgenommen und durch das organisationale Erfahrungswissen weiterentwickelt. Metasymbole erklären nicht nur die Unternehmenskultur, indem deren Sinn zugänglich gemacht wird, sondern rechtfertigen auch den Wandel der zugrundeliegenden Werte. Die folgende Abbildung skizziert die Rolle von Metasymbolik im organisationalen Evolutionsprozeß unter dem Zielhorizont eines erwünschten Kulturwandels:

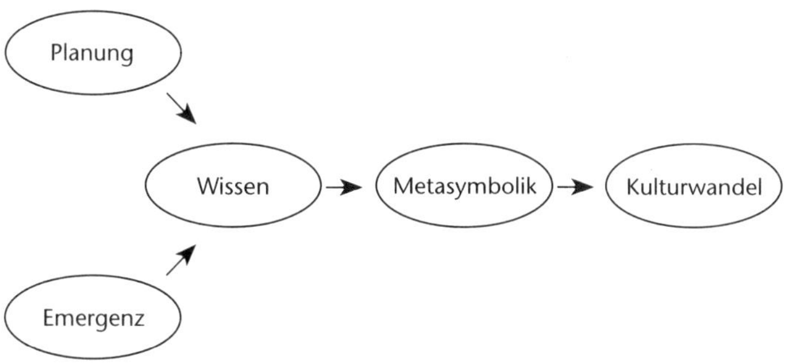

Abb. 1: Kulturwandel als organisationaler Evolutionsprozeß

Metasymbole werden zum einen vom Management geplant und damit als kultureller Bezugsrahmen des Unternehmens festgelegt. In diesem Sinne gleichen Metasymbole den versprachlichten Visionen des Managements. Sie erwachsen andererseits aus den Interaktionen der Mitarbeiter eines Unternehmens. Ständig wiederkehrende Handlungsmuster entwickeln sich zu Ritualen, die sich in der Form von Metasymbolen verfestigen. Metasymbolik ist somit gleichzeitig geplant und emergent. Die Entstehung von Metasymbolik läßt sich durch die Begriffe *Fremdorganisation* und *Selbstorganisation* beschreiben, weil diese Konzepte eine konkrete Lokalisierung der organisationalen Gestaltungskräfte beinhalten (vgl. auch Simon/CONECTA 1992, Richter 1994).

Damit Planung und Emergenz in Metasymbolik münden kann, muß zunächst ein gemeinsames Erfahrungswissen entstehen (vgl. Nonaka 1991). Erst wenn die erzeugten kulturellen Werte von der Organisation in ihrer

Gesamtheit wahrgenommen werden, bekommt Metasymbolik den Status einer Stellvertreterfunktion der Unternehmenskultur.

Falls Metasymbolik im gesamten Unternehmen kommuniziert und als originärer Unternehmensleitsatz verbalisiert wird, erhält das Unternehmen einen Rahmen, der es in Richtung eines grundlegenden Kulturwandels bringen kann. In diesem Sinne lösen Metasymbole einen Kulturwandel aus. Erst das Bewußtmachen eines kulturellen Zielzustandes stellt die Weichen für den erforderlichen Kulturwandel.

3. Verbalisierung und Implementierung eines Werkskonzepts

Es gibt vielfältige Varianten, einen Kulturwandel durch den Einsatz von Metasymbolik zu realisieren. Das Vorgehen eines Elektronikunternehmens soll beispielhaft illustrieren, wie sich ein grundlegender Kulturwandel durch Metasymbolik erreichen läßt. Das Unternehmen ist Teil eines internationalen Elektronikkonzerns, der bis Ende der 80er Jahre aufgrund innovativer Produkte und wachsender Nachfrage ein stetiges Wachstum verzeichnen konnte. Anfang der 90er Jahre verlangsamte sich das Aufbautempo. Zunehmender Verdrängungswettbewerb führte zum teilweisen Verlust wichtiger Absatzmärkte. Die Ende 1992 einsetzende Rezession trug weiter dazu bei, daß sich ein akuter Handlungsbedarf für eine strategische Neuorientierung ergab.

Entgegen dem üblichen Procedere eines kurzfristorientierten Krisenmanagements entschloß sich die Unternehmensleitung, das kulturelle Verhalten der Organisation grundlegend zu verändern, um damit langfristig die Wettbewerbsfähigkeit zu sichern. Die Unternehmenskultur war bislang durch lange Reaktionszeiten auf Kundenanforderungen, organisationsinterne Redundanzen sowie suboptimierendes Denken in Abteilungsgrenzen gekennzeichnet. Verbindende unternehmenskulturelle Werte waren weitgehend unbekannt. Das Management entschloß sich, den erforderlichen Kulturwandel mit Hilfe von Metasymbolik zu bewerkstelligen, um die Geschlossenheit und Einheit des Konzepts auch symbolhaft zu verdeutlichen. In zahlreichen Workshops wurde das sogenannte „Werkskonzept“ erarbeitet, das die kulturellen Ziele des Unternehmens in der Symbolik einer Pyramide vereint:

Die Darstellung des Werkskonzepts als Pyramide geht weit über die Bedeutung des Unternehmens im Sinne seiner Organisationsstruktur hinaus. Die Pyramide versinnbildlicht vielmehr eine bestimmte kulturelle Verhaltensform, die für alle Organisationsmitglieder ersichtlich und verbindlich ist. Die Pyramide symbolisiert den Aufbruch zu einer Kultur des Wandels.

Zu Beginn gab das Management die Vision und die Zielrichtung des Kulturwandels vor. In einem Strategieworkshop unter dem Titel „Herausforderun-

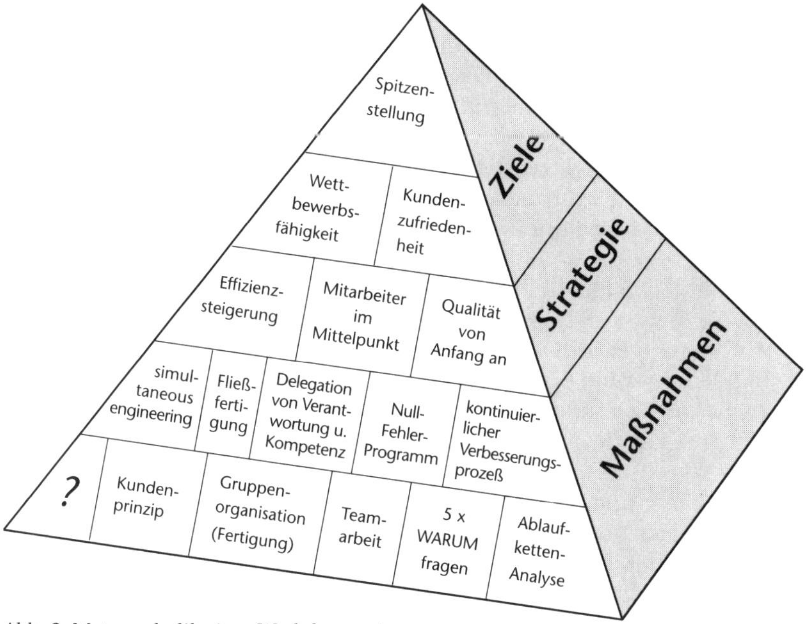

Abb. 2: Metasymbolik eines Werkskonzeptes

gen auf dem Weg zu Lean Production" erarbeiteten die Führungskräfte gemeinsam ihre Antwort auf die aufgezeigten Trends und Herausforderungen und diskutierten die Wege zur Erreichung der vorgegebenen langfristigen Ziele. Nicht nur die Gestaltung der Zukunft des Werkes, sondern auch die eigene Rolle der Führungskräfte in diesem Prozeß wurde reflektiert und überdacht. „Visionen Wirklichkeit werden lassen": dieser Leitsatz stand über den ersten konzeptionellen Entwürfen zum Werkskonzept.

Im Anschluß an diesen Strategieworkshop gewann die Pyramide allmählich Gestalt, welche die Inhalte des Werkskonzepts transportieren sollte. Als wichtig erwieß sich, die Belegschaft für ein neues, gewandeltes Unternehmen zu begeistern. In der Folgezeit wurden die einzelnen Bausteine als Symbolträger des Werkskonzepts von den Mitarbeitern selbstständig in Workshops erarbeitet. In der Einsicht, daß Kultur ein originäres Erleben interaktiver Verhaltungsmuster ist (vgl. Alevsson/Berg 1992), forcierten die Mitarbeiter die Entwicklung des Werkskonzeptes aus eigener Kraft. Das Werkskonzept wurde weder von externen Beratern implementiert noch von anderen Unternehmen transferiert. Es besteht aus drei Subsystemen: Ziele, Strategien und Maßnahmen.

Das Zielsystem als oberste Ebene der Pyramide enthält die primären Aufgaben des Unternehmens: Spitzenstellung, Wettbewerbsfähigkeit und Kundenzufriedenheit. Da visionäre Ziele für Strategien und operative Maßnahmen eine Lenkungsfunktion haben (vgl. Zahn 1993), nehmen die Ziele eine exponierte Stellung innerhalb der Werkskonzeptpyramide ein. Als wichtigstes Ziel soll das Unternehmen die Leistungsfähigkeit der besten Wettbewerber erreichen und übertreffen. Nur wenn sich das Unternehmen in die Lage versetzen kann, die Spitzenstellung in einem definierten Marktsegment zu verteidigen bzw. auszubauen, ist langfristig seine Entwicklung und damit sein Fortbestand gewährleistet.

Die Vision der Spitzenstellung wird flankiert von der Notwendigkeit einer hohen Wettbewerbsfähigkeit bezogen auf Technologie, Qualität und Kosten. Die Anforderungen an das Produkt leiten sich primär aus den Anforderungen der Kunden ab. Wenn es gelingt, die Kundenansprüche zu erfüllen bzw. sogar Kundenwünsche proaktiv zu generieren, verbessert sich langfristig die Wettbewerbsfähigkeit des Unternehmens.

Spitzenstellung und Wettbewerbsfähigkeit als Unternehmensziele müssen ein erkennbares Nutzenpotential für die Kunden erkennen lassen. Wichtigste Kriterien für Kundenzufriedenheit sind Flexibilität, Reaktionschnelligkeit und Verläßlichkeit der Zusammenarbeit. Gleichzeitig sollen alle Prozesse im Unternehmen auf den Kunden ausgerichtet werden, denn nur die Erhöhung des Kundennutzens bringt den Kunden dazu, eine Geschäftsverbindung einzugehen bzw. fortzuführen.

Dieser Teil des Werkskonzepts konstituiert die *normative Ebene* des ökonomischen Handelns, weil hier begründet wird, welchem Zweck das Unternehmen dient. Mit der Festlegung der Unternehmensziele wird zugleich eingegrenzt, welchen Zielen nicht nachgekommen werden soll. So fehlen Ziele rein betriebswirtschaftlich-operativen Charakters wie Umsatz, Gewinn und Marktanteile. Es gilt implizit die Annahme, daß die Realisierung der normativen Ziele mittelfristig auch Umsatzsteigerung, Gewinnmehrung und erhöhte Marktanteile nach sich zieht. Eine einseitige Fokussierung auf operative Ziele kann nur in begrenztem Maße einen Kulturwandel hervorrufen (vgl. Richter 1994).

In der nächsten Ebene sind die *strategischen Ziele* angesiedelt, welche die Elemente der normativen Ebene präzisieren. Hier geht es um drei Zielkategorien: Effizienz-, Kommunikations- und Qualitätsziele. Effizienzsteigerung bedeutet, in kürzester Zeit und, daraus abgeleitet, mit geringstmöglichem Aufwand angestrebte Ergebnisse zu erzielen. Eine optimale Nutzung der Zeit zeigt sich in der Fähigkeit, schnell auf Kundenanforderungen zu reagieren, Verbesserungen zügig umzusetzen und neue Erzeugnisse in kürzester Zeit am Markt zu plazieren. Das Unternehmen möchte sich zum „Zeitwettbewerber" entwickeln (zum Begriff des Zeitwettbewerbers vgl. Stalk/Hont 1992).

Steigende Herausforderungen an die Leistungsfähigkeit des Unternehmens machen den qualifizierten und verantwortungsbewußten Mitarbeiter zur Schlüsselgröße des Erfolgs. Es gilt, den Mitarbeiter im Mittelpunkt zu lokalisieren und ihm möglichst viel Verantwortung zu übertragen, anstatt ihn zu kontrollieren. Eine offene Kommunikation zwischen den Mitarbeitern aller Hierarchiestufen sichert dem Unternehmen ein lückenloses Informationsnetzwerk. Informierte Mitarbeiter identifizieren sich stärker mit ihrer Arbeit und entwickeln vermehrt Eigenintiative bei der Ausführung ihrer Aufgaben (vgl. auch Kobjoll 1993).

Als die dritte strategische Größe konstituiert sich das Qualitätsverständnis des Unternehmens. Qualität von Anfang an besagt, daß jeder Mitarbeiter gemäß den Anforderungen der Kunden einwandfreie Arbeit von Beginn an leisten sollte. In diesem Verständnis bezieht sich Qualität nicht ausschließlich auf die Funktionen und die Zuverlässigkeit der Erzeugnisse, sondern umfaßt auch die internen Dienstleistungen und die Leistungsorientierung der Mitarbeiter (vgl. auch Richter/Teramoto 1995).

Das strategische Zielbündel aus Effizienz, Kommunikation und Qualität wird in *operative Maßnahmen* unterteilt, welche eine unmittelbare Lenkungsfunktion für die betriebliche Leistungserstellung haben. Beispielhaft stehen hier der kontinuierliche Verbesserungsprozeß, Simultaneous Engineering, Teamarbeit, Ablaufkettenanalysen u.a. Das Fragezeichen in der letzten Zeile der Werkskonzept-Pyramide signalisiert, daß das Werkskonzept kein a priori festgelegter Maßnahmenkatalog ist, sondern sich situativ an die Zielparameter anpaßt.

Zu den Maßnahmen, die im Unternehmen von Beginn an verfolgt wurden, zählen das Fließprinzip, der kontinuierliche Verbesserungsprozeß (CIP) und die teamorientierte Produktion. Das Fließprinzip besagt, daß alle Vorgänge, die zu Blockade, Stau und Warteschlangen führen, vermieden werden. Die innerbetrieblichen Prozesse sollen so aufeinander abgestimmt werden, daß optimale Prozeßanbindungen gewährleistet sind. Im Fertigungsbereich zeigt sich das Fließprinzip in einer exakten Abtaktung der einzelnen Arbeitsstufen und in kurzen Regelkreisen. Im administrativen Bereich werden die betrieblichen Abläufe derart reorganisiert, daß Bearbeitungszeiten sinken und Doppelarbeit vermieden wird (zur Wirksamkeit von Prozeß-Reengineering vgl. Hammer/Champy 1993).

Mit kontinuierlichen Verbesserungsprozessen (engl. continuous improvement process: CIP) wird eine ständige Verbesserung in kleinen Schritten und mit geringem finanziellen Aufwand direkt am Ort des Geschehens verfolgt (vgl. Imai 1992). Die Mitarbeiter sind dazu aufgerufen, erkannte Schwachstellen auf CIP-Karten festzuhalten, sie möglichst sofort selbst zu beheben oder gegebenenfalls einen CIP-Koordinator zu informieren, der umfassendere Probleme in einem CIP-Workshop bearbeiten läßt. In moderierten Gruppen wird die Lösung gemeinsam von Mitarbeitern unterschiedlicher Abteilungen und Hierarchiestufen erarbeitet. Mit diesem Vorgehen werden Betroffene zu Beteiligten (vgl. auch Alevsson/Berg 1992).

Kennzeichen der teamorientierten Produktion (TOP) sind teilautonome Fertigungseinheiten, welche die Verantwortung für Kosten, Qualität und Lieferung der in ihrem Bereich hergestellten Produkte tragen (in der Literatur werden teilautonome Fertigungseinheiten auch „closed-loop groups" genannt, vgl. z.B. Stalk/Hont 1992). Die Mitarbeiter sind in sogenannten „TOP-Teams" organisiert, in denen es keine fixen Hierarchiebeziehungen zwischen den Mitarbeitern gibt. Aufgaben werden gemeinsam gelöst, und Schnittstellen zwischen den Aufgabenbereichen werden vermieden.

Die Darstellung der verschiedenen Ebenen illustriert die Komplexität eines konsistenten, flächendeckenden Ziel-, Strategie- und Maßnahmensystems. Hervorzuheben ist die ganzheitliche Orientierung des Werkskonzepts, das sowohl harte als auch weiche Faktoren auf allen drei Ebenen berücksichtigt. Darüber hinaus bleibt zu beachten, daß Ziele, Strategien und Maßnahmen keine A-priori-Größen sind, sondern sich vielmehr dem Kontext anpassen können. Die Symbolisierung des kulturellen Zielsystems ist ein kybernetischer Prozeß, der eher durch Lernprozesse geprägt ist, als daß voluntaristisch Planvorgaben wirksam werden.

4. Kulturwandel und organisationale Evolution

Ziel des Werkskonzepts war, einen Kulturwandel hin zu einer änderungsorientierten Kultur herbeizuführen. Nach zweijähriger Implementierungs- und Erprobungsphase können auch tatsächlich grundlegende Veränderungen im Organisationsverhalten der Mitarbeiter beobachtet werden. Im Rahmen einer Feedbackuntersuchung, bei der die Belegschaft zum Führungsverhalten ihrer direkten Vorgesetzten befragt wurde, kristallisierte sich heraus, daß sich seit Einführung des Werkskonzepts das Informationsverhalten, die Zielorientierung sowie die Innovationskraft der Mitarbeiter spürbar verbessert hat. Die neue Unternehmenskultur hat offenbar eine eindeutig sokratische Prägung: Sokrates konsternierte seine Athener Mitbürger durch ständige Rückfragen – mit erheblichem Erkenntnisgewinn. Die Mitarbeiter gehen mehr und mehr dazu über, die Unternehmensprozesse und -strukturen zu hinterfragen. Übliche Begründungen werden hinterfragt, Unzulänglichkeiten erkannt und neue Problemlösungen angestoßen.

Die Metasymbolik des Werkskonzepts führt ferner zu Außenwirkungen, welche das Unternehmen in einem neuen Licht erscheinen lassen: Von Kunden beispielsweise kamen zahlreiche positive Beurteilungen. Ferner äußerte die Konzernzentrale ihre Anerkennung, so daß dem Unternehmen innerhalb des Konzerns zunehmend eine Sonderstellung zuteil wird. Die Wettbewerbsposition gegenüber Mitkonkurrenten hat sich ebenfalls spürbar verbessert: In Fragen technologischer und organisationaler Kompetenz konnte ein Vorsprung erarbeitet werden, der dazu beiträgt, die Wettbewerbsfähigkeit des Unternehmens langfristig abzusichern.

Bei unternehmensinternen Besprechungen wird ein Modell der Werkskonzept-Pyramide in die Mitte des Besprechungstisches gestellt, was den Besprechungen eine Atmosphäre des Vertrauens verleiht und den Mitarbeitern ein spezifisches Wir-Gefühl vermittelt. Die Mitarbeiter denken und handeln im Zeichen der Pyramide und geben dem Gedanken des kulturellen Wandels mit Variationen der Werkskonzept-Pyramide Kraft und Ausdruck. Auf Litfaßsäulen, die an exponierten Stellen der Werkshallen und Büros plaziert werden, stellen sich die Abteilungen mit dem Ziel, ihre internen Dienstleistungen transparenter werden zu lassen, gegenseitig vor. Einige Mitarbeiter veröffentlichen eine werksinterne Zeitschrift, in der die neuesten Errungenschaften zum Werkskonzept publiziert werden. Die Bereitschaft zur Übernahme von Verantwortung hat deutlich zugenommen, und das Veränderungstempo hat sich spürbar verbessert. Die Aktionen zur Umsetzung des Werkskonzepts werden mehr und mehr an der Basis ausgelöst und bedürfen nur noch einer marginalen Kanalisation durch das Management.

Diese Tatsachen belegen, daß sich das Werkskonzept inzwischen zu einem Selbstläufer entwickeln konnte. Verallgemeinert gesagt, zeigt sich die Wirkung von Metasymbolik in einem Initialschub organisationaler Evolutionsenergie, die mit drei Determinanten kulturellen Verhaltens verbunden ist: *Identifikation*, *Pluralisation* und *Katalysation*.

Kulturelle Identifikation

Der Kulturwandel wird dadurch manifestiert, daß sich die Organisationsmitglieder in ihren Handlungen auch als explizit Handelnde identifizieren. Sie sehen sich als Mitglieder einer kulturellen Gemeinschaft. Kulturelle Identifikation mit dem Unternehmen vermittelt ein starkes Wir-Gefühl und stärkt die Überzeugung der Mitarbeiter, einer sinnvollen, zielgerichteten Beschäftigung nachzugehen. Damit liefert kulturelle Identifikation ein Verständnis für den Sinnzusammenhang ökonomischen Handelns und sichert ferner unternehmensinternes Verständigungspotential, wodurch der Bedarf an organisationaler Handlungskoordination erheblich gemindert wird.

Insbesondere japanische Unternehmen haben in der Vergangenheit Metasymbolik eingesetzt, um eine kulturelle Identifikation der Mitarbeiter mit ihrem Unternehmen zu erreichen (vgl. Nonaka 1991, Richter/Teramoto 1995). Auch europäische Unternehmen können, wie das Werkskonzept des Elektronikunternehmens zeigt, zu einer verstärkten kulturellen Identifikati-

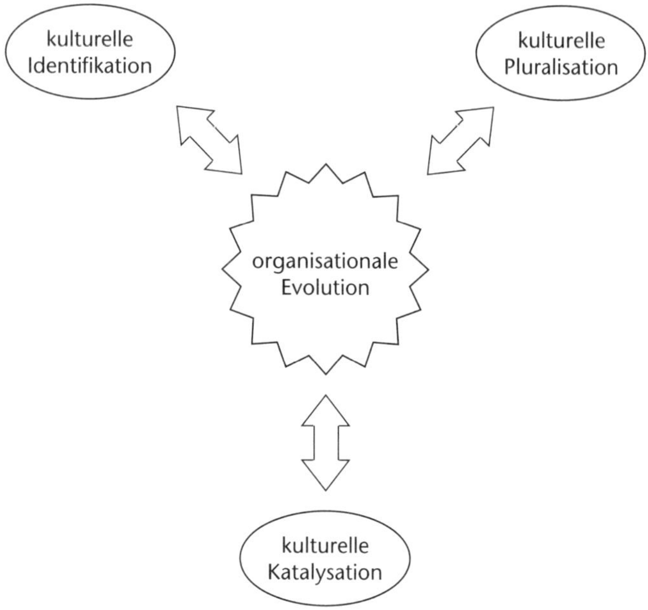

Abb. 3: Kulturdeterminanten organisationaler Evolution

on finden. Jeder einzelne lernt zu verstehen, unter welchen Bedingungen der Geltungsanspruch von Metasymbolik akzeptiert werden kann. Damit versinnbildlicht kulturelle Identifikation die aktive Teilnahme der Mitarbeiter, die durch einen Entscheidungsprozeß betroffen sind, an eben diesem Entscheidungsprozeß (vgl. auch Kappler 1989).

Kulturelle Pluralisation

Im Gegensatz zur Praxis japanischer Unternehmen kennt der Ansatz der organisationalen Evolution eine Form des kulturellen Miteinanders, welche die Verständlichkeit und Regelrichtigkeit von Metasymbolik nicht a priori unterstellt, sondern als kontroversen Anspruch zur Diskussion stellt. Metasymbolik ist Ausdruck und Voraussetzung kultureller Pluralisation. Das Fehlen von Absolutheitsansprüchen wird nicht als Verlust beklagt, sondern als Gewinn anerkannt. Jede individuelle Meinung kann aus ihrer Umgebung heraustreten, und indem der Handelnde seinen Kontext wechselt, verändert sich auch seine Meinung (vgl. dazu die Diskussion um die Bedeutung des Pluralismus als Erkenntnismodell in Spinner 1974). Erfolgreiches ökonomisches Handeln ist dort zu erwarten, wo sich Organisationsmitglieder auf Pluralität einzulassen und mit ihr umzugehen vermögen.

Die Notwendigkeit zur kulturellen Pluralisation bedeutet letztlich, daß die Kultur eines Unternehmens niemals „gemacht" werden kann, sondern sich stetig aufgrund einer systemischen Eigenkraft weiterentwickelt. Die Mitarbeiter beginnen, Kontexte wahrzunehmen, sie zu beobachten und sensibel auf sie zu reagieren. Kulturelle Andersartigkeit wird nicht länger ignoriert, sondern bewußt genutzt. Veränderungen und Gegenkräfte sind daher ausdrücklich erwünscht. Kulturelle Pluralisation bedingt, daß statisch konzipierte Symbole wenig geeignet für einen Kulturwandel sind, da sie als Dogma zukünftige Chancen ungenutzt lassen. Symbole dagegen, die ein Durchspielen verschiedener Permutationen erlauben, sind eindeutig vorzuziehen (vgl. dazu auch die Komplexitätstheorie von Le Moigne 1990).

Kulturelle Katalysation

Kultur hat immer auch einen Auftrag: Es geht darum, der sozioökonomischen Umwelt die kulturellen Errungenschaften eines Unternehmens zur Verfügung zu stellen (vgl. Maruyama 1993). Damit hat Metasymbolik als organisationaler Kulturträger eine eindeutig katalysatorische Wirkung auf die Umwelt. Kultur verbleibt in Stagnation, sofern kein Abgleich mit anderen Unternehmen – seien es Lieferanten, Kunden, Wettbewerber oder verbundene Unternehmen – erfolgt. Im Zuge kultureller Katalysation treten Unternehmen in ein Stadium gemeinsam getragener Koevolution (Richter/Teramoto 1995). Die kulturelle Evolution von Unternehmen wird gekoppelt, so daß sie gemeinsam einen echten Fortschritt erzielen.

Kulturelle Katalysation bedeutet nicht, daß unternehmensinterne Ziele zugunsten der Koevolution mit anderen Unternehmen aufgegeben werden. Vielmehr wird in andere Unternehmen investiert, um langfristig indirekt in den Genuß von Evolutionspotentialen zu kommen (Simon 1983). Die Partnerunternehmen entwickeln das erhaltene Wissen weiter, indem sie es um eine eigene kulturelle Note bereichern und dem Unternehmen in der bereicherten Form wieder zur Verfügung stellen. Der Ansatz kultureller Katalysation ergänzt somit die Strategien der Identifikation und Pluralisation um eine Außenperspektive.

5. Schlußbemerkungen

Die vorangehenden Abschnitte haben gezeigt, daß der Ansatz der Metasymbolik ein wirkungsvolles Instrument zur Herbeiführung eines Kulturwandels und damit ein Werkzeug zur Absicherung organisationaler Evolutionspotentiale sein kann. Unternehmen werden in die Lage versetzt, Entwicklungen des sozioökonomischen Umfeldes differenziert als neue Herausforderung zu erkennen und auf sie adäquater als bisher einzugehen.

Das Unternehmen, dessen Werkskonzept den zur Diskussion gestellten Ansatz exemplifiziert, ist für die betriebswirtschaftliche Avantgarde charakteristisch, da im Bruch mit Vergangenheit und Tradition eine neue kulturelle Beweglichkeit zu Tage tritt. Das Unternehmen unterscheidet sich von anderen Unternehmen weniger durch strukturelle Eigenschaften als durch kulturelle Verhaltensweisen. Die Gestaltung und Einführung von Metasymbolik sollte jedoch, wie das Beispiel nahelegt, nicht dem Zufall überlassen werden, sondern bedarf einer weitsichtigen und systemischen Planung.

Literatur

Alevsson, A. a. P.O. Berg (1992): Corporate Culture and Organizational Symbolism. Berlin (de Gruyter).

Czarniawska-Joerges, B. (1992): Exploring Complex Organizations. A Cultural Perspective. Newbury Park (Sage).

Drazin, R. a. L. Sanderlands (1992): Autogenesis: A Perspective on the Process of Organizing, *Organization Science* 3: 230–249.

Hammer, M. a. J. Champy (1993): Business Reengineering. Die Radikalkur für das Unternehmen. Frankfurt/M. (Campus).

Stalk, G. u. T. Hont (1992): Zeitwettbewerb. Frankfurt (Campus).

Heinen, E. u. P. Dill (1986): Unternehmenskultur – Überlegungen aus betriebswirtschaftlicher Sicht. *Zeitschrift für Betriebswirtschaft* 3: 202–218.

Imai, M. (1992): Kaizen: Der Schlüssel zum Erfolg der Japaner im Wettbewerb. München (Wirtschaftsverlag Langen Müller/Herbig).

Kappler, E. (1989): Komplexität verlangt Öffnung. In: W. Kirsch u. A. Picot (Hrsg.): Die Betriebswirtschaftslehre im Spannungsfeld zwischen Generalisierung und Spezialisierung. Eduard Heinen zum 70. Geburtstag. Wiesbaden (Gabler), S. 61–79.

Kobjoll, K. (1993): Motivaction. Begeisterung ist übertragbar. Zürich (Orell Füssli).

Le Moigne, J.L. (1990): La modélisation des systèmes complexes. Paris (Ed. Dunod).

Maruyama, M. (1993): Mindscapes, Individuals, and Cultures in Management. *Journal of Management Inquiry* 2: 140–155.

Nonaka, I. (1991): The Knowledge-Creating Company. *Harvard Business Review* (Nov./Dec.): 96–104.

Richter, F.J. (1994): Industrial Organizations as Knowledge Systems. *Systems Practice* 7 (2): 205–216,

Richter, F.J. a. Y. Teramoto (1995): Interpreneurship: A New Management Concept from Japan. *Management International Review* (Special Issue): 1995 133–152.

Simon, H.A. (1983): Reason in Human Affairs. Stanford (Stanford University Press).

Simon, F.B. u. CONECTA (1992): Radikale Marktwirtschaft. Verhalten als Ware oder Wer handelt, der handelt. Heidelberg (Carl-Auer-Systeme).

Spinner, H.F. (1974): Pluralismus als Erkenntnismodell. Frankfurt/M. (Suhrkamp).

von Foerster, H. (1987): Erkenntnistheorien und Selbstorganisation. In: S.J. Schmidt (Hrsg): Der Diskurs des Radikalen Konstruktivismus. Frankfurt/M. (Suhrkamp).

Weick, K.E. (1969): The Social Psychology of Organizing. Reading, MA (Addison-Wesley).

Wittgenstein, L. (1967): Philosophische Untersuchungen. Frankfurt/M. (Suhrkamp).

Zahn, E. (1993): Die strategische Renaissance des Unternehmens. In: E. Zahn. (Hrsg.): Fit machen für den Wettbewerb. Stuttgart (Schäffer-Poeschel), S. 1–49.

Systemische Konzepte diesseits ...

„MAKE IT REAL – COMPARED TO WHAT?“

Vom Vor und Zurück der Entscheidungen in Veränderungsprozessen

In unseren Beratungsprojekten in Unternehmen wie auch in Non-Profit-Organisationen sind wir auf vielfältige Weise mit Entscheidungen konfrontiert. Immer wieder zeigt sich, wie schwierig es sein kann, in den unklaren unsicheren Situationen, die Veränderungen meist bedeuten, zu Entscheidungen zu kommen, die tragfähig sind und die Veränderung vorantreiben helfen. Dabei gilt: die Qualität der Entscheidungen entscheidet oft genug über die Qualität des Veränderungsprozesses.

In unseren Projekten messen wir darum der Beratung bei solchen Entscheidungsprozessen wie auch der Gestaltung von Settings, in denen Entscheidungen getroffen werden können, große Bedeutung bei. Wir behandeln in diesem Artikel wichtige Dimensionen von Entscheidungen, verdeutlicht anhand eines Fallbeispiels, arbeiten die Bedeutung von Entscheidungen in Veränderungsprozessen heraus und stellen dar, wie Entscheidungen durch Beratung gefordert und gefördert werden können.

Ziele und Entscheidungen

Berater wie Manager leben davon, daß sie Wirkung zeigen. Dafür werden beide beauftragt und bezahlt. Was aber ist die Wirkung, die sie zeigen sollen? Das ist eine Frage, die unmittelbar und mitten hinein in die komplexen Relationen von Unternehmen führt. Wirkung ist gebunden an Ziele – daran kann sie orientiert und gemessen werden. Wirkung zielt in die Zukunft; etwas soll werden, was noch nicht ist, gemessen an den Zielen, die man hat. „Make it real – compared to what?“, wie es in dem schönen Song von Gene McDaniels heißt. Etwas soll wirklich werden – und einen Unterschied machen. Woran aber wird dieser Unterschied erkannt werden?

Ziele brauchen Entscheidungen; ohne Entscheidung kein Ziel. Jeder Berater weiß ein Lied davon zu singen, welche Konsequenzen „halbe“ Entscheidungen haben und welche Probleme es bereiten kann, zu verbindlichen Entscheidungen zu kommen; zu Entscheidungen, die ausreichend Rückhalt für anforderungsreiche Veränderungsprozesse bieten. Noch besser können Manager davon singen; sie wissen um die Mühen, die wegweisende Entscheidungen machen können, um die Aufregungen, die die Abarbeitung der damit verbundenen Ambivalenzen bedeuten, und um die mögliche Komplexität der Prozesse, die gemeinsamen und verbindlichen Entscheidungen führen. Denn niemandem ist geholfen, wenn „lonely at the top“ etwas entschieden wird, was vom Rest des Unternehmens sorgsam unterlaufen wird. Genauso wenig helfen unfruchtbare Polarisierungen, die sich angesichts zukunftsträchtiger Entscheidungen innerhalb von Geschäftsleitungen auftun können und die einem geradeaus in die Konflikteskalation laufen lassen, den aufstrebenden Konkurrenten im Wind stehen zu lassen.

Das Risiko der Entscheidung

Die Situation verschärft sich heute, wie von vielen Managern beschrieben wird, indem immer weniger Zeit für Entscheidungen zu Verfügung steht; auch, weil der Abbau von Hierarchien wie auch von Stäben eine unmittelbarere Involvierung vieler Manager zur Folge hat. Waren früher die Probleme mit einem Lieferanten Probleme eines Bereiches, schlagen sie heute, z.B. bei „Just-in-time"-Beziehungen, sofort krisenhaft auf das ganze Unternehmen durch und bedürfen einer vordringlichen Behandlung durch die Unternehmensleitung. Nicht nur wird der Manager schneller und stärker involviert, sondern die Entscheidung, die zu treffen ist, trägt oft auch ein hohes Risiko. Man könnte sagen: Falsche Entscheidungen kosten heute schneller mehr. Das Risiko hat sich vergrößert, die Spielräume sind enger geworden. Übernehmen Manager heute leichter Risiko? Beobachtet man die Innovationsfreudigkeit vieler Unternehmensleitungen, so wagt man Zweifel anzumelden (vgl. Schmitz/Zucker 1996). Da wird x-fach abgecheckt, nochmals und nochmals geprüft, ohne auf den Punkt zu kommen. Nur keinen Fehler machen. Aber bis man entschieden hat, ist es schon zu spät.

Halten wir fest: Entscheidungen haben heute vielfach weniger Zeit und sind gleichzeitig konsequenzenreicher geworden. So wird überwiegend in den Unternehmen berichtet. Die Puffermöglichkeiten haben sich verringert.

Die Bedeutung, die Geschwindigkeit für Entscheidungen hat, kann sich ein Unternehmen gezielt zunutze machen: Percy Barnevik, der erfolgreiche Präsident von *ABB*, ist u.a. durch folgenden Satz bekannt geworden: „Man kann schwere Entscheidungen nicht so lange aufschieben, bis sie zu Tode untersucht sind ... Eine lange Serie kleiner Änderungen verlängert nur den Schmerz ... Mir ist lieber, daß ich in etwa richtig und schnell handle als exakt und langsam. Diese Prinzipien wenden wir überall an." *ABB* ist erfolgreich und gilt als innovativstes europäisches Unternehmen.

Beratungsziele sind ohne Managementziele nicht denkbar, beide verweisen aufeinander. Berater haben darum ein großes Interesse an Managemententscheidungen (nicht nur an jener Entscheidung, die zum Beratungsauftrag führt); ja, mehr noch, die Begleitung und Beratung von Entscheidungsprozessen ist ein wesentlicher Teil von Change-Management. Entscheidungen stehen nicht nur zu Beginn einer Beratung an, z.B. über Ziel und Zweck des Auftrags, sondern immer wieder, wenn die Entwicklungen der Veränderungsprozesse Neuordnungen verlangen und weitere Schritte umgesetzt werden sollen. Es sind eine Fülle von Entscheidungen zu treffen, sowohl sachlicher wie sozialer als auch zeitlicher Art.

Als besonders ganz wichtig und im Regelfall besonders schwierig gelten jene Entscheidungen, die den Rahmen für andere Entscheidungen abstecken, die also gewissermaßen als Metaentscheidungen fungieren. Beispielsweise bedeutet die Entscheidung für eine bestimmte Projektorganisation die Selektion von Möglichkeiten. Wenn ich bestimmte Personen und Gruppen zu diesen und keinen anderen Themen beteilige, so hat das Selektionswirkung. Bestimmtes wird eher möglich, anderes fällt weg. Die personelle Besetzung der Projektorganisation entscheidet über vieles, was passieren kann – oder auch nicht; jedenfalls in den Mutmaßungen derer, die mit der Entscheidung befaßt sind.

Bedeutsam erscheinen also vor allem jene Entscheidungen, die vermuten lassen, daß sie folgenreich sind. Das ist manchmal für Außenstehende offensichtlicher – etwa bei den genannten Beispielen –, manchmal aber auch schwerer zu entschlüsseln. Als externer Beobachter fragt man sich so manches Mal, warum denn diese eine, eher nebensächlich scheinende Entscheidung so schwierig und aufwendig geraten muß. Da wird über irgendein Detail Zeit und Energie in unglaublichem Ausmaß aufgewandt. Man kann sich oft schlecht erklären, was eigentlich diesen Aufwand rechtfertigt. Aus Sicht der Systemmitglieder aber kann auch eine scheinbar unbedeutende Entscheidung Bedeutung haben, wenn die Erwartung in den Köpfen existiert, daß sie in die eine oder andere Richtung zukünftige Möglichkeiten festlegen wird. Da wird dann lang und hart über eine Detailspielregel in einem Meeting diskutiert, aber schnell und oberflächlich über ein großes Projekt entschieden. Aus der Außenperspektive wäre zweiteres viel grundlegender und bestimmender, also eigentlich schwieriger zu entscheiden. Aus der Innensicht sieht es anders aus. Für den Verlauf eines Meetings ist von Bedeutung, wo von den Beteiligten Folgen vermutet werden. Projektorganisationen, die in der fernen Zukunft liegen, hat man immer noch zu späteren Zeitpunkten beeinflussen können. Da muß man sich, angesichts der gemeinsamen Erfahrungen, nicht jetzt darum streiten.

Entscheidungen

Jeder kann für sich selbst überprüfen: die unangenehmsten, die komplexesten Situationen für einen selbst sind weniger die, in denen eine Vielzahl von Aufgaben – seien sie auch schwierig – zu erfüllen sind, als diejenigen, wo man noch *nicht genau weiß, was man will,* und wo man vor einer Entscheidung steht. Aus dem Spitzensport, etwa von Hochleistungsbergsteigern, weiß man, welche Ängste, welche Unsicherheiten, welche Zauderhaftigkeit und Zögerlichkeit, welche Zweifel an den eigenen Fähigkeiten, aber auch am Sinn des Ganzen auftreten, bevor es tatsächlich losgeht, bevor „die Würfel gefallen sind“. Dann gilt, und das ist die Qualität der Hochleister, volle Konzentration auf das Vorwärtskommen, wache Aufmerksamkeit auf das, was wichtig ist für den Erfolg wie auch für das Überleben, maximale Fokussierung auf das – entschiedene – Ziel.

Ist es so, daß Entscheidungen immer zu einer klaren Gangart führen? Sicherlich nicht, jeder wird aus seinem eigenen Leben genügend Beispiele haben, wo er/sie sich entschieden hat – um es sogleich wieder zu bereuen und zu versuchen, die Entscheidung zu widerrufen. Das spielt dann keine Rolle, wenn man beim Mittagstisch sitzt, Zeit hat und der Oberkellner ausnahmsweise gerne den Gast in der Wahl seines Menüs berät. Schwieriger wird es, wenn unmittelbarere und weitreichendere Handlungsfolgen zu erzielen sind. In Organisationen z.B. sind klare Entscheidungen immer wieder wichtig – und umso wichtiger, je variantenreicher die Verhältnisse werden. Zu viele Möglichkeiten können lähmend wirken – wie soll man sich entscheiden, wenn alles möglich scheint? Wie bringt man die „Ignoranz“ auf, sich für diese Möglichkeit zu entscheiden und die anderen links liegen zu lassen? Wäre es nicht besser, wenn …

Wie kommt man nun zu „klaren“ Entscheidungen? Doch bevor wir uns mit dieser Klarheit beschäftigen: Was sind überhaupt Entscheidungen? Was macht sie so bedeutsam?

a) Entscheidung bedeutet in der Sicht der soziologischen Systemtheorie: auf eine Erwartung reagieren. Erwartungen laden Situationen auf, verleihen ihnen Wertigkeit und drängen auf – eine Entscheidung, sei es jetzt oder später. Das ist es, was Entscheidungen ihre Dringlichkeit und Wertigkeit gibt und den Entscheidern die Freude oder die Last, sie zu treffen. Ich gehe zum Kinoschalter, die Kassiererin erwartet eine klare Interessenskundgebung, die Schlange hinter mir drängelt und erwartet eine zügige Abfertigung etc.

Nicht alle Situationen sind so klar auf Entscheidung programmiert, gerade in Organisationen bedarf es oft höherer Künste, um Entscheidungen aufzubauen und sie wahrzunehmen. Nehmen wir folgende kleine Geschichte aus *Die Letzte Welt* von Christoph Ransmayr, die zeigt, wie es laufen kann – wenn die Erwartung läuft: „Ohne ein Wort, nur mit einer jähen, knappen Handbewegung, die kaum heftiger schien als das Abschütteln einer Stubenfliege, hatte Augustus den Berichterstatter unterbrochen und war dann ganz in den Anblick des Nashorns zurückgesunken. Eine flüchtige Bewegung seiner Hand. Es war genug. Der Hof brauchte keine ganzen Sätze und keine fertigen Urteile. In den Ratskammern, an den Schreibtischen und in den Speichern der Archive hatte man nun ein Zeichen; was daran zu einem Urteil noch fehlte, war ohne Mühe zu ergänzen … Eine Handbewegung. Das Zeichen wurde weitergegeben und sank durch die Instanzen der Herrschaft nur sehr langsam nach unten. Fürsorglich nahm sich der Apparat aller Deutungen an.“

b) Vor einer Entscheidung gibt es Wahlmöglichkeiten. Nach einer Entscheidung gibt es gewesene Möglichkeiten und neue, andere Wahlmöglichkeiten. Das ist weniger trivial, als man auf den ersten Blick meinen könnte.

Da ist zum Beispiel dieses Innovationsprojekt. Man könnte das Projekt so oder so besetzen, Obermüller könnte Projektleiter werden, aber auch Hugentobler. Wäre es Obermüller, dann hätte das den Vorteil, daß ... Wäre es Hugentobler, dann ... Die Entscheidung wird getroffen – Hugentobler ist Projektleiter geworden –, das ist nicht nur persönlich erfreulich (oder bedauerlich), sondern *gibt im System der Gegenwart und der Zukunft einen anderen Sinn.* Bislang war immer der Produktionsleiter – Obermüller – federführend bei Innovationsprozessen, diesmal ist es Hugentobler vom Marketing. Das bedarf der Interpretation, der Auslegung, der Erklärung, das wird Folgen haben. „Was will uns diese Entscheidung sagen?" fragt man sich im Unternehmen; die einen frohlocken, die anderen wiegen bedenklich ihre Köpfe, die dritten ballen die Faust im Sack usw. Der Zukunft wird neuer Sinn gegeben (z.B. „Marketing gewinnt die Oberhand bei uns, Produktionsfragen zählen nicht mehr.") – die Entscheidung wirkt.

c) Entscheidungen sind zeitliche Punktualisierungen, sie sind Ereignisse, also von kurzer Dauer, auch wenn ihre Wirkung lange währen kann. So lange die Prozesse auch dauern mögen, die zu ihnen führen, plötzlich ist die Entscheidung da gewesen. Man sagt etwas und merkt im Nachhinein, daß man die Entscheidung getroffen hat.

Entscheidungen unterscheiden zwischen Vorher und Nachher. Zum Zeitpunkt der Entscheidung kommen Wahlmöglichkeit und Festlegung zusammen. Die Entscheidung „überführt die eine in die andere Form. Sie ist deren Differenz. Und nur deshalb kann sie vorher als Wahl erwogen und nachher im Blick auf die anderen Möglichkeiten gefeiert oder bereut werden." (Luhmann 1988, S. 282).

Als es um die Besetzung der Task Force ging, schauten alle zu Hebeisen hin. Er schluckte leer und sagte zu. Allgemeines Kopfnicken. Zurück im Büro hätte er sich am liebsten geohrfeigt. Damit war der Urlaub im Eimer. Was wird die Familie sagen?

d) Entscheidungen wirken durch ihren Erwartungsbezug; sie wirken indem sie Erwartungen bestätigen, von ihnen abweichen, sie durchbrechen, bekräftigen, hervorheben oder eine Abkehr nahelegen. Das gibt ihnen Wirkung; das bewirkt, daß sie Gültigkeit haben.

Entscheidungen produzieren dann einen „Mehrwert" – und erst der berechtigt, von einer Entscheidung zu sprechen –, wenn dadurch etwas möglich oder unmöglich geworden ist (was ohne die Entscheidungen nicht möglich oder unmöglich gewesen wäre). Darum kann der Projektmitarbeiter im Reengineering-Projekt sich durchaus entscheiden, daß das Unternehmen von Grund auf neu zu organisieren ist; das schadet nichts, denn niemand erwartet von ihm eine Entscheidung, und darum bleibt sie auch wirkungslos.

Wenn Klara Weisnit den Heiratsantrag von Franz Wünschel ablehnt, ist seine „Entscheidung", sie nun auch nicht zu heiraten, nicht mehr gefordert. Hier fehlt jede Erwartung an ihn, hier gibt es nichts mehr, was möglich oder unmöglich gemacht werden könnte. Die Entscheidung ist gefallen, in dem Moment, in dem er sie gefragt hat. Was bleibt, ist Klarheit und/oder Bedauern.

Was sind die Konsequenzen aus diesem Wissen um Entscheidungen?

1. Hier wird nochmals verständlich, warum Entscheidungen so oft von rationalen Prinzipien abweichen. Entscheidungsprozesse verlangen immer danach, daß das Beziehungsnetz, also das Netz, das Erwartungen generiert, und das Umfeld auf Erwartungskonflikte abgesucht wird. Wer ist alles und was ist alles betroffen, was wollen die, welche Konsequenzen würde das haben, welche Folgewirkungen, wer ist ähnlicher Sichtweise, wer sieht es ganz anders, welche Interessen kommen ins Spiel, welche nicht etc.? *Erst in Bezug zu diesen Erwartungen, die sich aus dem sozialen System und seinen Vernetzungen ergeben, gewinnen Entscheidungen ihren Gehalt.* Erst in Hinblick darauf gewinnen sie Wirkung. Da mag sich die Welt entwickeln, wie sie will, wenn niemand eine Entscheidung erwartet, produziert man weiter wie bisher. Die Frage hier ist – und Unternehmen beschäftigen sich seit langem damit –: Wie können Entscheidungsprozesse so gestaltet werden, daß a) Erwartungshaltungen intern so aufgebaut werden, daß sie mit externen Entwicklungen sinnvoll einhergehen (und nicht z.B. Marktentwicklungen verschlafen werden) und daß b) eine Mehrzahl von Erwartungen Berücksichtigung finden (gerade auch dann, wenn sie zueinander widersprüchlich sind).

2. *Entscheidungen geben der Zukunft neuen Sinn*; das aber unter der Unsicherheit darüber, wie die Zukunft tatsächlich sein wird. Man entscheidet sich z.B., die eigenen Innovationsprozesse zu optimieren, und stößt mitten ins Schlangennest der Unzufriedenheit der FuE-Mitarbeiter und deren geringes Vertrauen in die Führung. Statt daß man in der Produktentwicklung vorwärtsmacht, sitzt man im Konfliktmanagement fest. Die Schwierigkeit von Entscheidungen liegt eben darin, daß man sich festlegen muß – für die Zukunft, aber ohne die Sicherheit zu haben, daß es so kommen wird, wie man sich das gedacht hat. Wie also kann man Sicherheit für die Zukunft gewinnen?

3. Eng damit verknüpft ist das Problem, wie man zu Entscheidungen gelangen kann, die man nicht sofort wieder bedauert, sondern die helfen,

tatkräftig aktiv zu werden. Wie gelingt es, zum Hochleister zu werden, der den Berg tatkräftig in Angriff nimmt – im Unterschied zum einfachen Wandersmann, der angesichts dreier sich am Horizont „auftürmender" Wolken bereits zu zaudern beginnt und alsbald die Rückkehr in die warme Hütte antritt, um dort bei einer Würschtelsuppe nochmals seine Entscheidung, die Absicht und überhaupt Sinn und Zweck des ganzen Unternehmens zu überlegen. Ist es wirklich eine gute Idee, auf diesen Gipfel zu steigen? Könnte ich nicht statt dessen ...? Womöglich tut der Wandersmann gut daran, umzukehren und sich die Sache nochmals zu überlegen. Das ist jedenfalls jenem Entschluß vorzuziehen, weiterzugehen – komme, was da wolle – und dann im Sturm und mit ungenügenden Fähigkeiten und Ausrüstung in Bergnot zu geraten und sich und andere zu gefährden. Risikoreiche Entscheidungen brauchen ein gerüttelt Maß an Wissen um das eigene Können und Vermögen, und sie brauchen intensives Training und Erfahrung. Noch kein „Bergnovize" hat den Mount-Everest-Gipfel erreicht.

Die Wirkung der Beratung

Wir haben gesagt Beratungsziele brauchen Managementziele; daran wird die Wirkung der Beratung gemessen werden. Beginnen wir allgemein: Üblicherweise nimmt man an, daß Beratung geholt wird, wenn Veränderung gewünscht wird (wir lassen hier der Einfachheit halber Gutachten, Expertisen u.ä. Aufträge bei Seite). Die vieldiskutierten Erfahrungen von Change-Projekten zeigen jedoch, daß etliche der hoffnungsvoll angegangenen Projekte scheitern oder zumindest nicht zu zufriedenstellenden Ergebnissen führen. Bei Reengineering-Projekten spricht man mittlerweile von ca. 70 Prozent gescheiterten Projekten, wobei hinter diese Zahl einige Fragezeichen zu setzen sind.

Aber auch bei anderen Beratungsthemen entsprechen die Ergebnisse nicht immer den Erwartungen. Das kann sich in der Schubladisierung von aufwendigen Strategiekonzepten ebenso ausdrücken wie im Versanden anspruchsvoller Qualitätsmanagement-Programme in der Wüste ungezählter Workshops ohne Ende und Ergebnisse.

Je nach Beratungskonzept wäre das als Machtproblem, Widerstand, Angst, Unfähigkeit oder Ambivalenz zu deuten. Je nach Ansatz würden die Berater versuchen, dem prophylaktisch Herr zu werden und die gesteckten Ziele zu erreichen, und zwar mehr oder weniger

- intensiv: Beratungsteams schwärmen aus und erheben Unmengen an Daten, während die Unternehmensleitung durch Visions-Workshops getrieben, gecoacht und „outdoor-experienced" wird;
- nützlich-geschickt: Durch überaus clevere Fragen wird neue Information so erzeugt, daß sich kein Konzernboß entziehen kann;

- wissend-belehrend: Professorale Gelehrtheit läuft akademischen Sturm gegen die Bastionen der pragmatischen Ignoranz;
- meisterhaft: Einfach „finden, was wirkt“!
- prozesshaft: Schritt für Schritt kommt man voran, was immer passiert, wird einbezogen;
- breit: Trainingskampagnen werden rauf und runter durchs Unternehmen gezogen.

Auf der Suche nach dem goldenen Schatz

In einem Gespräch über den Einsatz externer Berater fiel kürzlich der Satz: „Wenn es uns gelingt, die Berater perfekt zu briefen, dann brauchen wir sie eigentlich gar nicht mehr.“ Wenn also die Ziele (und die Mittel?) entschieden sind, dann ist mindestens die halbe Miete schon gewonnen, so die Meinung. Wie auch immer, auch unsere Erfahrung ist es, daß – etwas salopp formuliert –, wenn alle Entscheidungen gefallen sind, wir als Berater nicht mehr viel zu tun haben. Die Beratung der Entscheidungsprozesse und die Gestaltung von Settings, in denen gewünschte (Entscheidungs-)Ereignisse passieren können, ist wesentlicher Beratungsbestandteil.

Besonders eindrücklich zeigt sich das natürlich am Beginn einer Beratung. Wir möchten diesen Punkt darum etwas ausführlicher anhand eines anonymisierten Beispiels schildern. Dieses Beispiel handelt von der Vorphase für ein Beratungsprojekt, in der es um Beraterauswahl geht. Vermeintlich ist alles klar. Es läuft dann aber nicht nur der Auswahlprozeß selbst, sondern im System werden, ausgelöst durch die Berater, nochmals die Ziele und die entsprechenden Entscheidungen zur Disposition gestellt – eine neuerliche Entscheidung steht an, wie wir sehen werden.

Neben der Akquisition läuft ebenso ein Veränderungsprozeß. Man erkundigt sich im System, fragt, vernetzt und interveniert damit. Das löst neue Suchprozesse im Unternehmen aus und kann zu einer Veränderung des Auftrags oder auch zu keinem Auftrag führen. Die Situation hat für Berater besondere Würze, weil man allein schon indem man sich kundig machen möchte interveniert, allerdings ohne explizit den Auftrag dazu zu haben. Was kann man also tun? Sehen wir uns das Beispiel an.

Der Personalentwickler (PE) eines internationalen Konzerns lädt uns wie auch andere Berater dazu ein, uns für ein Projekt zur Neuausrichtung des Führungsverständnisses im Konzern zu bewerben.

Auf eine erste, noch unverbindliche Interessensbekundung unsererseits schickt der Personalentwickler, in seiner Funktion als interner Projektleiter und die Beratersuche koordinierend, detaillierte Unterlagen zur Projektausschreibung. Darin wird deutlich, daß im Konzern ein großes Prozeßverbesserungsprojekt mit einem internationalen Beratungsunternehmen läuft. In der Unternehmensleitung sei beschlossen worden, daß zusätzlich die Führungsqualität im Konzern optimiert werden sollte.

Oft genug klaffen die offiziellen Darstellungen und die impliziten Bedeutungs- und Erwartungshierarchien weit auseinander. Erkennbar wird das im Rekonstruieren der Entscheidungsprozesse, die zur Beratersuche wie auch zur Problem- oder Zielformulierung geführt haben, in den Geschichten, die dabei erzählt werden, sowie an den Antworten auf zirkuläre Fragen nach den verschiedenen Perspektiven im System (z.B. zu Anlaß, Erwartungen, Wünschen, Problemen, Zielen, Ressourcen und unterschiedlichen Sichtweisen). Diese Fragen erzeugen nicht immer klare Antworten, was auch nicht in jedem Fall erwartet werden kann. Aber es werden dadurch interne Suchprozesse ausgelöst, die bereits erste indirekte Interventionen darstellen können (immer wieder als hilfreich zeigt sich z.B. die Frage: „Was wäre, wenn es weiter so wie bisher ginge?").

In einem ersten Gespräch mit dem Personalentwickler, einem vorgesehenen Element der Beratersuche, erfahren wir Näheres über den Kontext und die Entstehungsgeschichte des Projektes. Am Ende des Gesprächs meinen wir verstanden zu haben, daß es zu diesem Vorhaben in der Konzernleitung mehrere Sichtweisen gibt. Zudem werfen wir die Frage auf, in welcher Verbindung das Ganze mit dem Prozeßverbesserungsprojekt stehen sollte,

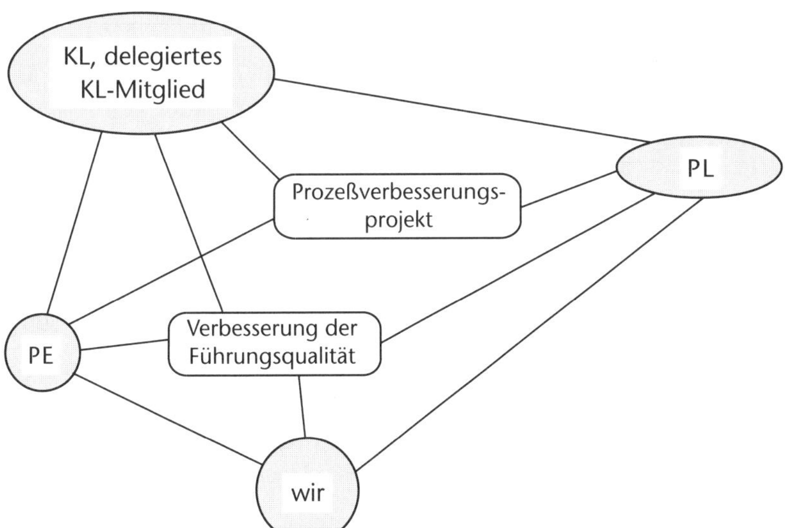

Abb.: Die fraglichen Relationen zu Ende des Gesprächs mit dem Personalentwickler (PE) (KL = Konzernleitung; PL = Projektleiter des Beratungsunternehmens)

das den ganzen Konzern bindet und wo, wie wir vermuten, sich zwangsläufig viele führungsbezogene Fragestellungen stellen werden.

Um die fraglichen Relationen, die uns für eine Zielvereinbarung wichtig scheinen, besser abschätzen zu können, vereinbaren wir einige vorbereitende Interviews mit relevanten Personen, so wie es auch in etwas reduzierter Form in der Beratersuche vorgesehen war. Wir verstehen diese Klärungsarbeit als Intervention ins Unternehmen, dementsprechend treffen wir eine Honorarvereinbarung darüber.

Wenn sich Ziel- und Auftragsdefinition wie in diesem Fall mehrdeutig zeigen, interessieren wir uns besonders für die Vielfalt der Sichtweisen im System. Hier gibt es einerseits die Möglichkeit, mit ganzen Gruppen, z.B. der gesamten Geschäftsleitung, zu sprechen. In diesem Fall war es jedoch, in Anbetracht des knappen Zeitplans und der Auslandsaufenthalte einiger Konzernleitungsmitglieder unmöglich, die Konzernleitung zu diesem Thema an einen Tisch zu bringen.

Für uns Berater stellt sich jeweils rasch die Frage, inwieweit wir mit den vorgegebenen Strukturen und der Kultur – soweit man sie registriert – mitgehen sollen, was den Vorteil des akzeptierenden Mitschwingens hat, oder ob ein Abweichen und damit das Übernehmen von Führung vorzuziehen sei – eine Frage, die sich in vielen Projekten und in vielen Projektphasen immer wieder stellt und der Entscheidung bedarf. Ohne Zweifel ist sie am Anfang besonders kritisch, da hier die Beziehung noch nicht etabliert ist. Uns sind keine eindeutigen Kriterien zur Beantwortung bekannt.

Zurück zu unserem Fall. Der Personalentwickler (PE) organisiert die Gespräche, wobei sich angesichts des beidseitigen Termindrucks die Liste der Gesprächspartner nochmals verändert. Schließlich sind der Reihe nach anberaumt: Gespräche mit dem Projektleiter des Beratungsunternehmens (PL), mit jenem KL-Mitglied, das delegiert für die Auftragserteilung ist, sowie mit dem Konzernleiter (KL).

Was tatsächlich passierte, war folgendes:
Vereinbarungsgemäß treffen wir im Headquarter ein, um als erstes unser Gespräch mit dem Projektleiter zu führen. Der ist aber zunächst unauffindbar („Aha!", denken wir uns). Gleichzeitig erfahren wir, daß das andere KL-Mitglied nicht auf diesem Kontinent weilt („Seit wann wußte man das?" fragen wir uns). Der Konzernleiter wird auch weniger Zeit haben, erfahren wir vom Personalentwickler, der mit uns im Foyer der weiteren Ereignisse harrt (wie wir vermuten).

Nun ergibt sich folgende interessante Situation: Plötzlich – zwei Stunden vor Termin – taucht der Konzernleiter auf und gibt zu erkennen, daß er jetzt Zeit hätte, während aus einem anderen Gang der Projektleiter auftaucht und ebenfalls Zeit hätte, wenngleich er keinerlei Ahnung habe, worum es hier gehe. Irgendwie stellt sich die Frage, ob sie nicht gemeinsam mit uns reden könnten. Insbesondere der Projektleiter macht klar, daß er nur wenig Zeit hat. Wir bestätigen, daß ein gemeinsames Gespräch möglich sei, wenn beide das wollten. Sie bejahen, und wir machen uns auf den Weg in ein Sitzungszimmer.

Die Geschichte verlief überraschend. Für uns stellt sich jeweils die Frage, inwieweit wir auf Vereinbarungen bestehen oder ob wir uns davon abweichend auf die sich neu ergebenden Situationen einsteigen wollen und uns neugierig für deren Funktion halten. Die Vermutung liegt jeweils nahe, daß solche Situationen einen reichhaltigen Einblick ins Systemgeschehen vermitteln. Warum sie also nicht nutzen? Hier interessierte uns besonders, wer und was im System wann wie führt. Ist es die Zeit, sind es bestimmte Personen bzw. Rollenträger, sind es bestimmte Anlässe, Einflußnahmen, Abstimmungen, Koalitionen o.ä? Sich hier flexibel zu halten, kann druckvoll sein; mit den manchmal überraschenden systemischen Ereignisabfolgen mitzuschwingen, ohne die eigenen Fragen aus den Augen zu verlieren, ist nicht immer einfach, manchmal sogar sehr anstrengend. Schließlich sollte die hohe Aufmerksamkeit für den Prozeßverlauf erhalten bleiben.

Im Sitzungszimmer angekommen, bekundet auch der Konzernleiter sein Unwissen über Sinn und Zweck des Gesprächs. Nach kurzer Erklärung durch den Personalentwickler und uns können die ersten Fragen gestellt werden. Bei der Frage nach dem Ziel aus Sicht des Konzernleiter gibt dieser seinen Unmut darüber kund, daß er das gefragt wird, erklärt daß er eigentlich eine Vorstellung von uns erwartet hätte und gibt das Wort weiter an den Projektleiter. Der übernimmt und beschreibt das Geschehen in seinem Projekt und macht klar, daß er nichts von einer Kooperation hält, da die Sache bestens laufe und er keinen Bedarf für andere Initiativen sehe. Das klingt gänzlich anders, als in einem Gespräch, von dem uns der Personalentwickler zuvor erzählte, in dem der Projektleiter eine Kooperation begrüßt hatte. Nun, die Dinge sind im Fluß. Es erweist sich im weiteren Verlauf des Gesprächs, daß der Konzernleiter gerne Instrumente zur Unterstützung der von ihm nicht sehr geschätzten Führungsqualität im Konzern hätte, aber diese erst später, dann nämlich, wenn sich der Bedarf aus dem Prozeßprojekt ergibt. Der Projektleiter muß gehen. Der Konzernleiter bleibt, erzählt nun angeregter seine Sichtweisen der Konzern- und Führungsentwicklung, erklärt sich selbst als völlig lernresistent und meint, daß sich der Projektleiter noch wundern werde, auf welchen Widerstand er stoßen werde. Dieser unterschätze die Beharrungsmentalität der lokalen Kultur.

Das Gespräch war aufschlußreich. Unsere Hypothese, daß der Konzernleiter weniger hinter der Projektidee steht, als in den schriftlichen Unterlagen angeführt, schien sich zu bestätigen. Uns beschäftigten damit fünf Fragen:

1. Was bedeutet es für das System, wenn der oberste Chef Führungsfragen weniger Bedeutung einräumt als die anderen denken oder wünschen, genauer gesagt, wenn er in der Einschätzung der Führungsqualität kritischer ist, aber weniger Chancen für Veränderung sieht und sich selbst als überhaupt nicht änderbar präsentiert?

2. Was bedeutet es, wenn der Projektleiter ohne sich weiter um den Konzernleiter zu kümmern, definiert, was Sache ist? (Wer hat hier Führung?)

3. Was bedeutet es, wenn der Konzernleiter nach dem Abgang des Projektleiters uns seine „Wahrheit" schildert? Wie sieht die Beziehung zwischen den beiden aus? Was ist die Funktion dieser Geschichte im System? Welche Bedeutung hat diese Art der Beziehung für das Führungssystem des Konzerns?

4. Wofür ist das Ganze gut? Wie nützt es? Und wem?

5. Wie soll es hier, vor dem HIntergund der ersten vier Fragen, zu einer verbindlichen Entscheidung über das „Führungsprojekt" kommen?

Die Bedeutung der Rückkoppelung

Welche Schlußfolgerungen ziehen wir aus solchen Fragen? Hypothesen, die sich aus der vorläufigen Beantwortung solcher Fragen ergeben, sind Momentaufnahmen im Prozeß. Über deren Sinngehalt läßt sich durch Rückkopplung in einem kokreativen Prozeß mit dem System entscheiden. Diese Rückkopplung ist darum so bedeutsam, weil die Verantwortung für die Wirklichkeitskonstruktionen im System verbleibt. Unsere Absicht ist also nicht, strategisch-taktische Interventionen daraus abzuleiten, sondern Neuentscheidungen in den Wirklichkeitskonstruktionen des System einzuleiten. Fragen lösen Suchprozesse aus, die Entscheidungen bewirken – und damit Veränderungen hervorbringen können. Die ständige Rückkopplung garantiert, daß die Verantwortung über die Wirklichkeit (Was gilt?) im System verbleibt, wenn auch die Konstruktion durch uns verstört, erweitert, herausgefordert o.ä. wird.

Die Rekursionsschleifen können einen Irritationsprozeß in Gang setzen. Dieser Prozeß erhält seine Orientierungen durch die Ziel- und Auftragsdefinitionen. Ziel und Auftrag sorgen für Rahmen und Stabilität des Beratungsprozesses. Ihre Neuverhandlung, z.B. zum Abschluß bzw. Neubeginn unterschiedlicher Projektphasen, erzeugt Instabilität, dann gibt es das nächste Stabilitätsniveau etc. Prozesse verlaufen darum in einem Wechsel von Stabilität und Instabilität.

Wenn wir wieder an unser Beispiel denken, wo wir uns in der Projektvorphase befinden, ist zu diesem Zeitpunkt keineswegs klar, was Ziel und Auftrag sein sollen. Der Konzernleiter, der Projektleiter, der Personalentwickler, die Unterlagen, alle sprechen eine verschiedene Sprache. Wenn schon im Unternehmen nichts klar ist, was soll dann für uns gelten? Als Berater könnte man jetzt versucht sein, Strukturen zu setzen und damit Einfluß zu einem Zeitpunkt zu nehmen, wo noch kein Auftrag existiert. Die Verführung für die Berater, für Klarheit einzustehen, ist groß. Man könnte z.B. strikt auf die Formulierungen in den Unterlagen verweisen und sich nicht auf das turbulente Geschehen des Systems einlassen, oder man könnte einen guruhaften Lösungsvorschlag bringen. Wir tendieren dazu, an diesen Stellen eher mitzuschwingen, um die Chance, daß im System selbst Klarheit hergestellt wird, aufrechtzuerhalten bzw. zu vergrößern. Sorgen die Berater für Eindeutigkeit, haben sie auch die Verantwortung für den Erfolg ihrer Klarheit zu tragen. Verantwortung wird an die Berater delegiert. Es kann aber nicht die Aufgabe der Berater sein, etwas im Konzern zu entwickeln, wozu sich das Unternehmen selbst noch nicht entschlossen hat. Das erhöht nur die Chance, daß man etwas für die eine Seite im Unternehmen tut, was die andere Seite um so vehementer ablehnen oder hintergehen wird. In unserem Konzern kursierten z.B. einige Geschichten über frühere Beratererfahrungen, die alle davon erzählten, wie hoffnungsfroh angetretene Berater bald wieder aus dem Rennen schieden.

Wir versuchten in unserem Beispiel, unsere Verwirrung – oder sollen wir sagen: unsere vertiefte Erfahrung der Unterschiede im System – rückzukoppeln und telefonierten zur Vorbereitung eines letzten Gesprächs mit dem Delegierten der Konzernleitung, der für die Beraterauswahl verantwortlich zeichnete.

Wir fragten ihn, wie er angesichts der neuen Erkenntnisse die Verbindung zum Prozeßprojekt sieht und welchen Auftrag er uns nunmehr geben möchte, um zu einem schlüssigen Angebot zu gelangen. Und siehe da, er sieht es nochmals anders, nämlich so, daß das Interesse am Führungsprojekt unberührt bleibt und er keinen Grund für eine etwaige Verkoppelungsdiskussion mit dem Prozeßprojekt erkennt.

Nach diesem Telefonat wurde für uns nochmals fraglicher, welche implizite Struktur im System gilt und wie dort Entscheidungen zustande kommen. Je mehr Kontakte wir hatten, desto mehr Diskrepanzen zeigten sich zwischen Unterlagen und konkreten Zielvorstellungen, zwischen hierarchischen Positionen und situationsbezogener Führung, zwischen dem, was unter Anwesenden und Nichtanwesenden kommuniziert wird, usw. Die Unterlagen mit der Einladung an uns erweisen sich als ein Teil des systemischen Spiels, unsere Gespräch als weitere Teile. Gesetzt den Fall, diese Teile würden zusammengehören, was würde das Ganze darstellen? Und: Wenn wir als Berater „das Ganze" sehen würden, wozu könnte uns das veranlassen?

Neugierde statt Wissen

Nun, die systemische Diskussion hat ausreichend klargestellt, daß solche Perspektiven nicht mehr möglich sind. Wir sind ebenso Beobachter, die ihre Blindheiten und Einsichten haben, wie das System selbst. Wir prägen mit den Unterschieden, die wir unseren Beobachtungen zugrunde legen (z.B. in bezug auf Ziel und Auftrag, auf unterschiedliche Sichtweisen, Relationen usw.), unsere eigenen Beobachtungen in für uns unmittelbar nicht hintergehbarer Weise. Die Fragen, die wir stellen, aber auch die, die wir nicht stellen, die Inputs, die wir bringen oder auch nicht, erzeugen immer schon etwas Neues, haben neue Wirklichkeitskonstruktionen hervorgebracht – oder die alten bestätigt und damit einen „neuen" Beitrag geleistet.

Die Kybernetik zweiter Ordnung hat schlüssig formuliert, daß es kein zurück hinter den Beobachter gibt. Man bewegt sich damit in – allerdings aufhebbaren – Paradoxien; aufhebbar, weil sie, wie die Systemtheorie zeigt, „entfaltbar" sind. Zentrale Entfaltungen sind aus unserer Sicht die Rückkoppelung und das Nutzen der Rekursivität des Prozesses. Das erfordert eine Grundhaltung der Berater, die wir mit *Neugier* und *Flexibilität* bezeichnen. Diese Haltung erweist sich im Umgang mit dem Wissen, das man als Berater hat: Wie weit kann man sich offenhalten für die Besonderheiten der Wirklichkeitskonstruktionen des Systems? Wie kann man den eigenen Konzepten z.B. angesichts Führung, Team oder Strategie Einhalt gebieten und neugierig auf die systemspezifischen Schöpfungen sein? Oder: Wie sehr gewinnen die eigenen Hypothesen Oberhand über die Prozesse des Kunden? Oder anders gesagt: Was kann mein Kunde für meine Wirklichkeitskonstruktionen?

Neugierig zu bleiben bedeutet auch die Fähigkeit, hohe Komplexität im Prozeß auszuhalten. Als Berater befindet man sich in einem ständigen Entdecken von Wirklichkeiten, hilft immer schon selber mit, welche entstehen zu lassen und muß sich auch gleich wieder von ihnen verabschieden. Das schützt zwar vor Besserwissen und mehr noch vor dem vorschnellen Übernehmen von Verantwortung, verlangt aber auch ein hohes Maß an Konzentration mit wenig Gelegenheit, „sich irgendwo festzuhalten".

Neugierig auf Entscheidungen

Kehren wir nochmals zu unserem Fallbeispiel zurück. Zwei Wochen nach dem letzten Gespräch, in dem wir einen Vorschlag zum Vorgehen und zur Vernetzung mit dem Prozeßverbesserungsprojekt machten, werden wir informiert, daß man diesen Punkt sehe, sich aber anders entschieden hätte und ein von diesen komplexen Vernetzungen entkoppeltes, einfaches Seminar wahrscheinlich im Rahmen der Konzernleitung machen möchte.

Ein Erfolg? Ein Mißerfolg? Ist die Entscheidung für ein einfaches Seminar ein Fortschritt oder ein Rückschritt, oder handelt es sich gar um eine Fehlentscheidung? Wie dem auch sei, die Konzernleitung hat sich entschieden. Und das ist gut so. Aus unserer Sicht war die Projektdefinition zu ungenau, zu wenig verbindlich und ist die Beraterauswahl zu früh gekommen. Zu früh in dem Sinne, daß im System zu wenig klar war, was wirklich passieren soll, *was das Ziel sein soll*. Wenn zu diesem Zeitpunkt Berater Fragen stellen, bricht der Suchprozeß von neuem los. Das ist dann gut, wenn man beauftragt ist, sich genau damit zu beschäftigen, aber nicht, wenn man eingeladen ist, auf diese Unklarheit aufzubauen. Solche Suchprozesse sinnvoll zu unterstützen ist in dieser Phase, angesichts der noch nicht etablierten Beziehung zwischen Berater und Kunde, recht aufwendig und der Prozeß selbst naturgemäß sehr fragil. Man stellt sich zu etwas vor, wozu man sich gar nicht vorstellen möchte; während man das feststellt, sind Dinge schon wieder neu im Fluß; und eine Zeitlang weiß niemand, wohin die Reise geht.

Der Suchprozeß scheint uns dann erfolgreich zu verlaufen, wenn er zu einer klaren Entscheidung führt, die das System handlungsfähig werden läßt (und keine destruktiven Folgen zu befürchten sind) – auch wenn diese Entscheidung gegen unseren Vorschlag gerichtet ist und nicht zu einer Kooperation mit uns führt (und wir in unserem Beispiel dabei blieben, daß die Verkoppelung der beiden Projekte wichtig wäre). Wir meinen darum, daß die Entscheidung hilfreich ist. Sie bringt Bewegung in den Veränderungsprozeß und ermöglicht weitere Schritte. Die nächste Runde im Pendeln vom Problem zum möglichen Ziel und wieder zurück ist eingeläutet.

Probleme und Systeme

Ans unserer Sicht können sich Systeme auch um Probleme organisieren. Man könnte auch sagen: Probleme oder auch Konflikte schaffen sich ihre Systeme (vgl. Lenglachner et al. 1994). Diese Fähigkeit kann für die Konstruktion von Beratungsdesigns verwendet werden. Denken wir an unser Fallbeispiel. Führung stellte „irgendwie" ein Problem dar, und alsbald organisierten sich darum eine Reihe von Gesprächen, Fragen, Abklärungen und Entscheidungen. Verschiedene Systemmitglieder kamen zu Wort, Externe mischten sich ein, Relationen wurden ausgehandelt, Abgrenzungen wurden vorgenommen und Verbindlichkeiten gesucht. Wir sprechen an dieser Stelle vom „Problemsystem". Das ist klarerweise ein anderer Begriff als die Rede vom Unternehmen als System. Wir reden auch nicht vom „Klientensystem", weil in der Regel ganz unklar ist, wer eigentlich dazugehört oder nicht und zu welchem Zeitpunkt. Zum Problemsystem gehören alle diejenigen, die nach Rückfragen von uns aus der Sicht des Systems „am Problem beteiligt" sind. Klarerweise handelt es sich auch wieder um eine Konstruktionsleistung.

Das Nichtweiterkommen, das Blockiertsein eines Problemsystems bestimmt zumeist den Zeitpunkt einer Beratungsanfrage. Die Ressourcen des Systems sind erschöpft, zumindest aus der Sicht eines Teils des Systems. Die Entstehungsgeschichte, wie es zur Beratungsanfrage gekommen ist, interessiert uns, wie erwähnt, darum so genau, weil sich daran ablesen läßt, welchen Entscheidungszustand das System erreicht hat (Will man? Will man nicht? Was will man? Wer will? Wie eindeutig/einhellig? etc.). Wir denken, daß Veränderung den Übergang vom Problemsystem zu einem Zielsystem bedeutet; das aber nicht in einem einmaligen Schritt, sondern in einem andauernden Prozeß. Wobei eben dieser Übergang von Ambivalenz gezeichnet ist. Die Ambivalenz kann nur durch Entscheidungen bewältigt werden. Darum sind Entscheidungen zentrale Ereignisse in Veränderungsprozessen.

Wir interessieren uns, zum Beispiel im Rahmen eines Workshops, für das Zustandekommen und die Form des Problemsystems: Wer gehört dazu, mit welchen Beiträgen, seit wann, wie lange? Welche Geschichten gibt es zum Problem? Wer hat es als solches definiert? Was waren bisherige Lösungsversuche? Wer war einmal dabei und ist wieder ausgeschieden? Was trägt zur Erhaltung bei? Was tendiert zu einer Überwindung? Ursachen interessieren uns dabei wenig, sondern Erklärungen, Zusammenhänge, Netzwerke von Geschichten, die sich rund um die Aufrechterhaltung des Problemsystems ranken. Wichtig ist uns außerdem, zu erfahren, wozu – aus der Sicht der Beteiligten – dieses Problemsystem gut ist, welchen Nutzen es (auch) hervorbringt. Den Nutzen kann es sowohl für die unmittelbar Beteiligten des Systems als auch für die Umwelt dieses Systems geben. Beispielsweise kann die Blockierung und der Konflikt zwischen zwei Bereichsleitern der Verhinderung einer Entscheidung auf Konzernleitungsebene dienen, oder die Uneinigkeit in einer Konzernleitung über ein Vorgehen verweist auf ungelöste strategische oder strukturelle Fragen, oder durch die Aufrechterhaltung wird die Vermeidung „schlimmerer Ergebnisse“ ermöglicht, Machtgleichgewichte bleiben in Balance („Bekomme ich nichts, bekommt der auch nichts!“) usw.

Kosten und Nutzen

Problemsysteme erzeugen also Nutzen, aber auch Kosten, indem sie z.B. Energien bündeln und Ressourcen verbrauchen und Aufmerksamkeit, Einsatz und Arbeitskraft von den Beteiligten fordern. Im Regelfall bedeutet das Verzicht auf andere Möglichkeiten. (Was wäre in unserem Konzern anders, wenn ein neues Führungsverständnis etabliert wäre?) Kosten und Nutzen werden – mehr oder weniger bewußt, mehr oder eher weniger kommuniziert – gegeneinander abgewogen. Oft genug ist es der Fall, daß der Nutzen die Kosten überwiegt und man sich entscheidet, das Problemsystem aufrechtzuerhalten. Die Konsequenzen wären andernfalls zu weitreichend. Manchmal sind Probleme eben besser als ihre Lösungen – zumindest für die nächste Zeit; der Zeitpunkt für eine Veränderung muß vom System selbst entschieden werden.

Problemsystem

Kosten/Nutzen

Eben hier liegt die Frage bei der Entscheidung in unserem Fall. Die Konzernleitung hat sich aus unserer Sicht mit ihrer Entscheidung, „nur ein Seminar" abzuhalten, für einen einstweiligen Verbleib im Problem entschieden. Der Zeitpunkt für die Veränderung ist noch nicht passend. Ist also anzunehmen, daß der Nutzen des Problems derzeit noch höher eingeschätzt wird als seine Kosten?

Die Neubeurteilung der Kosten-Nutzen-Abwägungen, deren innere Rationalität nicht von allen Beobachtern gleichermaßen geteilt werden muß, kann durch ein weiteres Phänomen verhindert werden. Probleme können hypnotische Wirkung erreichen. Ein Problem ist ein Problem ist ein Problem ... Wenn man drinnen ist, fällt einem einfach nichts mehr ein. So wie das Karnickel vor der Schlange sitzt und sich vor Schreck nicht mehr rührt – bei drohendem letalen Ausgang –, so verharren manche Managementteams, Leitungsebenen, Bereiche etc. in der Faszination, die die Probleme, in denen sie stecken, ausmachen. Es gibt nur den einen Weg, schneller zu werden, und keinen anderen, der aber geht nicht, daher ... Es gibt nur den einen Weg, schneller zu werden, der aber geht nicht, daher ... Es gibt nur den einen Weg, schneller zu werden, und keinen anderen, der aber geht nicht, daher ... Hier muß man erst einen Schritt zurück machen, um den Blick wieder freier zu kriegen für neue Optionen.

Die europäische Automobilindustrie hatte sich dergestalt „festgefressen" in ihre Sicht, Autos zu montieren, „anders kann man's nicht machen". Erst die große Studie über die japanischen Produktionsfortschritte und deren Publizität haben die Augen geöffnet. Und jetzt geht es auch hier. Wie im Großen, so auch im Kleinen, man ist hypnotisiert von dem, was man kennt, und tagtäglich darum bemüht – wer kennt das nicht – und hat keinen Blick dafür, daß es auch anders gehen könnte. Hier ist es weniger wichtig, sich rasch in Kosten-Nutzen-Abwägungen zu stürzen als vordringlich ein Zielsystem zu kreieren, d.h. ein System, das jenen Zustand und jene Relationen beschreibt und versinnbildlicht, wie es ausschauen könnte, wenn das Problem „weg" wäre. (Gesetzt den Fall, im Konzern würde anders – wie? – geführt werden: Was wäre da anders, welche Auswirkungen hätte das auf wen, wer würde das merken ...?)

Zielsysteme

Einen Beitrag zur Aufrechterhaltung von Problemsystemen liefert also oftmals die Unbekanntheit der Zukunft. Und gegenüber einer ungewissen Zukunft kann das bekannte Leiden vorzuziehen sein. Darum ist es wichtig, das Zielsystem zu skizzieren. Auch hier ist wieder zu fragen, was der Nutzen sein soll, aber auch wie es um die Kosten bestellt sein wird, die es sicherlich ebenfalls zu verbuchen geben wird.

Zielsystem
Kosten/Nutzen

Kein Zielsystem kommt ohne Kosten aus. Manchmal stößt man hier auf richtige Tabus. Die Kosten des Ziels dürfen nicht in den Blick genommen werden (so wie es manchen umgekehrt Mühe bereitet zuzulassen, daß Probleme, in denen man steckt, auch Nutzen haben können; das darf nicht sein). Das Reengineering-Projekt wird nur hinsichtlich seiner positiven, ertragsverbessernden Wirkungen diskutiert, und das so euphorisch wie möglich. Daß damit auch Stellen wegfallen könnten, Qualifikationen unnötig werden und damit eine Menge unangenehmer Begleiterscheinungen mit einhergehen werden, darf nicht diskutiert werden (wiewohl man hier in vielen Unternehmen dazugelernt hat). Ist die Sorge zu groß, daß dann keine Energie mehr vorhanden wäre? Aus unserer Erfahrung ist es eher umgekehrt: Unter den Tisch gedrückte Sorgen und Bedenken lähmen und rauben Energie wie wenig anderes.

Vom Problemsystem zum Zielsystem und wieder zurück

Problemsystem
Kosten/Nutzen

➡

Zielsystem
Kosten/Nutzen

Prozeß der Veränderung
Ambivalenz

Das Problemsystem mit seinen Kosten- und Nutzen-Abschätzungen und das Zielsystem mit seinen Abschätzungen werden einander gegenübergestellt. Die Mehrdeutigkeit von Kosten und Nutzen (noch dazu aus der Multiperspektivität der Beteiligten) läßt Ambivalenz deutlich werden. In dieser Ambivalenz bewegt sich der Such- und Entscheidungsprozeß des Systems hin und her. Die Berater ermutigen die Suchprozesse und die Prüfung der Frage, wieviel Veränderung möglich ist und welche Konsequenzen Bewahrung wie Veränderung haben können. Die Pendelbewegung führt schließlich dazu, daß sich mehr Energie auf das Zielsystem ausrichtet – wenn ausreichend Energie vorhanden ist, dann ist die Entscheidung klar.

Veränderungen, z.B. Reorganisationen, Prozeßoptimierungen etc., sind eben nicht nur rational abzuwägen, sondern sie bedeuten eine Vielzahl von Abschätzungen, die auf den unterschiedlichsten Ebenen liegen; Emotionen, Macht, Unsicherheiten, Interessen, Vernetzungen, Allianzen, Koalitionen, Grenzen, Karrieremotive etc. werden berührt und fließen mit ihrer jeweiligen Bedeutung ein. Man bewegt sich darum immer in einer Vielfalt von Perspektiven und Facetten.

Die Kunst systemischen Vorgehens liegt darin, die Pluralität der Perspektiven und Facetten zu nutzen oder zu selektieren. „Im Ozean der Optionen verschollen gegangen ...", das wäre das Gegenbild. Die Rede von der „Energie im Zielsystem" ist eine Analogie. Sie versucht zu beschreiben, wie die Auseinandersetzung mit der Ambivalenz soweit gedeiht, daß ein neuer Schritt im System getan werden kann, daß Entscheidungen getroffen werden können, die Veränderung tragen und weiterbewegen.

Literatur:

Lenglachner, M., Ch. Schmitz, M. Weyrer (1994): Vom Streit zum Unternehmensdialog. Konflikte als Potential der Unternehmensentwicklung.

Luhmann, N. (1988): Die Wirtschaft der Gesellschaft. Frankfurt (Suhrkamp).

Ransmayr, Ch. (1988): Die letzte Welt. Nördlingen. (Greno).

Schmitz, Ch., B. Zucker (1996): Wissen gewinnt. Knowledge-flow-Management. Wiesbaden (Metropolitan).

McDaniels, G. (1969): Compared to What? Z.B. gespielt von Les McCann u. Eddie Harries auf: *Swiss Movement.* (ARC).

DIE ORGANISATION DER SELBSTORGANISATION
Thesen zum „systemischen Management"[1]

> ***„Was vernünftig ist, das ist wirklich; und was wirklich ist, das ist vernünftig."***
> G. F. W. Hegel[2]

Erfolg als Merkmal der Unterscheidung

Beginnen wir unseren Versuch, die Frage „Was ist systemisches Management?" zu beantworten, mit ein wenig Wortklauberei. Wenn man über etwas redet oder schreibt, ist es ja meist von Nutzen, sich ein wenig über die Bedeutung der verwendeten Begriffe Rechenschaft zu geben. Fangen wir bei dem Begriff „systemisches Management" an. Ihm liegt offensichtlich die Unterscheidung *systemisch* versus *nichtsystemisch* zugrunde. Die Frage, die sich aus solch einer Unterscheidung nahezu zwangsläufig ergibt, lautet: Was ist das definierende Merkmal für „systemisches Management"?

Stellen Sie sich vor, Sie treffen jemanden, der „systemisch" managt – woran können Sie ihn erkennen? Oder noch zugespitzter: Ist es möglich, daß jemand systemisch managt, ohne es selbst zu merken? Und umgekehrt: Beweist die Tatsache, daß jemand seine Arbeit „systemisch" nennt, ihre systemischen Qualitäten? Wir haben es hier offensichtlich wieder einmal mit dem Unterschied zwischen Speisekarte und Speise zu tun. Nicht alles, was sich Wiener Schnitzel nennt, ist Kalbfleisch, und manches, was als Paprika verkauft wird, ist geriebenes Rostschutzmittel.

Die Frage nach dem Merkmal der Unterscheidung für „systemisches Management" wird dadurch kompliziert, daß nicht klar ist, in welchem Phänomenbereich wir danach suchen sollen. Geht es darum, daß Manager auf eine bestimmte Art und Weise denken oder gar – wie ich neulich gelesen habe – systemisch fühlen? Oder sind die Merkmale für systemisches Management auf der Handlungsebene zu finden? Zeigt es sich eher darin, daß charakteristische, in ihrem tieferen Wesen irgendwie „systemische" Handlungen vollzogen werden, oder darin, daß andere, irgendwie „unsystemische" Handlungen unterlassen werden? Erweist sich systemisches Management womöglich in seiner *Wirkung*, zum Beispiel den tatsächlichen Prozessen und Abläufen innerhalb des Unternehmens und dem Verhalten des Unternehmens auf den Märkten?

Um uns der Antwort auf diese Fragen anzunähern, hier meine erste These: Erfolgreiche Führungskräfte arbeiten immer *systemisch* und haben es schon immer getan, unabhängig davon, wie sie oder andere es nennen oder nannten.

Das Merkmal der Unterscheidung systemisches vs. nichtsystemisches Management – so lautet mein Vorschlag – ist der „Erfolg“ oder „Mißerfolg“ des Managements.

Ich gestehe, daß diese Definition das Beispiel einer Antwort ist, die mehr Fragen aufwirft als beantwortet: Denn was ist das Merkmal des Erfolges? Ist es zu allen Zeiten und in allen denkbaren Kontexten dasselbe? Gelten in Japan wirklich dieselben Erfolgskriterien wie in Europa? Waren vor vierzig Jahren dieselben Maßstäbe gültig wie heute? Vor allem aber, wenn wir von Erfolg im Zusammenhang mit Management sprechen, von wessen Erfolg ist hier die Rede? Vom Erfolg des Managers oder vom Erfolg des Unternehmens? Mit anderen Worten: Was ist die jeweils betrachtete ökonomische Einheit, das erfolgreich gemanagte System?

Es gibt schließlich keinerlei rationalen Grund anzunehmen, daß die Erfolgskriterien für beide Systeme, den einzelnen Mitarbeiter einer Firma – auch wenn es sich um einen leitenden Angestellten handelt – und die Firma als Ganzes, dieselben sein müßten. Die in letzter Zeit verschärft in der Öffentlichkeit vorgetragene Kritik an den Leitfiguren unserer Wirtschaft legt ja sogar die Vermutung nahe, daß der individuelle Erfolg eines Managers mit dem Mißerfolg seines Unternehmens korreliert sein könnte. Kaum wird jemand zum „Manager des Jahres“ gekürt, schon steht der Konkursrichter vor der Tür.

Aber lassen wir die möglichen Zielkonflikte von Organisationen und ihren Mitarbeitern zunächst einmal außer acht. Betrachten wir statt dessen das *Unternehmen* als Überlebenseinheit.

Was unter „Erfolg“ zu verstehen ist, bestimmt natürlich der Beobachter, der diese Unterscheidung – oder genauer gesagt: diese Bewertung – vornimmt. Ist es das Ziel unternehmerischer Entscheidungen, möglichst viele Arbeitslose von der Straße zu holen und einer sozialen Verantwortung gerecht zu werden, so wird der Erfolg an anderen Merkmalen abzulesen sein, als wenn die Verbreitung einer Heilsidee oder schlichte Gewinnmaximierung das Ziel ist. Solche Ziele sind manchmal kompatibel, mal mehr, mal weniger – manchmal schließen sie sich auch gegenseitig aus. Aus systemtheoretischen oder konstruktivistischen Erwägungen lassen sich solche Ziele oder Werte auf jeden Fall *nicht* ableiten. Systemisches Denken ist nur ein Mittel zum Zweck, es enthebt seinen Benutzer nicht der Notwendigkeit, die Zwecke und Ziele selbst zu bestimmen. Und es enthebt ihn auch nicht der Verantwortung für die Werte, an denen er sich schließlich orientiert.

Beschränken wir uns der Einfachheit halber auf den wirtschaftlichen Erfolg als Ziel systemischen Denkens, obwohl dies – Gott sei Dank – nicht das einzig mögliche Ziel der Anwendung systemischen Denkens ist.

Bleiben wir bei der Ökonomie, so ergibt sich zunächst eine ganz allgemeine und simple Definition von Erfolg: „Erfolgreich" ist jedes Unternehmen, das überlebt. Das heißt, daß die tatsächlichen Operationen und Prozesse innerhalb des Unternehmens und seine Interaktionen mit den relevanten Umwelten, Kunden zum Beispiel, bis zum Zeitpunkt der Beobachtung *nicht* (– noch nicht) zum wirtschaftlichen Tod des Unternehmens geführt haben. Das Überleben eines Unternehmens auf dem Markt beweist seine Angepaßtheit. Es legt Zeugnis davon ab, daß die innerbetrieblichen Abläufe und das Auftreten auf dem Markt viabel waren, d.h. *gut genug*, um zu überleben. Wenn wir die Verantwortung dafür dem Management zuschreiben wollen, so läßt sich feststellen, daß das Management in seinen Aktionen zumindest soweit der Dynamik solch komplexer Systeme wie Unternehmen und Märkten gerecht wurde, daß es ihm nicht gelungen ist, das Unternehmen zugrunde zu richten.

Die Organisation der Selbstorganisation

Das ist an sich schon eine Leistung, angesichts des unmöglichen Auftrags des Managements. Es muß mit der Paradoxie umgehen, daß ihm die Verantwortung für das Verhalten eines hochkomplexen Systems zugeschrieben wird, welches nicht in einem geradlinig-kausalen Sinne gesteuert werden kann. Wenn es aber objektiv nicht geht, wie läßt sich erklären, daß es doch immer wieder gelingt?

Ein beliebtes Bild zur Charakterisierung der Tätigkeit des Managers ist das des Kapitäns, genauer gesagt des Wirtschaftskapitäns. Es verharmlost die Aufgabe des Managers m.E. in einer unverantwortlichen Weise. Es suggeriert die prinzipielle Berechenbarkeit und Steuerbarkeit der Prozesse, für welche ein Manager die Verantwortung übernimmt.

Schiffe sind keine selbstorgansierten Systeme, es sind triviale, in ihrem Verhalten vorhersagbare Maschinen. Und doch kann man in der Praxis auch als Kapitän eines Tankers scheitern, wenn man z.B. nicht damit rechnet, wie lange es dauert, solch ein Ungetüm zu bremsen. Aber im Prinzip hätte die Exxon Valdez nicht auf Grund laufen müssen. Wäre der Kapitän nicht betrunken gewesen, so hätte er sie unter Anwendung ganz normaler Navigationsregeln durch die Untiefen des Prinz William Sounds steuern können. Und deswegen muß Exxon jetzt auch einige Milliarden Dollar Schadensersatz an die toten Fische bezahlen.

Die Kapitänsmetapher zur Charakterisierung der Tätigkeit des Managers stammt offensichtlich aus der Zeit der Kybernetik erster Ordnung, als die untersuchten Systeme noch dem Ideal der Steuerbarkeit folgten. Tanker tun das ja auch heute noch, Unternehmen haben es schon damals nicht getan. Ich möchte hier eine andere Metapher für die Tätigkeit des Managers vorschlagen, die m.E. den Konzepten der Selbstorganisation und der Dynamik nichtvorhersagbarer Systeme besser gerecht wird.

Der Manager muß arbeiten wie der Dirigent eines Orchesters oder der Coach einer Fußballmannschaft. Er kann weder selbst alle Instrumente spielen noch alle Tore schießen. Wie das Orchester und wie die Fußballmannschaft spielen, liegt außerhalb der Kontrolle des Dirigenten oder Trainers.

Wie antwortete der erste Geiger der Berliner Philharmoniker einst auf die Frage, was Karajan denn dirigiert habe?

„Was er dirigiert hat, kann ich nicht sagen, ich weiß nur, was wir gespielt haben."

Im Idealfall spielen Fußballmannschaften und das Orchester auch dann noch erfolgreich, wenn der Trainer mit Meniskusschaden in der Kabine liegt oder jemand dem Dirigenten seinen Stab gestohlen hat. Daß dies unterschiedlichen Dirigenten und Trainern in unterschiedlichem Maße gelingt, ist allgemein bekannt. Franz Beckenbauer hätte wahrscheinlich eine ganz gute Chance, eine Auswahl der Berliner Philharmoniker ins Endspiel der Fußballweltmeisterschaft zu bringen, so wie Berti Vogts ja auch die deutsche Fußballnationalmannschaft dazu gebracht hat, ganz passabel die Nationalhymne zu singen.

Lassen Sie uns zur Untersuchung der Erfolgsgeheimnisse systemischen Managements die Fußballmetapher ein wenig weiter verfolgen. Sie erscheint mir passender als die der Philharmoniker. Schließlich haben die Musiker nur einen Kontrahenten, den Komponisten, und der ist meist schon lange tot. Sie müssen ihr Verhalten zwar auch koordinieren, aber die Umwelt, auf die sie sich einstellen müssen – die Partitur –, ändert sich nicht.

Die Fußballer dagegen, elf autonome, nichtberechenbare Systeme, müssen sich in einer feindlichen Umwelt behaupten, in der sie nicht einzelne Passagen üben und üben und wieder üben können. Das Verhalten ihrer Umwelt ist nicht vorhersehbar. Diejenige Mannschaft wird gewinnen, deren Mitgliedern es gelingt, ihr Verhalten aktuell besser und schneller zu koordinieren. Es sind Spielzüge, d.h. organisierte Ganzheiten des synchronen und diachronen Verhaltens mehrerer Spieler, die zum Erfolg, zum Treffer, führen. Da keiner der Spieler per Fernsteuerung funktioniert, darf das Fußballspielen wohl als ein Beispiel sozialer Selbstorganisation angesehen werden.

Komplexe Handlungsabläufe einer größeren Zahl von Akteuren, ihr paralleles und sequentielles Operieren, werden situationsabhängig aufeinander abgestimmt und variiert. Es gibt keinen Regisseur oder Programmierer, der allen Mitspielern sagt, was sie in welcher Sekunde zu tun haben, sondern jeder entscheidet autonom über sein Verhalten. Strukturen werden blitzschnell auf – und auch wieder abgebaut, und dennoch – oder gerade deshalb – entstehen immer wieder hochfunktionelle Verhaltensmuster. Oder auch nicht! – Denn auch das Entstehen dysfunktioneller Strukturen ist natürlich ein Selbstorganisationsphänomen – nur um idealisierenden Ideen über Selbstorganisation vorzubeugen.

Um den Erfolg wahrscheinlich zu machen, bedarf es nicht nur klarer Beobachtungs- und Verantwortungsbereiche – der eine „deckt" den Raum, der andere den Mann –, sondern auch einer hohen Rollenflexibilität: Verteidiger sind offensiv und schießen Tore, während Stürmer – wie es so schön heißt – in letzter Minute mit dem Kopf auf der Torlinie „retten".

Eine weitere Erfolgsbedingung ist eine ungemein schnelle Kommunikation: Mit Hilfe von Aktenvermerken und Memos ist noch kein Stürmerstar auf den Weg zum Tor geschickt worden. Solch eine Kommunikation ohne große Zeitverluste ist nur dann möglich, wenn auf der Ebene der individuellen Wirklichkeitskonstruktionen der einzelnen Spieler ein hohes Maß an Abstimmung der Bezugsrahmen erreicht wird. Spieler, die über Jahre miteinander auf dem Spielfeld gestanden haben, teilen nicht nur viele gemeinsame Erfahrungen, sondern auch ein gemeinsames Bild der unmittelbaren Zukunft. Sie haben eine große Zahl ähnlicher Konstellationen im wahrsten Sinne des Wortes durchgespielt und kennen ihre gegenseitigen Vorlieben und Neigungen, Stärken und Schwächen. Sie wissen vielleicht nicht, wie ihr Nebenmann denkt, sie ahnen aber, wie er sich in den nächsten Sekunden verhalten wird. *Ohne das – kein Doppelpaß*. Sie sind in der Lage, auch ohne zu kommunizieren, mit hoher Trefferquote die wahrscheinlichen Aktionen und Reaktionen des anderen vorherzusagen. Sie können darauf vertrauen, daß ihre Erwartungen aneinander zu einem hohen Prozentsatz erfüllt werden.

Ziel: Dies reduziert die Komplexität der Situation auf ein handhabbares Maß. Schnelles, situationsgerechtes Handeln der Mannschaft als Ganzes wird möglich. Voraussetzung dafür ist eine hinreichend lange, gemeinsame Geschichte und die Entwicklung eines funktionierenden Systems direkter Kommunikation und gemeinsamer Sinnstiftung.

Theoretisch gesprochen: Die betroffenen Individuen müssen einen koevolutionären Prozeß durchlaufen, bei dem jeder für den anderen die Umwelt bildet und jeder sich so weit an den anderen anpaßt, daß die Kommunikation nur noch geringer Signale bedarf, um gegenseitiges Verstehen zu gewährleisten.

Aber das reicht noch nicht: Es gibt schließlich auch eingespielte Teams, die sich in ihrer Mittelmäßigkeit stabilisieren. Jeder weiß, daß seine Mitspieler auch nicht viel mehr zu bieten haben als er selbst. Niemand erwartet irgendeine neue oder anregende Idee von seinen Kollegen, jeder respektiert den anderen in seiner selbstbestimmten und selbstzufriedenen Kleinkariertheit – ohne jeden Leidensdruck. Der Höhepunkt der gemeinschaftlichen Leistung besteht dann darin, sich über den Abstieg in die Kreisklasse durch die Organisation der nächsten Geburtstagsfeier hinwegzutrösten – ein ganz spezielles Land des Lächelns.

Und dann gibt es da diese All-Star-Teams, in denen jeder befürchtet, daß seine Mitspieler individuell eine bessere Figur abgeben könnten als er selbst. Deshalb verwendet jeder – mit bitterer Mine – alle Kraft darauf, den Erfolg seiner Mitspieler zu verhindern. Solche Scheiter-Szenarien machen deutlich, daß Selbstorganisation sowie gelungene Kommunikation nicht selbstverständlich Spitzenleistungen garantieren. Es hängt stets davon ab, wie die gegenseitige Beobachtung organisiert ist und ob ihr Resultat eher eine mannschaftsdienliche oder -schädliche Form des Umgangs miteinander ist, ob dadurch Erfolgsmöglichkeiten eröffnet oder verschlossen werden.

Hier kommt der Trainer und analog der Manager ins Spiel. Er kann sich in die geschilderten Selbstorganisationsprozesse in einer Art und Weise einmischen, die den Erfolg wahrscheinlicher macht. Sie alle kennen Mannschaften, die durch einen Trainerwechsel vom letzten Tabellenplatz im Sturmlauf die Meisterschaft erringen. Oder nehmen sie das traurige Beispiel der Eintracht Frankfurt: vor kurzem noch Fast-Meister, und jetzt im Sturzflug auf dem Weg zum Tabellenende, ohne daß viele Leistungsträger die Mannschaft verlassen hätten oder sich sonst die Aufstellung wesentlich verändert hätte. Der Trainerwechsel ist normalerweise das Heilmittel für solch ein Scheitern. Und ab und zu scheint es ja auch zu wirken. Der Unterschied zwischen Erfolg und Mißerfolg liegt also nicht so sehr in der personellen Zusammensetzung der Mannschaft, sondern in irgendeiner Funktion, die durch den neuen Trainer anders ausgefüllt wird. Unternehmen, Bereiche oder Abteilungen wie auch Fußballmannschaften entwickeln ihre Strukturen dadurch, daß Beobachter sich gegenseitig beim Beobachten beobachten und über ihre Beobachtungen kommunizieren. Je nachdem, was wie beobachtet wird und wie was kommuniziert wird, verändern sich soziale Strukturen.

Das Management von Beobachtung

Hier eröffnen systemische und konstruktivistische Modelle andere Sichtweisen, die zu alternativen Kommunikations- und Organisationsformen führen können. Die für die Praxis des Managements wichtigste Einsicht des Konstruktivismus dürfte sein, daß die Qualität von Wirklichkeitskonstruktionen nicht nach ihrer Wahrheit oder Falschheit zu beurteilen ist, sondern danach, ob sie einerseits zu den jeweils beschriebenen Phänomenen passen, und andererseits, ob sie für denjenigen, der sie verwendet, nützlich oder schädlich sind.

Wie ein Manager seine Wirklichkeit konstruiert, ist daher ein zentraler Bestandteil seines Führungsinstrumentariums. Es bestimmt, wie er mit seinen Kollegen und Mitarbeitern kommuniziert. Daher trägt es entscheidend dazu bei, wie sich die Firma organisiert. Solch ein machtvolles Interventionsinstrumentarium unreflektiert zu verwenden, ohne zu überprüfen, ob es nützlich oder schädlich ist, scheint mir wenig verantwortlich.

Werfen wir also einen Blick darauf, was Beobachter ganz generell tun, um zu sehen, welche Optionen sich daraus für ein systemisches Management ergeben.

Jeder Beobachter ist zunächst immer erst einmal mit irgendwelchen Phänomenen konfrontiert, die er zu *unterscheiden* und zu *beschreiben* hat. Bereits hier steht er vor der Notwendigkeit, eine Auswahl vorzunehmen und bestimmte Wahrnehmungen zu benennen, als „Schnittstellen-" oder „Nahtstellenprobleme" zum Beispiel.

Durch vollzogene Unterscheidungen und Benennungen werden immer andere ausgeblendet und vernachlässigt. Bereits hier stellt sich die Frage, welche Beschreibung für seine Zwecke die nützlichste ist.

Doch damit sind die Wahlmöglichkeiten des Beobachters noch nicht erschöpft: Er muß die von ihm beschriebenen Phänomene bewerten, wenn er aus ihnen Handlungsanleitungen gewinnen will. Je nachdem, ob solch eine Bewertung positiv oder negativ ausfällt, werden ihm andere Maßnahmen als sinnvoll erscheinen.

Und als drittes muß er Erklärungen konstruieren, wenn er sich in die Prozesse des Entstehens oder der Beseitigung der von ihm beschriebenen und bewerteten Phänomene einmischen will. Er muß eine Hypothese oder Theorie darüber entwickeln, wie ein bestimmtes erwünschtes oder befürchtetes Resultat herbeigeführt oder vermieden werden kann.

Nur wenn er solch eine Erklärung konstruiert, kann er selbst zielgerichtet tätig werden oder andere veranlassen, das Nötige zu tun und das Schädliche zu lassen.

Es bieten sich also – unabhängig davon, ob man systemische Modelle verwendet – vielfältige Möglichkeiten, Beobachtung und Wirklichkeitskonstruktion unterschiedlich zu strukturieren. Aus systemischer Sicht erscheinen viele der im Unternehmensalltag selbstverständlich verwendeten Weltbilder fragwürdig und wenig nützlich, da sie ihre Aufmerksamkeit nicht auf die für das Funktionieren komplexer Systeme relevanten Phänomene richten.

Nehmen wir als Beispiel die auch unter Leuten, die schon etwas über Systemtheorie gehört haben, weit verbreitete Vorstellung, ein Unternehmen bestünde aus Menschen. Das Unternehmen ist das System, die Beschäftigten sind die Elemente. Die Struktur des Unternehmens ist dann im Organigramm abzulesen, und die Informations- und Dienstwege sind dementsprechend vorgezeichnet. Es gibt Rollen- und Arbeitsplatzbeschreibungen, die festlegen, welche Tätigkeit von wem, an welcher Stelle des Organisationsplanes, erwartet wird. Und die Tätigkeiten werden diesem Schema entsprechend höher oder niedriger bewertet. Zu der einen Rolle gehören hoch bewertete und hoch bezahlte Tätigkeiten, zu der anderen niedrig bewertete und niedrig bezahlte Tätigkeiten. Das Vorstandsmitglied schreibt seine Briefe nicht selbst, und die Schreibkraft geht nicht zu Arbeitsessen.

Weit sinnvoller – nicht nur theoretisch, sondern auch praktisch – ist eine andere System – Element-Unterscheidung: Wenn wir das Unternehmen als ein Interaktions- und Kommunikationssystem betrachten, so sind Interaktionen und Kommunikationen die Elemente des Systems.

Etwas weniger theoretisch ausgedrückt: Wenn wir die Gesamtheit der Verhaltensweisen, ihre Ordnung oder Unordnung, d.h. die spezifische Organisation der Operationen und Prozesse, die von den Mitarbeitern eines Unternehmens vollzogen werden, als das System betrachten und die einzelnen Verhaltensweisen und Handlungen als ihre Elemente, so kommen wir zu einem ganz anderen Verständnis der Struktur von Unternehmen. Sie ist dann natürlich nicht mehr an Organigrammen ablesbar, sondern an den Mustern der tatsächlichen – mit der Betonung auf „Tat" – Abläufe und Interaktionen innerhalb des Unternehmens.[3]

Um dies zu veranschaulichen, wieder eine Spielmetapher: Die Elemente einer Schachparty sind die verschiedenen Spielzüge, und ihre Struktur ist durch die zeitliche Anordnung der verschiedenen Schachzüge bestimmt. Die beiden Spieler, die diese Züge ausführen, sind aber selbst keine Bestandteile des Spiels.

Schaut man sich in einem Unternehmen ganz konkret an, wer was wann tut und wie die Handlungen der unterschiedlichen Mitarbeiter in der Zeitschiene – d.h. gleichzeitig und ungleichzeitig – aufeinander bezogen und angeordnet sind, so erscheinen die meisten Organisationsformen von Unternehmen weit weniger rational, als es die Scheinlogik der meisten Organigramme suggeriert. Wenn die Optimierung eines Handlungsablaufes, eines Prozesses, gewährleistet werden soll, so hängen Erfolg wie Mißerfolg davon ab, wie gut oder schlecht die Koordination der einzelnen Elemente solcher Prozesse gelingt. Die Zuweisung der Verantwortung für die Realisierung einzelner Elemente dieses Prozesses, also für Einzelaufgaben, zu unterschiedlichen Rollen oder Rollenträgern gewährleistet vielleicht, daß jede der nötigen Operationen überhaupt vollzogen wird, nicht jedoch, daß sie ökonomisch sinnvoll und erfolgversprechend vollzogen wird.

Nehmen wir zur Illustration wieder das Beispiel Fußball: Wenn der frei vor dem Tor stehende Verteidiger mit einer Traumflanke des Liberos angespielt wird, dann ist es zumindest schneller, wenn er selbst auf das Tor schießt, als wenn er darauf wartet, daß der offiziell zuständige Stürmer seiner Rolle gerecht wird, sich aus dem Mittelfeld in Richtung Torlinie bewegt, den Ball übernimmt und gnädig versucht, ein Tor zu schießen. Ich überlasse es Ihrem fußballerischen Urteil, wie groß die Meisterschaftschancen einer Mannschaft wären, deren Aktionen so koordiniert würden. Doch dies ist das Prinzip, nach dem die meisten Organisationen funktionieren, je größer die Bürokratisierung, um so stärker. Der Gesamtprozeß wird in kleine Untereinheiten zerhackt und der Verantwortung einzelner Spezialisten unterstellt. Gegeneinander abgegrenzte Funktionen werden unterschiedlichen Funktionsträgern zugewiesen, unabhängig davon, ob die von den verschiedenen Funktionsträgern vollzogenen Handlungen sich so zu einer wohlgeordneten und flüssigen Sequenz zusammenfügen.

Wissen und die Notwendigkeit zu ent-lernen

Die Feststellung Paul Watzlawicks, nach der meist die vermeintliche Lösung das Problem erzeugt,[4] kann hier ergänzt werden: Organisationen sind immer schematisierte Lösungsstrategien, geronnenes Wissen darüber, wie Verhaltensweisen koordiniert werden können.

Wissen heißt aber immer, daß der Möglichkeitssinn Schaden nimmt. Daher kann man mit Fug und Recht feststellen: Wissen macht lernbehindert. Was die meisten Organisationen wissen, ist, daß sich das Verhalten mehrerer Menschen durch Ausbildung einer Hierarchie koordinieren läßt. Im günstigsten Fall wird bei den damit verbundenen Verfahrensweisen nur viel Zeit verloren, im ungünstigsten Fall entstehen hohe Kosten, weil überflüssige oder gar schädliche Prozesse ablaufen bzw. andere, nötige oder nützliche, gar nicht erst zustande kommen. Doch solange das hinreichend gut funktioniert, das heißt solange es keinen Leidensdruck gibt, gibt es auch keinen Veränderungsbedarf. Einen Fernsehapparat, der funktioniert, repariert man ja auch nicht.

Wenn das aber *nicht* mehr der Fall ist, dann muß die Organisation erst einmal ent-lernen. Das heißt, sie muß auf alte Lösungen des Koordinationsproblems verzichten, Unsicherheit riskieren und der Angst vor Veränderung den Möglichkeitssinn entgegenstellen.

Lassen Sie mich noch einmal zum Fußball zurückkommen. Meine Darstellung der Rollenaufteilung zwischen Stürmer und Verteidiger war natürlich karikiert. Sie sollte deutlich machen, daß es für den Erfolg der Mannschaft egal ist, wer die Tore schießt, Hauptsache, sie werden überhaupt geschossen. Und manche Chancen sind eben nur dann zu nutzen, wenn sie derjenige nutzt, der sie hat, unabhängig davon, ob dies seiner Arbeitsplatzbeschreibung entspricht oder nicht.

Die traditionelle Form, mit deren Hilfe solche Koordinationen sichergestellt werden sollen, ist die Etablierung hierarchischer Rollenschemata. Solche Strukturen basieren auf der Prämisse, daß derjenige, der in der Hierarchie am weitesten oben steht, den größten Überblick hat. Er wird im Vergleich zu denen da unten als ein privilegierter Beobachter angesehen, der im Idealfall über alle wichtigen Informationen verfügt.

Früher, als die Heerführer noch auf Feldherrnhügeln standen, mag das ja der Fall gewesen sein. Aus seiner erhöhten Stellung sah der Kriegsherr das gesamte Schlachtfeld. Wenn eine Flanke bedroht war, konnte er den ums Überleben kämpfenden Fußsoldaten die Kavallerie zur Unterstützung schikken. Er war so etwas wie der außenstehende, objektive Beobachter, der Schachspieler, der von höherer Warte aus seine Strategie und Taktik entwikkeln konnte, die „sichtbare Hand", welche die Verhaltensweisen aller Figuren koordinierte.

Dieses Bild von Führung ist aber an zwei grundlegende Vorannahmen gebunden, die aus systemischer Sicht nicht haltbar sind. Als erstes ist hier die Idee der vollständigen Information zu nennen: Nur wer alles weiß, kann objektiv richtige Entscheidungen treffen.

Konstruktivismus und Systemtheorie zeigen uns aber ziemlich deutlich, daß die Idee, man könne alle Informationen über ein solch komplexes System wie ein Unternehmen oder einen Markt haben, irrig ist. Der Schachspieler verfügt über die vollständige Information. Er sieht alle Figuren und ihre Stellung zueinander. Aus dieser Beobachtungsperspektive kann er kühl rechnend seine Entscheidungen treffen und seine Spielzüge strategisch planen.

Der Manager hingegen steht nicht außerhalb des Spielfeldes, und er sieht weder all die anderen Figuren, die mit ihm auf dem Feld stehen, noch weiß er, welche Schachzüge möglich sind, ja, er kann nicht einmal sicher sein, daß am nächsten Tag noch dieselben Spielregeln gelten. Wo Information nicht objektiv, sondern konstruiert ist und wo das Konstruieren von Wirklichkeit innerhalb eines Systems selbst ein Element des Systems ist, kann aufgrund der Selbstbezüglichkeit derartiger Prozesse von keinem der Beteiligten alles gewußt werden. Der Manager muß also mit Ungewißheit, Unvorhersagbarkeit und Risiko umgehen, im besten Fall mit Wahrscheinlichkeiten, im ungünstigsten Fall mit vollkommener Zufälligkeit. Und dem entgeht er durch keine „Management-by"-Methode, so wissenschaftlich sie sich auch gebärden mag.

Die zweite Vorannahme, die dem Feldherrnhügel- oder Schachspieler-Modell der Führung zugrunde liegt und die – systemisch betrachtet – irrig ist, besteht darin, das Verhalten von Menschen sei längerfristig berechen- und kontrollierbar.

Nehmen wir die systemischen Theorien ernst, nach denen Menschen autonom sind und ihr Verhalten mehr von ihren inneren Strukturen als von äußeren Ereignissen bestimmt wird, dann ist Berechenbarkeit einfach nicht auf Dauer zu erwarten. Das Bild der kontrollierbaren Organisation, in welcher der oberste Befehlshaber alles „im Griff" hat, setzt voraus, daß die Mitarbeiter ihre Autonomie nicht nutzen.

Es ist bedenklich, daß ein großer Teil der Terminologie, mit deren Hilfe Organisationen beschrieben werden, aus Kirche und Militär stammt. Es könnte gut sein, daß sich so deren Ideal der kontrollierten Organisation klammheimlich auch beim Management einschleicht. Doch um solch eine Berechenbarkeit zu gewährleisten, bedarf es militärischen Drills oder kirchlicher Ordensregeln. Nur auf der Basis blinden Gehorsams läßt sich die Organisation dem Ideal der trivialen, berechenbaren Maschine annähern. Die in der Hierarchie jeweils niedriger Gestellten haben im Zweifel auf ihre Autonomie zu verzichten, das heißt, sie müssen so tun, als ob sie berechenbar wären. Sie dürfen ihre Ressourcen nicht nutzen, keine Eigeninitiative und vor allem keine Kreativität entwickeln.

Um sie für den Verzicht auf die Nutzung ihres eigenen Potentials zu motivieren, verspricht man ihnen in der Kirche das ewige Leben, beim Militär droht man für den Fall der Befehlsverweigerung mit der *Incentive*-Reise ins Jenseits – zumindest im Kriegsfall. Da man als Führungskraft heutzutage über wenige derart subtile Motivationsinstrumente verfügt, erscheint es nützlicher, nicht nur von vornherein mit der Autonomie seiner Mitarbeiter zu rechnen, sondern sie als Ressource zu betrachten.

Zusammenfassend läßt sich aus systemischer Sicht über Kontrollstrukturen sagen, daß sie wahrscheinlich nur deswegen immer noch zu finden sind, weil sie *nicht* funktionieren. Es ist die unkontrolliert und selbstorganisiert entstandene Struktur tatsächlicher Kommunikationen und alltäglicher Abläufe, die das Überleben des Unternehmens sicherstellt.

Prozeßorientierung

Was ist nun die aus all dem zu ziehende Konsequenz? Als erstes sei hier die Abkehr von der Personen- oder Rollenzentrierung hin zur Prozeßorientierung genannt. Im Mittelpunkt der Aufmerksamkeit muß die Koordination von Abläufen stehen, die Parallelisierung und Sequenzierung von Prozessen. Das geht aber nur, wenn die Modalitäten der Beobachtung dieser Prozesse verändert werden. Jeder Hierarch ist als Beobachter und Koordinator viel zu weit vom aktuellen Geschehen entfernt, um solch einer Funktion auch nur annähernd gerecht werden zu können.

Die Verantwortung für die Strukturierung und Optimierung von Prozessen muß daher dort angesiedelt werden, wo diese zum einen konkret und direkt beobachtbar sind und zum anderen veränderbar sind. Und das ist nur in den seltensten Fällen die Ebene irgendeines Individuums, einer einzelnen Person, sondern fast immer einer Gruppe von Leuten. Denn es sind ja im allgemeinen mehrere Personen, deren Kooperation organisiert und gesichert werden muß. Viele der Ideen, die sich mit Begriffen wie „Projektmanagement", „Profitcenter", „Gruppenarbeit", „Reengineering" oder auch „Nahtstellenorganisation" verbinden, gehen in diese Richtung.

Die Gruppe als Beobachter entwickelt zwangsläufig eine andere Perspektive als jeder einzelne. Sie kann in der direkten Kommunikation der Teilnehmer Beschreibungen, Bewertungen und Erklärungen liefern, die über die Beoachtungs- und Interessensphäre des individuellen Mitarbeiters hinausgehen. Und im Idealfall kann sie Ideen entwickeln, deren innovatives Potential und Kreativität das der einzelnen Mitglieder weit übertrifft.

Die große Chance der Gruppe als Beobachter ist aber, daß sie die Komplexität der verschiedenen relevanten Umwelten besser abbilden kann. Sie führt Unschärfe – „Fuzzy-logic" – ein, wo der einzelne zur Entweder-oder-Vereinfachung der zweiwertigen Logik tendieren würde. Unterschiedliche Mitglieder stehen für unterschiedliche Aspekte und Kräfte innerhalb und außerhalb des Unternehmens. Aus der ja immer nur scheinbar klaren Richtig-falsch-Alternative werden Kosten-Nutzen-Schätzungen, in die vielfältige Bewertungsebenen eingehen können. Die gegensätzlichen Tendenzen, Ambivalenzen und Interessenskonflikte, mit denen jedes System konfrontiert ist und die es zu balancieren hat, sind in einer Gruppe gut beobachtbar. Das Austragen von Konflikten kann so zu einer nützlichen Ressource werden, welche schreckliche Vereinfachungen verhindert und zu passenderen Lösungen führt.

Die Macht des Hierarchen verschiebt sich bei solch einer Verteilung von Verantwortung von der Inhalts- zur Beziehungsebene. Das führt uns wieder zur Metapher des Trainers oder Coaches, der seinen Einfluß dadurch gewinnt, daß er die Beobachtung zentriert und den Kommunikationsstil beeinflußt. Er hat so einen entscheidenden Einfluß darauf, ob aus seinem Verantwortungsbereich ein Land des Lächelns wird oder ein Land des Röchelns.

Ein wichtiges Führungsinstrument des Managers liegt darin, wie er sich in die Auswahl und Zusammenstellung des Personals einmischt. Er oder sie benötigt dazu die Fähigkeiten der leider in unseren Breiten immer weniger anzutreffenden Kupplerinnen. Sie oder er hat nicht nur auf individuelle Qualitäten zu achten, sondern vor allem auf das Zusammenpassen der Mitarbeiter. Sie müssen ähnlich genug sein, um sich miteinander verständigen zu können, und sie müssen unterschiedlich genug sein, um sich in der Kooperation gegenseitig aufreizen und schließlich befruchten zu können. Nur dann kommt etwas dabei heraus, was Hand und Fuß hat.

Auf der anderen Seite dürfen die Mitarbeiter nicht so zueinander passen, daß sie sich in ihren Sichtweisen und Bewertungen nur noch bestätigen und nicht mehr stören oder beunruhigen. Sie müssen inhaltliche Konflikte austragen können, ohne die Ausgrenzung befürchten zu müssen. Das grundlegende Problem, mit dem der Manager dabei – systemtheoretisch gesehen – konfrontiert ist, besteht in dem prinzipiellen Interessenskonflikt zwischen dem Unternehmen als System und dem einzelnen Mitarbeiter als System.

Der Konflikt zwischen Mitarbeiter und Unternehmen

Die Definition, daß soziale Systeme, also auch Unternehmen, aus Interaktionen und Kommunikationen bestehen, führt uns die Beziehung zwischen dem Unternehmen und seinen Mitarbeitern vor Augen.

Um nicht abhängig zu werden, muß das Unternehmen ein vitales Interesse daran haben, daß jeder einzelne Mitarbeiter in seiner Funktion austauschbar bleibt. Es muß dafür sorgen, daß die Aufrechterhaltung aller überlebenswichtigen Prozesse gesichert ist, unabhängig davon, ob der Mitarbeiter X oder Y vom Auto überfahren wird, in die Südsee emigriert oder vom Hauptkonkurrenten abgeworben wird. Das heißt, es muß dafür sorgen, daß es stets mehrere Lieferanten für das jeweils benötigte Verhalten gibt.

Und auf der anderen Seite muß es dafür sorgen, daß die Mitarbeiter möglichst fest an das Unternehmen gebunden sind, sich mit seinen Zielen identifizieren, keine alternativen Optionen haben. Nur so kann es sich ihrer Leistungen sicher sein und sie möglichst kostengünstig nutzen.

Das analoge Prinzip gilt für jeden einzelnen Mitarbeiter. Will er sein individuelles wirtschaftliches Überleben absichern, so muß er verhindern, daß er selbst vom Unternehmen abhängig wird, und versuchen, das Unternehmen von sich abhängig zu machen. Dies kann ihm nur gelingen, wenn er zwischen den potentiellen Abnehmern seiner Leistungen wählen kann. Je austauschbarer für ihn die Unternehmen sind, die an seiner Arbeit interessiert sind, und je weniger er selbst für sein Unternehmen austauschbar ist, desto höher ist nicht nur sein Marktwert, sondern auch seine persönliche Unabhängigkeit.

Wenn er schlau ist, dann vermeidet er daher, sich zu sehr mit seinem Unternehmen zu identifizieren und dessen Ziele zu seinen eigenen zu machen. Will er sich sicher fühlen, so muß er dafür sorgen, daß er selbst dagegen möglichst unersetzbar und nicht austauschbar für das Unternehmen wird und bleibt.

Die Kunst des systemischen Managements besteht darin, diesen scheinbar unüberwindlichen Konflikt zwischen Sicherheit und Unabhängigkeit in einer Weise zu lösen, daß aus dem Entweder-Oder ein Sowohl-als-Auch wird. Mir erscheint die Familie bzw. der Familienbetrieb als ein gutes Modell der Aufhebung dieses Konfliktes. Als jemand, der über die Erforschung und Behandlung von Familien zur Organisationsberatung gekommen ist, habe ich mich zwangsläufig ein wenig mit den Gemeinsamkeiten und Unterschieden zwischen Familien und Organisationen beschäftigen müssen.

Das wichtigste Merkmal von Familien erscheint mir dabei, daß in ihr die *Personen* konstant bleiben. Ihre Zugehörigkeit zur Familie ist keine Frage der freien Entscheidung. Die Beziehung zwischen Eltern und Kindern ist unkündbar, auch wenn sich die Muster der Interaktionen und Kommunikationen im Laufe des familiären Lebenszyklus radikal verändern mögen. Die Verhaltensmuster und Prozesse, welche das physische und ökonomische Überleben der Familie gewährleisten, sind extrem flexibel. Jeder kann im Prinzip zum Ernährer aller anderen werden, Väter können die Mutterrolle und Mütter die Vaterrolle übernehmen, Kinder die Eltern versorgen, so wie Eltern Kinder versorgen. Im Blick auf die jeweils ausgeübten Funktionen besteht – zumindet theoretisch – eine hohe Austauschbarkeit.

In Unternehmen und Institutionen finden wir genau entgegengesetzte Verhältnisse. Hier sind die Personen austauschbar, während die Beziehungsmuster zwischen den von ihnen ausgefüllten Rollen relativ konstant sind. In Familienbetrieben treffen diese beiden Organisationsformen zusammen. Es ist ein außerordentlich erfolgreiches Firmenmodell. Nicht umsonst ist es die weltweit wahrscheinlich am weitesten verbreitete Unternehmensform, vom China-Restaurant bis zur Mafia.

Ihr Erfolgsgeheimnis ist m.E., daß in ihnen der oben beschriebene Konflikt zwischen den Absicherungsbedürfnissen des Unternehmens und des einzelnen Mitarbeiters aufgehoben ist. Die große innerfamiliäre Rollenflexibilität sorgt für die Austauschbarkeit jedes einzelnen innerhalb der das Unternehmen formenden Prozesse. Und die Nichtaustauschbarkeit jedes einzelnen in seiner Eigenschaft als Familienmitglied sorgt für die individuelle Sicherheit auf der Beziehungsebene. Hinzu kommt, daß die Mitglieder einer Familie ihren individuellen und kollektiven Leistungsbewertungs- und Bilanzierungssystemen andere Maßstäbe zugrunde legen als in familienfremden Firmen. Die Entlohnung für erbrachte Leistungen wird nicht unmittelbar eingeklagt, individuelle Kosten-Nutzen-Rechnungen beziehen sich nicht nur auf das Hier und Jetzt, sondern orientieren sich an einem viel weiteren Zeithorizont, der manchmal über Generationen reicht. Die Trennung zwischen Subjekt und Objekt der Ausbeutung wird hinfällig, Ausbeutung wird zur Selbstausbeutung, aus dem Entweder-Oder des dargestellten Interessenskonflikts ist ein Sowohl-als-Auch geworden.

Mit solchen Bedingungen kann keine andere Unternehmensform konkurrieren. Daß Familienunternehmen trotzdem gelegentlich scheitern, dürfte nicht so sehr daran liegen, daß sie keine neuen und professionellen Managementmethoden einführen, sondern daß sie nicht mehr als Familien funktionieren. Wenn der Frust größer ist als die Lust, dann lassen sich die geschilderten Vorteile nicht mehr nutzen.

Erfolgsgeheimnisse

Wie kann man solche Überlegungen, die zunächst erst einmal nur gut zum Betreiben eines Tante-Emma-Ladens sein mögen, auf die Organisation größerer Unternehmen oder Institutionen übertragen?

Als erstes erscheint es mir wichtig, im Gedächtnis zu behalten, daß man Systeme nicht küssen kann. Um aus abstrakten Konzepten konkrete Operationen und Prozesse zu machen, bedarf es realer Menschen aus Fleisch und Blut. Ihre physische und psychische Ausstattung ist ein Aspekt der Umwelt eines jeden Unternehmens, mit dem gerechnet werden muß. Wenn es aber so ist, daß Menschen unter bestimmten kommunikativen Bedingungen – ich will sie hier einmal familiär im positiven Sinne nennen – besondere Fähigkeiten zeigen und Leistungen erbringen, dann empfiehlt es sich, für diese Bedingungen zu sorgen.

Die Aufteilung in organisatorische Untereinheiten, in denen auf der Beziehungsebene die Zugehörigkeit und Nichtaustauschbarkeit gesichert ist, während gleichzeitig die Austauschbarkeit auf der inhaltlichen Ebene der ausgeübten Funktionen und vollzogenen Operationen gewährleistet ist, scheint hier das optimale Modell. Solche Einheiten müssen groß genug und in ihrem Leistungsprofil variabel genug sein, um komplexere Aufgaben erfüllen zu können, aber klein genug, um die Schnelligkeit und Unkompliziertheit der direkten Face-to-face-Kommunikation nutzen zu können.

Langfristig dürfte dies logischerweise zur Auflockerung der hierarchischen Strukturen größerer Unternehmen führen. Während vorher die einzelnen Subsysteme *fest* miteinander verkoppelt waren, entstehen nun kleine, autonome und selbstorganisierte Einheiten, die sich zeitweise, aufgabenbezogen lose koppeln. Auch wenn ich mir der Gefahren der Verwendung von

Familienmetaphern zur Beschreibung von Unternehmen bewußt bin, will ich versuchen, die Kunst des systemischen Managements durch eine Familienanalogie zu charakterisieren: Management kann mit Erziehung verglichen werden.

Genausowenig wie Eltern die Kontrolle darüber haben, was ihre Kinder tun, – sie schaffen es ja nicht einmal, Spinat an unmündige Kleinkinder zu verfüttern – hat das Management die Kontrolle darüber, was ein Unternehmen, eine Abteilung oder irgendein Mitarbeiter tut. Beide sind in der Situation, daß ihnen die Verantwortung für etwas zugeschrieben wird, was sie objektiv nicht steuern können.

Untersucht man den Erziehungsstil der Eltern *erfolgreicher Kinder,* so scheint es ihnen gelungen zu sein, den Kindern ein großes Maß gelassenen Selbstvertrauens sowie Beharrlichkeit und Optimismus zu vermitteln; das Gefühl, die Welt stehe ihnen offen und der Erfolg sei gewiß, wenn sie nur die nötige Mühe auf sich nehmen und auch ein paar Frustrationen durchstehen. Die Kommunikation in der Familie war eher idealisierend, Vorschußlorbeeren wurden verteilt, den Kindern wurde vermittelt, etwas Besonderes zu sein. Ihnen wurde kommuniziert, daß ihre Größenphantasien vollkommen realistisch sind. Und allein deswegen wurden auch besondere Ansprüche an sie gestellt. Die Aufmerksamkeit wurde eher auf Ressourcen als auf Defizite gerichtet. Dies führte zu Selektionsregeln für das individuelle Verhalten, die eher die mutige Erprobung der eigenen Fähigkeiten als das ängstliche Vermeiden von Fehlern förderten.

In einem ähnlichen Verfahren scheint mir die Zukunft des systemischen Managements zu liegen: in der Etablierung einer Kultur, in welcher die Autonomie selbstorganisierter Systeme als Ressource genutzt statt als Störfaktor unterdrückt wird. Und das Geheimnis erfolgreicher Führung ist die Förderung eines kollektiven Größenwahns. Die Sorge darum, daß er zu groß werden könnte, darf man getrost den Mitbewerbern überlassen.

Lassen Sie mich zu guter Letzt all das, was ich Ihnen hier erzählt habe, ein wenig relativieren.

Systemtheorie, Selbstorganisationsmodelle und Konstruktivismus sind sehr abstrakte Konzepte. In einer nach oben offenen Nichtküßbarkeitsskala müßte ihnen ein ziemlich hoher Wert zugewiesen werden. In meinem Versuch, diese Konzepte auf Fragen des Managements anzuwenden, habe ich mich bemüht, stets die Ebene der direkten Interaktion und Kommunikation im Blick zu behalten, wie sie in kleineren bis mittelständischen Unternehmen, in Abteilungen, Arbeitsgruppen oder eben auch Fußballmannschaften stattfindet.

Die Anwendung auf größere Systeme, auf Großunternehmen und Konzerne etwa, erfordert es, das Abstraktionsniveau wieder zu steigern. An die Stelle der direkten Mensch-zu-Mensch-Kommunikation tritt die Kommunikation durch entpersönlichte Medien der Massenkommunikation. Und die Regeln, welche die Interaktion zwischen den Subsystemen des Konzerns leiten, sind eher vergleichbar mit Verkehrsregeln des Musters „Rechts-vor-links" oder „Englische Mädchen sollte man nicht küssen, wenn man nicht will, daß sie sich ausziehen". Es ist die Dynamik von Kulturen, Staaten, politischen Systemen.

Hier Interventionsstrategien zu entwickeln ist zweifellos die zentrale Aufgabe für das systemische Management der Zukunft. Dann können wir wahrscheinlich auch die beiden elementaren Fragen beantworten:

Warum lächeln japanische Top-Manager, selbst (oder gerade dann) wenn sie – wie kolportiert – die Toiletten ihrer Angestellten reinigen? Und: Ist es wirklich dasselbe Lächeln wie in Europa?

Anmerkungen

1 Überarbeitete Version eines Vortrags auf der Tagung „Selbstorganisation und Konstruktivismus im Management", Heidelberg 29.9.–1.10.1994

2 G.F.W. Hegel: Grundlinie der Philosophie des Rechts. 4. Aufl. Stuttgart, 1964, S. 33.

3 Vgl. dazu ausführlich F.B. Simon und C/O/N/E/C/T/A (1992): Radikale Marktwirtschaft. Heidelberg (Carl-Auer-Systeme).

4 Watzlawick, P.J.H. Weakland, R. Fisch (1994): Lösungen. Bern (Huber), S. 51 ff.

ORGANISATIONSENTWICKLUNG DURCH SIMULATION?

Auf dem Weg zum lernenden Unternehmen

Erfahrungen mit dem Einsatz eines DV-gestützten Simulationsverfahrens zur Lösung von komplexen Problemen im Bereich Führung und Personal

1. Ausgangslage
2. Fragestellung
3. Ziele
4. Methode
5. Das Instrument
6. Fallbeispiel
7. Erfahrungen
8. Resümee

> ***„Es zeichnet einen gebildeten Geist aus, sich mit jenem Grad an Genauigkeit zufriedenzugeben, den die Natur zuläßt, und nicht dort Exaktheit zu suchen, wo nur Näherung möglich ist."***
> (Aristoteles, *Metaphysik*)

Vorspann:
Komplexität und Unsicherheit im Umfeld von Unternehmen nehmen ständig zu. Um ihre Zukunft langfristig zu sichern, müssen Unternehmen, selbst komplexe soziotechnische Systeme, das komplexe Zusammenspiel ihrer Austauschbeziehungen zum Umfeld verstehen und darin systemverträglich agieren bzw. reagieren.

Diese in der Theorie kaum noch bestrittene Notwendigkeit stößt allerdings bei der konkreten Umsetzung in die Praxis auf erhebliche Schwierigkeiten, denn eine systemische Herangehensweise an Probleme ist ebenso ungewohnt wie aufwendig.

Seit einiger Zeit ist nun ein Instrument verfügbar, das – im Rahmen von Planungsprozessen – hilft, Komplexität darstellbar und verstehbar zu machen: das von der „studiengruppe für biologie und umwelt GmbH" entwikkelte Softwareprogramm „Sensitivitätsmodell".

Anhand eines konkreten Beispiels aus der Unternehmenspraxis zum Thema „Führung" werden in dem folgenden Beitrag der Nutzen des systemischen Ansatzes für komplexe Fragestellungen im allgemeinen sowie die Brauchbarkeit einer DV-gestützten Modellbildung, deren wesentlicher Bestandteil eine dynamische Simulation ist, aufgezeigt.

Durch Simulation wird es möglich, Wirkungen und Wechselwirkungen, direkte und indirekte Einflüsse auf das Systemverhalten zu analysieren und Möglichkeiten des Handelns auf der strategischen Ebene zu antizipieren.

1 Ausgangslage

Seit den 80er Jahren haben Fragen von Personalentwicklung und Organisationsgestaltung in Unternehmen erheblich an Bedeutung gewonnen. Viele Unternehmen, aber ebenso auch Organisationen aus anderen gesellschaftlichen Bereichen, z.B. öffentliche Einrichtungen, Parteien oder Gewerkschaften, sehen sich vor die Notwendigkeit gestellt, die tradierten Organisationsstrukturen zu verändern, um „auf der Höhe der Zeit" zu bleiben.

Fragt man nach den Gründen für die organisationsbezogenen Umgestaltungsprozesse, die allenthalben angestrengt werden (vgl. Doppler 1991), so sind vor allem zwei Impulse zu nennen:

1. Anzahl und wechselseitige Vernetzung der externen Einflußfaktoren, die für ein erfolgreiches Handeln von Unternehmen relevant sind, haben stark zugenommen. Der enorm große und global auftretende Wettbewerbsdruck ist dafür ein Indikator.
2. Das Veränderungstempo, dem die maßgeblichen Größen des Wirtschaftssystems unterliegen, hat sich in bisher nicht gekanntem Ausmaß beschleunigt. Dies bedeutet, daß der Erfolg von gestern keinerlei Gewähr für den Erfolg von morgen mehr bietet.

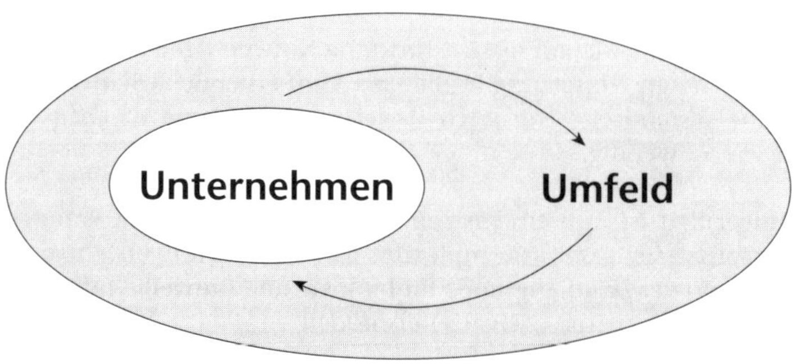

Abb. 1: Interaktives Beziehungsmodell zwischen Unternehmen und Umfeld

Angesichts dieser ausufernden Komplexität und dem permanenten Wandel der gesellschaftlichen und ökonomischen Rahmenbedingungen sind Unternehmen aufgefordert, nach neuen Denk- und Handlungsansätzen zu suchen, um auch in Zukunft erfolgreich am Markt agieren zu können. Denn klar ist – und die gegenwärtige Strukturkrise der deutschen Wirtschaft beweist das –: Allein mit den herkömmlichen, meist an hierarchisch-bürokratischen Managementmodellen orientierten Mitteln der Unternehmenssteuerung sind die neuen Herausforderungen nicht zu meistern. Infolge ihrer Vielfältigkeit, Vernetzung und Dynamik hilft es nicht mehr weiter, Probleme in kleine überschaubare Teilprobleme aufzuspalten und deren Lösung je für sich zu perfektionieren. So entstehen dann oft Lösungen, die am Ende nicht mehr zusammenpassen. Es gilt vielmehr, erfolgreiches Handeln gerade unter Berücksichtigung hoher Umfeldkomplexität (strukturell und dynamisch) und Intransparenz der Rahmenbedingungen zu ermöglichen bzw. zu sichern.

Hierin liegt die eigentliche Herausforderung für Unternehmen: Als Antwort auf die externe Komplexität müssen Unternehmen eine adäquate Eigenkomplexität ausbilden, um die Komplexität im Umfeld zu absorbieren und der Entscheidungsunsicherheit zu begegnen. Einen Ansatz, der diesem Anspruch gerecht wird, stellt der Systemansatz dar.

2 Fragestellung

Um ihre Zukunft zu sichern, müssen Unternehmen als Antwort auf die Komplexität im Umfeld eigene komplexitätsbewältigende Denkhaltungen, Methodiken und Verfahren entwickeln, und zwar auf der Grundlage eines neuen Verständnisses des Unternehmens als ökonomisches und soziales System.

Aber wie kann das geschehen? Bedeutet das nicht, sich das Chaos von draußen in die Organisation hereinzuholen? Wie sieht das weiterführende Konzept konkret aus, und vor allem: Wie läßt sich die Umsetzung des Systemansatzes in die Praxis der Unternehmenswirklichkeit auf den Weg bringen? Welche organisatorischen Voraussetzungen sind dazu erforderlich? Und nicht zuletzt: Was bedeutet das alles für die Organisationsentwicklung?

Dem strategischen Management obliegt die Steuerung der langfristigen Evolution des Unternehmens. Unter den obengenannten Prämissen (Komplexität, Wandel, Unsicherheit) gehört es daher zu den wichtigsten Aufgaben des Managements, den externen Veränderungen Rechnung zu tragen und die Organisation durch interne Veränderungen anpassungsfähig zu machen, das heißt, es geht um die Findung bzw. Schaffung einer der Komplexität des Umfeldes entsprechenden komplexen Organisationsstruktur des Unternehmens. In der Praxis vieler Unternehmen zeigt sich die Erhöhung der organi-

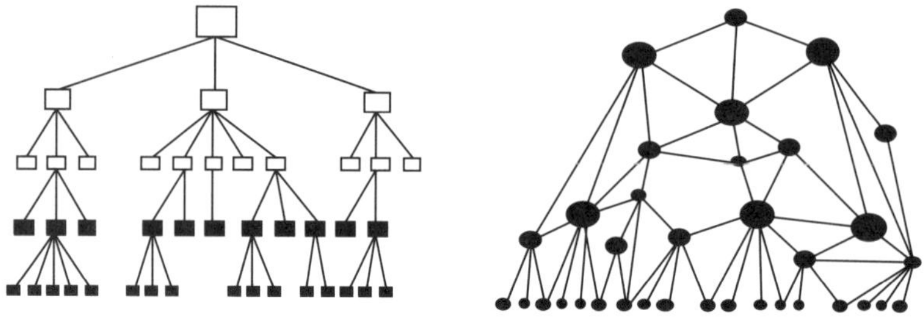

Abb. 2: Nicht die Hierarchie ... sondern das Netzwerk ist das Organisationsmodell der Zukunft

sationsinternen Komplexität etwa in Dezentralisierung von Kompetenzen und Verantwortung, der Gliederung von Unternehmen in marktnahe Geschäftseinheiten, der Institutionalisierung von Projektmanagement u.v.m. Andererseits bleibt festzustellen, daß der Umgang mit Komplexität und Unsicherheit (vgl. Dörner 1983) nach wie vor erhebliche Schwierigkeiten bereitet, zumal wenn es um konkrete Problemlösungen in Planungs- und Entscheidungs- oder Organisationsprozessen geht. Hier fällt man oft in das gewohnte lineare Denken zurück, anstatt, auf der Basis des vernetzten Denkens, das Ganze sowie das komplexe Zusammenspiel der Teile dieses Ganzen in den Blick zu nehmen.

Liegt es daran, daß geeignete Methoden und Instrumente zur praktischen Umsetzung des systemischen Ansatzes weitgehend fehlen?

Angesichts der oben erwähnten wesentlichen langfristigen Aufgabe des Managements ergeht vor allem an die Verantwortlichen von Personal- und/ oder Organisationsentwicklungsprozessen die Forderung, die notwendige Steigerung der organisationsinternen Komplexität durch komplexitätsadäquate („intelligente") Entwicklung dieser Organisation zu gewährleisten. Entwicklungsprozesse selbst aber sind immer komplexer Natur und bedürfen von daher „ganzheitlicher" Methodiken, wie etwa dem systemischen Ansatz mit seinem spezifischen Verständnis von Organisation als System. In diesem von Komplexität gekennzeichneten Denk- und Handlungsrahmen bedeutet es für Entscheider die richtigen Maßnahmen getroffen zu haben, wenn es gelungen ist, Wirkungen und Nebenwirkungen von Entscheidungen berücksichtigt sowie Handlungsfolgen vorweggedacht zu haben (vgl. Minx/Neuhaus/Waschke 1993). Voraussetzung dafür ist ein vertieftes Verständnis des der jeweiligen Organisation zugrunde liegenden komplexen Musters sowie das Erkennen der Mechanismen des Zusammenspiels der einzelnen Elemente des Systems Organisation.

Bewältigung von Komplexität durch vernetztes Denken – und Handeln!

Wollen Maßnahmen der Organisationsentwicklung also ihrer anspruchsvollen Aufgabe gerecht werden und komplexitätsadäquate Antworten auf die Herausforderungen aus dem Umfeld durch organisationsinterne Veränderungen bereithalten, so gilt es, zunächst bei dem Sichtbarmachen der Komplexität des Systems Organisation anzusetzen und die zugrundeliegenden Muster aufzudecken (Diagnose). In Kenntnis der relevanten Wirkungszusammenhänge sind sodann etwaige Eingriffe oder Veränderungen auf ihre möglichen Wirkungen hin zu interpretieren und das Ergebnis als Entscheidungshilfe für Maßnahmen zu nutzen (Therapie).

Der angestrebte Zuwachs an Planungs- und Handlungssicherheit in einem tendenziell chaotischen Umfeld läßt sich, wie weiter unten ausführlich dargelegt wird, unter Zuhilfenahme eines neuartigen Analyse- und Planungsinstruments erzielen, das unter anderem die Simulation der Wirkung von Maßnahmen innerhalb eines komplexen Systems erlaubt.

Nach ersten Erfahrungen im Umgang mit diesem Instrument, einem Analyse- und Planungsinstrument auf der Basis des Systemansatzes, gehe ich im vorliegenden Beitrag von der These aus, daß derartige Simulationen gut geeignet sind, um organisationsinterne Entwicklungs- und Veränderungsvorhaben anzuregen bzw. zu unterstützen – vorausgesetzt, sie werden nicht zur Prognose von Systemzuständen (!), sondern als analytisches Hilfsmittel zur Mustererkennung von Systemverhalten verstanden und eingesetzt.

3 Ziele

Die nachfolgenden Ausführungen sollen Sinn und Zweck derartiger Simulationsverfahren allgemein sowie ihren Nutzen für Prozesse der Organisationsentwicklung anhand eines konkreten Beispiels aus der Praxis aufzeigen (vgl. Kap. 6, „Fallbeispiel"). Am Ende dieses Artikels sollten möglichst eindeutige Antworten auf zentrale Fragen gegeben werden können:

- Sind Simulationen geeignet, ein besseres Verständnis von und dadurch einen besseren Umgang mit dem komplexen System Organisation zu erzeugen? Das hieße, zur Erhöhung der langfristigen Lebensfähigkeit maßgeblich beizutragen.
- Können Simulationen als Entscheidungshilfe zur Vermeidung eindimensionaler, zu kurz greifender Lösungen, gerade auch im OE-Bereich, dienen?
- Läßt sich durch Simulationen die Umsetzung des – als theoretisches Konzept inzwischen ja weithin akzeptierten – Systemansatzes in die Praxis der Unternehmenswirklichkeit auf den Weg bringen bzw. befördern? Angesichts der bereits erwähnten verbreiteten Suche nach Lösungen, *wie* das neue Denken Eingang in unternehmensinterne

Problemlösungen finden kann, wäre dies wahrlich ein großer Fortschritt.

- Bieten Simulationen die Chance, Prozesse des Organisationslernens zu initiieren oder zu unterstützen, also den Weg zur lernenden Organisation zu beschreiten und damit zu einem wirklich evolutionsfähigen Unternehmen zu werden?
- Haben Simulationen das Potential, Organisations- und Veränderungsprozesse in Unternehmen nach Maßgabe des Kriteriums der Systemverträglichkeit auf der Maßnahmenebene konkret zu steuern?

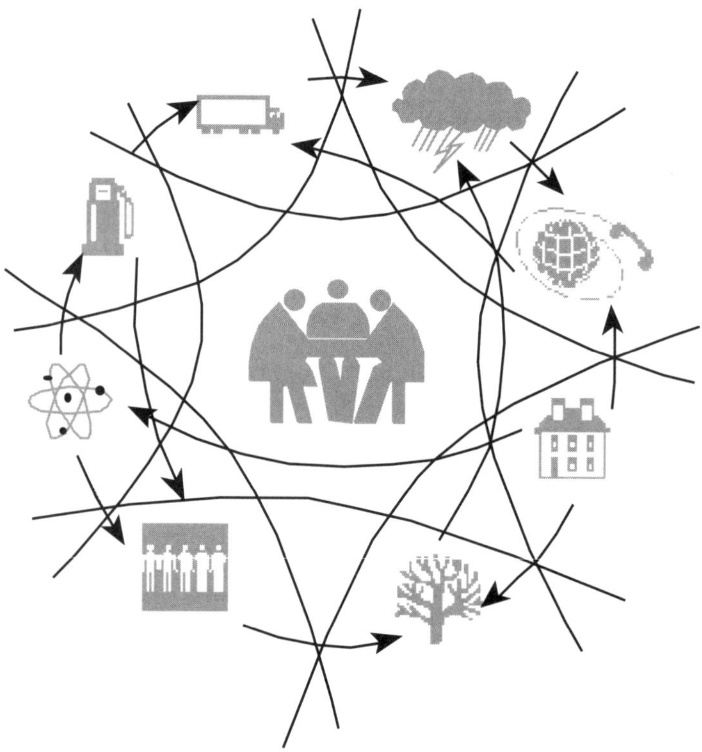

Abb. 3: Vernetzte Wirkungszusammenhänge statt isolierte Detailbetrachtung!

Darüber hinaus ist es allgemein ein Ziel dieses Beitrags, die Tauglichkeit des systemischen Ansatzes als theoretisches Gerüst für sehr praktische Fragen der Unternehmensführung und Organisationsentwicklung darzulegen. An den Leser ergeht die Aufforderung, sich dem vernetzten Denken zu öffnen, um so den Blick zu schärfen für das Ganze unter Verzicht auf Perfektionierung im Detail.

Vernetzte Wirkungszusammenhänge statt isolierte Detailbetrachtung!

4 Methode

Bevor ich im nächsten Abschnitt auf das Simulationsverfahren in extenso eingehe, sei zuvor – im Sinne einer Fundierung – wenigstens der Kern der theoretischen Grundlage des Simulations-Tools, eben der systemische Ansatz, in seinen für die Fragestellung wichtigsten Aspekten dargelegt.

Der systemische Ansatz basiert auf der Annahme, daß es abgrenzbare Ganzheiten (Systeme) gibt (z.B. Unternehmen), die ihrerseits aus einer Anzahl von Teilen (Subsysteme) zusammengesetzt sind (z.B. Unternehmensbereiche), die miteinander in Beziehungen stehen. Das Verhalten des Systems ergibt sich aber nicht aus der Summe des Verhaltens der einzelnen Subsysteme bzw. Elemente, sondern vielmehr aus der spezifischen Art der Beziehungen zwischen den Subsystemen untereinander.

Ein Hauptanliegen des Systemansatzes ist daher das Aufzeigen von Wirkungszusammenhängen zwischen den Elementen eines komplexen Systems anstelle der perfekten Detailanalyse einzelner, isoliert betrachteter Systemkomponenten. Erst das Aufzeigen der Systemzusammenhänge erlaubt Erkenntnisse über – vernetzte – Wirkungen und Nebenwirkungen, gibt wichtige Hinweise auf die Existenz von Rückkopplungen und Regelkreisen, die die Dynamik des Systemverhaltens maßgeblich beeinflussen.

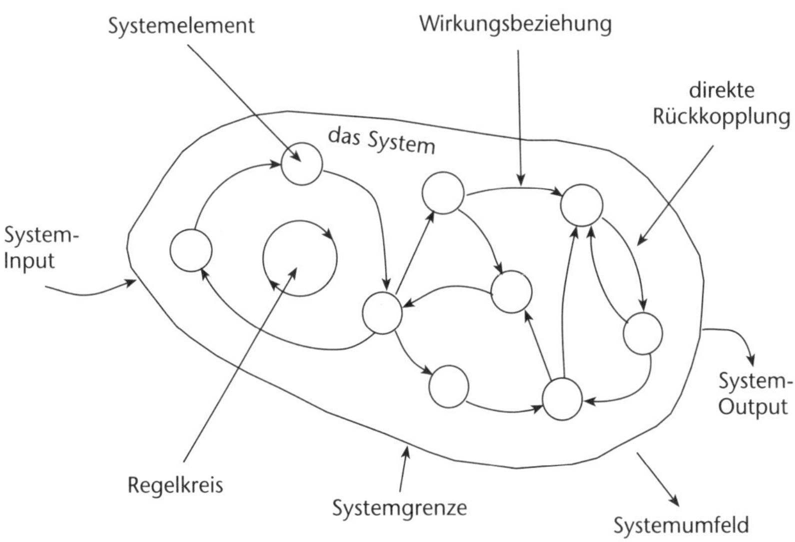

Abb. 4: Wichtige Systemkonzepte ...

Überträgt man die aus dem systemischen Ansatz sich ergebenden Folgerungen auf Probleme der Unternehmenssteuerung und Organisationsentwicklung, so hat dies gravierende Auswirkungen auf den Umgang mit der Organisation als komplexem System: Adäquate, d.h. der Komplexität des Gegenstandes angemessene, Problemlösungen lassen sich nur im Rahmen von systemisch orientierten Managementmethoden finden (vgl. Steinbrecher 1994). Es geht darum, ein Modell der jeweiligen Organisation zu erstellen, das alle systemrelevanten Elemente enthält und alle wesentlichen Beziehungen zwischen ihnen aufzeichnet. Die Kenntnis der Wirkungsverläufe in diesem Modell befähigt dann dazu, die Sensitivität, die Empfindlichkeit des Systems auf Veränderungen oder Eingriffe hin zu überprüfen. Genau hier setzt die neue Arbeitshilfe, das Sensitivitätsmodell, an.

5 Das Instrument

Wie oben verdeutlicht, geht der Anwendung der nachfolgend näher beschriebenen Arbeitshilfe zur systemisch-evolutionären Unternehmensentwicklung eine entsprechende Grundhaltung des Managements voraus. Das sog. „Sensitivitätsmodell" umfaßt insgesamt neun Arbeitsschritte, die allerdings nicht in einer strengen sequentiellen Abfolge zu durchlaufen sind, deren Bearbeitung vielmehr iterativ, mit vielen rekursiven Schleifen, erfolgt. Zudem bauen die einzelnen Schritte nicht unmittelbar aufeinander auf, sondern ihr modularer Aufbau gestattet es, auch einzelne „Tools" unabhängig von den anderen zu nutzen, was angesichts des großen Gesamtaufwands hinsichtlich einer vollständigen Bearbeitung aller neun Schritte von großem Vorteil ist.

Zunächst ein kurzer Überblick über das Instrument. Anschließend soll ausführlicher auf das Tool „Simulation" und dessen Nutzen im Rahmen von Entwicklungs- und Veränderungsprozessen im Unternehmen eingegangen werden.

Schritt 1: Systembeschreibung
Im ersten Schritt geht es um die Beschreibung des Systems, die Definition der Systemgrenzen sowie um die Sammlung, Strukturierung und Festlegung von relevanten Daten und Fakten. Dabei kann eine bildhafte Darstellung des Systems die Beschreibung in Begriffen ergänzen.

Schritt 2: Variablensatz
Aus allen Begriffen, Faktoren, Daten, Zahlen, Fakten und Meinungen wird ein Satz von ca. 20 – 40 Variablen erstellt. Variablen sind prinzipiell veränderliche Einflußgrößen des zu untersuchenden Systems, gewissermaßen die Knotenpunkte, aus deren Wechselwirkungen das Verhalten des Systems als Ganzes ermittelt werden soll. Dabei ist auf ein möglichst einheitliches Abstraktionsniveau der Variablen zu achten.

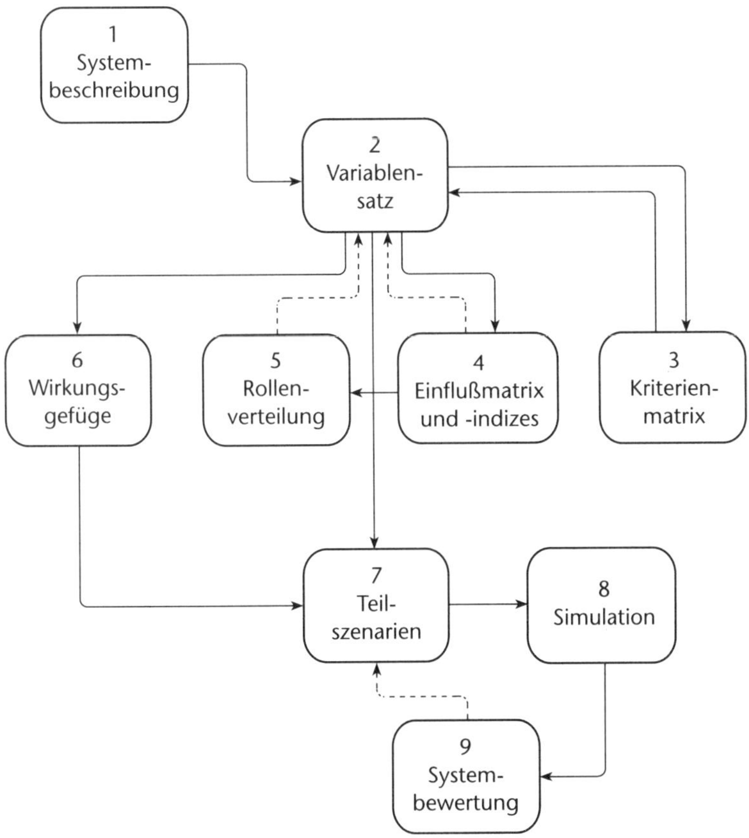

Abb. 5: Die 9 Schritte der Systemstudie

Schritt 3: Kriterienmatrix
Ein „richtig“ ausgewählter, gültiger Variablensatz hängt weniger von der Anzahl der Variablen als vielmehr von deren systemrelevanter Zusammenstellung ab. Um Systemrelevanz zu erreichen, wird die Gesamtheit der Variablen anhand von 18 Kriterien überprüft. Diese Kriterien entstammen vorwiegend biologisch-ökonomischen Theoriehorizonten in bezug auf die Lebensfähigkeit von Systemen und müssen daher auf die jeweils spezifische Problemstellung hin, z.B. auf Fragen von Führung und Organisation, differenziert angepaßt werden. Im einzelnen beinhalten die 18 Kriterien Aspekte aus sieben Lebensbereichen (Bevölkerung, Wirtschaft, Flächennutzung, Humanökologie, Naturhaushalt, Infrastruktur, Politik, Recht), drei physikalische Aspekte (Materie, Energie, Information), vier dynamische Aspekte (Raum, Zeit, Prozeß, Struktur) und vier Systembeziehungen (Input, Output, von innen bzw. außen lenkbar). Von einem systemrelevanten Variablensatz

kann man dann sprechen, wenn alle Kriterien, bezogen auf die Gesamtheit der Variablen, hinreichend und möglichst gleichmäßig berücksichtigt worden sind. Ist dies nicht der Fall, bedarf es einer Re-Definition einzelner Variablen bzw. der Ergänzung des ganzen Variablensatzes.

Schritt 4: Einflußmatrix

Eine Einflußmatrix zu erstellen heißt, die einzelnen Variablen des Systems hinter den Beziehungen zwischen ihnen zurücktreten zu lassen, um die Struktur, das Muster ihres Systemzusammenhangs zu erfassen. Dies geschieht zunächst nach Art einer „crossimpactanalysis“: Die Stärke des Einflusses jeder Komponente des Systems auf jede andere wird abgeschätzt. Im Ergebnis wird auf diese Weise die Rolle der Variablen des Systems unter dem Aspekt ihrer Dominanz bzw. Beeinflußbarkeit sowie ihres Eingebundenseins in das Geschehen deutlich. Daraus lassen sich bereits erste Hinweise auf mögliche Steuerungshebel im System ableiten.

Schritt 5: Rollenverteilung

Die Rolle der Variablen im System auf der Grundlage der Cross-impact-Bewertungen läßt sich vorteilhaft in einer zweidimensionalen Graphik darstellen, wobei die jeweilige Position einer Variablen im Koordinatensystem sowie ihre relative Stellung zu allen übrigen Variablen auf einen Blick zu erkennen ist und entsprechend interpretiert werden kann. Des weiteren sind die vier wichtigen Rollen, kybernetische Schlüsselrollen, die die Variablen im System einnehmen können, unmittelbar zu erkennen: Welches Element beeinflußt alle anderen am stärksten, wird aber von ihnen am schwächsten beeinflußt (= aktives Element)? Welches Element beeinflußt die übrigen am schwächsten, wird aber selbst am stärksten beeinflußt (= reaktives Element)? Welches Element beeinflußt die übrigen am stärksten, wird gleichzeitig aber auch am stärksten beeinflußt (= kritisches Element)? Und welches Element beeinflußt die anderen am schwächsten und wird von ihnen am schwächsten beeinflußt (= pufferndes Element)? Schließlich läßt sich aus der Rollenverteilung auch ein „kybernetischer Steckbrief“ des Gesamtsystems herleiten.

Schritt 6: Wirkungsgefüge

Der Aufbau eines Wirkungsgefüges hat zum Ziel, ein Bild von der Komplexität des untersuchten Systems zu gewinnen. Um die zugrundeliegenden Muster zu erfassen, ist eine vernetzte Darstellung der Wirkungsbeziehungen zwischen den Variablen notwendig. Auf diese Weise werden Rückkopplungen und Regelkreise erkennbar, so daß Wirkungsketten (und Nebenwirkungen!) innerhalb eines Systems genau verfolgt werden können. Im Ergebnis steht mit dem Wirkungsgefüge ein zusammenhängendes Modell des Gesamtsystems zur Verfügung. Die Interpretation des Wirkungsgefüges basiert auf der Analyse wichtiger systemischer Kenngrößen (Vernetzungsgrad, positiver bzw. negativer Regelkreis, Wirkungsverläufe etc.) und gibt somit Hinweise auf den Handlungsspielraum innerhalb des untersuchten Systems.

Schritt 7: Teilszenarien
In diesem Schritt geht es nicht um strukturelle Aspekte eines ganzen Systemmodells, es werden vielmehr ganz konkrete Probleme und relevante Fragestellungen für sich analysiert. Dazu werden die entsprechenden Variablen, die von besonderem Interesse sind, aus dem Gesamtnetz herausgelöst und als detaillierte Ausschnitte betrachtet, um das Muster der Wirkungsverläufe genauer zu erfassen und zu verstehen. Ziel ist es, das unmittelbare Systemverhalten – bezogen auf eine konkrete Fragestellung – zu ermitteln, um schließlich systemverträgliche Handlungsoptionen zu gewinnen.

Schritt 8: Simulation
Simulationen basieren auf den erstellten Teilszenarien, und sie zielen darauf ab, das Verstehen der Systemzusammenhänge und der Dynamik des Systemverhaltens weiter zu fördern. Um dies zu gewährleisten, bietet dieser Schritt die Möglichkeit, die Sensitivität, die Empfindlichkeit eines Systems in bezug auf äußere Eingriffe oder aber Veränderungen im Innern zu testen, d.h. die möglichen Auswirkungen von Handlungs- oder Ereignisfolgen durch Simulation zu antizipieren und die Ergebnisse in die Planung von Maßnahmen einzubeziehen. Andererseits ist klar: Eine Simulation dieser Art ist kein Prognoseinstrument, mit dem der künftige Zustand des Systems vorausgesagt werden kann, sondern ausschließlich ein Instrument zum besseren Verständnis der dem System zugrundeliegenden Muster/Strukturen, mit anderen Worten: ein Instrument zum besseren Umgang mit Komplexität.

Simulation: Mustererkennung statt Prognose!

Schritt 9: Systembewertung
Dieser letzte Schritt einer Sytemstudie leitet schließlich dazu an, das untersuchte System an den Kriterien eines intakten Ökosystems zu überprüfen und daraus geeignete Handlungsstrategien zu entwickeln. Die dazu aufgestellten acht Grundregeln sollen helfen, das letzte Ziel einer Systemuntersuchung, nämlich die Lebensfähigkeit des betreffenden Systems zu erhalten bzw. zu erhöhen, durch die Umsetzung von „richtigen", d.h. systemverträglichen Maßnahmen zu erreichen.

Fassen wir zusammen: Der Anspruch des Sensitivitätsmodells im allgemeinen sowie des Arbeitsschritts „Simulation" im besonderen lautet:

1. Darstellen und Erfassen des Zusammenspiels der Elemente eines komplexen Systems;
2. Verstehen der Mechanismen, die im System wirken;
3. Erkennen des grundlegenden Systemverhaltens auf Ereignisse bzw. Eingriffe hin.

Im Ergebnis: Verbesserung der Lebensfähigkeit des Systems durch verbesserten Umgang mit dessen Komplexität.

6 Fallbeispiel

Rolle und Bedeutung von Simulationsverfahren, die Mustererkennung statt Prognose betreiben, für Fragen der Organisationsentwicklung in Unternehmen liegen – theoretisch – auf der Hand. Lassen sich die oben formulierten Ansprüche erfüllen, so könnten derartige Instrumente in vielfältiger Weise zu einer sinnvollen Anwendung kommen. Hier nur eine kleine Auswahl:

(1) zur generellen Einübung vernetzten Denkens und systemisch reflektierten Handelns in betrieblichen Bildungsmaßnahmen auf allen Ebenen;
(2) als Beitrag zur Förderung der interdisziplinären Kommunikation im Rahmen von Projektarbeit;
(3) als Mittel zur antizipativen bzw. prospektiven Planung von anstehenden organisatorischen Veränderungsprozessen;
(4) als Hilfsmittel zur Vermeidung eindimensionaler, daher zu kurz greifender (Fehl-)Entscheidungen in allen planenden Bereichen;
(5) als Beitrag auf dem Weg zur lernenden Organisation;
(6) als permanent verfügbare Entscheidungshilfe für Organisationsentwickler zur Bewertung komplexer Probleme (und OE hat es immer mit komplexen Problemstellungen zu tun);
(7) als Analyseinstrument in der Organisationsdiagnose.

Ausgelöst durch den Wissensbedarf des Bildungswesens von Mercedes-Benz, welche Anforderungen an künftige Managemententwicklungen zu stellen sind, wurde auf Initiative des Kreises der Bildungsleiter der Mercedes-Benz AG eine Projektgruppe eingerichtet, die sich mit der folgenden Frage eingehend befaßte:

„Welches sind die zukünftigen Anforderungen an Führung, Führungssysteme und Führungskräfte bis zum Jahre 2010?"

Die 15 Mitglieder des Projektteams kamen aus den unterschiedlichsten Bereichen: neben Personal und Bildung insbesondere aus den Bereichen Forschung, Entwicklung, Produktion, Vertrieb, außerdem Controlling und werksärztlicher Dienst.

Das Ziel des Projekts war vor allem handlungsorientiert: Auf der Basis des erarbeiteten Wissens um zukünftige Anforderungen an Führung sollten Handlungsempfehlungen ausgesprochen und als konkrete Maßnahmen in Pilotprojekten auch umgesetzt werden, um notwendige Veränderungen in den bisherigen Rahmenbedingungen herbeizuführen.

Was das Vorgehen betrifft, so wurde, der Komplexität des Themas entsprechend, ein ganzheitlicher, systemisch orientierter Ansatz gewählt. Entscheidend für die Qualität der angestrebten konkreten Umsetzung der Ergebnisse war eine fundierte Problemanalyse, die alle relevanten Einflußfaktoren berücksichtigt. Anschließend wurde in drei Arbeitssträngen gearbeitet: Aus internen Unternehmensfaktoren wurden Maßnahmenoptionen zur Veränderung des bisherigen Führungssystems generiert und ein Systemmodell zur Simulation von Auswirkungen erarbeitet. Aus externen Umfeldfaktoren entstanden Szenarien, die die möglichen zukünftigen Entwicklungen im Umfeld des Unternehmens und ihren Einfluß auf das Führungssystem zeigen, und drittens wurde ein Konsens über die eigenen, unternehmensinternen Interessen hinsichtlich des zukünftigen Führungssystems erreicht und in Form einer Zielhierarchie für Führung dokumentiert.

Nur von dem Teilschritt der Simulation soll im weiteren die Rede sein. Zunächst also wurde von einer Teilprojektgruppe ein Set von 20 unternehmensinternen Einflußfaktoren identifiziert und mit Hilfe von Indikatoren operational definiert.

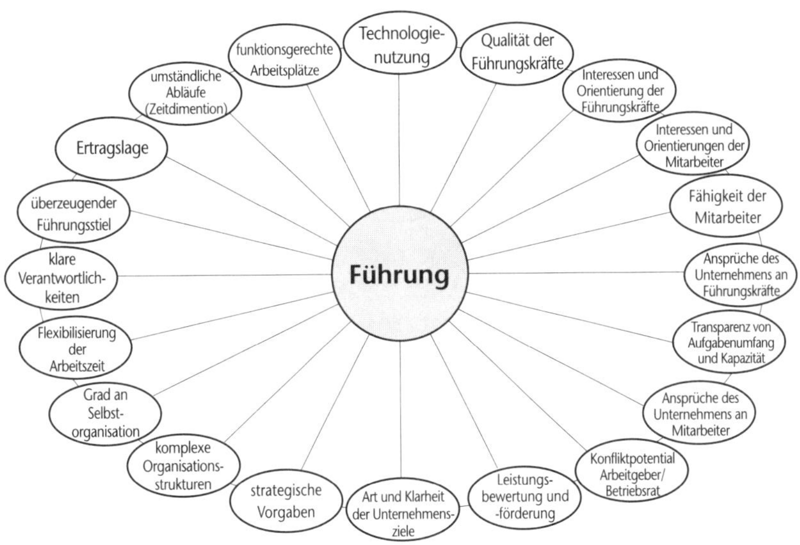

Abb. 6: Die 20 internen Einflußfaktoren auf „Führung"

Dabei wurden mehrfach Reflexionsschleifen durchlaufen, wodurch der Variablensatz immer wieder Änderungen, Ergänzungen oder Re-Definitionen im einzelnen erfuhr. Dieser „vorläufig endgültige" Variablensatz wurde anschließend auf seine Systemrelevanz geprüft. Dies geschah unter Verwendung der 18 Kriterien, die oben bereits aufgeführt sind. Nach der Überprüfung der Variablen durch die Systemkriterien konnten wir also sicher sein, bei den noch folgenden Arbeitsschritten mit relevanten Größen zu operieren.

Auf der Grundlage dieser systemrelevanten Einflußgrößen wurde von der Teilprojektgruppe im nächsten Schritt ein aus acht aggregierten Elementen bestehendes „Systemmodell Führung“ erstellt.

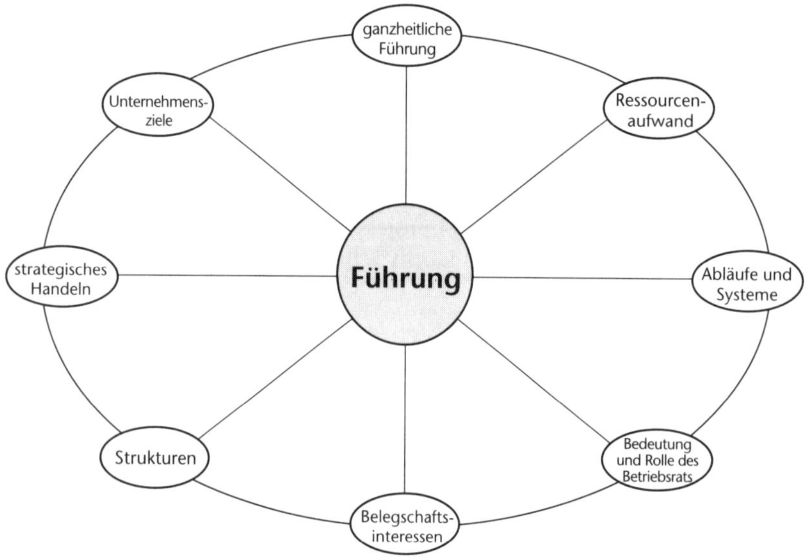

Abb. 7: Die 8 Elemente des Systemmodells „Führung“

Es enthält alle entscheidenden internen Stellgrößen des Systems Führung, die im einzelnen lauteten:

a) ganzheitliche Führung,
b) Effizienz in der Ressourcennutzung,
c) Abläufe/Systeme,
d) Bedeutung und Rolle des Betriebsrats,
e) Durchsetzbarkeit von Belegschaftsinteressen,
f) Organisationsstruktur,
g) strategisches Handeln,
h) Unternehmensziel.

Auch diese acht aggregierten Variablen mußten erst präzise definiert werden, bevor man an den Aufbau eines aus diesen Elementen bestehenden Wirkungsgefüges gehen konnte. Ausgehend von einer Variablen wurden alle wesentlichen Wirkungen, die von dieser Variablen auf alle anderen ausgehen, in das Netz eingegeben. Insgesamt waren es 30 Wirkungsbeziehungen, die das Systemmodell Führung tragen.

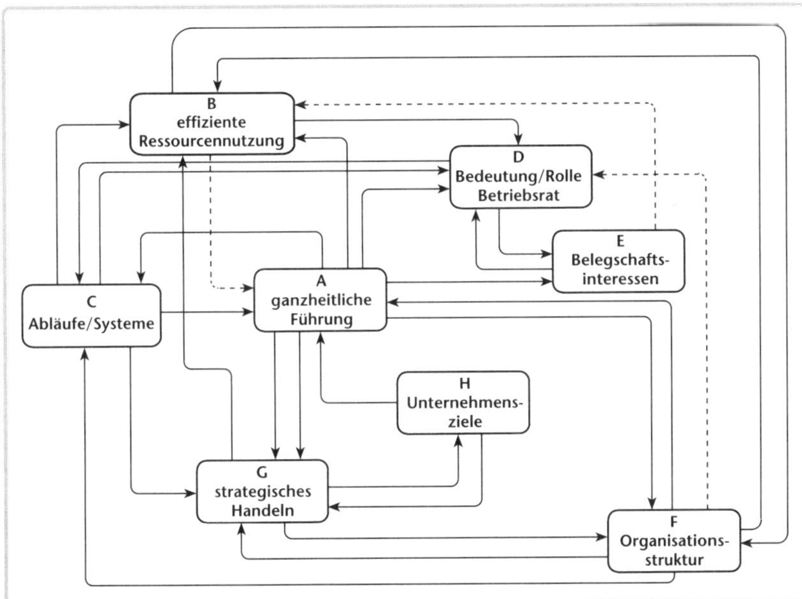

Abb. 8: Die Wirkungsbeziehungen des Systemmodells Führung

Im Ergebnis stand damit ein zusammenhängendes Modell über die vernetzten Beziehungen innerhalb des Gesamtsystems Führung zur Verfügung. Hatten schon die bisherigen Überlegungen und Diskussionen in der Gruppe eine Fülle von neuen, teils sehr überraschenden, Erkenntnissen gebracht, z. B. hinsichtlich der hohen Zahl an „positiven" Rückkopplungen innerhalb des Systemmodells Führung, was auf ein eher kritisches, instabiles Systemverhalten hindeutet, so wurde der Erkenntniszuwachs mit der Durchführung einer Simulation des Systemverhaltens nochmals erheblich gesteigert.

Im einzelnen sind wir wie folgt vorgegangen: Ausgangspunkt der Simulation war das – soeben beschriebene – aggregierte und vernetzte Systemmodell Führung. Da die Simulation auf mathematisch beschriebenen Zuständen der einzelnen Variablen sowie deren Beziehungsnetz beruht, wurden die acht Einflußgrößen zunächst zwischen ihren jeweiligen oberen und unteren Grenzwerten skaliert. (Diese Skalierung – das ist soft-wareseitig vorgegeben – verläuft auf einer Achse von 0 bis 30). Auf diese Weise können bei jeder Variablen 30 verschiedene Zustände ausgedrückt und benannt werden. Der Ausgangszustand der Variablen läßt sich dann – je nach Einschätzung des

Expertenteams – auf die für realistisch erachtete Stufe der Skalierung einstellen. Sodann folgte – unter Benutzung von Fuzzy-logic-Prinzipien – die Beschreibung der Beziehungen zwischen den jeweiligen Variablen mit Hilfe von Tabellenfunktionen. Die Wirkung der Variablen „Abläufe" auf „ganzheitliche Führung" ist z.B. wie folgt ausgedrückt worden:

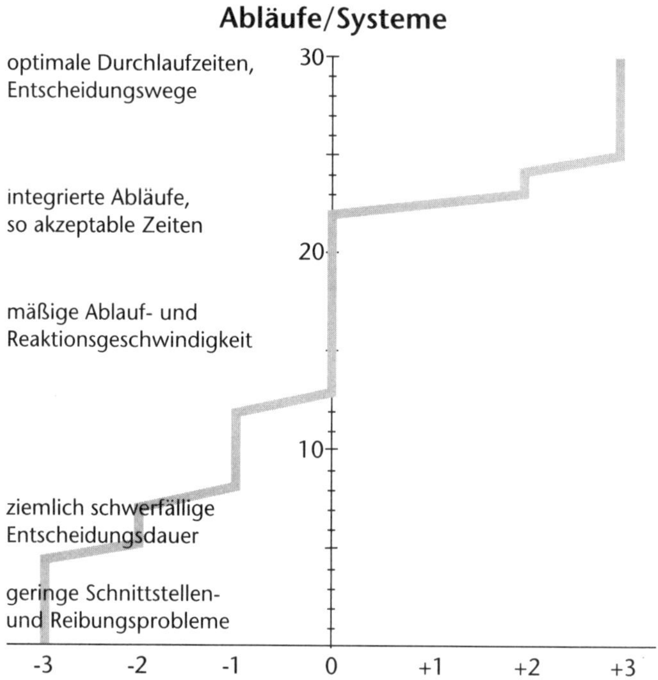

Abb. 9: Wirkung des Elements „Abläufe/Systeme" auf „ganzheitliche Führung"

Die Ordinate entspricht hier der Skala der Variablen, von der die Wirkung ausgeht („Abläufe"). Auf der Abszisse wird die Reaktion, die Veränderung der betroffenen Variablen („Führung") eingezeichnet. In dieser Phase kam es zu teilweise heftigen Debatten innerhalb des Projektteams, da hier die unterschiedlichen impliziten Prämissen, die in den Köpfen der beteiligten Experten steckten, aufeinanderprallten. In den meisten Fällen gelang es aber, nach weiterer intensiver Klärung, einen Konsens in der Gruppe herbeizuführen. Auf diese Weise wurden 30 Wirkungsbeziehungen zwischen acht Variablen des Systems Führung diskutiert und mittels Tabellenfunktionen mathematisch beschrieben. Nach der Festlegung eines sinnvollen Zeittakts für eine Simu-lationsrunde war die Simulation dann so weit vorbereitet, daß wir sie starten konnten. Auf weitere Features, die das Modell bietet, kann ich an dieser Stelle nicht eingehen. Schritt für Schritt, d.h. Runde für Runde, lassen sich die Veränderungen, die die gegenseitigen Wirkungen aller Variablen im System auslösen, auf dem Computer verfolgen. Im Prinzip kann der Benutzer – und das ist das eigentlich Interessante – nach jeder Simulationsrunde Veränderungen an dem Zustand bestimmter Variablen vornehmen und so interaktiv an der Simulation teilnehmen. In der Wirklichkeit entspricht diese Manipulation einem konkreten Eingriff ins Geschehen bzw. einem äußeren Ereignis, das Veränderungen an der betreffenden Stelle im System bewirkt. So haben wir z.B. im Systemmodell Führung das Modell in der Simulation über zwei Runden sich selbst überlassen. Es zeigte sich, daß unser modelliertes System insgesamt einen deutlich schlechteren Zustand angenommen hatte als erwünscht. Nun erfolgten Eingriffe ins System. Nach vielen Sensitivitätstests stellte sich heraus, daß nur eine gleichzeitige Verbesserung der Zustände bei den vier Systemelementen „Organisation", „ganzheitliche Führung", „Abläufe/Systeme" und „strategisches Handeln" um jeweils drei bis vier Punkte (d.h. ca. 10 % der Gesamtskala) geeignet war, das System Führung zu stabilisieren und in die gewünschte Richtung zu bringen. Bei diesen vernetzten Eingriffen ist es natürlich ganz besonders wichtig, genau zu überlegen und zu dokumentieren, welche Maßnahmen drei Punkten entsprechen und somit zur Verbesserung des Zustands der betreffenden Variable um diesen Wert beitragen können. Es ist evident, daß das Ausprobieren vieler verschiedener Eingriffsmöglichkeiten und die Simulation ihrer Auswirkungen in der Projektgruppe zu zahlreichen Anregungen und Erkenntnissen führte, z.B.: Wo liegen die kritischen Zustände der Variablen, welcher Zustand ist zu erreichen, um positive Wirkung im Gesamtsystem zu erzielen? Außerdem wurde uns durch die Simulationen klar: Es gibt sinnvolle Eingriffsmöglichkeiten in solch ein komplexes System Führung, die Kräfte der Selbstorganisation sind aber derart dominierend, daß sich jede Machbarkeitsphantasie im Sinne von „alles im Griff" von selbst verbietet.

Die Interpretation der Simulationsergebnisse fiel nicht immer leicht. Ganz konkrete Schlußfolgerungen, was denn nun zu tun sei, lagen eben nicht „auf der Hand". Gleichwohl zeichneten sich durch die Kenntnis grundlegender Zusammenhänge innerhalb des Systems und dessen Sensitivität insgesamt – und diese Kenntnis ist durch die Simulationen enorm vertieft worden – durchaus jene „strategischen Korridore" ab, innerhalb derer die zu realisierenden Maßnahmen liegen mußten, wenn sie dem Anspruch der Systemverträglichkeit bzw. Komplexitätsbewältigung genügen wollten.

7 Erfahrungen

Die Erfahrungen, die sich aus der Anwendung des computergestützten Simulationsmodells auf die Frage nach den zukünftigen Anforderungen an Führung und Organisation in Unternehmen ergeben, lassen sich thesenartig drei unterschiedlichen Erfahrungsbereichen zuordnen: inhaltlich, methodisch, instrumentell.

a) instrumentell:

1. Es handelt sich um ein sehr offenes, interaktives System, bei dem der Benutzer jederzeit eingreifen und Veränderungen vornehmen kann. Nicht das technische System bestimmt den Ablauf, sondern das Problemlösungsteam selbst. Der Kommunikationsprozeß unter den Experten wird durch die Technik sinnvoll unterstützt.

2. Ein zusätzlicher Motivationsschub entsteht durch die leichte Bedienbarkeit des Systems, wodurch der Umgang mit der Technik einen eher spielerischen Charakter erhält.

3. Die einzelnen Tools des Sensitivitätsmodells, z.B. „Simulation", sind durchaus selektiv anwendbar. Dies bedeutet, was die Flexibilität seines Einsatzes betrifft, einen großen Vorteil, denn der Gesamtaufwand zur Erstellung einer kompletten Systemstudie ist sehr groß. Die vorbereitenden Arbeiten zur Durchführung einer Computersimulation erfordern jedenfalls eine intensive inhaltliche Auseinandersetzung in einem größeren Kreis von Experten.

b) methodisch:

1. Der dem Simulationsverfahren zugrundeliegende Systemansatz ist äußerst integrativ. Durch ihn wird die Zusammenführung ganz unterschiedlicher Meinungen, Interessen und Zielvorstellungen erheblich gefördert. Die interdisziplinäre Kommunikation im Team wird deutlich verbessert.

2. Anders als in üblichen Simulationsverfahren sind die hinter den Bewertungen, Zuständen, Wirkungsbeziehungen stehenden Prämissen und Weltbilder jederzeit transparent und abrufbar.

3. Dem systemorientierten Vorgehen im allgemeinen und der Simulation im besonderen gelingt die Darstellung, das Sichtbarmachen von komplexen Sachverhalten. Die Einsicht in die Art und Weise bzw. das Muster der Systemzusammenhänge wird anschaulich vermittelt, die Transparenz von Wirkungen und Nebenwirkungen innerhalb eines Systems beträchtlich erhöht. Insgesamt führt dies zu einem besseren Verständnis des Systemverhaltens, insbesondere der Dynamik von Veränderungen. Im vorliegenden Fallbeispiel löste dieses tiefere Systemverständnis durchaus Aha-Effekte, zum Teil sogar Betroffenheit aus.

4. Ganz nach Art der Szenario-Methode (vgl. Mattrisch 1993; v. Reibnitz 1987) wird auch die Arbeit am Sensitivitätsmodell als strukturierter, interdisziplinärer Kommunikationsprozeß organisiert. Dadurch wird zum einen der Blick für das Ganze unter Verzicht auf übertriebene Detailforschung gestärkt, zum anderen wird eine hohe Identifikation mit den erarbeiteten (Projekt-) Ergebnissen erzielt.

5. Die Vermittlung solcher Ergebnisse an Außenstehende, d.h. an Personen, die an dem Kommunikationsprozeß nicht beteiligt waren, ist freilich angesichts der Tatsache, daß der Prozeß selbst eine wichtige Ergebnisgröße ist, nicht ganz leicht.

6. Das Simulationsmodell zielt nicht auf die operative Maßnahmenebene, sondern auf die Metaebene: das Systemverständnis. Eine direkte und eindeutige Ableitung ganz konkreter Maßnahmen aus der Simulation ist eher schwierig. Statt dessen beweist das Simulationsverfahren seine Stärke bei der Mustererkennung: Es antwortet also nicht auf die Frage „Was muß ich tun, damit ...", sondern auf die Frage „Was geschieht, wenn ...". Im Mittelpunkt der Modellbildung stehen die Identifizierung der Schlüsselgrößen und deren Vernetzung, die Analyse prinzipieller Eingriffsmöglichkeiten in das System sowie das Aufzeigen strategischer Problemlösungskorridore auf der Basis von Policy-Tests.

c) inhaltlich:
1. Das Sensitivitätsmodell hilft bei der Identifizierung der „eigentlichen" Problemfelder innerhalb einer Organisation und zeigt zugleich das Muster auf, wie diese wesentlichen Felder, die den größten Handlungsbedarf aufweisen, in wechselseitiger Beziehung zueinander stehen. In dieser Hinsicht eignet sich das Modell gut als Entscheidungshilfe für Maßnahmen auf der strategischen Ebene im Organisationsbereich.

2. Simulationen machen deutlich, wie sich das System Organisation auf Ereignisse von außen und konkrete Eingriffe hin verhalten wird. Daraus ergibt sich jeweils eine Fülle von Denkanregungen und Hinweisen, z.B. über die Möglichkeit bzw. Notwendigkeit des Zusammenführens einzelner Organisationsbereiche, das Veränderungspotential innerhalb von Abteilungen oder auch – gewissermaßen als qualitatives Controlling-Instrument – zur Unternehmenssteuerung insgesamt.

3. Simulationen eignen sich hervorragend als Organisationsdiagnoseinstrument, d.h. hier: zur systemorientierten Erarbeitung des Ist-Zustands der Organisation. Unter der Zielsetzung der Mustererkennung statt Prognose zur Verbesserung der Systemverträglichkeit der Organisation regen Simulationen zu vielfältigen Plausibilitätsüberlegungen an, aus denen sich alternative Handlungsstrategien eröffnen.

4. Auf diese Weise läßt sich das Instrument auch über den Einsatz „vor Ort" hinaus zur Unterstützung der Analysetätigkeit der Berater nutzen. Die Wirkungen und Nebenwirkungen, die ein Eingriff in die Organisation zur Folge hat, lassen sich durch ein Simulationsmodell der Organisation transparent verfolgen. Durch diese Einsicht in die Systemzusammenhänge aufgrund von Simulationen gelingt es, Machbarkeitsillusionen abzubauen und

sich statt dessen über die Begrenztheit der eigenen Einflußmöglichkeiten als Organisationsentwickler Klarheit zu verschaffen.

5. Der den Simulationen zugrundeliegende Systemansatz bewirkt, daß beabsichtigte Veränderungen in Organisationen simulativ anhand des Kriteriums der Systemverträglichkeit geprüft werden. Dies bedeutet, daß durch die stärkere Berücksichtigung der System-Umfeld-Beziehungen suboptimale Lösungen, d.h. Maßnahmen, die eher der Optimierung einzelner Organisationsbereiche als der Optimierung des gesamten Unternehmens dienen, vermieden werden können.

6. Vor allem aber eignen sich Simulationen zur Unterstützung von Lernprozessen. Indem sie dazu anregen, Handlungsfolgen vorwegzudenken, verhelfen sie dazu, Zukunft als Entwicklungsprozeß zu verstehen und diesen lernend zu gestalten. In diesem Sinne können Simulationen einen wichtigen Beitrag leisten für die Entwicklung des Unternehmens zur lernfähigen Organisation. Systemmodelle sind Lernmodelle.

8 Resümee

Ziehen wir abschließend ein kurzes Fazit. Ein Sensitivitätsmodell erlaubt die Darstellung komplizierter und dynamischer Zusammenhänge in komplexen Systemen, wie z.B. Organisationen. Die Transparenz der Zusammenhänge führt zu einem vertieften Verständnis des Zusammenspiels der Elemente des Systems Organisation. Die Folge ist eine deutliche Sensibilisierung für einen respektvollen, nicht an Machbarkeitsphantasien orientierten Umgang mit dem komplexen System Organisation. Auf der Basis des Systemansatzes führen insbesondere Simulationen des Systemverhaltens auf Eingriffe hin zu beachtlichen Lerneffekten und Erkenntnisfortschritten. Dies wurde am Beispiel „Führung in Organisationen" verdeutlicht (vgl. Kap. „Fallbeispiel").

Das Verstehen der Mechanismen und Muster, die im System wirksam sind, ist eine wichtige Voraussetzung für die Planung von Maßnahmen, die dem Anspruch der Systemverträglichkeit genügen wollen. Freilich: Konkrete Handlungsanweisungen nach Art von Rezepten können auch Simulationen nicht hervorbringen. Sie leisten jedoch einen wichtigen Beitrag zur Identifizierung und systemischen Interpretation der entscheidenden Schlüsselgrößen und stellen daher eine adäquate Entscheidungshilfe zur Auswahl von systemverträglichen Strategien in einem turbulenten Umfeld dar. In besonderer Weise zum Erlernen und Einüben systemischen Denkens und Handelns geeignet, sind Simulationsverfahren, die Mustererkennung statt Prognose zum Ziel haben, gerade auch in Bereichen wie Organisationsentwicklung und betriebliche Bildung, auf allen Ebenen mit Erfolg einsetzbar.

Organisationen zu entwickeln heißt: Organisationen lernfähig machen.

Dies läßt sich durch Simulationsmodelle maßgeblich befördern. Gelingt es, durch Verstehbarmachen der Zusammenhänge und Dynamik des Systems Organisation dessen Komplexität besser zu bewältigen (durch den Blick fürs Ganze), so hat die Organisation eine wesentliche Anforderung zur Steigerung ihrer Lebensfähigkeit erfüllt: die Anpassung an die Komplexität im Umfeld.

Literatur

Chehab, P. u. S. Fröhlich (1991): Management by Fledermaus – Frühwarnsysteme im Management. *Organisationsentwicklung* 1, 4–16.

Dörner, D. (1983): Vom Umgang mit Unbestimmtheit und Komplexität. Stuttgart.

Doppler, K. (1991): Management der Veränderung – Entwicklungen und Veränderungen erfolgreich steuern und gestalten. *Organisationsentwicklung* 1: 19–30.

Mattrisch, G. (1993): Das Konzept „Zukunfts-Labor" – eine neue Perspektive für Erziehung, Bildung und Weiterbildung? In: M. Rösler, (Hrsg.): Ökologische Verkehrsplanung im Ballungsraum. Hamburg, S. 29–41.

Minx, E., Ch. Neuhaus, T. Waschke (1993): Vom Brückenbauen oder: Wie machbar ist Interdisziplinarität? *Organisationsentwicklung* 1: 52–64.

Reibnitz, U.v. (1987): Szenarien – Optionen für die Zukunft. Hamburg/New York.

Schmitz, Ch., P. Gester u. B. Heitger (1993): Managerie. Jahrbuch für systemisches Denken und Handeln im Management. Heidelberg (Carl-Auer-Systeme).

Seidel, E., R.H. Jung u. W. Redel (1988): Führungsstil und Führungsorganisation. 2 Bd. Darmstadt.

Steinbrecher, M. (1994): Systemisch-evolutionäres Management – Von der Notwendigkeit ganzheitlichen Denkens und Handelns. In: K. Götz, (Hrsg.): Theoretische Zumutungen. Vom Nutzen der systemischen Theorie für die Managementpraxis. Heidelberg (Carl-Auer-Systeme), S. 194–216.

studiengruppe für biologie und umwelt GmbH (1991): Methodenhandbuch Sensivitätsmodell. Prof. Vester. Computerunterstützte programmierte Unterweisung für autorisierte Anwender des SM-Beratungspakets. München.

DIE (WIEDER-)ENTDECKUNG DER DAUERHAFTEN KUNDEN-LIEFERANTEN-BEZIEHUNG UND IHRE EINORDNUNG IN EINE SYSTEMISCHE PERSPEKTIVE

1. Kundenorientierung, Kundennähe, Zero-Migration

Kundenorientierung ist in aller Munde. Angesichts fehlender Wachstums- und abnehmender Differenzierungsmöglichkeiten in den meisten Märkten ist dies nicht sonderlich überraschend. Die Idee der Kundenorientierung bildete immer schon den Kern der klassischen Marketingkonzeption, denn „marketing is about customers".[1] Sie findet sich auch im Konzept der „Wertschöpfungspartnerschaft" wieder (vgl. Leder 1991 und Münzberg 1993, S. 50), einer Denkhaltung, die sich in einem bestimmten *Verhalten* gegenüber Kunden und in definierten *Leistungen* für Kunden ausdrücken soll (vgl. Schmidt 1992, S. 53). Andererseits wird die Kundenorientierung zwar als eines der Hauptmerkmale eines wirksamen Marketings (vgl. Kotler/Bliemel 1992, S. 1074), aber nicht als dessen dominierende Komponente, sondern im Sinne eines „organischen Marketings" als ein alle Bereiche erfassendes verbindendes Grundprinzip verstanden (vgl. Pümpin/Koller 1986, S. 485). Noch pointierter fällt das Urteil jener aus, für die Kundenorientierung „ein alter Zopf" ist, dessen sich die „Marketingfachwelt" endlich entledigen sollte.[2]

Die Verwirrung wird noch gesteigert, wenn man den verwandten Begriff der *Kundennähe* in die Betrachtungen einbezieht. Wichtige Aspekte der Kundennähe sind dann Qualität, Zuverlässigkeit, Kundendienst, technischer Stand der Produkte und, zirkulär argumentierend, *kundenorientierte* Mitarbeiter (vgl. Albers/Bauer/Eggert 1987, S. 8). Einem ähnlichen Zirkelschluß scheinen Unternehmensmitglieder zu erliegen, wenn sie in Befragungen immer das als *kundennah* bezeichnen, was sie für sich als *wichtig* einschätzen, da sie annehmen, sich nur in einem kundennahen Unternehmen behaupten zu können (vgl. Albers 1989, S. 106). Kundennähe wird schließlich auch, für einzelne Bereiche industrieller Märkte durchaus zutreffend, als Ergebnis äußerer Zwänge dargestellt: neue operative Techniken (z.B. lean production, just-in-time), organisatorische Konzepte und Probleme (z.B. TQM oder die Einführung neuer Produkte), Wettbewerbsfaktoren (z.B. Zeit, Service) und situative Probleme (z.B. steigende Unsicherheit, Beschleunigung des Wandels) führten mehr oder weniger automatisch zu einer größeren Kundennähe (vgl. Homburg 1995, S. 309; 1993a; 1993b).

Für die vorliegende Themenstellung soll *Kundenorientierung* definiert werden als Grundhaltung aller Unternehmensmitglieder, einen „sustainable fit" mit jedem einzelnen oder zumindest jedem als „beziehungsfähig" definierten

Kunden anzustreben. Kundenorientierung wird also auf einer *Metaebene* angesiedelt, wodurch sie sich von der Ebene des Marketing-Mix abgrenzt (vgl. Albers/Eggert 1988, S. 11). Sie ist die Grundhaltung *aller* Unternehmensmitglieder, d.h. weder ein Reservat bestimmter Personen mit „Überbrückungsfunktionen" noch ein reines „Top-down"-Dekret. Der sustainable fit (der äquivalente, etwas holprige deutsche Ausdruck wäre „nachhaltige Passung") ist sowohl Prozeß als auch Zustand und drückt das Streben nach Mobilisierung jener individuellen und organisatorischen Fähigkeiten aus, die einen dauerhaften „fit" mit den Kundenorganisationen ermöglichen. Das Konzept des sustainable fit entstand durch Erweiterung der Grade der Stimmigkeit zwischen Unternehmung und Außenwelt nach Miles und Snow (1984). Die Autoren unterscheiden zwischen einem *minimal fit* als notwendige Bedingung für das Überleben einer Unternehmung, einem *tight fit* als Voraussetzung für „excellence" und einem *early fit* als Grundlage zur Erlangung eines verteidigbaren Wettbewerbsvorteils (vgl. auch Wolfrum 1993, S. 183 f.).

Durch die Betonung des *einzelnen* Kunden wird *Kunden*orientierung von *Markt*orientierung abgegrenzt. Klassisches Konsumgütermarketing kann nach dieser Definition das Element der *Kunden*orientierung zwar enthalten, ihr wird in der Regel aber die *Anonymität* des einzelnen Kunden entgegenstehen.[3] Die in der Definition getroffene Einschränkung auf „zumindest jeden als *beziehungsfähig* definierten Kunden" ist insofern relevant, als sowohl auf Kunden- wie auch auf Lieferantenseite ein „fit" in gewissen Situationen gar nicht erwünscht ist, da er die gegenseitige Beweglichkeit einschränkt.

Das verstärkte Interesse von Wissenschaft und Praxis an der Funktionsweise interorganisationaler Beziehungen, unter denen die dauerhafte Kunden-Lieferanten-Beziehung von besonderer Bedeutung ist, ist unübersehbar. Die starre und letztlich unbefriedigende Dichotomisierung in Markt (Vertrag) und Hierarchie (Organisation) (vgl. hierzu z.B. Williamson 1985), die sich ständig ausweitenden Gruppen von „Stakeholders" (vgl. z.B. Freeman 1984) die zunehmende Bedeutung des „Outsourcing", der in westlichen Augen verblüffende Erfolg japanischer, auf einer gleitenden Skala zwischen den Polen Markt und Hierarchie operierender „hybrider" Organisationsformen, die Prominenz von „Just-in-time"-Zuliefernetzen, steigende Akquisitionskosten bei gleichzeitig höheren Wechselbarrieren, sind nur einige auslösende Faktoren für die (erneute) Hinwendung zu dauerhaften geschäftlichen Beziehungen, wie sie in der „kapitalistischen" Tradition seit langem verankert sind.

Aus der weiter oben gewählten Definition von Kundenorientierung läßt sich nun die Dauerhaftigkeit von Kunden-Lieferanten-Beziehungen[4] oder „Zero-Migration"[5] als *eine* mögliche Form der Instrumentierung dieser Grundhaltung ableiten (vgl. auch Abb. 1). Zur Annäherung an dieses Konstrukt sollen in der Folge zwei Heuristiken dienen: die Idee von „Zero-Defects"[6] und die Metapher von „Schlüssel und Schloß" (vgl. Wolfrum 1993, S. 62 ff.).

Der *Zero-Defects*-Idee liegen einige Annahmen zugrunde, die auch auf *Zero-Migration* anwendbar sind. Die zwei fundamentalen Fehlerquellen für *Qualitätsdefizite* sind ein Mangel an *Kenntnis* und ein Mangel an *Aufmerksamkeit*. Auf die Abwanderung von Kunden übertragen, wäre dies zunächst die ungenügende Kenntnis der Prinzipien und Zusammenhänge, die zu Kundenmigration führen, wodurch die Entwicklung und Mobilisierung der „passenden" Fähigkeiten blockiert wird. Der zweite Punkt, der Mangel an Aufmerksamkeit, entspricht einer unzureichenden Beobachtungsleistung und Interpretationsfähigkeit von Informationen.

Dementsprechend muß Zero-Migration dort korrigierend ansetzen, wo auch der Angelpunkt von Zero-Defects liegt: bei der tradierten Einstellung der Organisationsmitglieder, die *Kundenmigration* (bei Zero-Defects die *Fehler* in Arbeitsprozessen) als ein natürliches, der menschlichen Unzulänglichkeit zuzuschreibendes und daher tolerierbares Phänomen hinzunehmen. Ebenso wie Zero-Defects sollte auch Zero-Migration nicht zur „Kultur" hochstilisiert

Führungsdimensionen und Fokussierung	*Grundhaltungen*	*Instrumentierung*
1. Marktorientierung	**Kundenorientierung** aktuelle und latente Bedürfnisse sowie Bedarf Wettbewerbsorientierung Umsatz Marktanteil	**Zero-Migration** Kundenzufriedenheit Wettbewerbsfähigkeit Angebotsqualität
2. Effizienzorientierung	Ausbringung Kosten Optimierung	Produktivitätssteigerung Kapazitätsauslastung Kostensenkung
3. finanzwirtschaftliche Orientierung	Ergebnis Sicherheit Unabhängigkeit	Gewinn Rentabilität Liquidität
4. technologische Orientierung	Innovationen Perfektionismus Systemorientierung	Wettbewerbsfähigkeit Angebotsqualität Ansehen
5. Mitarbeiterorientierung	Partizipation Selbstverwirklichung Wohlfahrt	Mitarbeiterzufriedenheit Arbeitsplätze soziale Verantwortung
6. gesellschaftliche Orientierung	Umwelt Öffentlichkeit Ethik	Umweltschutz Ansehen soziale Verantwortung

Abb. 1: Die Mehrdimensionalität der Unternehmensführung und ihre Elemente

werden: Beide sind *Zielsetzungen*, die an eine anthropologische Grundkonstante, nämlich die *Leistungsmotivation*, rühren. In beiden Fällen wird diese Disposition durch die Befriedigung aus einer in Eigenverantwortung erzielten *Perfektion*[7] („null Fehler" bzw. „null Abwanderung") und durch die Belohnung aus einer öffentlichen *Anerkennung* (das ausdrückliche Qualitätslob bzw. die Loyalitätsbeweise der Kunden) geweckt und verstärkt. Diese Zielsetzungen des „Zero-" sind konkret und nicht vage wie „bessere Qualität" oder „größere Kundennähe", sie sind „meßbar" im Sinne von Transparenz und Vergleichbarkeit, und sie vermögen durchaus, Begeisterung bei den Beteiligten zu wecken.

In der Metapher von „Schlüssel und Schloß" entsprechen die „Schlüssel" der Gesamtheit der von der Unternehmung mobilisierbaren Fähigkeiten, die „Schlösser" den sich bietenden Gelegenheiten, Kundenbeziehungen einzugehen. Um in Anlehnung an Wolfrum (1993, S. 62 ff.) in diesem Bild zu bleiben, wird ein Schlüssel nur insofern ein Erfolgspotential konstituieren, als es auch die entsprechenden Schlösser gibt, die sich mit diesem Schlüssel öffnen und versperren lassen. Das *Öffnen* eines Schlosses wäre dann die Wahrnehmung einer offensichtlich „passenden" Beziehungsgelegenheit und das *Versperren* die „Kundenbindung", die „retention" oder die Errichtung einer „Beziehungsbarriere". Es gibt die Spezialschlüssel der *Varietät* und die Dietriche der *generalisierten* Fähigkeiten. Darüber hinaus müssen auch die Fähigkeiten, bestimmte Schlüssel zu beschaffen oder selbst zu entwickeln, berücksichtigt werden. Das „Passen" verweist auch auf die Möglichkeit, bei *gegebenen* Fähigkeiten die „passenden" Schlösser zu finden oder die *vorhandenen* Schlösser durch „Bearbeiten" „passend" zu machen. Schlösser verziehen sich im Lauf der Zeit, werden ausgebaut, verändern sich; Schlüssel unterliegen einem Verschleiß, gehen verloren, brechen usw.

2. Loyalität, Commitment, Kundenbindung

Es wurde dieser Umweg zur Beschreibung von Zero-Migration bewußt gewählt, um das Konzept Zero-Migration von den Begriffen Loyalität und Kundenbindung abzugrenzen. *Loyalität* wird hier als *bewußtes* Verhalten[8] interpretiert, die Abwanderung aus einer Beziehung hinauszuschieben, da entweder die Abwanderungskosten *über*bewertet (z.B. durch den Einbezug von Schuldgefühlen) oder die negativen Abweichungen von den Erwartungen *unter*bewertet (z.B. durch Dissonanzreduktion) werden. Loyalität besitzt einen hohen Freiwilligkeitsgrad, ist jedoch unsicher, weil die Bewertungsmaßstäbe veränderlich und schwierig einzuschätzen sind.

Loyalität kann mit dem *Beziehungs-Commitment* (vgl. hierzu Stahl 1996) in Verbindung gebracht werden. Ausgangspunkt dafür ist die *individuelle Rationalität*, der grundsätzlich zwei Probleme entgegenstehen können. Sie kann sich einmal als *zu schwach* erweisen; das ist das bekannte Problem der

Willensschwäche. Es ergibt sich aus der inhärenten Logik menschlichen Verhaltens, kurzfristigen Nutzen übermäßig zu betonen und damit die Zukunft entsprechned hoch zu diskontieren. Oder die individuelle Rationalität kann sich als *zu stark* erweisen, wodurch eine optimale langfristige Interessenbefriedigung verhindert und der einzelne zum Opfer seines rationalen Handelns wird. Für *streng rational* handelnde Individuen ist ja die Vergangenheit nur insoweit von Bedeutung, als sie sie etwas über voraussichtliche Zukunftsentwicklungen der Außenwelt lehrt; abgesehen davon spielt für sie die Vergangenheit keine Rolle. Ein Aufbau von *Reputation* wird damit unterbunden. Das bekannte Selbstbindungsproblem von Schelling[9] („Kidnapper und Gefangener") paßt in diesen Zusammenhang.

Mit Hilfe von Emotionen und Affekten, Frank nennt sie „Commitment Devices" (vgl. Frank 1987, S. 602 f.), kann jedoch die ökonomische Logik von Situationen verändert werden,[10] z.B. wenn das „schlechte Gefühl" aus einem nicht eingehaltenen Versprechen in die erweiterte „Kosten-Nutzen"-Betrachtung eingeht. Diese Emotionen und Affekte können auch als „Commitment-Signale" funktionieren. Ein Kunde z.B., der selbst bei geringen Qualitätsabweichungen mit Zornausbrüchen reagiert, obwohl es sich eigentlich ökonomisch betrachtet „nicht lohnt", wird den Lieferanten vermutlich über diese „Commitment-Signale" zu einem größeren Qualitäts- und damit (indirekt) Beziehungs-Commitment zu motivieren suchen. Der Mitarbeiter eines Lieferanten, der glaubhaft Schuldgefühle signalisieren kann, hat ein „Commitment Device", wodurch der Kunde nach mißglückten oder unbefriedigend verlaufenden Transaktionen u.U. auf rein rationales Verhalten verzichten wird. Die Fähigkeit, extrarationale Faktoren in die Beziehung einzubringen, ist also die Voraussetzung für Commitment. Wie auch beim Aufbau von Reputation so spielen hier *Beobachtungen* und damit *Zeit* eine große Rolle. Commitment wird somit „(...) ganz wesentlich *Resultat der Vergangenheit*, also der gesamten Geschichte der Geschäftspartner" (Diller/Kusterer 1988, S. 218, Hervorheb. im Orig.).

Die Strategie der *Kundenbindung* stellt den Versuch des Lieferanten dar, die Entscheidungsmöglichkeiten des Kunden zugunsten seines Angebots einzuschränken. Dies kann zweistufig geschehen, indem zunächst die materiellen Abwanderungskosten für den Kunden erhöht oder zumindest verdeutlicht werden. Dazu steht ein Spektrum von Möglichkeiten zur Verfügung, von der „Fesselung" des Kunden, z.B. durch Verträge oder eine Alleinstellung des Lieferanten, bis hin zu einer „Zweckbindung", bei der der Kunde Einschränkungen in Kauf nimmt, weil die Gegenleistung des Lieferanten attraktiv genug ist, um den eigenen Autonomieverlust zu kompensieren. Das Merkmal *attraktiv* schließt auch Risikoarmut ein, was auf einen außenstehenden Beobachter als „Trägheit" wirkt. Während die „Fesselung" eine *unfreiwillige An*bindung darstellt, die freiwillige Anschlußhandlungen von vornherein ausschließt oder zumindest unwahrscheinlich erscheinen läßt, kann auf der

„Zweckbindung" insofern aufgebaut werden, als der Lieferant seine bisher erbrachten Vor- oder Zusatzleistungen in den Vordergrund stellt und damit über einen Appell an die moralischen Gefühle des Kunden eine auf *Freiwilligkeit* beruhende *Ein*bindung des Kunden versucht.[11] Loyalität setzt also immer „Vergangenheit" voraus.

Insgesamt könnte man das Spektrum zwischen „Fesselung" und „Zweckbindung" als *Kundenbindung im engeren Sinne* bezeichnen, die durch den Einbezug von Loyalität zur *Kundenbindung im weiteren Sinne* erweitert werden kann. Zero-Migration geht über diesen Bezugsrahmen noch hinaus. Zero-Migration verkörpert die Zielsetzung dauerhafter Kunden-Liferanten-Beziehungen durch einen kontinuierlichen „Passungsprozeß", der nicht auf einzelne Teilaspekte beschränkt ist, sondern die Unternehmensführung als Ganzes einbezieht, und der durch eine im Unternehmen verallgemeinerte Disposition zur Perfektion in Gang gehalten wird.

3. Der Systemcharakter dauerhafter Kunden-Lieferanten-Beziehungen

Den Startpunkt für diese Überlegungen bildet die *allgemeine Systemtheorie*.[12] Sie ist zwar möglicherweise die zur Zeit einzige „Supertheorie", die universalistischen Ansprüchen in hohem Maße gerecht wird und die verblüffend ähnliche Systemphänomene unterschiedlicher Wissenschaften wie Biologie, Chemie, Psychologie, Soziologie, Ökonomie usw. zu integrieren vermag. Strenggenommen ist es jedoch ungerechtfertigt, von *einer* Theorie zu sprechen, da der Entwicklungsprozeß dieses Denkgebäudes recht unterschiedliche, koexistierende Aussagen hervorbringt.[13] Aus managementtheoretischer Sicht besteht ihr Manko vor allem darin, daß sie weitgehend Programm geblieben ist. Sie ist oft zu allgemein formuliert und damit nicht so operationalisierbar, daß sie konkrete Problemlösungen sofort erkennen läßt.

Das tragende Element ist der *Systembegriff*, der in der Tat universalistischen Ansprüchen zu genügen scheint.[14] Dabei ist zu berücksichtigen, daß die beiden traditionellen *Leitschemata* der Systemtheorie längst abgelöst wurden. Gemeint ist zum einen das aus der Antike überlieferte Prinzip, daß „die Gesamtheit der Teile mehr ist als die bloße Summe der Teile", was unweigerlich in das Dilemma führt, das Ganze „doppelt" denken zu müssen, nämlich als Einheit *und* als Gesamtheit der Teile (vgl. Luhmann 1991a, S. 20). Zum anderen ist die *Theorie der offenen Systeme* angesprochen. Nach ihr sind Systeme mit der Umwelt durch ein *exklusives* und *kausales* Input-Output-Verhältnis verbunden, eine Auffassung, die die Funktionsnotwendigkeiten von Systemen und ihre Eigendynamik außer acht läßt. Das zur Zeit diskutierte Leitschema ist die *Theorie der selbstreferentiellen Systeme*, also von Systemen, die ihre Einheit, Strukturen und Elemente in einem kontinuierlichen, operativ geschlossenen (jedoch umweltoffenen) Prozeß mit Hilfe der Elemente, aus denen sie bestehen, reproduzieren (vgl. etwa Hejl 1992a, S. 115; Kasper 1992, S. 4 f.; Luhmann 1991a, S. 25 und S. 31; Lay 1990, S. 18; Willke 1991, S. 193).

Jedem System liegt zunächst eine Menge von Elementen zugrunde, die erkennbar zueinander in Beziehung stehen. Die Bezeichnung „systemisch" bezieht sich nun auf die Tatsache, daß die Beziehungen unter diesen Elementen enger sind als die Beziehungen zwischen den Elementen und der Umwelt, wodurch sie eine *Differenz*, die Grenze zwischen System und Umwelt, konstituieren. Nur im Hinblick auf diese Differenz sind Systeme mehr als die Summe ihrer Teile. Diese Differenz ist es auch, die von den Mitgliedern eines sozialen Systems oder von externen Instanzen bewußt oder unbewußt als *Vorteil* angesehen wird, das heißt, es ist für die Mitglieder des Systems vorteilhaft oder sogar notwendig, diese Differenz zu erhalten. Daraus leitet sich die *Autonomisierung*, d.h. die Akzeptanz der Eigendynamik sozialer Systeme, ab (vgl. z.B. Hejl 1993, S. 117 ff.).

Wichtig erscheint in diesem Zusammenhang auch der Hinweis auf die Sonderstellung psychischer und sozialer Systeme. Zum Unterschied etwa von physikalischen oder biologischen Systemen sind ihre Grenzen nicht physikalisch-räumlich faßbar sondern, symbolisch-sinnhaft bestimmt (vgl. Willke 1991, S. 194). Sie stehen außerdem in einem ganz besonderen Verhältnis zueinander: Psychische und soziale Systeme sind im Wege der *Koevolution* entstanden und markieren so die Differenz zwischen Bewußtsein und Kommunikation.

Geschäftsbeziehungen[15] sind das Ergebnis von Interaktionsprozessen zwischen Mitgliedern *verschiedener* Organisationen. Der Organisationsbegriff ist im systemischen Zusammenhang ambivalent. Organisation wird einmal als zielgerichtete soziale Einheit mit Systemcharakter begriffen. Neben dieser institutionalen Auffassung wird Organisation aber auch als *Interaktionsmuster* zwischen Systemkomponenten verstanden. Interaktionen sind also die basalen Elemente von Systemorganisation, die ihrerseits einen Prozeß darstellt, der wiederum zwischen den Komponenten (Mitgliedern) abläuft. Der Klarheit wegen sollte daher in einem systemtheoretischen Zusammenhang grundsätzlich zwischen der institutionalen „Organisation" und der prozessualen „Systemorganisation" unterschieden werden.

Jedes Sozialsystem interagiert mit seiner Umwelt, das heißt, es tritt mit systemexternen Partnern in Wechselwirkung. Einige von ihnen werden vom System bzw. seinen Komponenten als besonders wichtig erachtet. Die Mitglieder von liefernden und abnehmenden Organisationen sind füreinander von solcher gegenseitiger Relevanz. Die Frage stellt sich nun: Welcher Charakter kommt den prozeßhaft ablaufenden Interaktionen zwischen solchen Aktoren zu? Bei Luhmann findet man folgenden Hinweis: „Jeder soziale Kontakt wird als System begriffen bis hin zur Gesellschaft als Gesamtheit unter Berücksichtigung aller möglichen Kontakte." (Luhmann 1991a, S. 33). An anderer Stelle heißt es weniger präzise: „(...) auch einmalige soziale Situationen – wie Begegnungen von einiger Dauer – [sind; H.K.S] Systeme besonderer Art." (Luhmann 1991b, S. 45). Dieser Universalitätsanspruch wird verständlich, wenn man bedenkt, daß die *allgemeine Theorie sozialer Systeme* den gesamten Gegenstandsbereich der Soziologie erfassen und damit universelle soziologische Theorie sein will.

Die Luhmannsche Systemauslegung wird hier nicht übernommen. Einmalige Interaktionen, Kontakte oder Episoden haben schwerlich Systemcharakter. Ihnen fehlt offensichtlich die Möglichkeit, die Handlungen der Beteiligten auf das *Ganze* zuzurechnen, da eine Systemidentität fehlt. Beziehungen (d.h. im Zeitablauf aneinander anschließende Interaktionen), die bewußt (z.B. „alternative" Gruppen) oder unbewußt (z.B. unkoordinierte Vertreterbesuche beim selben Kunden) „regellos"[16] gehalten werden, sind Grenzfälle; sie sollen in Anlehnung an Willke als *„Quasi-Systeme"* bezeichnet werden.[17] Im Vordergrund solcher Beziehungen steht nach wie vor das *Individuum*, die Wechselwirkungen sind also nicht „übersummativ", und eine „Beziehung" wurde von den Beteiligten nicht internalisiert. Quasi-Systeme sind außerdem extrem gegenwartsbezogen, d.h. Zukunft wird in den Zeithorizont erst gar nicht einbezogen.

Werden die Beziehungen *intensiver* (zeitlich, qualitativ, quantitativ), *nachhaltiger* (jede Einzelepisode wirkt auf die folgenden nach) und *produktiver* (es gibt Ziele, die aber nicht notwendigerweise gemeinsame sein müssen) gestaltet, so entsteht ein neues *System*. Durch diese Verdichtung des Quasi-Systems wird erstens eine *Differenz* gezogen zu anderen Beziehungen und Systemen. Zweitens können *Handlungsfolgen* nun (systemgerecht) der Beziehung *zugerechnet* werden; Beispiele aus dem alltäglichen Sprachgebrauch wären: Eine Beziehung „läuft schlecht", „zerbricht", „befindet sich in einer Krise" usw. Und drittens sorgt man sich nun um die Anschlußmöglichkeiten von Handlungen, das heißt, die Beziehung hat „Zukunft".

Eine weitere Möglichkeit, die Systemwürdigkeit von Kunden-Lieferanten-Beziehungen zu überprüfen, bieten die Kriterien, die Merton (1967, S. 285 f.) für die Bildung von Gruppen (und damit indirekt auch Systemen) vorschlägt. Danach müssen Personen zunächst nach einem bestimmten *Muster* miteinander interagieren. Genau das ist z.B. bei Kunden-Lieferanten-Beziehungen der Fall. Eine solche Musterbildung kann im Extremfall zu einer Institutionalisierung oder „Sklerotisierung" der Beziehung führen.[18] Außerdem müssen sich, in Analogie zu einem weiteren Kriterium von Merton, die Mitglieder der Beziehung zu ihr *„zugehörig"* fühlen. Der Sprachgebrauch (z.B. „Wir bauen unsere Beziehung zu Firma X aus") und Rituale (z.B. das Zelebrieren des 10jährigen Bestandes einer Beziehung) weisen darauf hin, daß Kunden-

Lieferanten-Beziehungen auch dieses Kriterium erfüllen. Und schließlich erfordert nach Merton der Gruppen- und damit Systemcharakter, daß *Außenstehende* das soziale System in gleicher Weise definieren wie seine Mitglieder. Dieses Kriterium ist am schwierigsten in Kunden-Lieferanten-Beziehungen wiederzufinden. Aber auch hier hilft wieder der gewöhnliche Sprachgebrauch: Wettbewerber erkennen z.B. eine fremde Kunden-Lieferanten-Beziehung als „fest" oder „labil" an, oder sie wollen in eine Beziehung „einbrechen". Der Systemcharakter Kunden-Lieferanten-Beziehungen dürfte damit zwar hinreichend belegt sein, wirft aber doch weitere Fragen auf:

- Was sind die *Komponenten* des Systems „KL-Beziehung"?
- Wie ist das System „KL-Beziehung" im Hinblick auf *Selbsterzeugung,*[19] *Selbsterhaltung,*[20] *Selbstveränderung* und *Selbstreferentialität* zu charakterisieren?
- Was gehört zur *Umwelt* des Systems „KL-Beziehung"?

4. Die Komponenten des Systems

Eine Antwort auf die erste Frage ergibt sich aus der Definition des Begriffs *Komponente.* Die Komponente eines sozialen Systems ist eine Einheit, die durch Eigenschaften beschrieben werden kann, welche ihr Verhalten im System begründen. So sind z.B. „Verkäufer", „Berater", „Einkäufer", „gatekeeper" usw. auf Grund ihrer spezifischen Verhaltensmuster (Rollen) Komponenten des Systems KL-Beziehung. Die spezifischen Interaktionen zwischen diesen Komponenten konstituieren das System und gleichzeitig die Differenz zwischen System und Außenwelt.

Eine solche Konzeption, Individuen, also *psychische* Systeme, als Teile eines sozialen Systems anzunehmen, ist keineswegs unumstritten. Für Luhmann gehören psychische Systeme zur *Umwelt* sozialer Systeme: „Wir gehen davon aus, daß die sozialen Systeme nicht aus psychischen Systemen, geschweige denn aus leibhaftigen Menschen bestehen." (Luhmann 1991a, S. 346). Anderswo heißt es: „Soziale Systeme bestehen aus erwartungsgesteuerten Handlungen, nicht aus Menschen." (Luhmann 1991b, S. 45). Willke sieht dies differenzierter: „Danach (...) gehören die Mitglieder eines sozialen Systems als Personen zum Umweltsystem; denn sie gehören nie ‚mit Haut und Haaren', sondern nur in bestimmten Hinsichten, mit bestimmten Rollen, Motiven und Aufmerksamkeiten dem System." (Willke 1991, S. 39. Hervorheb. im Orig.).

Am weitesten geht Hejl in dem Versuch, eine Theorie sozialer Systeme aus konstruktivistischer Sicht zu entwickeln. In seiner Definition sozialer Systeme sind Individuen Komponenten, allerdings „nur im Ausmaß der Ausbildung entsprechender Zustände ihrer kognitiven Subsysteme" (Hejl 1992a, S. 127; 1984, S. 71). Gemeint ist die Ausbildung „parallelisierter Zustände", das heißt – und hier kommt die konstruktivistische Sichtweise zum Tragen –, die interagierenden Personen müssen eine gemeinsame Wirklichkeit entwickelt haben. Der Verkäufer einer Lieferantenorganisation kann so „Komponente" zahlreicher Kunden-Lieferanten-Beziehungen ebenso wie verschiedenster anderer Sozialsysteme, z.B. Familie, Verein, Partei usw. sein.

In dieser Arbeit wird der Konzeption von Hejl gefolgt, denn er beklagt zu Recht, daß eine „Ausblendung der beteiligten Gehirne" notwendigerweise zur Konstruktion sozialer Systeme als Wesenheiten einer ganz spezifischen Art führen muß (vgl. Hejl 1992a, S. 133). Erst die Individuen sind es jedoch, die durch ihre kognitiven Leistungen die Bildung von sozialen Systemen möglich und zur Komplexitätsbewältigung notwendig machen. Die hier gewählte Position weist außerdem einen geringeren Abstraktionsgrad auf und gewinnt damit an praxeologischem Wert.

5. Das Konzept der „Synreferentialität"

Es mag mehr als gewagt erscheinen, die Merkmale hochkomplexer biologischer Systeme (z.B. des Gehirns) wie Selbsterzeugung, Selbsterhaltung und Selbstreferentialität in einem Atemzug mit einem vergleichsweise simplen System, wie z.B. einer wirtschaftlich orientierten Beziehung, zu nennen. Dieser Schritt soll trotzdem getan werden, um die getroffene Entscheidung, eine Kunden-Lieferanten-Beziehung als System zu betrachten, nochmals zu überprüfen.

Das wesentliche Charakteristikum der *Selbsterzeugung* ist die *Spontaneität* der Systementstehung, das heißt, die Bildung des Systems ist „nicht von außen vorgegeben".[21] Zwar gibt es sicher eine Vielzahl *spontan* entstehender Sozialsysteme, auf Kunden-Lieferanten-Beziehungen trifft dies aber dann nicht zu, wenn man ausschließlich den Standpunkt eines „Systemarchitekten" einnimmt.[22] Wenn nämlich geschäftliche Beziehungen durch den zielgerichteten Interaktionsprozeß zwischen hierarchisch strukturierten Organisationen entstehen, denen selbst ein externer Zweck vorgegeben ist, so hat dies mit Selbsterzeugung nichts zu tun. Einer möglichen Spontaneität stehen also bei einer derartigen Betrachtungsweise die Systemzwänge der Organisation entgegen.

Verlegt man jedoch den Standpunkt *in* das System, so ändert sich das Bild: Viele *sogenannte* Kunden-Lieferanten-Beziehungen bleiben im Stadium des „Quasi-Systems" stecken, das heißt, es kommt aufgrund der Gegenwartsbezogenheit gar nicht erst zur Systembildung. Gelingt dann der Übergang zum System, so werden auf der Basis geteilter Erfahrungen, gewisser Kommunikationsroutinen, geleisteter Vertrauensvorschüsse usw. *spontane* Prozesse in Gang gesetzt. Diese Systembildung setzt jedoch Bedingungen voraus, die die *Kontinuität* der Interaktionen und damit auch die *Selbsterhaltung* des

Systems gewährleisten. Die wichtigste Bedingung ist die *Vorteilhaftigkeit* der Beziehung, die aus der Art und Anzahl der Tauschmöglichkeiten erwächst. „Eingespielte" Beziehungen werden von denen, die sie unterhalten, als vorteilhaft empfunden und daher „gepflegt" und erhalten. Statt eines „Entweder-Oder" finden wir also ein „Sowohl-als-Auch" in Form eines *gemeinsamen* Auftretens von Spontaneität und Fremdbestimmtheit.

Anders ausgedrückt, haben Kunden-Lieferanten-Beziehungen sowohl einen *allopoietischen*[23] Systemcharakter durch ihren *Ursprung* als auch einen *autopoietischen* Systemcharakter durch ihr *inneres Interesse* am Fortbestand. Die erwähnte Vorteilhaftigkeit ist immer *relativ* in bezug auf die eigenen Erwartungen und den Vergleich mit Alternativen. Eine als abnehmend wahrgenommene Vorteilhaftigkeit führt entweder zu einer schrittweisen oder manchmal sogar abrupten Auflösung des Systems, oder aber zu einer *Selbstveränderung* durch Anpassung der Erwartungen unter Berücksichtigung der Alternativen. Selbstveränderung ist also weder eine inhärente noch eine auszuschließende, sondern eine unter bestimmten Bedingungen auftretende Eigenschaft der Systeme „KL-Beziehungen".

Selbstreferentiell sind Systeme durch ihre „(...) Fähigkeit, Beziehungen zu sich selbst herzustellen und diese Beziehungen zu differenzieren gegen Beziehungen zu ihrer Umwelt." (Luhmann 1991a, S. 31). Es ist zunächst nicht auszumachen, welche Komponenten eines solchen sozialen Systems eine ähnliche Aufgabe erfüllen können wie z.B. die Neuronengruppen im selbstreferentiellen System *Gehirn* oder das Gehirn im selbstreferentiellen System *Organismus*. Bleibt man bei der Parallele zum Gehirn, so operieren auch Kunden-Lieferanten-Beziehungen (oder ganz allgemein soziale Systeme) unter Bezug auf die Erfahrung ihrer Komponenten (Mitglieder), so wie dem Gehirn nur seine *eigenen* Zustände zur Verfügung stehen. Insofern sind Kunden-Lieferanten-Beziehungen *selbstreferentiell*. Allerdings ist der Einfluß aus der Zugehörigkeit zu den jeweiligen eigenen Organisationen dominierend, wenngleich er die Selbstreferentialität nicht ganz ausschaltet.

Soziale Systeme, insbesondere solche, die im Rahmen dieser Arbeit diskutiert werden, passen offensichtlich nicht nahtlos in ein Klassifikationsschema, das auf Selbsterzeugung, Selbsterhaltung und Selbstreferentialität aufbaut. Hejl warnt nun davor, durch die Anwendung eines solchen Schemas auf soziale Systeme in einen *Biologismus* zu verfallen, und schlägt vor, für soziale Systeme eine eigenständige Modellklasse zu schaffen: die *synreferentiellen Systeme*. Der Begriff „synreferentiell" soll zweierlei ausdrücken: zum einen den Bezug auf die von Individuen *gemeinsam* ausgebildeten Wirklichkeitskonstruktionen und zum anderen die Tatsache, daß die Wirklichkeitskonstrukte überwiegend im System *selbst* erzeugt und weiterentwickelt werden (vgl. Hejl 1993, S. 113; 1992a, S. 136; 1992b, S. 112). Die Klasse der synreferentiellen Systeme kann anhand dreier wesentlicher Merkmale beschrieben und mit den Charakteristika von Kunden-Lieferanten-Beziehungen wie folgt verglichen werden:

– Die *Komponenten* eines synreferentiellen Systems sind *Individuen,* allerdings nur insofern, als sie a) eine *gemeinsame Wirklichkeitskonstruktion* ausgebildet haben und b) in bezug auf diese auch *interagieren.* Die Aktoren einer Kunden-Lieferanten-Beziehung sind damit Teil des Systems und müssen nicht in die Umwelt „verbannt“ werden, soweit sie in der Beziehung eine aktive Rolle einnehmen können oder müssen (ein Mitarbeiter des Rechnungswesens wird also in der Regel nicht Teil einer KL-Beziehung sein).

– Die *Organisationen* eines synreferentiellen Systems sind die *Interaktionsmuster* zwischen den Komponenten, wobei die Tendenz besteht, einmal ausgebildetes Verhalten so lange wie möglich *fortzusetzen.* Auf der Ebene von Kunden-Lieferanten-Beziehungen ist die „Organisation“ wiedererkennbar z.B. in einer über bloßes Wiederkaufsverhalten und Loyalität hinausgehenden Dauerhaftigkeit, in der Ausbildung eines Beziehungs-Involvements, Beziehungsklimas oder gar einer Beziehungskultur sowie in der bereits erwähnten Tendenz zur Institutionalisierung.

– Die *Verbindung* zwischen einem synreferentiellen *System* und seiner *Umwelt* erfolgt über die *Komponenten* des Systems, wobei Umweltereignisse Veränderungsprozesse im System selbst auslösen und so zu einer „Anpassung“ des Systems führen.[24] Dies zeigt, wie sehr die Entwicklung einer Kunden-Lieferanten-Beziehung von den lebensweltlichen Erfahrungen und Zuständen der beteiligten Individuen abhängig ist. Die Kombination von relativ hoher Autonomie solcher Personen mit Überbrückungsfunktion und ihrer multiplen Zugehörigkeit zu sozialen Systemen verschiedenster Art kann eine Eigendynamik auslösen, die der Kunden-Lieferanten-Beziehung u.U. eine von den beteiligten Organisationen höchst unerwünschte *Autonomie* verleiht. Eine „Steuerung“ von Kunden-Lieferanten-Beziehungen in einem streng voluntaristischen Sinn wird so zur Illusion.

6. Die „Welten“ des Systems

Diese Problemstellung leitet direkt zur Frage nach der *Umwelt,* oder besser den *Welten,* einer Kunden-Lieferanten-Beziehung über. In der Systemtheorie wird üblicherweise zwischen Innen- und Außenwelt unterschieden. Aufgrund der abweichend definierten Konstitution synreferentieller Systeme muß auch die Umwelt einer Kunden-Lieferanten-Beziehung unterschiedlich bestimmt werden. Ausgehend von einer Kunden-Lieferanten-Beziehung als „fokalem System“, soll zwischen folgenden Welten unterschieden werden:

6.1 Die „Innenwelt"

Sie umfaßt die Relationen zwischen den Aktoren der Kunden-Lieferanten-Beziehung und ihren (angestammten) Organisationen. Das System KL-Beziehung ist über sie an die Erfahrungen und Erwartungen der beteiligten Organisationen „gekoppelt". In den Beziehungen zwischen Kunden und Lieferanten sind es *alle* Positionsinhaber mit *Außenkontakten*, die im überlappenden Bereich der beiden Organisationssphären operieren. Ihre besondere Funktion ist das *„boundary spanning"*, also die Überbrückung von aus der Arbeitsteilung herrührenden Distanzen. Diese Distanzen sind im wesentlichen sozialer (Ziele, Werte, Normen, Macht), technologischer (Verfügbarkeit von Ressourcen), zeitlicher und physischer Natur.

Personen, die eine derartige Überbrückungsfunktion ausüben, können als *Boundary-role-Personen* (BRP) bezeichnet werden.[25] In Beziehungen mit entsprechend hoher Komplexität oder größerem Geschäftsumfang agieren sowohl auf Kunden- als auch auf Lieferantenseite mehrere Boundary-role-Personen. Sie bilden jeweils eine *Boundary Spanning Unit* (BSU). Das Konzept der Boundary Spanning Unit ersetzt die im klassischen Investitionsgüter-Marketing gebräuchlichen Konstrukte des *Buying*- bzw. *Selling*-Centers (vgl. z.B. Webster 1991, S. 44 ff.) und der *Decision Making Unit* (DMU) (vgl. z.B. Brand 1972, S. 99). Diese stellen zu sehr auf die Kaufentscheidung ab, also auf *Episoden*, und werden damit dem *prozessualen* Charakter dauerhafter Beziehungen nicht gerecht.

Die Besonderheit des „boundary spanning" ist die Schaffung *neuer Systeme* aus dem „Nichts" amorpher Möglichkeiten über die Zwischenstufe ungewisser „Quasi-Systeme" auf der einen Seite und den Kampf um den Erhalt *bestehender* Systeme auf der anderen. Diese Besonderheit drückt sich in höchst widersprüchlichen Erwartungen an die „boundary role" aus, die man das „BRP-Dilemma" nennen könnte. Es entsteht durch Zusammenwirken der Distanzüberbrückung, der Repräsentationsfunktion und des Einflußpotentials der Boundary-role-Personen (vgl. Adams 1976, S. 1176 ff.; Clopton 1984, S. 40).

Die Notwendigkeit der *Distanzüberbrückung* ergibt sich aus der Arbeitsteiligkeit und damit Ausdifferenzierung der Systeme sowie aus der *physischen Distanz* zwischen einer Boundary-role-Person und ihrer Organisation. Dies impliziert eine größere Autonomie der Boundary-role-Person im Vergleich zu anderen Organisationsmitgliedern und damit auch größere *soziale Distanz*. Die Normdurchsetzung wird schwieriger, und das Mißtrauen der Organisation gegenüber der Boundary-role-Person wächst ebenso wie der Ruf nach strafferer Kontrolle. Dadurch, und durch die Unsicherheit der Boundary-role-Personen darüber, wie ihre Leistung von der eigenen Organisation gesehen wird, nimmt die Distanz zur eigenen Organisation weiter zu und verkürzt sich im gleichen Maße die Distanz zur externen (vgl. auch Abb. 2).

Engt man die Autonomie ein, so stellt man damit die wirkungsvolle Wahrnehmung der Überbrückungsfunktion in Frage. Weitet man konsequenterweise die Autonomie aus, so löst man u.U. eine „Zentrifugalbewegung" aus.

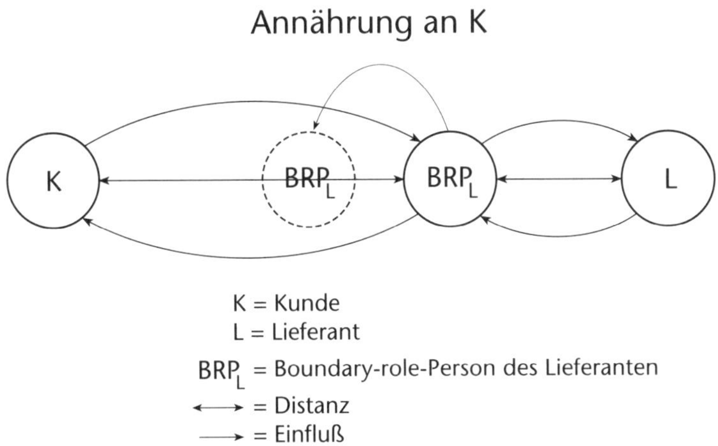

Abb. 2: Die „Boundary-spanning"-Funktion

– Die *Repräsentationsfunktion* einer Boundary-role-Person könnte man auch als „doppelte Spiegelungsfunktion" bezeichnen. Eine Boundary-role-Person repräsentiert zunächst die Ziele, Einstellungen, Werte und Normen der *eigenen* Organisation, wobei sie versuchen wird, dieses Merkmalbündel mit ihren eigenen Fähigkeiten zur Selbstdarstellung zu kombinieren, um einen positiven Eindruck bei der *externen* Organisation zu erzielen; die Boundary-role-Person betreibt in diesem Falle also *„Impression Management"*.[26] Die Kehrseite dieser Doppelfunktion ist die Erwartung, daß die Ziele, Einstellungen, Werte und Normen der *externen* Organisation unverzerrt in die *eigene* Organisation einfließen, um letzterer eine optimale Koppelung an ihre Außenwelt zu ermöglichen; die Boundary-role-Person betreibt hier *„Kontext Management"*. Ihre Sonderstellung und „Einsamkeit" führt nun zu der Versuchung, die in dieser dualen Rolle zu spiegelnden Wirklichkeiten zu manipulieren. Z.B. liegt ein *„Selbstschutzverhalten"* vor, wenn die *Außenwelt* verzerrt widergespiegelt wird, um Kundenverluste gegenüber der *eigenen* Organisation zu begründen. Bei der Variante des *„Jagdverhaltens"* wird die Wirklichkeit der *eigenen* Organisation verzerrt dargestellt, um den Einfluß auf die *externe* Organisation zu verstärken. Der Informationsvorsprung der Boundary-role-Person verleiht ihr, aus ihrer Funktion und Autonomie heraus, die Möglichkeiten zu *vielfältigen* Wirklichkeitskonstruktionen, wogegen die eigene Organisation Komplexitätsreduktion durch Selektivität anstrebt.

– Das offensichtliche *Dilemma* einer Boundary-role-Person, als „boundary spanning agent“ zwischen zwei potentiell konfliktären Sphären zu vermitteln und dauerhafte Beziehungen zu initiieren und zu unterstützen, wird auch bei der dritten Größe, dem *Einflußpotential*, deutlich. Je mehr die Boundary-role-Person ihr Einflußpotential nutzt, um durch flexible „tradeoffs“ *langfristig* optimale Ergebnisse zu liefern, desto eher wird sie den Vertrauensvorschuß der eigenen Organisation verspielen, es sei denn, die eigene Organisation verzichtet bewußt auf die Durchsetzung kurzfristiger Ziele. Dies wird allerdings nur dann geschehen, wenn die Unternehmensführung die Bedeutung des „Schattens der Zukunft“ (vgl. hierzu Axelrod 1991, z.B. S. 11) internalisiert hat.

6.2 Die „fokale Außenwelt“

Das Konstrukt „Markt“, als Summe der (dyadischen) Beziehungen zwischen Käufern und Verkäufern einer bestimmten Ware oder Dienstleistung, ist für dauerhafte Kunden-Lieferanten-Beziehungen bestenfalls von statistischer Relevanz. Existenzentscheidend sind für solche Beziehungen hingegen *alle* Relationen innerhalb des *informalen Netzes*, in die die Kunden-Lieferanten-Beziehung über eine besonders hohe Interaktionsdichte und/oder Interaktionswertigkeit eingebunden ist (vgl. auch Abb. 3). Dieser Netzausschnitt stellt die *fokale Außenwelt* der Beziehung dar. Es sind nicht so sehr *unmittelbare*

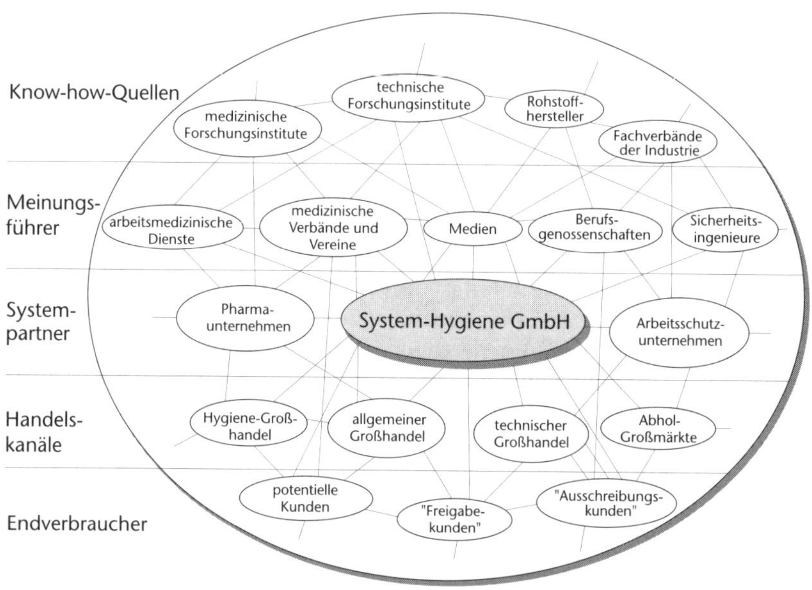

Abb. 3: Beispielhafte Visualisierung eines Netzausschnitts, innerhalb dessen sich die fokale Außenwelt einer Kunden-Lieferanten-Beziehung entwickeln kann

Kosten-Nutzen-Gesichtspunkte, sondern Informationsverflechtungen mit den Elementen der *gegenseitigen Beobachtung* und *Signalgebung*[27], die den Charakter solcher Werke ausmachen. Man könnte sie auch als *Beziehungsnetze* bezeichnen und sie dadurch von den durch Verträge oder „Verfassungen" *geregelten* oder *strategischen* Netzwerken abgrenzen.

Aus dieser Verknüpfung mit anderen Beziehungen erwächst ein typisches Merkmal solcher Netze: Sie sind gleichzeitig stabil *und* wechselhaft. Die *Stabilität* hat ihre Ursache in der *Interdependenz* der Beziehungen im Netz, die zu laufenden Anpassungen von Tauschpotentialen verschiedenster Art und damit zur Ausbildung vielfältiger Bindungen führt. Die *Wechselhaftigkeit* wiederum ist auf das konsequente Einfordern impliziter Austauschvereinbarungen zurückzuführen: „Hat man selbst nicht genug anzubieten, oder der Netzwerkpartner erwartet sofort oder später zuviel an Gegenleistung, dann fehlt die Grundlage für den Netzwerkaustausch." (Mueller 1986, S. 54).

6.3 Die „unverständliche Außenwelt"

Sie ist dadurch charakterisiert, daß die Relationen für die Kunden-Lieferanten-Beziehung *schädlich* oder sogar *bestandsgefährdend* sind. Sowohl Teile der fokalen Außenwelt als auch der Innenwelt können zur unverständlichen Außenwelt degenerieren. Beispiele hierfür sind Beziehungen von Organisationsmitgliedern mit resignativer Einstellung („innere Kündigung"), Wettbewerber, die sich scheinbar unfairer Mittel bedienen, Behörden, die ohne Zeitgefühl agieren, als feindlich gedeutete „pressure groups" usw. *Unverständlich* heißt allerdings nicht auch *irrelevant*. Die Unterscheidung zwischen relevanten, von unverständlichen in „normale" zu transformierenden Teilen und irrelevanten, zu vernachlässigenden Teilen der unverständlichen Umwelt muß jeweils im System geleistet werden und stellt eine höchst risikoreiche Entscheidung dar.

7. Die Relevanz der Systemkonzeption

Abschließend soll noch die Frage beantwortet werden, was denn mit einer Systemdarstellung von Kunden-Lieferanten-Beziehungen für die Erklärung des Phänomens ihrer Dauerhaftigkeit gewonnen wird. Zumindest fünf Punkte erscheinen in diesem Zusammenhang erwähnenswert.

- Die systemische *Semantik* ist *grundlegend*, so daß Kunden-Lieferanten-Beziehungen nicht als isolierte Konstrukte durch überkommene Denkansätze erklärt werden müssen, sondern als Spezialfälle sozialer Systeme behandelt werden können.
- Die systemische *Darstellung* von Kunden-Lieferanten-Beziehungen ist *unkonventionell*, so daß sich aus einer Gegenüberstellung mit konventionellen Ansätzen zusätzliche Einsichten ergeben können. Eine

konventionelle Denkweise wie z.B. die Subsumption von Kunden-Lieferanten-Beziehungen unter der Funktion *Verkauf* wird so schlagartig obsolet.

- Die systemische *Denkweise* ist *interdisziplinär*, so daß auf bewährte Ansätze aus anderen Wissenschaftsdiszplinen zurückgegriffen werden kann, ohne sich dem Vorwurf des Eklektizismus auszusetzen. So erscheinen die Anwendungsmöglichkeiten von Ansätzen aus Katastrophen- und Chaostheorie, aus der Biologie und Erkenntnistheorie, plötzlich in einem anderen Licht.
- Die systemische *Handlungsweise* akzeptiert *Kontingenz* im Sinne eines „Auch-anders-möglich-Sein", was einerseits einem naiven Glauben daran, „die Dinge im Griff zu haben", entgegenwirkt und andererseits Proaktivität fördert.
- Die systemische *Anwendung* erfolgt grundsätzlich *reflexiv*, was das für die Dauerhaftigkeit von Geschäftsbeziehungen so entscheidende individuale und organisationale Lernen aus als mißglückt gedeuteten Interaktionen überhaupt erst ermöglicht.

Anmerkungen

1 Hijlkema (1993/94). Er verweist auch in diesem Zusammenhang auf die Definition von Marketing, wie sie von der European Marketing Confederation (EMC) verabschiedet wurde: „Activities directed at stimulating, facilitating and expediting exchange transactions."

2 Die Forderung nach Kundenorientierung besitzt einen wertenden Charakter, so daß ihr Einbezug in den Marketingbegriff es erschwert, von schlechter oder guter Durchführung von Marketingaktivitäten zu sprechen, „(...) da wegen mangelnder Kundenorientierung als schlecht beurteilte Aktivitäten ex definitione nicht unter den Marketingbegriff fallen." vgl. Kühn (1991), S. 100.

3 Soweit man den „Kunden" als Verbraucher definiert. „Anonymität" ist natürlich nicht auf „Massenmärkte" beschränkt. Die unzureichende Fähigkeit oder Bereitschaft, den Kunden überhaupt zur Kenntnis zu nehmen, ist eine der „Fallgruben" der Kundenorientierung. Vgl. hierzu Plinke (1992).

4 In der weiteren Folge auch als KL-Beziehungen abgekürzt.

5 „Zero-Migration" wird im allgemeinen synonym mit den Begriffen „Zero-Defections", „Null-Fluktuation", „Null-Abwanderung" usw. verwendet. Vgl. z.B. Reichheld/Sasser 1991; Bunk 1992; vgl. auch Stahl 1996.

6 „Wer wollte sagen, wir hätten in Deutschland Zero Defects nicht nötig? Man sollte doch ein wenig darüber nachdenken, ob nicht „Made in Germany" einer Auffrischung bedarf. Zero Defects verhilft dazu. (Wagner 1966, S. 62; Hervorheb. im Original). Dieser Beitrag über die Philosophie „Do it right first time" und ihre praktische Anwendung in der amerikanischen Rüstungsindustrie war vermutlich einer der Vorläufer des integrierten Qualitätsmanagements im deutschsprachigen Raum.

7 Zum Problem Perfektion und Kundennähe vgl. auch Albach (1990), S. 781 ff.

8 Unbewußt loyales Verhalten ist nur vom Standpunkt eines außenstehenden Beobachters loyal, der den Eindruck hat, daß eine Verschlechterung der Beziehung, die eine Abwanderung rechtfertigte, bereits begonnen hat. Der betreffende Beziehungspartner selbst bemerkt das Ausmaß der vor sich gehenden Verschlechterung gar nicht. Vgl. Hirschmann (1974), S. 78 ff.

9 Der Freilassung des Gefangenen durch den Kidnapper steht entgegen, daß der Gefangene ein rational Handelnder ist und daß dies dem Kidnapper bekannt ist. Dieser weiß also, daß ihn jener nach seiner Freilassung verraten würde. Wie kann nun der Gefangene seine Rationalität suspendieren? Schelling meint in diesem Extrembeispiel, der Gefangene möge vor den Augen seines Kidnappers ein Verbrechen begehen, um dem anderen ein Vergeltungsmittel für die Zukunft an die Hand zu geben. Vgl. Schelling (1980), S. 43 f.

10 Zum Problem der Rationalitätsstärke vgl. Kliemt (1993), S. 284 ff.

11 Zu einer Theorie der moralischen Gefühle vgl. Frank (1992), S. 46 ff.

12 Die frühere allgemeine Skepsis gegenüber dem „Revolutionscharakter" der allgemeinen Systemtheorie weicht langsam doch der Überzeugung, daß wir es hier tatsächlich mit einem Paradigmenwechsel im Sinne Kuhns zu tun haben. Vgl. Kuhn (1989). Der hohe Abstraktionsgrad der Systemtheorie und die Überlastung der Unternehmenspraxis mit allzu rasch wechselnden Patentrezepten hat dazu geführt, daß der Systemansatz in der Unternehmensführung noch keine breite Anwendung gefunden hat.

13 Besonders kritisch äußert sich Malik: "The only unity in this alledgedly unifying science seemed to be the very frequent use of the word 'system'." Malik (1984), S. 121. Herv. im Original.

14 Der Systembegriff ist insofern universalistisch, als er auf ein breites Spektrum von Phänomenen Anwendung findet. Sowohl physikalische als

auch lebende und Kommunikationssysteme werden auf eine einheitliche Systemauffassung bezogen. Zur Klassifikation von Systemen vgl. Gharajedaghi/Ackoff (1985), S. 281 ff.

15 Kunden-Lieferanten-Beziehungen sind Spezialfälle von Geschäftsbeziehungen, für deren erste systematische Untersuchung Diller/Kusterer wichtige Vorarbeit geleistet haben. Sie definieren Geschäftsbeziehungen als „(...) jeden von ökonomischen Zielen zweier Organisationen geleiteten Interaktionsprozeß zwischen zwei oder mehr Personen ab dem ersten Geschäftsabschluß." Dies. (1988) S. 211.

16 Wird die „Regellosigkeit" zur Regel, markiert dies gleichzeitig den Übergang vom „Quasi-System" zum „System". Aus diesem Grund sind z.B. „Wohngemeinschaften" in der Regel bereits „Systeme". Willke bezieht dazu eine abweichende Stellung. Vgl. ders. (1991), S. 52.

17 Vgl. Willke (1991), S. 51 ff. Ähnlich ist auch die Position sog. „Quasi-Gruppen" bei Dahrendorf. Ihre Mitglieder haben zwar die gleichen latenten Interessen, es fehlt aber die Organisation dieser Interessen. Vgl. Morel (1992), S. 167.

18 „Institutionalisierung" manifestiert sich in routinemäßig erstarrten Interaktionen und damit einer Ablösung von den tatsächlichen Bedürfnissen des Partners, aber auch in einer opportunistischen Ausbeutung des Trägheitsmoments der Beziehung (Stichwort „Hysterese-Effekt"). „Sklerotisierung" stellt den Übergang von der Widerspruchs- zur Resignationsphase einer Beziehung dar und kann aus den abnehmenden Varietätspotentialen der an der Beziehung beteiligten Aktoren erklärt werden. Nach Ashbys Gesetz der erforderlichen Varietät („requisite variety") kann nur innere Varietät auch äußere Varietät handhaben. Vgl. Ashby (1956), S. 207.

19 Hier wird bewußt der Begriff „Selbsterzeugung" statt „Selbstorganisation" verwendet, da der Organisationsbegriff der Betriebswirtschaftslehre völlig verschieden ist von jenem der Biologie.

20 Insbesondere im Zusammenhang mit sozialen Systemen ist es zweckmäßig, zwischen Selbsterzeugung und Selbsterhaltung zu unterscheiden, obwohl die beiden Begriffe üblicherweise unter dem Terminus Autopoiesis zusammengefaßt werden. Autopoiesis ist ein Kunstwort (griech. *autos* = „selbst"; *poiein* = „machen"), das von Maturana zur Definition der selbstreproduzierbaren Operationen biologischer Systeme eingeführt wurde. Vgl. ders. (1985), S. 141 f.; Maturana/Varela (1992); Luhmann (1991a), S. 60 ff; Fischer (1993), S. 11.

21 Als Beispiel hierfür werden in der Physik oft die sog. „dissipativen Strukturen" genannt, die sich in offenen Systemen, weit weg vom Gleichgewichtszustand, bilden und so in Kontrast zum zweiten Hauptsatz der Thermodynamik stehen. Beispiele für spontane (auch „gewachsen" oder „polyzentrisch" genannte) Ordnungen im sozialen Bereich sind Sprache, Moral, Recht usw. Vgl. hierzu Hayek (1969), S. 35 ff.; Malik (1986), S. 210 ff.

22 Das Dilemma eines Managers ist seine duale Position außerhalb und innerhalb des Systems. Er betrachtet sich als Architekt des Systems, ist also „in command". Dieser Voluntarismus führt sich ad absurdum, sobald man den Standpunkt in das System verlegt. Damit werden die zuvor als fremdorganisiert empfundenen Systeme selbstorganisierend. Knyphausen geht ausführlich auf die Paradoxie zwischen Fremd- und Selbstorganisation ein und verweist auf die Problematik, daß die drei Begriffe Selbstorganisation, Selbsterhaltung und Selbstreferenz in einem engen wechselseitigen Zusammenhang stehen. Vgl. Knyphausen (1988), S. 259 ff.

23 Allopoietisch wird als „fremdgemacht" verstanden; vgl. Kirsch/Knyphausen (1991), S. 84 f.; Maturana (1985), S. 159.

24 „Anpassung" ist hier nicht in einem von der Umwelt determinierten Sinn zu verstehen. Eine Verarbeitung von Umwelteinflüssen erfolgt immer nur „unter den Bedingungen" des Systems selbst.

25 Damit soll nicht mit Gewalt die Anzahl der Anglizismen erhöht werden. „Boundary role" gibt aber den Begriffsinhalt der dualen Rolle des Operierens zwischen den Einflußbereichen zweier Organisationen prägnanter wieder als etwa die Begriffe „Grenzstelle", „Überbrückungsrolle" oder andere noch weniger brauchbare Übersetzungen. Vgl. hierzu Koch (1987), S. 266; Arndt (1979), S. 73.

26 Dies bezeichnet das Streben nach positiver Selbstdarstellung, wobei sich das Selbst hier auf das von der eigenen Organisation Erwartete oder notfalls Tolerierbare bezieht. Im Sinne Goffmans ist es die über die Kommunikation im engeren Sinne (also rein auf ihren Inhalt bezogen) hinausgehende „expressiveness" einer Person mit den beiden Polen der Erwartungsweckung und der reinen Heuchelei. Für eine ausführliche Darstellung des *Impression Management* vgl. ders. (1959), S. 208 ff. Habermas führt im Anschluß an Goffman den Begriff des dramaturgischen Handelns ein: „Unter dem Gesichtspunkt dramaturgischen Handelns verstehen wir eine soziale Interaktion als Begegnung, in der die Beteiligten ein füreinander sichtbares Publikum bilden und sich gegenseitig etwas vorführen." Ders. (1995), S. 136. In diesem Beitrag wird am Begriff des „Impression Management" festgehalten, um den manipulativen Charakter des Handelns stärker herauszustellen. Eine Limita-

tion des *Impression Management* in Interaktionen, wie sie für das „boundary spanning" typisch sind, scheint u.a. durch den auftretenden „recency effect" (Neuheitseffekt) gegeben zu sein: Besteht Ambivalenz bezüglich Kooperation oder Nichtkooperation, so ist die Eindrucksbildung insofern instabil, als sich das Verhalten einer Person eher nach dem vom anderen zuletzt gezeigten Verhalten richten wird als nach früher demonstrierten Verhaltensmustern. Vgl. hierzu Kelley/Stahelski (1970), S. 417 f.

27 Zur Gegenüberstellung zwischen Netzwerkansatz und Transaktionskosten-Theorie vgl. Johanson/Mattson (1987).

Literatur

Adams, J.S. (1976): The Structure and Dynamics of Behavior in Organizational Boundary Roles. In: M.D. Dunette, (ed.): Handbook of Industrial and Organizational Psychology. Chicago, S. 1175–1199.

Albach, H. (1990): Das Management der Differenzierung. *Zeitschrift für Betriebswirtschaft* (ZfB), 60 (8): 773–788.

Albers, S. (1989): Kundennähe als Erfolgsfaktor. In: S. Albers et al. (Hrsg.): Elemente erfolgreicher Unternehmenspolitik in mittelständischen Unternehmen. Stuttgart (Schäffer-Poeschel), S. 101–122.

Albers, S., H. Bauer u. K. Eggert (1987): Kundennähe: Ergebnisse einer empirischen Studie bei Großunternehmen des verarbeitenden Gewerbes. Arbeitspapier der Wissenschaftlichen Hochschule für Unternehmensführung. Koblenz.

Albers, S. u. K. Eggert (1988): Kundennähe – Strategie oder Schlagwort? *Marketing – ZFP* 10 (1): 5–16.

Arndt, J. (1979): Toward a Concept of Domesticated Markets. *Journal of Marketing* 43 (Autumn), S. 69–75.

Ashby, W.R. (1956): An Introduction to Cybernetics. London (Chapman & Hall).

Axelrod, R. (1991): Die Evolution der Kooperation. (2. Aufl.), München (R. Oldenbourg).

Brand, G.T. (1972): The Industrial Buying Decision – Implications for the Sales Approach in Industrial Marketing. London (Associeted Business Programmes).

Bunk, B. (1992): Fluktuation minimieren. Was Kunden bindet. *absatzwirtschaft* 33(4): 36–47.

Clopton, S.W. (1984): Seller and Buying Firm Factors Affecting Industrial Buyers' Negotiations Behavior and Outcomes. *Journal of Marketing Research* 21 (Februar): 39–53.

Diller, H. u. M. Kusterer (1988): Beziehungsmanagement. Theoretische Grundlagen und explorative Befunde. *Marketing – ZFP* 10 (3): 211–220.

Fischer, H.R. (1993): Murphys Geist oder Die glücklich abhanden gekommene Welt. In: H.R. Fischer (Hrsg.): Autopoeisis. Heidelberg (Carl-Auer-Systeme).

Frank, R.H. (1987): If Homo Economicus Could Choose His Own Utility Function, Would he Want one with a Conscience ? *American Economic Review* 77: 593–604.

Frank, R.H. (1992): Die Strategie der Emotionen. München (R. Oldenbourg).

Freeman, R.E. (1984): Strategic Management: A Stakeholder Approach. Boston et al.

Gharajedaghi, J. a. R.L. Ackoff (1985): Mechanistische, organismische und soziale Systeme. In: G.J.B. Probst u. H. Siegwart (Hrsg.): Integriertes Management: Bausteine des systemorientierten Managements. Bern et al., S. 281–298.

Goffman, E. (1959): The Presentation of Self in Everyday Life. Garden City, NY (Doubleday).

Habermas, J. (1995): Theorie kommunikativen Handelns. Bd. 1: Handlungsrationalität und gesellschaftliche Rationalisierung. Frankfurt a.M. (Suhrkamp).

Hayek, F.A. von (1969): Freiburger Studien. Tübingen (J.C.B. Mohr/Paul Siebeck).

Hejl, P.M. (1984): Towards a Theory of Social Systems. Self-organization and Self-Maintenance, Self-Reference and Syn-Reference. In: H. Ulrich a. G.J.B. Probst (eds.): Self-Organization and Management of Social Systems. Berlin et al. (Springer) S. 60–78.

Hejl, P.M. (1992a): Konstruktion der sozialen Konstruktion – Grundlinien einer konstruktivistischen Sozialtheorie. In: H. Gumin u. H. Meier (Hrsg.): Veröffenlichungen der Carl-Friedrich-von-Siemens-Stiftung. Bd. 5: Einführung in den Konstruktivismus. München et al. (Piper), S. 109–146.

Hejl, P.M. (1992 b): Politik, Pluralismus und gesellschaftliche Selbstregelung. In: H. Bußhoff (Hrsg.): Politische Steuerung. Steuerbarkeit und Steuerungsfähigkeit. Beiträge zur Grundlagendiskussion. Baden-Baden (Nomos), S. 107–142.

Hejl, P.M. (1993): Die Entwicklung der Organisation von Sozialsystemen und ihr Beitrag zum Systemverhalten. In: G. Rusch u. S.J. Schmidt (Hrsg.): Konstruktivismus und Sozialtheorie. Frankfurt a.M. (Suhrkamp), S. 109–132.

Hijlkema, H. (1993/94): The marketer to save Europe. *Marketing Director International* 4(3): 7.

Hirschmann, A.O. (1974): Abwanderung und Widerspruch. Tübingen (J.C.B. Mohr/Paul Siebeck).

Homburg, Ch. (1993a): Closeness to the Customer in Industrial Markets. Arbeitspapier Nr. 05/93. Lehrstuhl für Betriebswirtschaftslehre und Marketing an der Johannes-Gutenberg-Universität Mainz.

Homburg, Ch. (1993b): Mehr Kundennähe durch Dienstleistungen in der Investitionsgüterindustrie. *Blick durch die Wirtschaft* 35: 7.

Homburg, Ch. (1995): Closeness to the Customer in Industrial Markets. *Zeitschrift für Betriebswirtschaft (ZfB)* 65(3): 309–331.

Johanson, J. a. L.G. Mattsson (1987): Interorganisational Relations in Industrial Systems: A Network Approach Compared with the Transaction-Cost Approach. *International Studies of Management & Organisation* 17 (1): 34–48.

Kasper, H. (1991): Neuerungen durch selbstorganisierende Prozesse. In: W.H. Staehle u. J. Sydow (Hrsg.): Managementforschung 1. Berlin et al. (de Gruyter), S. 1–74.

Kelley, H.H. a. A.J. Stahelski (1970b): The Inference of Intentions in the Prisoner's Dilemmain. *Journal of Experimental Social Psychology* 6 (4): 401–419.

Kirsch, W. u. D. Knyphausen (1991): Unternehmungen als „autopoietische" Systeme? In: W.H. Staehle u. J. Sydow (Hrsg.): Managementforschung 1. Berlin et al. (de Gruyter), S. 75–101.

Kliemt, H. (1993): Selbstbindung und Selbstverwirklichung. In: B.-T. Ramb u. M. Tietzel (Hrsg.): Ökonomische Verhaltenstheorie. München (Vahlen), S. 281–310.

Knyphausen, D. zu (1988): Unternehmen als evolutionsfähige Systeme. München (Kirsch).

Koch, F.-K. (1987): Verhandlungen bei der Vermarktung von Investitionsgütern. Diss. Mainz.

Kotler, P. u. F. Bliemel (1992): Marketing-Management (7. Aufl.). Stuttgart (Poeschel).

Kühn, R. (1991): Methodische Überlegungen zum Umgang mit der Kundenorientierung im Marketing-Management. *Marketing – ZFP* 13 (2): 97–107.

Kuhn, T.S. (1989): Die Struktur wissenschaftlicher Revolutionen (10. Aufl.). Frankfurt a.M. (Suhrkamp).

Lay, R. (1990): Einführung in die Wissenschaftsphilosophie (nicht veröffentlichtes Skriptum).

Leder, Th. (1991): Der Wert der Kundenorientierung. *Blick durch die Wirtschaft, S. 7.*

Luhmann, N. (1991a): Soziale Systeme – Grundriß einer allgemeinen Theorie. Frankfurt a.M. (Suhrkamp).

Luhmann, N. (1991b): Soziologische Aufklärung 1 (6. Aufl.). Opladen.

Malik, F. (1984): Systems Approach to Management: Hopes, Promises, Doubts – A Lot of Questions and Some Afterthoughts. In: H. Ulrich a. G.J.B. Probst (eds.): Self-Organisation and Management of Social Systems. Berlin (Springer), S. 121–126.

Malik, F. (1986): Strategie des Managements komplexer Systeme (2. Aufl.). Bern et al. (Haupt).

Maturana, H.R. (1985): Erkennen: Die Organisation und Verkörperung von Wirklichkeit (2. Aufl.). Braunschweig et al. (Vieweg).

Maturana, H.R. u. F.J. Varela (1992): Der Baum der Erkenntnis (4. Aufl.). Hamburg (Scherz).

Merton, R.K. (1967): Social Theory and Social Structur (11th ed.). New York (The Free Press).

Miles, R.C. a. Ch.C. Snow (1984): Fit, Failure, and the Hall of Fame. *California Mangement Review* 26 (3): 10–28.

Morel, J. et al. (1992): Soziologische Theorie. München et al. (Oldenbourg).

Mueller, R.K. (1986): Corporate Network. New York (The Free Press).

Münzberg, H. (1993a): Quantensprung in der Kundenorientierung. *absatzwirtschaft* 36 (11): 44–53.

Plinke, W. (1992): Fallgruben der Kundenorientierung überspringen. *absatzwirtschaft* 35 (3): 97–101.

Pümpin, C. u. H.P. Koller (1986): Organisches Marketing. In: Ch. Belz (Hrsg.): Realisierung des Marketing, B. 1. St. Gallen et al. (Auditorium), S. 479–489.

Schelling, T. C. (1980): The Strategy of Conflict. London.

Reichheld, F. F. u. W.E. Sasser (1991): Zero-Migration: Dienstleister im Sog der Qualitätsrevolution. *HARVARDmanager* 13 (4): 113.

Schmidt, D.W. (1992): Vom Produktverkauf zum kundenorientierten Management. *Marktforschung + Management* 36 (2): 52–57.

Stahl, H.K. (1996): „Zero-Migration" – Ein kundenorientiertes Konzept der strategischen Unternehmensführung. Wiesbaden (Gabler).

Wagner, H. (1966): Zero Deffects. *Qualitätskontrolle* 11 (6): 61–70.

Webster jr., F.E. (1991): Industrial Marketing Strategy (3. Aufl.) New York et al. (John Wiley & Sons).

Williamson, O. (1985): The Economic Institutions of Capitalism: Firms, Markets, Relational Contracting. New York (The Free Press).

Willke, H. (1991): Systemtheorie. Stuttgart (Fischer).

Wolfrum, U. (1993): Erfolgspotentiale. Kritische Würdigung eines zentralen Konzeptes der strategischen Unternehmensführung. München (Kirsch).

VERTRIEBSMANAGEMENT ODER: WAS IN DER ARBEIT MIT DEN KUNDEN ZU BERÜCKSICHTIGEN IST

„Den Kunden aus den Augen verloren?" (*acquisa* 12/94: 39), „Maul halten, zahlen" (*Spiegel* 26/94: 68) so und ähnlich hallt es aus dem deutschen Blätterwald. Überall wird eine massive Neuorientierung in Richtung auf den Kunden gefordert. Dies bezieht sich sowohl auf die agierenden Einzelpersonen als auch auf die Unternehmen als Ganzes. Betroffen davon ist das gesamte Spektrum vom Einzelhandel über den Mittelstand bis zu den großen Konzernen, von den Behörden und öffentlichen Verwaltungen ganz zu schweigen. Grundtenor: Die Kundenorientierung hat sich verschlechtert.

Wie konnte es zu solcherlei Aussagen und Forderungen kommen, wo doch so gut wie jede Organisation „Kundenorientierung" schon seit längerem auf ihre Fahnen geschrieben hat und unzählige Managementkonzepte wie TQM und andere, den Kunden als oberstes Ziel ihrer Bemühungen angeben. Kaum eine Tagung verging, in der nicht die „totale Kundenorientierung" auf der Tagungsordnung zu finden war. Waren oder sind das alles PR-Gags oder wurde über Rationalisierungs- und Kostensenkungsmaßnahmen der Kunde aus den Augen verloren? Oder schlimmer noch: War der Kunde bisher nur unter der Perspektive „zu melkende Kuh" im Blickfeld unserer Organisationen?

Der folgende Beitrag wird das Zusammenspiel *„Kunde – Vertrieb – Kommunikation – Innovation"* beleuchten und dabei Antworten beziehungsweise Erklärungen zu oben angerissenen Fragen zu geben versuchen. Es wird zunächst auf die Marktsituation heute und morgen, auf die Konsequenzen für eine moderne Kundenorientierung und auf die Situation in unseren Unternehmen und Vertriebsorganisationen eingegangen werden. Der Begriff „Vertriebsmanagement" wird definiert und die „drei Erfolgsfaktoren" ...

1. der Vertriebsprozeß als Unternehmensprozeß,
2. Aufbau geeigneter Kommunikationsstrukturen,
3. Impulse für Innovationen geben und diese erfolgreich umsetzen

... werden genauer betrachtet. Die nachfolgenden Ausführungen versuchen systemisches Gedankengut und Praxis zu verquicken, um damit Handlungsalternativen aufzuzeigen und zu begründen.

Die Marktsituation heute oder „Die aktuelle Herausforderung"

Die meisten Märkte sind heute gekennzeichnet durch Marktsättigung beziehungsweise durch geringes Wachstum auf der Nachfrageseite, permanente Überkapazitäten auf der Anbieterseite und zusätzlich noch durch eine unaufhaltsame Internationalisierung. Dies führt zu erheblichem Kostendruck und einem massiven Verdrängungswettbewerb.

Parallel dazu verkürzen sich Produktzyklen und Märkte verhalten sich immer unberechenbarer. Der permanente Wandel wird zur Konstanten, die Planung zunehmend schwieriger.

Über die Differenzierung der Wünsche haben die Kunden das Kommando übernommen. Von einem Verkäufermarkt hat sich die Situation hin zu einem Käufermarkt entwickelt mit den Konsequenzen, daß die Lieferantentreue weit weniger ausgeprägt ist. Fast 40 Prozent der gewerblichen Abnehmer geben ihren Lieferanten keine zweite Chance. Über 60 Prozent der privaten Kunden verzichten auf eine Beschwerde und wandern zur Konkurrenz. Die Toleranz der Kunden gegenüber Fehlleistungen ist geringer geworden. Von den Kunden, die sich einen neuen Lieferanten suchen, wechseln fast 70 Prozent zur Konkurrenz, weil sie sich nicht wie Stammkunden behandelt fühlen.

Laut einer Untersuchung von *Basis Research* kostet das Gewinnen eines Neukunden bis zum Fünffachen dessen, was für die Erhaltung eines Kunden aufzuwenden ist. Gleichzeitig besagen andere Untersuchungen, daß ein unzufriedener Kunde seine negativen Erfahrungen bis zu 11 Personen mitteilt, ein zufriedener Kunde seine positiven Erfahrungen dagegen in der Regel nur mit bis zu drei Personen austauscht.

Zufriedene Kunden erhöhen demgegenüber das Gewinnpotential erheblich, denn sie weisen eine höhere Loyalität zur Marke und zum Händler aus, feilschen weniger, haben eine höhere Preistoleranz, kaufen eher und öfter auch Zubehör und empfehlen an potentielle Kunden weiter. Und noch eine Erkenntnis, die ein großer Automobilkonzern gemacht hat und dessen Erfahrung auch für andere Wirtschaftszweige Gültigkeit besitzt: Zur Zufriedenheit gelöste Produktprobleme erhöhen signifikant die Händlerzufriedenheit und Händlerloyalität und in dessen Folge auch die Produktzufriedenheit und Markenloyalität. Einer amerikanischen Studie zufolge wird die Wiederkauf-Wahrscheinlichkeit radikal von 19 auf 54 Prozent gesteigert, wenn die Kunden bei Beschwerden eine zufriedenstellende Behandlung erfahren haben. Auch in Zeiten enger Märkte scheint Wachstum möglich zu sein, wie eine Befragung der Consultingfirma *A.T. Kearny* bei 2000 amerikanischen Vorständen und Geschäftsführern ergab. Danach wachsen Unternehmen mit einer starken Kundenorientierung doppelt so schnell wie der Durchschnitt und sie erzielen um neun Prozent höhere Preise.

Festzuhalten ist, daß es von der überschaubaren, einfach und stabilen Vergangenheit – mit wenigen Marktteilnehmern, nationaler Ausrichtung sowie der Zeit des Wirtschaftswunders und einfacher, kriegsbedingter Nachfragestrukturen – überging in ein „kompliziertes", weil komplexes und instabiles Heute – mit vielen Marktteilnehmern, einem massiven Einfluß der Gesellschaft auf die Wirtschaft und einer internationalen Vernetzung. Die ehemals linearen Gesetzmäßigkeiten im Markt beginnen sich heute aufzulösen.

Die Marktsituation morgen oder „Die zukünftige Herausforderung"

Das Niveau der Produkte und Dienstleistungen wird sich auf einem *hohen Leistungsstand* bewegen, was zugleich die Verbesserungsmöglichkeiten bezogen auf den Inhalt der Angebote, als auch auf die verwendeten Instrumente zu deren Herstellung und Vermarktung, begrenzt. Die *schnelle Anpassung* von Markt und Kerngeschäft sowie *neue Umfelder* mit völlig anderen und schnelleren Wirkungen bezüglich Kunde, Wettbewerb und Konjunkturrahmen sorgen für weitere anspruchsvolle Herausforderungen. Hoher Leistungsstand, schnelle Anpassung und neue Umfelder verstärken sich zudem gegenseitig, was heute schon im Datenverarbeitungsbereich zu beobachten ist.

Umfeld und Markt werden „diffus", überraschend, eigendynamisch und eben zirkulär. Veränderungen haben vielfältige Rück- und Auswirkungen und noch kürzere Takte, sind selbstbeschleunigend und die Durchschlagskraft der Störfaktoren nimmt zu. Die schon heute vorhandene relative Austauschbarkeit von Leistungsangebot und Preis wird durch den Zugang „von allen zu allem" ebenfalls weitergetrieben.

Möglicherweise wird es auch in Zukunft gelingen, einige Teilmärkte geschützt, reguliert, territorial begrenzt oder von Risiken abgeschirmt zu halten. Für viele Organisationen, bei denen das heute noch zutrifft, wird das aber nicht mehr der Fall sein. Als Beispiel eines solchen Schicksals kann sicherlich der Kohlebergbau angesehen werden.

In solcher Art abgeschirmten Organisationen können weiterhin Kommandowirtschaft und Informationsblockaden gepflegt werden, während außerhalb Marktwirtschaft und Informationsfreiheit herrschen. Dieser Systembruch hält die Nichtorientierung am Kunden aufrecht, das Auseinanderstreben der Entwicklungen wird sich beschleunigen und der Einsatz, solche „Parks" zu erhalten, wird zunehmend größer. In Analogie zu vergleichbaren Entwicklungen wird irgendwann einmal der Umkehrpunkt erreicht sein, der dieses System dann zum Kollapieren bringen wird.

Was aber begründet und unterstützt die eben formulierte These, daß Schnellebigkeit, Dynamik, und das, was Tom Peters in *Jenseits der Hierarchie* als „Mode" tituliert, tatsächlich eintreffen wird. Abgesehen von dem allgemeinen Gefühl, das die meisten Menschen befällt, wenn sie die Veränderungen in ihrem Umfeld betrachten und den tatsächlich beobachtbaren schnelleren Zyklen und Sprüngen in den verschiedensten Technologiebereichen, sind es vor allem zwei Felder, die diese Entwicklungen fördern: die Informationstechnologie und der „mentale Wandel" (Schüppenhauer).

Laut Dr. Schüppenhauer hat die Gehirnforschung die Erkenntnis gewonnen, daß die Generationen nach 1969 ein sogenanntes „neues" Gehirn entwickeln. Diese „neuen" Gehirne reagieren auf Wiederholungen mit Ablehnungen und sind damit stark innovationsorientiert. Im Gegensatz zu den „alten" Gehirnen, bei denen Wiederholung Ruhe schafft und die Träger somit bestätigungsorientiert sind, werden die Veränderungen durch die neuen Generationen aktiv und beschleunigt weitergetragen. Als Auslöser für diese Entwicklung wird die Informationsflut genannt.

Die Informationstechnologien und mithin die Informationsflut wirken damit nicht nur kausal, sondern zirkulär in Form der verschiedensten Rückkopplungsschleifen. Ergeben mehr und schnellere Informationen schnellere Entwicklungs- und damit Innovationsmöglichkeiten, die dadurch selbst wieder die weiteren Entwicklungen beschleunigen, so wird in einem zweiten Prozeß die biochemische Struktur der Individuen, die in diesen Systemen leben, in Richtung Schnelligkeit verändert, was den Entwicklungs- und Veränderungsprozeß wiederum beschleunigt.

Wo sind dabei die Grenzen? Diese Frage kann heute wohl kaum einer beantworten, wenngleich Überlegungen angestellt werden, die besagen, daß das Ende der Entwicklung hin zu Veränderung und Dynamik erst erreicht ist, wenn die Strukturen und Prozesse in der Außenwelt den neuronalen Netzen und Funktionsmechanismen unseres menschlichen Gehirns entsprechen.

Konsequenzen oder „Was wir daraus ableiten können"

„Die Minoritäten erfinden die Zukünfte!
Wir müssen sie nur aufnehmen, gestalten und verbreitern!"
(Schüppenhauer)

Dies war in der Vergangenheit so und wird auch in der Zukunft nicht anders laufen, nur eben erheblich schneller. Jeder muß damit rechnen, daß von heute auf morgen irgendwo auf der Welt Konkurrenten mit neuen Produkten, Technologien und neuen Ideen hervortreten und man sich selbst in der zweiten oder dritten Reihe wiederfindet. Politische Veränderungen sowie ökologische Erkenntnisse und Entwicklungen können ebenfalls ihren Beitrag für massivst veränderte Rahmenbedingungen leisten. Betroffene sind kleine Betriebe und Zulieferanten genauso wie große Weltkonzerne.

Sich nur mit dem Verkauf irgendwie und irgendwo erzeugter Produkte zu beschäftigen, wie es bis heute in vielen Wirtschaftszweigen üblich ist, werden immer nachhaltiger die Grenzen gesetzt!

Das *frühzeitige Erkennen von Veränderungen* im Markt ist deshalb „überlebenswichtig". Jedoch wird die *Vorhersehbarkeit von (Markt-)Entwicklungen* aufgrund der Komplexität und Schnelligkeit *immer schwieriger bis unmöglich. Statt reagieren, ist agieren angesagt!* Dies kann aber bei dem heute notwendigen hohen Invest für Innovationen nicht nur auf gut Glück erfolgen.

Anpassungsfähigkeit ist mithin eine notwendige, aber keine hinreichende Überlebensstrategie mehr. Es kommt darauf an in die Zukunft hinein, in das Übermorgen zu denken, in das, was eigentlich noch nicht zu denken möglich ist. Verständlich wird dies um so mehr, um so länger die Innovationszeiten – von der Idee bis zur Markteinführung – des besetzten Produkt- und Marktsektors beanspruchen. Vergegenwärtigen läßt sich dies anhand der Dauer der Fahrzeugentwicklung und den Problemen, die Mercedes-Benz mit ihrer S-Klasse hatte.

Es ergibt sich daraus ein einfacher, aber scheinbar so schwer zu erfüllender Merksatz:

Erfolg im Wettbewerb ist nur durch intensiven Kundenkontakt und ständige Innovationen möglich!

Nach den vorangegangenen Überlegungen ist es nun an der Zeit, die Situation in unseren Unternehmen und in den kundenberührenden Bereichen dieser Organisationen genauer unter die Lupe zu nehmen. Aus der Differenz Realitäten / Anforderungen soll dann versucht werden, Gründe für die Schwierigkeiten zu finden und Handlungsalternativen, die in heutigen und zukünftigen Entwicklung liegen, zu erarbeiten.

Situation in den Unternehmen oder „Eine übergeordnete Betrachtung"

Die Situation in unseren Unternehmen ist, wie bereits eingangs beschrieben, zum einen durch einen massiven Kostendruck gekennzeichnet und zum anderen, gerade in der jetzigen, wieder anlaufenden Konjunkturphase, durch Liefer-, Service- und nicht zuletzt Akquisitions-Engpässe, die sich quer zum zügigen Marktauftritt legen.

Zwei Gründe haben wesentlichen Einfluß auf das Entstehen des Kostendrucks: Zum einen kann in der Regel nur der Erste am Markt mit einer Idee, mit einem Produkt oder mit einer Dienstleistung ordentlich Geld verdienen. Als „Follower" ist eine Marktchance oft nur über den Preis erreichbar. Zum zweiten tritt Kostendruck dann auf, wenn auf den Vorsprung ausgeruht wird und sich Wettbewerb gebildet hat, der besser und günstiger ist, und diese Gefahr besteht ja wie beschrieben in zunehmendem Maße.

Was aber ist die Ursache für den Verlust der Marktführerschaft oder dem Nichterreichen derselben? Sehr häufig sind es die nicht bekannten Kundenanforderungen; Informationen, die dort wo sie benötigt werden, nicht zur Verfügung stehen; Kundenorientierung, die wenn überhaupt nur im Vertrieb vorhanden ist und der wiederum bei den meisten Unternehmen nur unzureichend bis überhaupt nicht in den Produktentwicklungsprozeß eingebunden ist; keine oder zumindest zu langsame Innovationen; hohe Kosten durch Doppelarbeit und Fehlleistungen.

Ausgelöst wird dies alles durch die tayloristische Arbeitsteilung und den damit entstandenen klassischen Abteilungen – Außendienst, Innendienst, Logistik, Arbeitsvorbereitung, Materialwirtschaft und so weiter. Der Kundenauftrag oder auch die Kundenanfrage wird in Teilaspekte zerkleinert, keiner hat mehr den Gesamtzusammenhang im Blick. Informationsverluste, Reibereien zwischen den bearbeitenden Abteilungen, lange Lieferzeiten, sowie innen-(produktions-)orientierte statt kundenorientierte Betrachtungen und Handlungen sind die Folgen.

Der Ablauf stellt sich dann beispielsweise wie folgt dar: Der Außendienst besucht die Kunden und bringt die Aufträge herein. Der Verkaufsinnendienst nimmt die Aufträge entgegen und leitet sie an die Arbeitsvorbereitung, die die zu erledigenden Produktionsschritte festlegt, oder – bei Dienstleistern – an entsprechende Sachbearbeiter weiter. Die Materialwirtschaft beschafft

Handelsartikel, Rohmaterialen oder einfach das, was zur Produktion nötig ist. Sollte es sich um speziell zugeschnittene Produkte handeln, ist die Entwicklung natürlich auch noch zwischengeschaltet. Der Kundendienst weiß von all dem sowieso nichts. Er darf, wenn das Kind in den Brunnen gefallen ist, sprich Probleme beim Kunden auftreten, Mädchen für alles spielen. Vor Ort wird er dann unversehens von den neuesten Entwicklungen eingeholt oder mit unerfüllbaren Versprechungen seiner Kollegen konfrontiert. Ein guter Eindruck beim Kunden ist damit natürlich gesichert.

Auf das, für das Unternehmen lebenswichtige, Gewinnen von Informationen vom Kunden wird und kann dabei natürlich kein besonderer Wert mehr gelegt werden. Jeder ist mit dem Erfüllen „seiner" Arbeit so beschäftigt, daß alles vom Kunden kommende als hochgradig störend empfunden wird.

Allen Bekenntnissen zur Kundenorientierung zum Trotz gilt für viele Unternehmen, daß der Kunde für sie zum lästigen Störenfried geworden ist. Die schönsten Strategien werden durch sein unberechenbares Verhalten ad absurdum geführt. Seine Handlungen werfen die interne Organisation durcheinander und zu allem Überfluß besteht er auch noch auf höchste Produkt- und Servicequalität.

Die zu Beginn dieses Kapitels aufgeführten Lieferengpässe lassen sich durch eben aufgezeigte Organisationsstrukturen noch erklären, für Service- und Akquisitionsprobleme greift dieses Erklärungsmuster aber nur bedingt. Zunächst soll als eine Erklärung die negative Rückkopplung der Kostensenkungsmaßnahmen und die damit erzeugten Rationalisierungseffekte genannt werden. Diese Maßnahmen ergossen sich in den meisten Fällen nicht nur auf die produktionsnahen Bereiche, sondern verstärkt auch auf die kundenorientierten Leistungen und Funktionsbereiche. Reduzierte Kapazitäten für die Kundenbearbeitung reduzieren natürlich auch die Präsenz am Markt und damit das Ausschöpfen möglicher Potentiale, insbesondere dann, wenn die grundsätzlichen Strukturen der Arbeitsteilung die alten bleiben und auf neue Verknüpfungen und Ankopplungen verzichtet wird.

Die übliche Umgangsweise mit dieser Situation: *try the same, but harder* statt *try something new.*

Und abschließend noch eine Betrachtung zum Thema Verantwortlichkeit:

Verantwortung ist vielfach in der Pyramide nach unten weitergegeben worden. Was man nicht in gleicher Weise von der Entscheidungskompetenz sagen kann. Die Mitarbeiter bekommen die Verantwortung für zu erreichende Umsatzziele oder auch für Preisverhandlungen. Die Konditionen und Spielräume werden aber weiterhin von oben diktiert. So führen die Keyaccounts eines großen Automobilzulieferanten zwar Preisverhandlungen mit den Kunden, gleichzeitig müssen sie jedoch Anwendungen mit einem

Volumen von über 300 000 DM durch den Verantwortlichen auf europäischer Ebene – im Range eines Bereichsleiters – kalkulieren und genehmigen lassen. Ein Betrag, der bei Stückzahlen, wie sie bei *VW* und *Ford* gefahren werden, sehr schnell erreicht ist.

Hier wird nicht nur die Verantwortlichkeit und Glaubwürdigkeit des Lieferantenvertreters untergraben, es wird darüber hinaus wertvolle Zeit für die Angebotsabgabe verschwendet. Daß ein Manager in einer solchen Hierarchieebene und gleichzeitig verantwortlich für Europa, keine Details über die Situation vor Ort und mit ziemlicher Sicherheit auch nicht die Zeit hat, entsprechende Informationen einzuholen, dürfte klar sein. Die in einer solchen Konstellation auftretenden Fehleinschätzungen und damit Fehlkalkulationen sind vorprogrammiert. Ein entsprechender Wettbewerbsverlust ebenfalls.

Antiquiert, gleichwohl noch gerne gepflegt, werden die oben genannten Umsatzziele. Umsatzziele, die nichts über die tatsächliche Gewinnsituation aussagen, mit denen die unteren Ebenen aber auf die Reise geschickt werden. Kritisch daran sind nicht die Umsatzziele an sich, kritisch ist zum einen, daß keine Gewinnziele fixiert werden – zumindest nicht mit den unteren Ebenen – und zum anderen, daß diese Mitarbeiter keine Informationen über die Gewinnmarchen, die hinter den Preisen liegen, bekommen. Die Führungskräfte glauben beim zweiten Punkt allzuoft, daß die Verkäufer dem Kunden gegenüber dann zu großzügig sein würden. *Es lebe das Mißtrauen!* Ein Mißtrauen, das sich selbst stützt und am Leben erhält. Ohne Gewinnvorgaben natürlich keine Berücksichtigung dieser Größe und konsequenterweise bestätigt sich dann eine entsprechende Befürchtung der Großzügigkeit. Notwendig wäre in vielen Unternehmen die zumindest teilweise Offenlegung der Kalkulationen, was das Schlachten heiliger Kühe bedeuten würde. Dieses Herrschaftswissen darf nicht bekannt werden, da es ja direkt über den unmündigen Mitarbeiter zum Kunden oder Wettbewerb abfließen würde.

Wer dem Mitarbeiter derart mißtraut, der kann ihm natürlich keinerlei Verantwortung übergeben und der kann auch dem Kunden gegenüber kaum Vertrauen und Akzeptanz entgegenbringen.

Situation des Vertriebs oder „Eine spezielle Betrachtung"

Haben wir uns eben einige Situationen in den Unternehmen betrachtet, so wollen wir im folgenden die konkrete Situation des Vertriebs genauer beleuchten.

Der Vertrieb wird in der Regel noch traditionell als Verkaufseinheit verstanden, mit der Konsequenz, daß er für die Unternehmen in seiner Bedeutung eine nicht seinen Möglichkeiten entsprechende Rolle spielt. Von einer Wertschätzung gegenüber dem Vertrieb schon ganz zu schweigen. Sehr oft wird er als notwendiges Übel gesehen: *„Das sind die, die das verkaufen oder pflegen müssen, was wir uns für den Kunden ausgedacht haben und die, die dem Kunden gegenüber nie ‚Nein' sagen können."* In der Rolle als Impulsgeber und Initiator für Innovationen oder Verbesserungen bestehender Produkte wird er eher als störend für die eingefahrenen Wege gesehen.

Der Vertrieb steht zwischen allen Fronten aufgrund eines traditionellen, bereichsbezogenen Vertriebs- und damit Verkaufsverständnisses. Er sieht sich als Anhäufung von – erfolgreichen – Einzelkämpfern und damit ist logischerweise Einzelkämpfertum an der Tagesordnung. Vernetzung von Innendienst und Außendienst gestaltet sich schwierig. Kurzfristiges Denken an Umsatzziel und Provision haben Vorrang vor strategischen und mittel- bis langfristigen Überlegungen und deren Umsetzung. Abschlußorientierung steht vor der Befriedigung der Kundenerwartungen. Traditionelle Entlohnungs- und Beurteilungssysteme tragen ein Wesentliches dazu bei, daß sich der Vertrieb nur für den Verkauf zuständig fühlt und im Unternehmen eher Ablehnung als Unterstützung erntet. Ganz zu schweigen von einer Vernetzung zwischen dem Vertrieb und den Bereichen Entwicklung, Konstruktion und Produktion.

Trotz einer schon aufgrund der Funktion her wesentlich stärkeren Kundenorientierung werden Beschwerden meist als Ärgernisse wahrgenommen und die in ihnen liegenden Chancen nicht genutzt. Gleichzeitig herrscht ein starkes „Wunschdenkenprofil" im Vertrieb vor, das oft sehr wenig mit dem tatsächlichen Kundenprofil zu tun hat. Man konstruiert sich seinen Kunden eben wie man ihn gerne hätte oder wie es die Umsatzerwartungen der Unternehmensleitung vorschreiben.

Ein wesentlicher Punkt ist die noch bei vielen Unternehmen vorhandene „Nichtgeschlossenheit" der Prozeßkette der Auftragsabwicklung. Auskünfte oder Nachfassen bezüglich des Fertigungsstandes sind dann nur unter erheblichem Einsatz möglich. Der Auftrag verschwindet irgendwo im Kanal und taucht irgendwann wieder auf. Die Sucherqualitäten eines Tauchers in dunklen oder trüben Gewässern sind dann gefordert. Wer selbst in der Rolle eines vom Kunden gelöcherten Lieferantenvertreters war, weiß was damit gemeint ist.

Betrachtet man den gesamten Vertriebsprozeß, zu dem neben dem Verkauf auch die anderen Stellen mit Kundenkontakt gehören wie Marketing, Service, Kundendienst und Logistik, dann stellt man oft fest, daß diese bestenfalls isoliert nebeneinander arbeiten; häufig sogar gegeneinander. Diese Stellen wissen einfach nichts oder nur wenig voneinander.

Konkurrenz untereinander dominiert das Tagesgeschäft. Und je mehr Vertriebsprozeßmitglieder miteinander um Kunden konkurrieren und ihr Wissen für sich behalten, desto stärker wird dies zum sich verstärkenden Teufelskreis.

Auch wenn eine tendenzielle Entwicklung hin zu neuen Formen der Zusammenarbeit zu beobachten ist, so läßt sich dennoch für die überwiegende Mehrheit unserer Organisationen als wichtigstes Resumee ziehen:

Der Vertrieb arbeitet relativ stark isoliert, sowohl in bezug auf andere Funktionsbereiche als auch in bezug auf die interne Zusammenarbeit zwischen den kundenorientierten Stellen!

Diskrepanzen zwischen Realität und Anforderung und „Was nun?"

Es dürfte auf den ersten Blick offensichtlich geworden sein, daß zwischen Anspruch und Wirklichkeit eine erhebliche Lücke klafft. Von der viel zitierten Kundenorientierung ist bei genauer Betrachtung aus den verschiedensten Gründen nicht viel übrig geblieben.

Anschauungsbeispiele für Schwierigkeiten im Umgang mit dem Kunden und mit der damit verbundenen Kundenferne boten in der Vergangenheit *IBM, Kodak, Mercedes-Benz* sowie viele Klein- und Mittelbetriebe.

Und trotzdem, auch wenn sich die Finger schon weigern, die Forderung nach verstärkter Kundenorientierung zu notieren, weil sie heute keine besonders originelle Aussage mehr darstellt, ist es notwendig, genau diesen Focus zu wählen. Entscheidend an diesem Thema sind nicht die Aussagen, sondern die Frage der Umsetzung in operatives Handeln und zielgerichteten Maßnahmen.

Nachdem unzählige Appelle, „Gewußt-wie-Vorschläge" und Mahnungen sich im wahrsten Sinne des Wortes verflüchtigt haben, erscheint es sinnvoll zu sein, das Augenmerk zunächst auf die Frage zu legen – *Was hält die Nicht-Veränderung am Leben?* – denn rein methodische und mithin mechanistische Gründe scheiden als Ursache für die Schwierigkeiten, Kundenorientierung einzuführen, aus. Diese Lösungsansätze wären schon längst erfolgreich gewesen. Erst aus der Beantwortung dieser Frage lassen sich dann Veränderungsmaßnahmen ableiten. Als Einstimmung auf das Folgende und gleichzeitig als Unterstützung der nicht mechanistischen Annahme ein Zitat von K. Hörning:

„Unternehmen sind nicht nur rationale Instrumente der Zielerreichung – Unternehmen sind gar nicht so rational, wie sie immer vorgeben, so zielgerichtet, so formalisiert, so transparent. Und sie waren es nie, auch wenn die betriebswirtschaftlichen Organisationslehren dies zur Optimierungsnorm erhoben. Unternehmen sind keine Inseln in der Gesellschaft, sind keine Kathedralen der Rationalität in einem Meer von (irrationalen) Ungläubigen.

Einmal bringen Individuen als Gesellschaftsmitglieder Normen, Werte und Überzeugungen in das Unternehmen, geben diese nicht vor dem Firmentor oder an der Garderobe ab, um sie abends wieder abzuholen. Zum anderen zeigt der Kulturbegriff, daß Unternehmen wie alle anderen organisierten Sozialgebilde gemeinsame Bedeutungsstrukturen aufbauen, die sich in Sprachen, Zeichen und Symbolen ausdrücken und denen gemeinsame Handlungsweisen zugrunde liegen. Gemeinsames Handeln benötigt gemeinsame Sichtweisen!

„Aus dieser Sicht haben auch Unternehmen kulturelle Eigenschaften, bringen Bedeutungen, Überzeugungen und Werte hervor, setzen Legenden in die Welt, nähren Firmenmythen, feiern sich mit Riten, Ritualen und Zeremonien und entwickeln eigene Sprachen und Zeichensysteme."

Alles hängt mit allem zusammen, und nichts wiederholt sich, auch wenn das scheinbar nicht für alle Märkte zutrifft, wie man zum Beispiel bei der Betrachtung des klassischen Modebereiches versucht sein könnte zu glauben. Auf den ersten Blick erscheint vieles gleich oder zumindest ähnlich. Auf den zweiten, tieferen Blick ist aber schnell festzustellen, daß das Umfeld, die Ausdehnung oder das Zusammenspiel sehr wohl deutliche Unterscheidungsmerkmale aufweisen.

Abb. 1: Wirkungsfelder im Einzelhandel

Abbildung 1 zeigt die bei weitem nicht vollständige Vielzahl von komplexen Wirkungsfeldern anhand des Einzelhandels (in Anlehnung an J. Schüppenhauer). Verständlich, daß diese Wirkungsfelder auch in anderen Wirtschaftszweigen wirken. Wie kann beispielsweise vorhergesehen und damit geplant werden, wie die neuen Medien oder die Konsumbedürfnisse der Zukunft auf die Zielmärkte, diese auf Standorte und diese wiederum auf den Wettbewerb, der dann auf die Motivation der Mitarbeiter und Personalrekrutierung und – last but not least – auf die Unternehmensführung im Einzelhandel wirkt.

Ob dieser Situation braucht dem Praktiker dennoch nicht bange zu werden. Hilft ihm doch die Chaostheorie dieses, zu unkontrollierbarem Chaos neigende Spiel der Kräfte, handhabbar zu machen.

Die drei die Chaostheorie tragenden Axiome (vgl. Willke 1994, S. 185 f.) lauten:

1. Chaotische Systeme sind streng deterministische Systeme.
2. Minimale Änderungen der Ausgangsbedingungen können das Verhalten des Systems grundlegend ändern (Schmetterlingseffekt).
3. In chaotischen System lassen sich unterhalb der Ebene zufällig erscheinender Bewegungen Muster des Verhaltens ausmachen. Bestimmte Entwicklungs- oder Bewegungspfade werden vom System häufiger als andere eingeschlagen.

Analog zum Axiom 1 hat unser Wirtschaftssystem in der Vergangenheit ziemlich genau nach angebbaren Gesetzmäßigkeiten reagiert. In zunehmendem Maße bewegen wir uns, wie bereits beschrieben, in Richtung Axiom 2, in dem kleine Veränderungen das Gesamtsystem unkalkulierbar werden lassen. Ein Blick an die Börse und den selbst für Insider nicht mehr nachvollziehbaren Bewegungen liefert ein anschauliches Beispiel für derartige Mechanismen. Gleiches wird in Abbildung 1 deutlich, in dem sich die Wirkungszusammenhänge in ähnlicher Weise verhalten dürften. Axiom 3 letztendlich liefert den Grund für die Hoffnung doch handlungsfähig zu bleiben, und zwar aktiv und nicht nur reaktiv. Es gilt, die Muster, die im systemtheoretischen Konzept als „Regeln" (vgl. Willke 1994, S. 186) tituliert sind, zu erkennen und in entsprechender Weise zu intervenieren.

Die Frage heißt nur: Wie lassen sich in komplexen sozialen Systemen, als solche „Märkte" einzuordnen sind, die entsprechenden Regeln (= „Verdichtungen von Erwartungswerten" (Willke 1994, S. 186) erkennen und was muß eine Organisation tun, um sich darauf einzustellen? Denn nach Tom Peters (1989) wird kein Unternehmen überleben, welches sich nicht grundsätzlich auf die Dynamik, Komplexität und Unbeherrschbarkeit seiner chaotischer werdenden Umwelt einstellt. Gleichzeitig ist es aber auch „mit einfachen und vollständigen Erkenntnissen ebenso vorbei wie mit einfachen und vollständigen (im Sinne von vollständig ‚rationalen') Entscheidungen" (Willke 1994, S. 164).

Vertriebsmanagement – eine Definition oder „Die Lösung aus dem Dilemma?"

Nachdem uns die Fragen der Kundenorientierung und mithin Vertriebsmanagements als Betrachtungsgegenstand interessiert, ist es wohl an der Zeit diesen Begriff zu definieren. Dies um so mehr, als in unserer Zeit unzählige Managementkonzepte durch Literatur und Unternehmen geistern und allenthalben unterschiedlich verstanden werden.

Eine Definition:
„Vertriebsmanagement beinhaltet – neben dem klassischen Verkauf – die zentrale Aufgabe, Kundenanforderungen aufzunehmen und kundengerechte Produkte und Dienstleistungen anzubieten. Dies bedeutet, Kommunikation und Innovation stärker als bisher in den Vertriebsprozeß einzubinden sowie die eigenen Möglichkeiten des Unternehmens zu berücksichtigen."

Daraus ergibt sich die Konsequenz, den klassischen Vertrieb mit Verkaufsaußendienst und -innendienst, sowie die kundenorientierten Bereiche wie Kundendienst, Service, Logistik, aber auch Entwicklung, Konstruktion, Produktion und Qualitätssicherung zu integrieren.

Es kann die Hypothese aufgestellt werden, daß eine erfolgreiche Gestaltung der aktuellen und zukünftigen Anforderungen der Unternehmen nur gelingen kann, wenn die drei Felder Vertrieb – Kommunikation – Innovation als

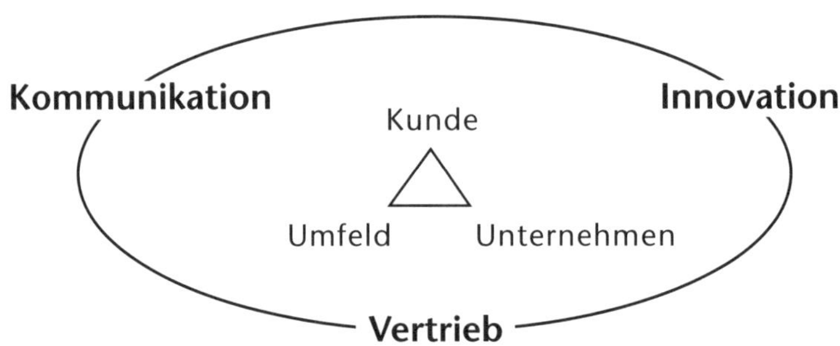

Abb. 2

zirkulär verknüpft betrachtet werden und das Dreieck Kunde – Unternehmen – Umfeld einschließen.

Was diese Definition und Hypothese für die Praxis bedeuten und auf welchen Überlegungen sie aufgebaut sind, wird im folgenden betrachtet.

Der Vertriebsprozeß als Unternehmensprozeß oder „Vernetzen, was bisher getrennt marschierte"

Die Situation, wie sie sich in Unternehmen und Vertrieb überwiegend darstellt, könnte auch mit Hilfe einer Analogie à la Woody Allen – „Auge an Großhirn" – beschrieben werden. Fuchs (1992, S. 17) hat dies an folgendem Beispiel illustriert:

„Sie begegnen auf der Straße einem Betrunkenen. Ihr Auge sieht, wie der Mann mit der Faust ausholt. In einer heute üblichen Unternehmensorganisation würde sich dann in etwa folgendes abspielen: Das Auge schickt ein Telefax an seinen zuständigen Vorstand und entschuldigt sich zunächst für die Störung mit dem Hinweis auf die Gefährlichkeit und Einmaligkeit der Situation:

Auge an Vorstand:

1. Eine Faust kommt auf uns zu!
2. Erbitte, das Lid schließen zu dürfen.
3. Empfehle Ausweichschritt und gegebenenfalls Flucht.

Vorstand an Auge:
Ich möchte keinen Präzedenzfall schaffen. Legen Sie mir deshalb bitte einen Investitionsantrag für das Schließen des Lides mit Aufwand und Nutzen vor. Wie sie wissen, bin ich für Punkt 3 nicht zuständig. Machen Sie mir bitte eine Vorstandsvorlage. Ich werde Ihr Anliegen dann im Gesamtvorstand vortragen.

Auge an Vorstand:

zu 1) Die Faust kommt immer näher!

zu 2) Der Aufwand für das Schließen des Lides beträgt circa 1,7 Kalorien. Der Nutzen ist nicht quantifizierbar.

zu 3) Für die Vorstandsvorlage brauche ich mindestens zwei Tage. Befürchte, dann ist es zu spät. Empfehle dringend, etwas zu unternehmen.

Vorstand an Auge:
Was heißt immer näher? Bitte exakte Angaben! Angesichts der begrenzten Investition könnte ich zustimmen, wenn der Aufwand durch das Budget gedeckt ist. Der Gesamtvorstand tagt erst nächste Woche Dienstag. Bis dahin erwarte ich Ihre Vorlage.

Auge an Vorstand:
Ich ziehe meine Anträge zurück. Bestellen Sie bitte einen Krankenwagen.

Diesen Mechanismus auf den Vertrieb übertragen, treibt jeden potentiellen Kunden in die Flucht. Eine Ähnlichkeit zum bereits beschriebenen Verantwortungs- und Entscheidungskompetenzbeispiel des Automobilzulieferanten ist wohl nicht von der Hand zu weisen. Der Versuch, bei steigender Komplexität und Geschwindigkeit, der Steuerbarkeit sozialer Systeme durch rein analytisch zerlegendes Vorgehen zu begegnen, ist zum Scheitern verurteilt. Die traditionellen Organisationen benötigen immer mehr Zeit, um die immer komplexer werdenden Situationen zu bearbeiten. Die Anpassungszeit wird demzufolge immer größer, obwohl selbige reduziert werden müßte. Die Grundannahme, die hier vorliegt, ist die mechanistische Beherrschbarkeit sozialer Systeme.

Dieser Glaube an die mechanistische Beherrschbarkeit, der in unserer Kultur eine jahrhundertealte Tradition hat, ist so leicht natürlich nicht aus den Glaubensgrundsätzen zu eliminieren. Hier greift eine massive psychologische Komponente. Zunehmende Irritationen, ausgelöst durch die Auflösung gewohnter Handlungssicherheiten, führt zu regressivem Verhalten. Eine Variante des Umgangs mit solchen Situationen ist die Konzentration auf Dinge, die man beherrscht. Das System hält damit das Gefühl aufrecht, alles im Griff zu haben. Dieses und ähnliches Verhalten wird sehr schön in *Die Logik des Mißlingens* von Dörner dargestellt.

Genau diese Konzentration auf das Eigene, Bekannte wird durch geteilte Aufgaben gefördert. Die zum großen Teil unbekannten und ungewohnten Inhalte anderer Abteilungen irritieren nicht. Die Komfortzone muß nicht verlassen werden und das angenehme Verfahren der Delegation tut ihr übriges, damit bei Mißerfolgen andere Bereiche verantwortlich gemacht werden oder gar persönliche Zuschreibungen stattfinden können. Individualisierung hat schon immer funktioniert, um Versagen zu erklären und keine Veränderungen vornehmen zu müssen. Das bereits genannte Beispiel der Verantwortungsdelegation nach unten ohne Mitgabe einer Entscheidungskompetenz ist ein typisches Beispiel einer solchen Trennung.

Eine weitere Unterstützung erhält das kundenfeindliche Verhalten durch die, für die einzelnen Bereiche und Abteilungen geltenden, häufig konträren Ziele und der damit verbundenen Entlohnung. Daß ein Akquisiteur an anderen Richtlinien gemessen wird, wie ein Kundendienstmann oder ein Logistikmitarbeiter, mag aus der Sicht der Teilsysteme noch nachvollziehbar sein, aus der Sicht der Gesamtorganisation kann das verhängnisvolle Wirkungen zeitigen. Das Pingpongspiel zwischen Verkauf und Kundendienst beispielsweise mit grundsätzlich unterschiedlichen Aussagen zum Produkt mag jedem Subsystem Nutzen und Profilierung eintragen, das Unternehmen als solches wird beim Kunden aber unglaubwürdig. Ausgangspunkt dieses Verhaltens ist eine Zielverschiebung, bei dem sich die Subsysteme nur noch an ihrem Selbsterhalt und eigenen Funktionieren messen. Im weitesten Sinn wirkt dieser Mechanismus auch für das Gesamtsystem, dessen Tätigkeit zum Selbstzweck wird und nicht mehr zur Befriedigung von Kundenbedürfnissen dient.

In Wechselwirkung mit eben aufgeführten Mechanismen steht die sehr oft festzustellende Demotivation der Verkaufsmannschaft, da sie sich in keinster Weise mit den zu vertreibenden Produkten identifizieren kann. Sie können keine Beziehung zu den ihnen vor die Nase gesetzten Produkten aufnehmen, fühlen sich von den anderen Bereichen nicht gehört und sind insbesondere auf der technischen Schiene oft überfordert. Die Handlung (die Verkaufstätigkeit) ist nicht durch die eigene Motivation unterstützt. Als *einer unter vielen Gründen* kann die Entwicklungsgeschwindigkeit der Produkte angesehen werden, die notgedrungen ein ständiges Hinterherhinken des Wissens mit sich bringt. Die Verkaufsmannschaft ist, wie bereits festgestellt, abgekoppelt.

All diese Erscheinungen werden durch die vorherrschenden Strukturen in den Organisationen aufrechterhalten und sie erzeugen immer wieder aufs neue dysfunktionale Ergebnisse. Kein Individuum, keine Abteilung und kein Bereich (im traditionellen Sinne) sieht mehr den Gesamtzusammenhang oder ist in der Lage, die Unterschiedlichkeiten der Kunden wahrzunehmen oder gar zu integrieren. Denn wo es nur Entwickler oder nur Verkäufer gibt, da findet sich auch nur deren spezifische Sicht und deren spezifisches Wissen.

Als *Konsequenz* ergibt sich deshalb die Notwendigkeit, die bisher getrennt agierenden Funktionsbereiche wie Marketing, Verkaufsinnen- und -außendienst, Kundendienst, Service, aber auch Entwicklung, Konstruktion und Produktion so zu vernetzen, daß eine gemeinsame und ungeteilte Verantwortung für das Gesamtergebnis beziehungsweise für den Kunden geschaffen wird. Es ist deshalb unabdingbar, sich den Gesamtprozeß von den ersten Akquisitionsbemühungen über den Auftragseingang, der Auftragsbearbeitung und Auslieferung bis hin zur Nachbetreuung des Kunden unter die Lupe zu nehmen.

Als Ergebnis derartiger Vernetzungen gibt es schon heute die verschiedenartigsten Ansätze. Über interfunktionale Kundenteams, die sich aus Mitgliedern oben genannter Funktionsbereiche zusammensetzen und räumlich beieinander sitzen, bis zu Beratungsstellen, in denen neben Kundendienst und Entwicklungsingenieur auch Mitglieder aus dem Produktionsbereich mitwirken, ist alles möglich. Produktionsmitglieder können so Verkaufs- und Serviceaktivitäten unterstützen, da sie in der Regel mehr über Leistungseigenschaften und Veränderbarkeiten wissen als Verkäufer und Kundendienstler. Eine pauschale Antwort für derartige Vernetzungen kann es an dieser Stelle nicht geben, denn jedes Unternehmen ist anders und operiert unter unterschiedlichen Voraussetzungen und Gegebenheiten.

Berücksichtigt werden müssen aber sowohl organisatorische wie technologische Instrumente bei den Veränderungsbemühungen. Darüber hinaus müssen folgende Kenntnisse vorliegen oder erarbeitet werden (vgl. Dörner S. 116 f.):

1. Es müssen Kenntnisse über das zu verändernde System (Unternehmen) in Form eines „Wirkungsgefüges" vorhanden sein. Gemeint sind damit die kausalen Abhängigkeiten der Variablen des Systems.

2. Es müssen Kenntnisse vorhanden sein zu den Fragen: In welche Bestandteile sind die Elemente eines Systems zerlegbar? In welchen Ganzheiten sind sie eingebettet? Die Antworten sind wichtig, um Hypothesen zu bisher unbekannten Beziehungen zwischen den Variablen aufstellen zu können.

Welche Differenzen zur heutigen Situation ergeben sich aus derartigen Vernetzungen?

Zunächst wirken die Strukturen auf das Verhalten der einzelnen Subsysteme und deren Mitglieder. Die Geschwindigkeit der Auftragsbearbeitung und die Qualität nimmt deutlich zu. Beispiele dafür sind *ABB* oder *Mettler-Toledo*. Durch die Gesamtheitlichkeit der Betrachtung reduzieren sich Fehler und Doppelarbeiten, die Motivation der Mitarbeiter steigt. Denn es macht einen Unterschied, der einen Unterschied macht, ob ich zum einen Einblick in den Gesamtprozeß und den dazugehörigen Wechselwirkungen bekomme und ob ich einem leibhaftigen Kunden gegenüber sitze oder „nur" Informationen über zweite und dritte Hand erhalte. Anschauliche Beispiele hierzu schildert Tom Peters in *Jenseits der Hierarchie*.

Die Komplexität der relevanten Umwelten wird durch die, gegenüber den linearen Abläufen zweifelsohne komplexitätssteigernden, Vernetzungen innerhalb der Organisation abgebildet. Sie ermöglicht dadurch die Bearbeitung der komplexen Zusammenhänge des Äußeren im Inneren und erhöht gleichzeitig die Anschlußfähigkeit an das Umfeld.

Als weitere wesentliche Veränderung wird sich die „Orientierungsbrille" ändern. War vorher eine reine Ergebnisorientierung (Umsatz) vorhanden, so wird sich in zunehmendem Maße eine Prozeßorientierung herauskristallisieren mit dem Fokus auf Lösungen und neuen Handlungsoptionen. Existiert die Verantwortung für den Gesamtprozeß und sind Träger, sprich Organisationsmitglieder, verschiedener Fachrichtungen im Austausch, so werden die unterschiedlichen Sichten und Perspektiven in Kommunikation zueinander gebracht, mit der Konsequenz einer kontinuierlichen und zirkulären Umdeutung beziehungsweise Erweiterung des Gesamtverständnisses. Die reine Betrachtung des Ergebnisses hilft nämlich nur in bescheidenem Maße, wo und wie Veränderungen notwendig sind. Dies ist vergleichbar mit einem Baum, dessen Krone von Jahr zu Jahr lichter wird. Durch die ausschließliche

Betrachtung dieses Ergebnisses, wissen wir noch lange nicht, welche Prozesse im Inneren dafür verantwortlich sind.

Mit derartigen neuen Vernetzungen bilden sich notgedrungenerweise auch neue Kommunikationsstrukturen heraus. Diese sollen uns im nächsten Kapitel intensiv beschäftigen.

Abschließen möchte ich dieses Kapitel mit dem von König (1993, S. 227) formulierten Grundsatz zur Evolution sozialer System:

„Ein soziales System überlebt solange, wie die Veränderungsgeschwindigkeit innerhalb des Systems ungefähr ebenso groß ist wie die Veränderungsgeschwindigkeit der relevanten Umwelt."

Verändern sich die Strukturen und Anforderungen der Umwelt, hat ein Unternehmen nur eine Chance, wenn es sich ebenfalls verändert. Ist die Änderungsgeschwindigkeit zu langsam, verliert es den Anschluß. Verändert sich das Unternehmen aber zu schnell, so läuft es ebenfalls Gefahr vom Markt zu verschwinden, denn auch hierbei kann die Anschlußfähigkeit verloren gehen. Geniale Entwickler, deren Produkte ihrer Zeit weit voraus waren, erlitten dieses Schicksal des öfteren. Und strukturelle Veränderungen finden derzeit reichlichst statt, insbesondere in Richtung Vernetzung und Kooperation.

Aufbau geeigneter Kommunikationsstrukturen oder „Systemgrenzen und deren Überwindung – Konstruktion von Wirklichkeiten"

Ein zentrales Thema im Vertriebsmanagement ist der Aufbau geeigneter Kommunikationsstrukturen. Nicht nur, weil eben die Notwendigkeit interfunktioneller Strukturen gefordert wurden, sondern auch deshalb, weil Kommunikationsstrukturen maßgeblich zur arbeitsteiligen Organisationsform beigetragen haben und wiederum aus ihr hervorgegangen sind.

Es macht deshalb an dieser Stelle Sinn, sich mit der Frage zu beschäftigen: *Wo und wodurch werden Systemgrenzen konstituiert?*

In unserem Kontext fällt das Augenmerk dabei sofort auf die „teilbereichsspezifische Kommunikation", die sich „zunehmend abgesondert, spezialisiert und autonomisiert hat" (Willke 1994, S. 59). Gemeint ist damit die Ausbildung von Spezialsprachen in den verschiedenen gesellschaftlichen (zum Beispiel Politik und Wissenschaft) und ökonomischen Teilsystemen wie Betriebswirtschaft oder Technik. Wenn man sich die Betriebswirtschaft herauspickt, so läßt sich feststellen, daß sich dort noch zusätzlich sprachliche Untersysteme herausgebildet haben. Unterhält man sich mit einem Controller oder mit einem Marketingmitarbeiter, wird dies schnell offensichtlich. Verständlich, daß sich erst recht Differenzen konstituieren, wenn Mitglieder aus der Entwicklung, der Produktion oder dem Vertrieb aufeinandertreffen. Und um es noch eine Spur klarer zu machen: Ein Kundendienstmitglied mit technischem Hintergrund kommuniziert nun mal erheblich anders als ein Verkäufer mit kaufmännischem Hintergrund.

Diese Spezialsprachen erlauben es den jeweiligen Systemmitgliedern „sehr viel schneller, effizienter und kompakter zu kommunizieren als in der (allgemeinen) Sprache der Lebenswelt“ (Willke 1994, S. 59). Es gelten in den jeweiligen Systemen grundsätzlich unterschiedliche Kontexte, in die Begriffe und Darstellungsformen eingebettet sind. So werden Verkäufer eher möglichkeitsorientierte Darstellungen wählen, es werden Bilder und Visionen entwickelt und es wird extrovertierter agiert. Techniker hingegen argumentieren eher problemorientiert, gehen in die Feinheiten und neigen eher zur Introversion. Auch das sind Wahrnehmungen und Aussagen eines Beobachters, die sich mit den Wahrnehmungen der Betroffenen in keinster Weise decken müssen. Gleichwohl beschreibt der Mensch seine Umwelt und verhält sich seinen Beschreibungen entsprechend (vgl. F. B. Simon in *Das Auge des Betrachters,* S. 145). Das gilt für außenstehende Betrachter, wie für die verschiedenen Organisationsmitglieder.

Und genau auf diese Weise entsteht ein Bild vom Verkauf, mit niedrigem Sozialprestige und einer „mehr Schein als Sein Mentalität“, die eine Akzeptanz im Innenverhältnis der Organisation schwer macht und sich gleichzeitig zur selbsterfüllenden Prophezeiung entwickelt. Nämlich dann, wenn der Verkauf den Innendienstlern und den anderen nach innen orientierten Funktionsbereichen Kundenanforderungen nahebringen will und dies entsprechend seinen gültigen Regeln von der Art des Auftretens mit entsprechender Dynamik, Schwung und „Ich-weiß-es-besser-Haltung“ vollzieht. Seine Sprache und Umgangsform ist nicht die der anderen und schon ist eine Systemgrenze noch ein Stück weiter undurchlässiger. Jedes Subsystem wird dabei in konsequenter Weise seiner Rolle gerecht. Oder, um mit Luhmann (1964, S. 57) zu sprechen, „als Rolle bezeichnet die heutige Soziologie Typen zusammenhängender Verhaltensweisen, die allgemein erwartet und je nach den Umständen, nach Maßgaben der Person und Situationen unterschiedlich durchgeführt werden“. Die spezifische und subjektive Konstruktion von Wirklichkeiten schlägt wieder zu. Rolle bzw. Stellenwert in der Organisation und Status werden beibehalten und meist noch durch entsprechende Entlohnungssysteme gestützt.

Die sprachlichen Differenzierungen greifen aber nicht nur im Zusammenhang mit der eigenen Organisation. Sie greifen auch in bezug auf den Kunden. Was passiert, wenn im Einkauf ein Kaufmann sitzt und der Vertriebsmann ebenfalls ein Kaufmann ist? Anschlußfähigkeit, zumindest mit einiger Wahrscheinlichkeit. Was passiert aber, wenn der Einkäufer ein Techniker und der Verkäufer ein Kaufmann ist, oder umgekehrt? Womöglich nichts. Die Gefahr einer mißlingenden Kommunikation ist erheblich gestiegen, gegenüber der vorangegangenen Konstellation. Hier treffen Träger unterschiedlichster Kommunikationsgepflogenheiten aufeinander und bauen möglicherweise wieder unüberwindliche Systemgrenzen auf. Daß dieses Beispiel unterschiedlicher Herkunftsbereiche nicht aus der Luft gegriffen ist, läßt sich heute in vielen Betrieben überprüfen. Techniker im Einkauf ist beispielsweise ein Ansatz bei *BMW*.

Die Verwendung oder Nichtverwendung sprachlicher oder kommunikativer Eigenheiten oder Handlungen hilft uns mit dem System in Kontakt zu bleiben oder eben nicht anschlußfähig zu sein. Dies trifft sowohl in der Außenverknüpfung zum Kunden zu, als auch in der Innenverknüpfung zwischen den kundenorientierten Stellen.

Die klassischen Funktionsbesetzungen verlieren zunehmend an Boden. Unter anderem deshalb, weil in der Vergangenheit verstärkt innerbetriebliche Veränderungsprozesse durchgeführt wurden, bei denen das Zusammenspiel von Entwicklung, Produktion, Einkauf et cetera, neu organisiert wurde. Arbeitsformen wie Gruppenarbeit und Projektmanagement werden die Vielzahl unterschiedlicher Ansprechpartner für einen Lieferanten weiterhin nach oben treiben. Leider scheint es nur so zu sein, daß der Vertrieb bei solcherart Strukturveränderung selten integriert wird, was verschiedene Schwierigkeiten zwischen den verschiedenen Bereichen am Leben erhält oder sogar noch fördert.

Bei diesen Überlegungen darf die Berücksichtigung von differenten Ländersprachen, Dialekten, Werte, Normen und Kulturen nicht fehlen. Wobei darauf nicht weiter eingegangen werden wird, was nicht mit Geringschätzung gleichzusetzen ist, ganz im Gegenteil.

In den klassischen Organisationen (System) nimmt der Vertrieb (Subsystem) eine Grenzstellenfunktion für die Gesamtorganisation ein. Eine Grenzstelle ist bei Luhmann (1964, S. 221) eine „herausspezialisierte Funktion für den Verkehr mit einem bestimmten Umweltsektor". Grenzstellen empfangen die Verhaltenserwartung der Umwelt an das soziale System und müssen diese verdichtet an das Innere weiterleiten. Sie erfüllen damit die für das soziale System lebensnotwendige Funktion des Informationstransports sich verändernder Umwelten.

Inhaber dieser Grenzstellen erhalten durch die Auswahl an Informationen einen Anteil an der Macht. Gleichzeitig relativiert sich dieser Anteil deshalb, weil das System durch seine internen Strukturen und operativen Geschlossenheiten selbst bestimmt, was es davon annimmt. Darüber hinaus wird der

Grenzstelle vom System vorgeschrieben, wie sie sich zu verhalten hat. Dadurch baut sich für die Grenzstelleninhaber ein Spannungsfeld auf, da sie verständnisvoller auf die Umwelt reagieren können als das System und spüren früher, wenn die Umweltannahmen nicht mehr stimmen. Sie laufen deshalb Gefahr, durch die unterschiedlichen Erwartungen ein abweichendes Normenbewußtsein – man kann auch sagen „Verständnis" – zu entwickeln (vgl. S. Egger). Verständlicherweise verstärkt dieses abweichende Normenbewußtsein weiter die Grenze zwischen Vertrieb und Organisation und erklärt, weshalb Information von außen nur selten in der Organisation gehört und angenommen wird.

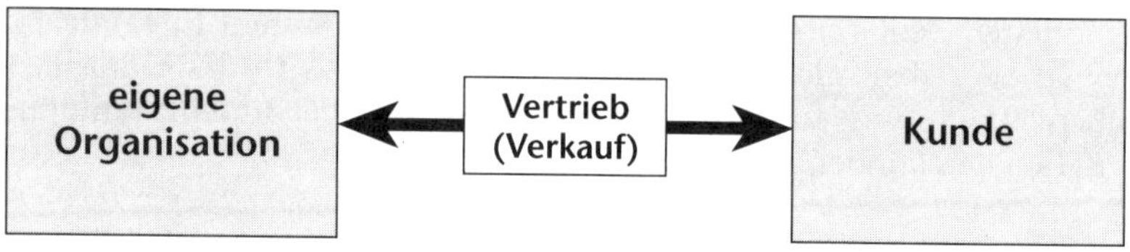

Abb. 3: Grenzstellenfunktion des Vertriebs in der klassischen Form

Abbildung 3 zeigt die klassische Kopplung zweier Organisationen, in der der Vertrieb im Spannungsfeld von Innenwelt (eigenes Unternehmen) und relevanter Umwelt (Kunde) steht.

Je nach Branche und Kundensystem sind die Verbindungen zwischen eigener Organisation und Kunde durchaus zahlreicher.

Und noch ein letztes zum Thema Systemgrenze.

Es darf bei unserer Betrachtung nicht das vergessen werden, was die Systemtheorie als selbstreferentielle Schließung bezeichnet. Der Mechanismus also, „der es einem komplexen, intern differenziertem System ermöglicht, gegenüber den Turbulenzen der Umwelt seine innere Ordnung zu erhalten und in produktiver und selbst-reproduktiver Weise mit seiner Eigenkomplexität umgeht" (Willke 1994, S. 148).

Nichttriviale Systeme entwickeln mit der Ausbildung einer gewissen Eigenkomplexität eine operative Geschlossenheit, was bedeutet, daß sie in zunehmendem Maße auf sich selbst reagieren und sich mit ihren eigenen Prozessen beschäftigen. Die Konsequenz aus diesem Verhalten ist, trotz der Gefahr des Ausscheidens aus dem Markt, daß sich diese Systeme ihre Möglichkeiten und Anschlußfähigkeiten an das relevante Umfeld und ihre internen Möglichkeiten (Kontingenzen) zunehmend einengen. Anders ausgedrückt, das Unternehmen und seine Mitglieder reagieren nicht mehr auf das Marktgeschehen und damit logischerweise auch nicht mehr auf die Kunden, sondern nur noch auf sich selbst. Was in gleicher Weise für jedes Subsystem wie Kundendienst, Verkauf, Entwicklung und so weiter gilt.

Zusammengefaßt bedeuten die vorangegangen Überlegungen, daß sich Systemgrenzen konstituieren aufgrund von:

- Sprach- (Fachsprache) und Kommunikationsunterschieden
- differenten Ländersprachen, Dialekten, Werten, Normen und Kulturen
- Konstruktion von Wirklichkeiten
- rekursiver Selbstbezüglichkeit

Wie lassen sich nun aber Anschlußfähigkeit nach innen und außen herstellen und wie lassen sich neue Perspektiven über den jeweils anderen – auch über den Kunden und den Wettbewerb – gewinnen?

Es gilt auch hier, was schon beim Thema „Vertriebsprozeß als Unternehmensprozeß" gefordert wurde: eine durchgängige Vernetzung zwischen allen Subsystemen zu schaffen. Gleichsam sind die eben getätigten Ausführungen ein Untermauern der Auflösung funktionaler Arbeitsteilungen.

Die Systemgrenzen und die sich daraus ergebenden Dysfunktionalitäten können nur aufgelöst werden, wenn es strukturell gelingt, Austauschprozesse und mithin Kommunikationsprozesse auf allen und quer durch alle Ebenen zu fixieren. Den Mitgliedern aller Bereiche muß die Gelegenheit gegeben werden, auch andere Arbeitsfelder kennenzulernen und eng mit ihnen zusammenzuarbeiten. Dies kann durch Kunden- oder Serviceteams realisiert werden.

Darüber hinaus, und das erscheint mir das wichtigste, müssen alle Subsysteme in der Organisation Kundenkontakt bekommen: ein Meister der Produktion, der als Ansprechpartner des Meisters beim Kunden für Problemlösungen zur Verfügung steht, oder der Entwickler, der kontinuierlich im Kundendienst eingesetzt wird oder der Innendienst, der zum Beispiel Verkaufsaktivitäten über das Telefon übernimmt.

Aufgrund der funktionalen Auflösungen in der Innenorganisation und dem gesamtheitlichen Kontakt zum Kunden, ist damit zu rechnen, daß sich für die Systemmitglieder die relevanten Umwelten ändern. Bestand für die tradierten Subsysteme die „relevante Umwelt" im *Innenverhältnis*, in Form der Funktionsbereiche, wie Produktion, Entwicklung, Kundendienst, Marketing und andere, so dürften für die gesamtheitlich nach außen vernetzten Systemmitglieder, die „relevanten Umwelten" im *Außenverhältnis*, in Gestalt von Kunde und Wettbewerb, stärker ins Bewußtsein treten. Wahrnehmungsdiskrepanzen, wie sie zum Beispiel bei Techniker häufig vorkommen, die nur schwer akzeptieren können, daß am Markt nur die vom Kunden wahrgenommene Realität gilt, können korrigiert werden.

Durch diese strukturellen Veränderungen werden sich die Wirklichkeitskonstrukte nachhaltig ändern. Die rekursive Selbstbezüglichkeit wird reduziert. Durch Kontaktpflege mit dem Kunden mittels Mitgliedern der gleichen sprachlichen und kommunikativen Herkunft wird auch diese Systemgrenze durchlässiger. Die Vielzahl der Sichten ermöglicht eine bessere Beobachtung des Kundensystems, die Analyse der dort dominierenden Muster und dem Erkennen der blinden Flecken, sowohl beim Kunden als auch bei sich selbst. Die Resonanzfähigkeit bezüglich der relevanten Umwelten und Entwicklungen nimmt zu.

Last but not least bleibt das Thema der landessprachlichen, kulturellen und sonstigen Differenz. Hier besteht die Hoffnung, daß sich aufgrund der vorangegangenen Veränderungen die Sensibilität bei den Betroffenen erhöht, oder daß an Stelle von zentralen Institutionen stärker auf lokale, vor Ort befindliche Einheiten und Einrichtungen zurückgegriffen wird.

„In einer Wirtschaft, in der einzig die Ungewißheit gewiß ist, ist Wissen die einzig sichere Quelle für dauerhafte Wettbewerbsvorteile" (Ikujiro Nonaka). Und da kann nicht nur der Verkauf den Kundenkontakt pflegen, sondern da müssen alle Mitglieder einer Organisation ran.

In keinem Fall sind es, wie von verschiedenen Verkaufstrainern in *acquisa* (12/94, S. 27) formuliert, Verkaufstechniken und Abschlußorientierung, die Vertriebsmanagement erfolgreich machen und die Zukunft bilden.

Abbildung 4 zeigt schematisch ein derartiges zukunftsorientiertes Netzwerk zwischen Kunde und Lieferant, indem Verbindungen und Kontakte zwischen allen Subsystemen gepflegt werden. Deshalb auch keine Verbindungslinien. Die Trennung zwischen den einzelnen Funktionen (ehemals Berei-

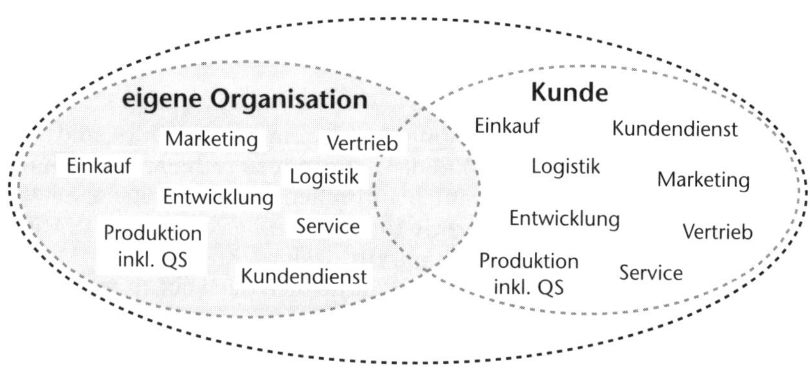

Abb. 4: Zukunftsorientiertes Netzwerk zwischen Kunde und Lieferant

che) ist nur zur Verdeutlichung der Zusammensetzung. In vielen Organisationen werden sich kunden- und branchenspezifische Einheiten herausbilden, in denen die verschiedensten Funktionen integriert sind. Innerhalb des eigenen Hauses geht *Telenorma* diesen Weg.

Mit einem Zitat von Fritz Perls sollen der „Aufbau geeigneter Kommunikationsstrukturen" abgeschlossen werden. Fokussiert war diese Aussage zwar auf personale Systeme (Individuen), aber warum soll sie nicht auch für soziale Systeme (Organisationen) Gültigkeit haben.

„Neurose ist die Unfähigkeit, die Situation als sich wandelnd zu betrachten, oder anders gesagt: Neurose ist die Fixierung an eine unwandelbare Vergangenheit."

Impulse für Innovationen geben und diese erfolgreich umsetzen oder Zirkuläre Prozesse – neue Verknüpfungen

Veränderungen in Einzelbereichen – neue Produkte, Technologien, Dienstleistungen – führen zu Veränderungen des gesamten Marktes. Dieser Markt ist nach Einführung solcher Änderungen nicht mehr derselbe wie vorher. Als Beispiele hierfür steht die Entwicklung von Telefax-Geräten, die zum einen Telex ablösten, mit entsprechenden Konsequenzen bei den Herstellern, und gleichzeitig durch das Übermitteln ganzer Bilder und Zeichnungen eine erheblich schnellere Bearbeitung ermöglichten. Selbiges gilt für weltumspannende Datennetze – mit der Möglichkeit, in Deutschland zu konstruieren, die Daten innerhalb von Sekunden und Minuten nach beispielsweise Indien zu schicken und dort sofort zu produzieren – wie für die Ablösung der Großrechner durch die kleinen Personalcomputer oder die serienmäßige Einführung von ABS oder Airbag in die Kraftfahrzeuge mit der Konsequenz, daß die anderen Hersteller sofort nachziehen mußten.

Diese jeweiligen Wettbewerbsvorteile führen zum Vorsprung bei der Nachfrage durch den Kunden. Alte Verfahren, Produkte und so weiter werden nicht mehr abgerufen. Anbieter, die Neues aufgreifen und anbieten, gewinnen Vorteile, das Neue wird zum Standard, der wiederum ständig verbessert beziehungsweise verändert wird. Damit ist die Notwendigkeit offensichtlich, den „Finger am Puls der Zeit" zu halten und alles zu tun, um selbst innovativ in Zusammenhang mit diesem Kreislauf zu sein.

Von daher stellt sich die Frage: *Was hat Innovation mit einem Kreislauf zu tun und welche Funktion haben Kunde und Vertrieb in Verbindung mit diesem Kreislauf?*

In Analogie zum Markt (oder Unternehmen) läßt sich der menschliche Organismus betrachten, wobei die einzelnen Funktionen wie Augen, Herz et cetera Marktteilnehmer (oder Funktionsbereiche) mit unterschiedlichen

Aufgaben und Rollen sind. Das Nervensystem entspricht dabei nicht, wie auf den ersten Blick zu vermuten ist, dem Kommunikationskreislauf, sondern nur einem Teilbereich desselben, nämlich den Datenleitungen. Über den Blutkreislauf findet der Materialfluß in Form von Waren, Geld, aber auch Ideen und Wissen statt. Als solches kann Blut auch in Analogie zu Kommunikation und die Blutbahnen in Analogie zu Kommunikationsstrukturen gesetzt werden. Die Verbindung von Blut und Kommunikation paßt auch in sofern in der Realität, als in der Medizin Verfahren existieren, die mit Hilfe eines Blutstropfens auf den Zustand des Gesamtorganismus schließen lassen und damit Wissen anzapfen. Über Blut findet somit Kommunikation und Wissensvermittlung statt.

Werden die Kommunikationsstrukturen (Blutbahnen) nicht gepflegt oder altes Wissen und damit Produkte nicht durch neue ersetzt, kommt es zu Ablagerungen und Verengungen. Auch das ist ein sich selbst verstärkender Prozeß, der bis zur totalen Unterbrechung führen kann. Die Folgen sind schmerzhafte Operationen (vergleiche *IBM*) oder Amputationen wie beim Raucherbein. Was nichts anderes heißt, als daß Systemmitglieder vom Markt entfernt werden.

Wie auch beim Blutkreislauf ist das Markt- oder Unternehmensgeschehen stark zirkulär. Stauungen in den Ästen und damit Ankopplungsschwierigkeiten führen zu Konsequenzen für das jeweilige Subsystem. Je offener die Kanäle sind und je besser es durch die verschiedensten Sensoren gelingt, schon in frühem Stadium die Zeichen der Zeit und mithin die der Zukunft zu erkennen (Blut liefert die Informationen schon bevor sie als Symptome sichtbar werden), desto größer ist die Überlebensfähigkeit. Situationen wie nicht bekannte Kundenanforderungen oder Informationen, die dort, wo sie benötigt werden, nicht vorliegen und daraus resultierende Fehleinschätzungen der Marktlage werden reduziert.

Die Informationen, die Ideen und das Wissen genauso wie Anzeichen für problematische Entwicklungen sind schon lange vorhanden, bevor sie sich manifestieren. Es gilt, diese Angebote und Zeichen aufzunehmen und einer frühzeitigen Umsetzung zuzuführen. Für uns bedeutet das, Kunden, Lieferanten und in letzter Konsequenz auch Wettbewerber – wenngleich in einer anderen Form – zur Entwicklung innovativer Produkte und Dienstleistungen einzubinden. Der Kunde (aber auch der eigene Lieferant) gibt die Impulse, durch Probleme, Bedürfnisse, Produkterfahrung, Verbesserungsvorschläge, Innovationsideen und nicht zuletzt Beschwerden. Er legt damit die Grundlagen, die notwendig sind, um etwas neu oder anders zu machen. Und er unterstützt mit seinem Know-how den Innovationsprozeß, um auch gleichzeitig Einsatzfähigkeit und Nutzen zu prüfen.

Es gilt deshalb, eine neue Verknüpfung zum Kunden hin zu entwickeln und ihn stärker einzubinden, um näher am Puls der Zeit zu sein und um die

Gefahr von verengten oder unterbrochenen Blutbahnen zu vermeiden. Ziel muß es sein, Durchgängigkeit zum und vom Kunden und Durchgängigkeit in der eigenen Organisation zu erreichen. Auch kundenferne Funktionen sollen durch regelmäßige Kundenkontakte vom Kunden lernen. Eine neue mentale Beziehung zum Kunden wird sich daraus ergeben.

In den Organisationen, in denen die Vorstellung, Kunden und letztlich auch Lieferanten frühzeitig in Innovationsprozesse einzubinden, Schwierigkeiten bereitet, muß dann zumindest eines erreicht werden: die Informationen und das Know-how der kundenorientierten Subsysteme stärker zu bündeln und zur Innovation und Abstimmung zu nutzen, da sie durch ihre Umweltkontakte erheblich näher an den relevanten Veränderungsvariablen operieren. Diese Subsysteme haben eine größere Möglichkeit, wie im vorangegangenen Kapitel beschrieben, die selbstreferentielle Schließung der Organisation zu verhindern.

Im Grunde greift auch hier der Ansatz, die Komplexität des Marktes und dessen mögliche Entwicklungen ins Innenverhältnis der Organisation zu transportieren, um so auf einer letztlich überschaubareren Bühne Zukunftsentwicklungen besser abbilden und bearbeiten zu können. Das neue Zusammenspiel von Kunde, Lieferant und den verschiedenen Organisationsbereichen ermöglicht neue Betrachtungen und in der Folge schnellere Innovationen. Denn ein System ist nur so innovationsfähig, wie es resonanzfähig ist für Differenzen, und genau diese Basis wird durch dieses Zusammenspiel geschaffen.

Die häufig geübte Praxis, auf Handelsorganisationen oder freie Vertreter zurückzugreifen, ist unter diesen Gesichtspunkten als sehr kritisch zu beurteilen. Sowohl bei der Frage der Innovationen als auch bei den Themen Kommunikationsstrukturen und Systemgrenzen müssen verstärkt Anstrengungen unternommen werden, damit solche Ansätze nicht kontraproduktiv wirken.

Mit Karl Weick zum Thema Zirkularität soll dieses Thema abgerundet werden:

„Die meisten Menschen bekommen Schwierigkeiten, weil sie vergessen, in Zirkeln zu denken. Sie glauben weiterhin, daß es so etwas wie einseitige Kausalität, abhängige und unabhängige Variablen, Anfang und Ende gibt."

Schlußbetrachtung oder Der Versuch einer Zusammenfassung

Wir haben mit den drei letzten Kapiteln die „drei Erfolgsfaktoren" für erfolgreiches Vertriebsmanagement genauer betrachtet. Es waren dies:

1. der Vertriebsprozeß als Unternehmensprozeß
   Vernetzen, was bisher getrennt marschierte
2. Aufbau geeigneter Kommunikationsstrukturen
   Systemgrenzen und deren Überwindung – Konstruktion von Wirklichkeiten
3. Impulse für Innovationen geben und diese erfolgreich umsetzen
   zirkuläre Prozesse – neue Verknüpfungen

Der aufmerksame Leser wird festgestellt haben, daß verschiedene Inhalte der drei Kapitel durchaus auch in den jeweils anderen Themenbereich gepaßt hätten. Das ist insofern nicht verwunderlich, als sich die bereits formulierte These der „zirkulären Verknüpfung von Vertrieb – Kommunikation – Innovation" damit bestätigen würde. Im Grunde bedingen sich die drei Themen gegenseitig. Keines ist ohne das andere zu haben, und gleichzeitig setzt jedes am Kernproblem des derzeitigen Vertriebsmanagements an, der Separiertheit der agierenden Systeme und Subsysteme.

Es ist unsinnig zu erwarten, daß, wie es nach Oberlehrermanier immer wieder versucht wird, per ständigen und schönen Reden eine Verhaltensänderung zu bewirken wäre insbesondere dann, wenn keinerlei Anpassung in den Strukturen und in den unterstützenden Bereichen wie Beurteilungs-, Beförderungs- und Entlohnungssystemen erfolgt. Dieser Ansatz hat fast immer versagt und verspricht auch mit dem Motto „try the same, but harder" nicht mehr Erfolg.

Eine wesentliche systemtheoretische Erkenntnis lautet (Willke 1994, S. 154):

„Tatsächlich läuft die Veränderung von Organisationen darauf hinaus, nicht Personen zu verändern, sondern die in der Organisation geltenden Regeln." Und diese Regeln lassen sich unter anderem durch die Veränderung der Organisationsstrukturen nachhaltig beeinflussen. Denn *„die Aufgliederung sozialer Systeme in relativ autonome Subsysteme birgt stets die Gefahr in sich, daß sich die einzelnen Subsysteme zu weit voneinander entfernen"* (König, S. 238). Es ist deshalb eine Vernetzung und Rückkopplung zwischen den verschiedenen Bereichen notwendig.

Notwendig auch zum Reduzieren der kommunikativen Differenzen zwischen den Subsystemen und hin zum Kunden. Solcherlei Differenzen lassen sich nicht mit guten Worten auflösen. Eine Annäherung kann nur durch ständigen Austausch und Kontakt erfolgen. Nur so bekommt man Einblick in das dahinterliegende Begriffs- und Vorstellungsgebäude und öffnet einem gegenseitigen Verstehen die Tür.

Die Hoffnung, in chaotischen Systemen handlungsfähig zu bleiben, die uns das dritte Axiom der Chaostheorie bietet, verbindet sich ja mit der Bedingung, Muster beziehungsweise Erwartungswerte zu erkennen. Dieses Erkennen ist aufgrund der Komplexität des heutigen und zukünftigen Marktes keinesfalls durch nur eine Gruppe (zum Beispiel Marketing oder Verkauf) realisierbar.

Allein die verschiedensten Betrachtungswinkel ermöglichen ein annähernd ganzheitliches Bild. Vergleichbar den verschiedenen Brillen, mit denen Verkaufsaußendienst, -innendienst, Marketing, Kundendienst und Service auf den Kunden blicken und jeweils eine andere Facette erhaschen. Erst das Zusammenführen dieser verschiedenen Sichten gibt ein für das Unternehmen brauchbares Bild und läßt Muster der Aktionsweisen des Kunden erkennen, auf die sich das Unternehmen dann einstellen kann. Der häufig anzutreffende Glaube des klassischen Vertriebs, er kenne und wisse alles vom Kunden, kann aus systemtheoretischer Sicht nicht aufrecht erhalten werden, denn er sieht doch immer nur sich selbst. Er betrachtet den Kunden aus seiner Perspektive und damit mit oder durch seine blinden Flecken.

Wichtig ist vielleicht noch festzuhalten, daß die gern gebrauchte Drohung von Vertriebsstellen im Angesicht von Umstrukturierungen – „die Beziehung zum Kunden wäre bei anderen Personen oder Strukturen in Gefahr" – ebenfalls einem Irrglauben unterliegt. Allenfalls am Anfang einer Kunden-Lieferanten-Beziehung mögen die persönlichen Kontakte eine tragende Funktion haben. Nach kurzer Zeit sind aber in der Regel schon Systeme gekoppelt. Das System des Kunden kommuniziert und interagiert mit dem System des Lieferanten. Je mehr Schnittstellen und Vernetzungen zwischen beiden Systemen hergestellt werden können, desto geringer ist die Gefahr, bei Ausscheiden eines zentral positionierten Organisationsmitgliedes auch den Kunden zu verlieren. Es ist somit ein zusätzliches Argument für eine vielseitige Verflechtung mit dem Kunden.

Der Erfolg eines erfolgreichen Vertriebsmanagements liegt letztlich nicht im Produkt oder im besonderen Kontakt eines Vertriebsmitgliedes, sondern in den Kommunikationsstrukturen und in der Frage, wie es gelingt, die Systemgrenzen durchlässig zu machen, um das richtige Produkt zur richtigen Zeit auf den Markt zu bringen.

Doch auch für diese Überlegungen gilt das Zitat von Gerhard Schulze (*Die Erlebnisgesellschaft*), wie es im speziellen auch für Vertriebsmanagement Gültigkeit besitzt:

„Im Lauf der Jahre lernt man, daß die letzten Errungenschaften, Neuigkeiten, Trends niemals die letzten bleiben werden. Immer wieder muß man innerlich und äußerlich Platz machen für das Nachfolgende."

Literatur

Bachinger, R. (1988): Assoziationen zur Unternehmenskultur und Stammeskultur. In: U. Brandes (Hrsg.): Unternehmenskultur und Stammeskultur. Frankfurt, S. 63–73.

Dörner, D. (1992): Die Logik des Mißlingens. Strategisches Denken in komplexen Situationen. Reinbeck bei Hamburg (Rowohlt).

Egger, S. (1993): Wege und Möglichkeiten erfolgreicher Teamarbeit in hierarchischen Strukturen auf der Grundlage professioneller sozialpädagogischer Überlegungen. (Dipl.-Arbeit) München.

Fuchs, J. (1992): Das biokybernetische Modell. Unternehmen als Organismen. Wiesbaden.

Hörning, K.H. (1988): Die Kultur und Symbolik des Unternehmens. Soziologische Vergleiche und Vorschläge. In: U. Brandes (Hrsg.): Unternehmenskultur und Stammeskultur. Frankfurt, S. 15–18.

König, E. u. G. Volmer (1993): Systemische Organisationsberatung. Grundlagen und Methoden. Weinheim (Deutscher Studien Verlag).

Lesermeinungen zu Gerkens „Zukunft des Verkaufs". *acquisa* 12, 1994, S. 27–29.

Luhmann, N. (1964): Funktionen und Folgen formaler Organisationen. Schriftenreihe der Hochschule Speyer, Band 20. Berlin (Duncker & Humbolt).

Maul halten, zahlen. *Der Spiegel* Nr. 26/1994. S. 68–77.

Peters, T. (1989): Thriving on Chaos. Handbook for a Management Revolution. (first publ. in 1987). London (Pan).

Peters, T. (1993): Jenseits der Hierarchie. Liberation Management. Düsseldorf/Wien/New York/Moskau (Econ).

Schimmel-Schloo, M. (1994): Den Kunden aus den Augen verloren? Bericht über den deutschen Marketing-Tag. *acquisa* 12: 39–40.

Schüppenhauer, J. (1994): Entwicklungstendenzen interner Dienstleister im Handel. Vortrag anläßlich der Tagung „Agil statt stabil – Der zweite Frühling interner Dienstleister",Frankfurt 4.2. 1994.

Simon, F.B. (1991): Innen- und Außenperspektiven. Wie man systemisches Denken im Alltag nützen kann. In: P. Watzlawick, u. P. Krieg (Hrsg.): Das Auge des Betrachters. Beiträge zum Konstruktivismus. München/Zürich (Piper), S. 139–150.

Willke, H. (1994): Systemtheorie II: Interventionstheorie. Grundzüge einer Theorie der Intervention in komplexe Systeme. Stuttgart/Jena (Gustav Fischer).

LEIDENSCHAFTEN UND ANDERE *ERROTICS* ODER: WEGE ZUR INNOVATION

„Das Forschen ist ein Verhalten, eine Leidenschaft. Im Grunde ein unerlaubtes Verhalten; denn wie die Trunksucht, die Geschlechtssucht und die Gewaltsucht, so bildet auch der Zwang, etwas wissen zu müssen, einen Charakter aus, der nicht im Gleichgewicht ist. Es ist gar nicht richtig, daß der Forscher der Wahrheit nachstellt, sie stellt ihm nach. Er erleidet sie", heißt es bei Robert Musil. Wissen will man. Und das Wissen definiert die nächsten Fragen, es treibt einen voran, es ist beinahe zwanghaft, wie es nach neuen Rechtfertigungen sucht, auf Widerlegungen stößt, neuerlich einen Anlauf nimmt, wieder Fragen stellt, beobachtet, hypothetisiert, experimentiert und wieder beobachtet. Diese Schleife wird durchlaufen, wieder und wieder. Es ist wie eine Sucht, die immer wieder neuen Stoff braucht; ein unerlaubtes Verhalten.

Sie werden uns vielleicht recht geben, daß diese Beschreibung neugierigen Forschens nicht die Realität aller existierenden Unternehmen trifft. Auch unserer Erfahrung nach ist es so, daß Neugier in vielen Unternehmen eher verhindert denn gefördert, geschweige denn gelebt wird. Wie bei der Motivation, die sich leichter zerstören als aufbauen läßt, kann man auch die Neugier leichter abstellen als sie wieder in Bewegung setzen. Denken wir an unsere Kinder. Wie neugierig sind sie, und wie intensiv sind sie dabei, die Welt zu entdecken und zu erforschen. Wo kommt diese Neugier hin, wenn die Kinder groß werden? Es ist doch nicht so, daß Jugendliche irgendwann sagen: „Soviel wollte ich gar nicht wissen", und aufhören würden, Fragen zu stellen. Wie kommt es, daß die Fragen dennoch verlorengehen?

„Sei nicht so neugierig!", wie oft bekommen das Kinder zu hören? Die kleinen Fragegeister hören den Satz meist dann, wenn sie etwas wissen wollen, worauf die Eltern keine Antworten haben, und das als peinlich oder störend empfunden wird, oder sie keine geben wollen, weil Tabus angesprochen oder Schamgrenzen berührt werden. Neugier gilt als frech, unsittlich und vielfach als schlechtes Benehmen. Da könnte ja jeder kommen! Der lebendige Wissensdurst, die Gier nach Neuem wird wenig belohnt. Auch die mit Neuem einhergehende Begeisterungsfähigkeit, die Freude, ja geradezu Besessenheit wird erfolgreich gestutzt. Dabei ist das eine lebenswichtige, für die ständige Erneuerung notwendige Energie. Sie verleiht mehr Energie für engagierte Stimmen in heftigen Diskussionen und hitzigen Debatten im Ringen um die Sache. Gute Ideen werden selten durch Schweigen geboren. Statt dessen braucht es „Drive", Enthusiasmus, den „Eifer des Gefechts", funkelnde Augen, kurz: Leidenschaft für die Sache.

So wie es gesellschaftliche, kulturelle Barrieren für die Neugier gibt, bestehen auch unternehmensspezifische, kulturelle Barrieren. Nichts ist lähmender für die Neugier, als auf Tabus zu stoßen. Tabus zu durchleuchten, das interessiert ja nur den „Fremden", den Anthropologen. Für die „Stammesangehörigen" sind Tabus der Fingerzeig, eben keine Fragen mehr zu stellen. Da fällt einem nichts mehr ein, was wissenswert wäre. Man akzeptiert die Grenze automatisch. Wo vorher noch Wissensdurst war, erscheint jetzt ein blinder Fleck. In unserer westlichen, neuzeitlichen Kultur ist die Grenze zwischen Wissen und Nichtwissen immer wieder geschützt worden. Geheimes Wissen, Wissen, das nur besonders Ausgewählten – Priestern, Logenbrüdern etc. – zugänglich sein durfte, markierte die Grenze. Die *Curiositas*, zum Laster erklärt, wurde eingeschränkt, begrenzt, kanalisiert.

Heute muß die Curiositas wieder zur Tugend erhoben werden. Nur das neugierige Unternehmen hat die Chance, innovationsführend zu werden. Nur Unternehmen mit Menschen, die sich der Forschungssucht hingeben und leidenschaftlich bestrebt sind, neues Wissen voranzutreiben, zu nutzen und die respektlos genug sind, sich über bestehende, konventionelle Grenzen und Gräben hinwegzusetzen, die werden in den dynamischen und wissensintensiven Märkten von Bedeutung sein. Denn der Druck und das Tempo, das herrscht, läßt den Amateurforscher, der, wie in dem berühmten Biedermeier-Bild Spitzwegs, verträumt mit seinem Netz dem Schmetterling hinterherstolpert, alt aussehen. Hier hält nur derjenige mit, der sich mit aller Leidenschaft, die seine Arbeit beseelen kann, und mit aller Kraft ins Zaumzeug schmeißt. Einstein hat seine Erkenntnisse auch nicht beim Fliegenfischen erlitten, wenngleich er wußte, daß kreatives Forschen mehr ist, als diszipliniert und von der Stechuhr angehalten am Schreibtisch zu hocken.

Viele große Entdeckungen der Wissenschaft sind oftmals weniger Produkt rationaler Synthese bisheriger Erkenntnisse, als gänzlich irrationale „Erträumungen". Neues Wissen – also das Hinausgehen über das Prozessieren des Bisherigen – verwendet Material und Inspirationen aus allen Dimensionen geistiger und emotionaler Prozesse. Albert Einsteins Einsicht in die Konstanz der Lichtgeschwindigkeit war beispielsweise keineswegs nur das Ergebnis rationalen Nachdenkens, sondern eine Idee, die auch aus ganz anderen Tiefen geschöpft hat. Auch Werner Heisenberg und Niels Bohr haben sich ihrer Ideen über das Atommodell sicher gefühlt, obwohl sie zum damaligen Zeitpunkt gar nicht zu beweisen waren. Woher stammt diese Sicherheit, die neuem Wissen die Bahn bereitet?

Das alltagskulturelle Bild der Wissenssuche läßt rasch den abgehobenen Denker – den, der ganz Kopf ist – auf den Bildschirmen der Gesellschaft erscheinen. Der Forscher ist nicht der, der sich in den Randbezirken der Städte, in den Wäldern und den jugendlichen Subkulturen herumtreibt, sondern der, der im weißen Kittel im Labor – antiseptisch, objektiv, neutral

– eine chemische Reaktion begutachtet. Der disziplinierte Denker kommt vor dem „mentalen Nomaden", wie sich der Leiter der Forschungs- und Entwicklungsabteilung in einem Audio-Tech-Unternehmen selbst bezeichnete? Dieser Bias Richtung „reiner Geist" – „ Ich denke, also bin ich" – verführt dazu, körperliche, sinnliche und emotionale Wahrnehmungen, Sensationen und Erfahrungen außer Acht zu lassen. Gleichzeitig sind originäre Erfahrungen, also solche, die nicht second-hand-berichtet oder bereits geistig-wissenschaftlich gefiltert sind, jene, die am kraftvollsten Anstöße für neue Ideen und Konzepte liefern. Der oben erwähnte Forschungs- und Entwicklungsleiter geht regelmäßig auf Streifzüge. Wohin? Er verbringt etwa ein Viertel seiner Zeit in gesellschaftlichen Randgruppen wie in Hamburg St. Georgien (Drogenstrich), Berlin Oranienburg (Hausbesetzerszene), Textilmessen in Londoner Werften, in Jugendgruppen bei Künstlern etc. „Alle Produktideen sind dort, am Rande, beim Herumtreiben im Felde, entstanden." Denn „auf dem Golfplatz oder netten Eröffnungsapéros lerne ich nichts! Aber am Rande, da geht die Post ab!"

Darüber hinaus befragt er das I Ging, macht Rebirthing, Reichsche Körpertherapie, Ausbildung in Organisationsentwicklung und fragt sich zum Beispiel, was Greenpeace mit seiner Audio-Tech-Firma gemeinsam hat. Eine nicht gerade alltägliche Frage für einen FuE-Leiter. Wohlgemerkt: einen erfolgreichen FuE-Leiter.

Wir sind dauernd unterwegs und kommen nicht weg. Was ist das für eine andere Welt, in der sich gute Teile des Managementgeschehens dieser Wirtschaft abspielen? Man arbeitet im klimatisierten Büro mit dem Rücken zum Fenster, steigt ins Taxi, fährt zum Flughafen, geht ins klimatisierte Hotel in einer fremden Stadt und womöglich noch fremden Kultur, sieht nichts davon, sondern sitzt in klimatisierten Räumen seinen Gesprächspartnern gegenüber, die leichte Variationen in den Krawattenfarben gegenüber „daheim" aufweisen, steigt wieder ins Flugzeug usw. Man ist ständig unterwegs und kommt nirgends an, bzw. besser gesagt, man ist ständig unterwegs und kommt gar nicht weg. Die originärste Erfahrung ist der Erwerb eines neuen Parfums und etwas Schockolade für „die Lieben zu Hause". Man lebt in einer abgeschlossenen Welt, die auf die Vermeidung unmittelbarer, fremdartiger Erfahrungen baut. So kann man unterwegs sein – aber was bekommt man mit?

„Manche Manager tragen das Zeichen des Todes auf der Stirn", meint Hartmut Esslinger von *frogdesign*, von denen sind keine lebendigen Impulse zu erwarten, denn sie können nicht mehr wie Kinder vor Überraschung und Freude staunen und sich über etwas begeistern. So sehr Wissen Instrument für geschäftliche Zwecke ist, so sehr ist seine Entwicklung auf jene Wärme angewiesen, die aus der Reibung des forschenden Sehnens und Suchens entsteht. Und dazu ist es notwendig auch einmal die heimatlichen Büroräume und die, wenn auch farbtherapeutisch aufgefrischten Seminarräume der

Hotels in der Nähe der Städte zu verlassen und sich „auszusetzen". Auch wenn es dazu Überwindung braucht.

Die Abenteuerlust, sich „aussetzen" und Neugier muß im Rahmen des Alltagsgeschäfts gestillt werden und nicht in Erlebnisseminaren. Dazu muß sie allerdings erwünscht und anerkannt werden. (Hinter-)Fragen müssen auf allen Ebenen nicht nur erlaubt, sondern auch beantwortet werden. An vermeintlichen Gitterstäben muß gerüttelt werden können, und zwar im Alltagsgeschäft und nicht nur im Seminar. Das bildet den Nährboden, auf dem wächst, wonach sich alle Unternehmen sehnen: das Neue. Innovationen gedeihen nur, wo Neugierige, wo von Ideen Besessene und Begeisterte arbeiten. Übrigens: Begeisterung wirkt wie eine ansteckende Krankheit.

Führungskräfte können zu diesem Zweck neugierige Fragen über Neuerungen, über Ideen und irritierende Abweichungen stellen. Werden diese Fragen kontinuierlich fokussiert, so kann langsam, unspektakulär, ohne große Deklarationen eine breitere Aufmerksamkeit für die Kreation von Neuem entstehen. Die Neugier wird salonfähig, wird professionalisiert, und Wissensentwicklung wird zum potenten Antrieb des Unternehmens.

Das Unternehmen als „Lab"

Welche Art von Unternehmen bietet einen Nährboden für Neugier und Leidenschaft? Stellen Sie sich das Unternehmen als Laboratorium, als „Lab" vor. Was passiert dort? In erster Hinsicht wird leidenschaftlich nach Neuem gesucht, experimentiert, ausprobiert, getestet, denn Wissen entsteht vor allem aus Versuch und Irrtum, *trial and error*.

Im Lab werden Versuche mit Disziplin geplant und durchgeführt. Die Ergebnisse, seien es Erfolge oder „Mißerfolge", werden reflektiert, um den Innovationsmotor zu zünden. Wie könnte das aussehen? Zum Beispiel mit acht Leuten, aus den verschiedensten Bereichen oder Funktionen, die die Freiheit haben, zu denken, zu phantasieren und zu träumen, ohne gleich mit der Frage „Was bringt's?" konfrontiert zu werden. Und jetzt sorgen Sie für eine strenge Ordnung, in der alle fundierte Regeln befolgen müssen. Welche? a) beim Thema bleiben, b) zu wilden Ideen ermutigen und auffordern, c) jegliche Kritik während der Ideenproduktion unterlassen (fällt uns meistens am schwersten), d) auf den Ideen anderer aufbauen und e) jeweils ein Gespräch und kein lautes Durcheinander. Das sind Strukturen gemeinsamen Denkens, die vorwärts bringen. Es klingt ja so einfach und simple, aber – das ist eben der feine Unterschied zwischen Menükarte und Menü ...

Das häufigste Gitter, das das Denken und Handeln derjenigen begrenzt, die weitsichtig denken und Grenzen sprengen sollen, nennt sich Null-Fehler-Politik. Dabei entstand so manche bahnbrechende Innovation aus der

Freiheit, Fehler machen zu dürfen, um Neuland zu entdecken. Nicht nur Penicillin oder Valium, sondern auch das von den Schreibtischen nicht mehr wegzudenkende scheinbar triviale Post-it oder der Walkman. Es waren unerwartete Ergebnisse, vermeintliche Flops, die jedoch, da richtig erkannt, heute Millionen einbringen. Der Kolumbus-Effekt muß auch in Unternehmen wirken. Mitarbeiter müssen hinten herum nach Indien reisen dürfen. Wer weiß, welche Kontinente sie dabei entdecken. *Trial and error* ist immer noch der sicherste Weg zum Erfolg. Und wer ihn einmal gegangen ist, weiß, wie lustvoll der kreative Umgang mit Fehlern ist: *errotics*.

Wenn dann Kontinente in Sicht sind, dann sorgen Sie dafür, daß die vielversprechensten Ideen faßbarer und anschaulicher werden. Dazu können Prototypen gebaut oder simuliert werden, ganz ohne lange Analysen, ohne 14 Unterschriften oder ausgefeilten Zweijahresplanungen, sondern nach dem Motto: *do it – then fix it*, und zwar schnell und einfach. Während des Ausgestaltens der Idee wird erkannt, wie was gestaltet werden könnte, und – was man verwerfen muß. Auch das muß gekonnt sein. Mit Ideen flirten, und dies bitte heftigst, aber sich nicht zu schnell verheiraten. Na eben, Sie wissen schon: mit vielen Fehler zum schnellen Erfolg: *errotics* ...

Was die Prototypen anbetrifft, so lassen sich diese nicht nur für Produkte anfertigen, wie landläufig geglaubt, sondern auch für Dienstleistungsideen oder organisatorische Abläufe. So entwarf eine große Schweizer Versicherung ein weitreichendes neues Leistungskonzept. Um dies plastischer zu gestalten, drehte sie einen Film, in dem ein Versicherungsangestellter gemäß dem neuen Konzept „einen Fall abwickelt". In der Geschichte wird deutlich und für den Zuschauer miterlebbar, welche Veränderungen, welche neuen Haltungen und Verhaltensweisen das neue Dienstleistungskonzept konkret bedeuten wird und wieweit es ein erneuertes Unternehmen voraussetzt. Es ist ein verbildlichter Prototyp. Die Unterschiede zur heutigen Realität sind derart frappant, daß bereits bei der ersten Vorführung in der Unternehmensleitung die Diskussionen entsprechend heftig waren. Sprach man zuvor noch einigermaßen kühl und distanziert über das neue Programm – so wie man bislang immer mit wohltemperierter Energie über Innovationen gesprochen hatte – „alles halb so wild" –, machte der Film, der in seiner visuellen Sprache viel emotionaler ist, erfahrbarer, was Sache sein soll. Die Diskussionen brachten eine Menge an Ideen und Argumenten sowohl für die Befürwortung als auch für die Ablehnung hervor. Damit konnte weitergearbeitet werden, und es war zugleich sicherer, daß dieses neue Konzept, wenn es verabschiedet werden sollte, keine Frage eines halben *Commitments* sein würde. Das Ziel ist es, diesen Film der gesamten Belegschaft, mehreren Tausend Mitarbeitern, zu zeigen, um die angepeilte Richtung zu verdeutlichen und im wahrsten Sinne des Wortes „vor Augen zu führen" und Anlaß für die notwendigen Diskussionen zu schaffen.

Fahren im Neuschnee

Das oben skizzierte Selbstverständnis des Unternehmens als „Lab“ ermöglicht eine andere Sicht auf die täglichen Aktivitäten. Während der „Praktiker“ bislang meist glückliche, unbeeinflußbare Zufälle sieht – oder auch nicht –, die er ausnutzen kann (wenn er weiß wie), sucht und erkennt der „Experimentierer“ neue Gesetzmäßigkeiten. Eine Dynamik der unternehmerischen Kreation (statt der Fehlervermeidung) entsteht. Sie wird gestützt durch eine positive Einstellung gegenüber vermeintlichen Fehlern, die Überraschungen und „Fehler“ produziert, ja, sie eben geradezu sexy empfindet, um sie zu kommerzialisieren. Fragen wie: „Was bedeuten sie? Wozu sind sie eventuell dienlich, jenseits des bisherigen Vorhabens oder Ziels?“ helfen dabei. Wohlgemerkt: dies hat nichts mit „feucht-fröhlichem Chaos“ zu tun, wenn auch die aufkommende Freude, Neugier und lockere Atmosphäre nicht schadet. Denn diese Prozesse werden nicht durch hohe Regelungsdichte gemanagt. Es ist die zielstrebige Auslotung von unbegangenen Bahnen in neue Territorien, die die Dynamik steuert. Es ist wie Fahren im Neuschnee.

Dies ist zwar schwieriger und anstrengender als auf markierten, gut präparierten Pisten, hinterläßt aber sichtbare Spuren mit einer ästhetischen Einzigartigkeit. Fehltritte, unerwartete Perspektiven, Wetterumstürze, kurz: Überraschungen werden antizipiert. Man ist auch bereit, auf die Nase zu fliegen und bis auf die Haut naß zu werden. Das ist mental vorgesehen und managebar.

Selbstverständlich braucht es in Unternehmen nach wie vor routinierte und standardisierte Tätigkeiten, mit determinierbaren Ergebnissen und möglichst ohne Überraschungen. Aber Neuschneefahren ist ja auch nicht jedermanns Sache, und das ist gut so. Bloß, wer ist heute überhaupt bereit, derartige Anstrengungen und Risiken einzugehen, aus- und durchzuhalten und gegebenenfalls zu leiden? Die Ferienwohnung ist schon für nächsten Februar in Davos gebucht, Unsicherheiten sind nicht willkommen, und so fahren alle auf abgefahrenen Pisten, bis die Steine nicht mehr zu umfahren sind oder das blanke Eis durchkommt oder die Abfahrten schlichtweg so überfüllt sind, daß Stürze unausweichlich werden.

Übrigens: Eine internationale Studie zeigt, daß 21 Prozent der Unternehmen heute ihr Wissen durch Experimentieren entwickeln. Diese Unternehmen sind

- tendenziell die ersten in ihren Märkten mit neuen Produkten und besitzen die höchste Wettbewerbsfähigkeit;
- flexibel in der Organisierung und am besten für Unternehmenswandel geeignet;
- besonders in den Branchen, die einem rapiden Wandel unterworfen sind, die besten Unternehmen;
- mehr in Asien als in Nordamerika oder in Europa vertreten;

Ihr Management ist
- bereit, neue Ideen auszuprobieren, die noch nicht vollständig getestet und „bewiesen“ sind;
- dafür manchmal zu schnell und es überlegt sich zu wenig Alternativen.

Wodurch zeichnen sich „Labs“ aus?

- Sie bieten sinnstiftende und attraktive Aufgaben.
- Es wird lustvoll und mit großer Disziplin komponiert, improvisiert, experimentiert: *errotics*.
- Die Ergebnisse und Vorgehensweisen werden reflektiert.
- Neugier und Phantasie führen Regie und nicht nur die Finanzen.
- Sie fördern die Autonomie statt die Infantilisierung, die zur verlängerten Pubertätskrise führt.
- Sie bieten *Sabbaticals* zur regelmässigen Aufladung von Know-How statt Behandlung von Burnouts.
- Sie sichern die Perspektiven des einzelnen auf dem Arbeitsmarkt und nicht den Arbeitsplatz, indem die Aufgaben die individuelle Professionalität weiterentwickeln.
- Sie funktionieren nach dem Vertrauens- und nicht nach dem Geheimdienstprinzip.
- Es wird hart an der Sache debattiert und engagiert um Meinungen gestritten.
- Ideen sind wichtiger als *Politics*.

„Neuschneefahrer“ sind an folgenden Merkmalen erkennbar:

- Sie können Skifahren,
- suchen und brauchen das Gefühl der Freiheit,
- sind diszipliniert,
- überwinden durch sorgfältige Vorbereitung ihre Angst,
- können das Machbare einschätzen,
- können mit Unsicherheiten gut umgehen,
- zeigen Durchhaltevermögen,
- sind locker in den Knien, um Unerwartetes besser abfedern zu können,
- sind bereit, auf die Nase zu fliegen und naß zu werden
- haben passionierte Freude am Unberührten
- haben Willen zur eigenen Spur.

Literatur:

Gibbson, M. et al. (1994): The new production of knowledge. London (Sage Publications).

Ulrich, D., M.A. v. Glinow a. T. Jick (1993): High-Impact Learning: Building and Diffusing Learning Capability. *Organizational Dynamics* 4.

Schmitz, Ch. u. B. Zucker (1996): Wissen gewinnt. Düsseldorf (Metropolitan).

Schmitz, Ch. u. B. Zucker (1995): Wissen nutzen statt verspielen. *Gablers Magazin.*

Zucker, B. (1996): Hundertmal abgecheckt – Mißerfolg garantiert. *Die Weltwoche.* Nr. 19, vom 9.5.1996.

PRAKTISCHES ZUKUNFTSMANAGEMENT ODER: WIE MAN DER ZEIT IMMER EINEN SCHRITT VORAUS SEIN KANN

Der Autor war zehn Jahre in verschiedenen Vorstandsausschüssen einer multinationalen Großfirma (auch in dem für Strategiefindung) tätig und hat über 100 große Organisationen in Europa beraten. In den heutigen Veränderungssituationen möchte er Manager aller Ebenen ermutigen, aktive Zukunftsgestaltung auch jenseits der strategischen Megafragen zu betreiben. Viele der vorhandenen Schwellen in der Strategiefindung lassen sich relativ leicht überwinden, wenn man eine „Demokratisierung" erlaubt.

Kernkompetenzen im industriellen Megaspace

Das vieldiskutierte Buch *Competing for the Future* (Hamel a. Prahalad 1994) hat die Strategiediskussion wieder aufleben lassen. Den Autoren kommt damit sicherlich einmal das Verdienst zu, die Strategiefindung vom alleinigen Produktfokus zu lösen und mit dem Thema der Kernkompetenzen statt dessen auf die vorgelagerten internen Wertschöpfungsfragen zu konzentrieren. Zum anderen werten sie damit die Personalperspektive wieder auf und bringen die unselige „Rasenmäher"-Mentalität des Downsizing in Mißkredit.

Außerdem erlaubt ihre Wiederaufnahme des Konzeptes des eigentlichen Unternehmensauftrages (*strategic intent*) eine gezielte Umsetzung der Kompetenzfrage. Aber bereits hier heben sie in Sphären ab, die selbst nach ihrer eigenen Meinung nur eins bis drei Prozent der heutigen Manager betreffen. Mit der Diskussion „Toyota gegen VW" begeben sie sich in eine Perspektive, die nicht mehr Helikopter-Distanz hat, sondern für unsere europäische Situation eher als orbital bezeichnet werden muß.

Das Redefinieren von weltweiten Industrien durch das Erzwingen neuer Spielregeln wird wohl nur in den seltensten Fällen möglich sein. Hamel und Prahalad tragen damit zu der elitären Sicht bei, daß strategisches Arbeiten etwas Abgehobenes ist, das nur ganz wenigen vorbehalten ist. Durch die Diskussion der Kernkompetenzen wird diese Megasicht zwar etwas praktischer, aber die Grundfrage der richtigen Positionierung von Kompetenzen wird weiterhin am Erreichen der Megastrategien (neue Produkte für neue Märkte) gemessen. Auch andere von ihnen geforderte Randbedingungen wie die langfristige Stabilität des Managementteams erscheinen uns nicht sehr realistisch: gerade diese Teams sind meist am innovationsfeindlichsten.

Zukunftsmanagement als unternehmerischer Alltag

Unsere Erfahrung mit strategischem Verhalten auch in amerikanischen Organisationen ist viel europäischer, sicherlich pessimistischer, aber auch differenzierter. Sie basiert auf der trivialen Einsicht, daß Strategien von Menschen gemacht werden. So haben wir echte Veränderungen von Industrien praktisch nie als bewußte Gestaltung von Megagrößen erlebt, es sei denn die betreffenden Manager standen mit dem Rücken zur Wand und es ging um das simple Überleben.

Vielmehr haben wir hautnah erlitten, wie hervorragende Konzerne von neuen Spitzenmanagern auf die Größenordnung zurechtgestutzt wurden, deren Komplexität sie gerade noch erfassen konnten. Wir haben Akquisitionen erlebt, die nur persönlichem Machtstreben dienten, und wir haben in mittelmäßigen Firmen beraten, deren Chefs sich mit total neuen Produkten persönliche Denkmäler setzten. Vielleicht werden sie später einmal als *Success Stories* von den Business Schools gefeiert?

Wenn aber diese egozentrischen Antriebsfedern die wirklichen Motivatoren großer strategischer Entscheidungen sind, dann ist es nicht verwunderlich, daß viele dieser Ideen und damit auch ihre Protagonisten scheitern. Selbst wenn diese zugegebenermaßen extreme Sicht nicht voll zutrifft, hat man doch immer noch das bekannte Problem, daß Managementfähigkeiten in ihrer Wirkung hochgradig abhängig sind von der Entwicklungsphase, in der sich ein Unternehmen befindet.

Damit ist die Trefferwahrscheinlichkeit sicherlich gering, gerade zum richtigen Zeitpunkt den richtigen Manager mit der richtigen strategischen Kreativität zu haben. Außerdem müssen diese Personen dann noch die notwendige positive Energie haben, sich dieser risikoreichen Betätigung hinzugeben. Nimmt man Hamel/Prahalads Erfahrungswert, dann sind 97 Prozent aller Manager aber damit beschäftigt, so gut wie die Konkurrenz (Firmen oder Personen) zu bleiben oder zu werden. Dies ist zugegebenermaßen bereits eine echte Herausforderung, so daß bei herkömmlicher exklusiver Arbeitsweise kaum Energie zu einer aktiven Zukunftsgestaltung übrigbleibt.

Aus dem Gesagten ergeben sich einige Konsequenzen, die wir im Laufe von 15 Jahren praktischer Strategiearbeit Schritt für Schritt erlernt haben. Im folgenden bieten wir sie als Anregungen an, wobei es uns wichtig ist, auf Machbarkeit abzuzielen, zu entmystifizieren und strategische Arbeit als etwas ganz Alltägliches, Normales darzustellen, das sich deutlich von Megaspace-Problematiken abhebt und nicht mehr einer Elite vorbehalten ist.

Schwerpunkte sind dabei die folgenden Aussagen, deren Konkretisierung im betrieblichen Alltag wir anschließend ausführen. Diese Lösungsvorschläge sind in der Realität vieler Organisationen erprobt worden, müssen aber jeweils richtig dosiert und in der richtigen Mischung „verabreicht" werden. Die Spannweite reicht je nach Situation von „chirurgischen" Interventionsstrategien (zum Beispiel bei *Turnaround*) bis zu „homöopathischen" Entwicklungsansätzen (Personalentwicklungsmaßnahmen).

1. Kernkompetenz als Quelle der strategischen Planung

In unserer Erfahrung haben die systemischen Managementansätze und die zur Mode werdenden Ansätze zur lernenden Organisation der letzten Jahre beachtlich dazu beigetragen, mehrere der Hemmschwellen in diesem Umfeld zu verringern. Dies gilt vor allem hinsichtlich des Versuchs, größere Zusammenhänge gemeinsam zu sehen und zu planen. Durch das gleichzeitige Aufwerten der humanen Dimension in der Diskussion der Kernkompetenzen wurde für unseren Kontext auch die Entprivilegierung der Strategiearbeit erleichtert.

Strategische Arbeit als bewußte Zukunftsgestaltung kann von jedem Individuum, jeder Gruppe und damit auch von jedem Firmenteil gemacht werden. Für eine Organisation ist es daher am besten, einen guten Querschnitt der Kompetenzträger in ein organisationsübergreifendes, offiziell ernanntes Strategieteam zu integrieren, speziell als solches zu chartern und im Topmanagement zu verankern. Später können dann fallweise weitere Kernkompetenzler und Kundenvertreter in diesen Prozeß eingebunden werden. Damit verläuft die Strategiefindung nicht mehr ausschließlich *top-down*, sondern hat bewußte *Bottom-up*-Elemente.

Mit dieser Art der mehrstufigen Repräsentanz zunächst der internen (heutige und zukünftige) Kompetenzträger sowie dann der Vertreter der externen *Stakeholders* begibt man sich auf den Weg einer systemischen Unternehmensplanung, wenn es gelingt, den Prozeß und seine Ergebnisse als selbstverständlichen Bestandteil des unternehmerischen Alltages zu etablieren.

Viele kleine, aber „richtige", aus der Organisation gewachsene und gut fokussierte Entscheidungen sind oft mehr wert, als Megaveränderungen, die den Mitarbeitern von oben aufgezwungen werden. Je breiter die Beteiligung bei der Vorbereitung von Strategien ist, desto einfacher sind sie organisatorisch zu realisieren. Gute Ideen müssen schließlich auch umgesetzt werden. Eine organisatorische Amöbe ist meist langfristig erfolgreicher im Überleben, als glänzende Stars, die meist kurze Lebensdauer haben.

Daraus sollte man aber nicht ableiten, daß der vorgeschlagene Prozeß zum Beispiel alle *Knowledge Worker* einer Organisation umfassen sollte. Das Kernteam mit dem Spitzenmanager sollte nach unserer Erfahrung nicht mehr als 15 Mitwirkende haben. Viel wichtiger als die Anzahl sind die Streuung über die Organisation (abseits liegende Standorte nicht vergessen!), ein guter Querschnitt über die Kompetenzen (vor allem der zukünftigen) und eine permanente Einbeziehung Dritter.

(Es ist eigentlich verwunderlich, daß Hamel/Prahalad eine konsequente Weiterentwicklung der Kernkompetenz-Idee in die Strategiefindung selber nicht vorschlagen. Vielleicht stellt die dann logische und von uns vorgeschlagene Delegation der strategischen Arbeit auf die Träger der Kernkompetenzen doch zu sehr das Hierarchiegefühl vieler Topmanager in Frage.)

2. Strategische Kreativität als Lernprozeß gestalten

Am besten funktioniert strategisches Arbeiten in größeren Organisationen, wenn es gelingt, die kreativsten Elemente der Kernkompetenzen so in einen strategischen Lernprozeß einzubinden, daß unter der intellektuellen Ausrichtung einer strategischen Absicht (einer Vision) möglichst breit verankerte Veränderungen in einfachen und schnellen Prozessen permanent generiert und ausgewählt werden können.

Anregung 1 zum strategischen Lernen: Zukunftsmanagement „demokratisieren"

Viele der heute gern verwandten psychologischen Erklärungsmuster für den Erfolg oder Mißerfolg von Führungsteams haben nach unserer Sicht die sowieso schon vorhandene Rückwärtsorientierung noch verstärkt. Statt dem Schaffen von Neuem dominieren oft Ursachenforschung und Fehlerzuweisungen an Individuen den Prozeß. Viel zu häufig bleibt man dann bei der Trauerarbeit am Alten hängen, und das Neue macht weiterhin Angst und wird konsequenterweise vertagt. Damit erweist sich der psychologisierende Ansatz, wie er zum Beispiel stark von der Organisationsentwicklungsschule amerikanischer Ausprägung vertreten wird, als ernstes Hindernis zu einer Öffnung der Unternehmensführung in die Zukunft. Rückwärtsschau erzeugt viel Pessimismus und erstickt die Kreativität, die nötig wäre, um die Herausforderungen der Zukunft mit Aussicht auf Erfolg anzugehen. Selbst Entlernen fällt dann schwer.

Seit Jahren arbeiten wir deshalb nach dem *Key-People*-Prinzip. Dieses berücksichtigt für die Strategiearbeit Mitarbeiter dreier Kategorien: einmal Know-how- (=Kompetenz-)Träger, dann auch solche, die für ihre Dynamik und Kreativität bekannt sind, sowie solche, die sich als offene Widersacher gegen bereits diskutierte Ideen zu erkennen geben. Insbesonders die Letztgenannten erweisen sich oft als wichtige Protagonisten für dann im Konsensus getroffene Entscheidungen, da sie durch ihre Offenheit bekannt sind und genügend Energie haben, sich zu differenzieren.

Damit kann man eine Auswahl aus dem meist nur schwach vorhandenen Kreativitätspotential einer Organisation treffen und diese als Energiequelle einsetzen. Dabei ist aber eine neue Etitebildung zu vermeiden. Dies gelingt wenigstens teilweise durch die Entpersonifizierung des Ideenschaffungsprozesses. Einmal beauftragt man möglichst multifunktionale und multihierarchische Strategiegruppen, die im Teamansatz arbeiten sollten. Zum anderen sollten die von ihnen vorgeschlagenen Ideen sich niemals auf Individuen zurückführen lassen. Diese Anonymität der Kreativität ist ein wichtiger kritischer Erfolgsfaktor: Er „neutralisiert" die Strategien und minimiert personenbezogene Aversionen.

Anregung 2 zum strategischen Lernen: Strategiefindung als offener Teamprozeß

Elitedenken und die Furcht, als Urheber „falscher" strategischer Vorgaben identifiziert zu werden, haben dazu geführt, daß Spitzenmanager möglichst wenig Zukunftsmanagement machen wollen. Selbst, wenn einige unternehmerische Ausrichtungselemente beschlossen wurden, verweigern sie oft Stellungnahmen zumindest im „größeren Kreis", um möglichst nicht formal als Quelle dieser Aussagen identifiziert werden zu können. Mit Ausnahme der Situationen, in denen die Bekanntgabe von Strategien offensichtlich unsinnig ist, wie bei Akquisitionen und Buy-Outs, kann man nach unserer Erfahrung aber hervorragende Ergebnisse durch eine breite Beteiligung am Zukunftsmanagement erreichen. Der Prozeß wird so demystifiziert und auf eine breite Konsensbasis gestellt, die eine Umsetzung wesentlich erleichtert.

So dringen wir immer darauf, aus dem eigenen Hause völlig hierarchieunabhängig Wissensträger aller direkt und indirekt beteiligten Stellen in die Strategiefindung einzubeziehen. Dabei ist es gleichgültig, ob sie Befürworter oder Gegner der gewünschten Veränderungen sind. Auch ist es erfolgskritisch, einen Vertreter des Topmanagements in dem Kernteam zu haben. Diese Person sichert dann den wichtigen Zugriff zu dem oder den Entscheidungsgremien ab und verleiht dem Team das nötige Gewicht. Da strategische Fragen sehr viel Image mit sich bringen, ist es leider auch bekannt, daß die Spitzenmanager diese Rolle manchmal dazu benutzen, sich selbst in den Vordergrund zu stellen oder die Ergebnisse des Teams zu oktroyieren.

Fast immer ist es ebenfalls hilfreich, Vertreter von Kunden zumindest in einige Teilschritte oder Unterteams der Teamarbeit einzubeziehen. Wo dies nicht so einfach ist, wie zum Beispiel in einem Krankenhaus, sollten auf jeden Fall Mitarbeiter im Strategieteam vertreten sein, die kundennah tätig sind. Oft sollte auch nicht vergessen werden, von Anfang an Vertreter der Mitarbeiter beziehungsweise der Gewerkschaften an den Veränderungsdesigns zu beteiligen. Das Prinzip sollte sein, alle wichtigen Stakeholdergruppen frühzeitig und direkt oder durch kenntnisreiche Vertreter an der Zukunftsgestaltung teilhaben zu lassen.

Derartig gemischte Strategieteams erleichtern nicht nur die Umsetzung, die Mitwirkenden bringen auch unterschiedliche Dringlichkeitsgefühle mit, die sich auf die zeitliche Erstreckung der Strategien beziehen. Während Kunden, Topmanager und verkaufsnahe Mitglieder meist das Kurzfristige betonen, neigen oft jüngere Spezialisten zu mittel- und langfristigen Ansätzen. Damit wird der Prozeß viel reicher; die verschiedenen Perspektiven können durch zeitlich gestaffelte Szenarien Ausdruck finden und dienen einer einfach zu verstehenden Plausibilitätskontrolle der Ideen. Das Arbeiten im Team trägt so wesentlich zur Sensibilisierung gegenüber der Gestaltungsnotwendigkeit auf der Zeitachse bei.

Ein Randproblem hierbei scheint die Einstellung zu sein, daß die Zukunft per Definition ungewiß ist, man also folglich niemals „Recht haben" kann mit seinen Vorhersagen. Dieses ist eine ernste Schwelle, die es vor allem mit unerfahrenen Teammitgliedern zu überwinden gilt. Außerdem wird strategische Planung als Vorgang betrachtet, bei dem ein Ergebnis herauskommt (ein Szenario mit einem Aktionsplan), dessen Qualität an der zukünftigen Realität gemessen wird. Wie oft hat man uns verächtlich strategische Pläne hingeworfen, um die Zwecklosigkeit dieser Arbeit zu beweisen?!

Gegen beide Annahmen hilft eigentlich nur das sofortige Institutionalisieren der Strategiearbeit als ständiger Prozeß mit einem dauerhaft zuständigen Verantwortlichen und einer festen Einrichtung eines Kernteams, zu dem je nach Fragestellung Kompetenzträger hinzugeladen werden. Hier muß durch geschickten Wechsel der Mitglieder vermieden werden, daß sich ein Elitegefühl einstellt, das dann Akzeptanzprobleme beim Management und den Mitarbeitern erzeugt. Von Anfang an müssen regelmäßige *Reviews* der Strategien angekündigt werden, um sicherstellen zu können, daß diese nie als abgeschlossen gelten können. Der Charakter der Lernschleife muß dominierendes Konzept sein.

Anregung 3 zum strategischen Lernen: Pragmatisches Vorgehen

Am leichtesten läßt sich das bisher Vorgeschlagene „auf der grünen Wiese", also zum Beispiel bei einem völligen Neuaufbau einer Organisation durchführen. Wo dies nicht geht, sollte wenigstens versucht werden, logisch sauber in der Strategieplanung vorzugehen: Man spricht von sogenannten „zero-based designs". Diese Vorgehensweise ist allerdings oft mit ihrer Herkunft belastet: Sie stammt nämlich aus dem „zero-based budgeting", das ebenfalls von der Annahme ausgeht: Was wäre, wenn noch nichts vorhanden wäre (also auch keine Finanzmittel)? Diese oft als finanzielle Daumenschraube erlebte Denkweise ist folglich verpönt, planungslogisch aber sehr sauber.

In der betrieblichen Realität ist aber immer viel vorhanden, das mit Besitz- und Sicherheitsgefühlen der Menschen verbunden ist. Deshalb wird das logische, Klarheit erzwingende strategische Denken als „brutal“ empfunden und oft abgelehnt. Meist ist es deshalb notwendig, auch in der Strategiearbeit, die Teammitglieder „dort abzuholen, wo sie sind“.

Das heißt zum Beispiel, daß man bei Ablehnung einer gesamtbetrieblichen Zukunftsplanung durchaus Teilstrategien (sowohl für Unternehmensteile als auch für Einzelszenarien) akzeptieren kann, solange sie als Prozeß verstanden, also kommuniziert, permanent überprüft und fortgeschrieben werden. Richtig vorangetrieben, wird dieser (Lern-)Prozeß dann Fragen aufwerfen, die nur gemeinsam mit anderen Abteilungen, Firmenteilen, Kunden, Zulieferanten gelöst werden können. So kann eine scheinbare Sub-Optimierung im Laufe der Zeit durch den Loop-Charakter des Prozesses durchaus größere Organisationen strategisch ausrichten, solange eine unternehmerische Legitimisierung des Grundprozesses gegeben ist.

Am besten fängt man bei diesem pragmatischen Ansatz dort an, wo man die meiste Energie vermutet. Gelingt es einem, den Prozeß attraktiv zu gestalten, werden andere folgen, Synergien können sichtbar gemacht werden, und oft kann sich die Firmenspitze nicht mehr ausschließen.

Erstaunlicherweise wird bei diesem „Guerrilla“-Ansatz zur Freisetzung strategischer Energie nach unserer Erfahrung gar nicht viel falsch gemacht, obwohl gerade am Anfang eine große Gefahr dafür besteht. Intuitiv wissen die meisten Mitglieder einer Organisation sehr genau, was von Ihnen erwartet wird. Das einzige Szenario, wo dieses allerdings nicht der Fall zu sein scheint, sind Quantensprungveränderungen wie sie zum Beispiel bei Technologiesprüngen oder Turnaround-Situationen vorkommen. Hier besteht unserer Meinung nach kein Ersatz für ein hartes *Top-down-Zooming* für die ganze Geschäftseinheit über relativ große Zeiträume. Gleich wichtig bleibt hier aber auch eine möglichst breite Beteiligung.

3. Strategischer Umgang mit der Zeit

Ein weiteres zentrales Problem des Zukunftsmanagements in der heutigen Situation ist nach unserer Erfahrung im öffentlichen Bereich wie in der Industrie eine völlige Hilflosigkeit gegenüber zwei hochgradig miteinander verknüpften Elementen:

Erhöhung der Komplexität und Beschleunigung der Zeit.

Der Handlungsbedarf für wirklich strategische Entscheidungen steigt quantitativ wie qualitativ enorm an, aber während das theoretische Lösungselement der „Helikoptersicht“ im Umgang mit der Komplexität meist noch bekannt ist, fehlen für die Bewältigung der Zeitfragen praktisch immer die Methoden, die notwendigen Megasichten herzustellen. (Hierzu gibt es einige mittlerweile gut erprobte, einfache Werkzeuge, die aber wegen ihrer Unkonventionalität nicht überall Anklang finden. Dieses ist aber nicht Gegenstand unserer Betrachtung hier. Beispiele wurden vom Autor im 2. Jahrbuch Managerie, hrsg. v. P.-W. Gester, B. Heitger u. Ch. Schmitz, Heidelberg (Carl-Auer-Systeme), 1993 aufgeführt.)

Einer der am häufigsten übersehenen Faktoren bei der Verringerung von Komplexität ist aber die Zeit. Je größer der Abstand zu einem Objekt wird, desto ganzheitlicher kann es wahrgenommen werden. Dieser Abstand kann auch ein zeitlicher sein! So wird in zehn Jahren niemand mehr fragen, welche Gehaltsstufen in den nationalen Telekommunikationsbehörden wie gestaltet werden müßten, um in deregulierten Märkten zu bestehen. Es ist aber höchstwahrscheinlich, daß ein hochflexibles Organisationsdesign mit Marktorientierung strategisch wichtig ist, das Anpassungen an alle möglichen Marktveränderungen erlaubt.

Zeitliche Distanz erzwingt immer eine Konzentration auf das wesentliche, eine Verdichtung auf wenige, dann aber absolut wichtige Eckpfeiler der Unternehmensführung. Damit ergibt sich ein weiterer Ansatzpunkt für eine neue Sicht in der Strategiefindung: Ein bewußtes Umgehen mit der Zeit als wichtigstem Rohstoff des strategischen Denkens wird nötig. Gerade Spitzenmanager sollten hauptsächlich an der Qualität der langfristigen Gestaltung der Zukunft ihrer Organisation gemessen werden. Dazu empfehlen wir ihnen, die folgenden Anregungen als kritische Erfolgsfaktoren für die Zeit- und Zukunftsgestaltung anzusehen.

Anregung 1 zum Zeitmanagement:
Umdrehung der Planungsreihenfolge

Ein Kernschnitt auf dem Wege zu echtem strategischen Arbeiten, den wir mit unseren Partnern erzwingen (oder uns zurückziehen), ist der der umgedrehten Sequenz der Schritte:

1. Schritt: Stakeholder-Orientierung zur Zielumreißung und Festlegung des strategischen Planungskonzeptes: Was ist das zukünftige Handlungsfeld?

2. Schritt: positive Zukunftsvision zur Synthese der Energien von Kunden und Mitarbeitern (vor der Gegenwartsanalyse!): Was ist die wünschenswerte zukünfige Situation?

3. Schritt: Gegenwartsabgleichung mit der Vision zur Identifizierung kritischer Erfolgsfaktoren: Was ist morgen positiv und fehlt uns heute?

4. Schritt: Festlegung auf wenige prioritäre Aktionen von der Vision rückwärts (!) zur Gegenwart: Was müßten wir im Jahr vor dem Erreichen der Vision gemacht haben, um erfolgreich zu sein.

5. Schritt: Kommunikationsstrategie für die Ergebnisse: Wie informieren wir die Stakeholder, um sie zu Verbündeten unserer Strategie zu machen?

Hierzu läßt sich viel an Einzelheiten und Beispielen geben, das Wichtigste ist aber einmal das Abschneiden der endlosen, demotivierenden und hochgradig egozentrischen Problemanalysen, die zu totalem Stillstand führen („analysis paralysis"). Die Zeit kann hier eine wesentliche Hilfe sein, indem man den „Streit" in die Zukunft verlegt und sich fragt, wie alle gemeinsam reagieren müssen, um auf die Kundenerwartungen in drei, fünf oder gar zehn Jahren reagieren zu können. Indem wir mit dieser Frage beginnen, haben wir höchstkontroverse Gruppen zu übereinstimmenden, von allen getragenen Zukunftsszenarien geführt, in denen die Querelen von heute sowieso nur lächerlich erscheinen.

Die dabei gewonnene positive Energie kann dann zu einem weiteren wichtigen Kniff mit der Zeit verwandt werden: die gemeinsame Rückwärtsplanung vom Zeitpunkt der Vision aus. Selbst verfeindete Personen können sich meist leicht darauf einigen, was „man" 1999 tun müßte, um seinem Anspruch im Jahre 2000 gerecht zu werden. Haben sie sich geeinigt, fragen wir, was logischerweise 1998 geschehen muß, dann 1997 bis hin zur Gegenwart. Ganz plötzlich erleben dann Spitzenmanager, daß sie bereits heute einiges bis vieles verändern müßten, um auf den vorher aufgezeigten kritischen Pfad zu gelangen. Zukunftsmanagement wird somit entpersonalisiert und entpolitisiert. Entlang des Zeitstrahls wird im Interesse der Stakeholders das Ganze optimiert, und der einzelne ordnet sich dabei ganz natürlich ein. Bei der sonst üblichen Atomisierung der Probleme hat jeder das Gefühl, „seine" Probleme seien die wichtigsten. Die zeitliche Distanz erzwingt hingegen eine Solidarisierung mit dem Ganzen. Sie wird integrierende Kraft.

Anregung 2 zum Zeitmanagement: Synthese vor Analyse

Die übliche Dominanz der exakten Wissenschaften über die „soft sciences" in den Unternehmen hat eine übertriebene Betonung des analytischen Denkens hervorgebracht, die mit einer Vergangenheitsorientierung Hand in Hand geht. Fälschlicherweise glaubt man, daß man Zukünftiges nicht analysieren kann, weil es nicht sicher ist und keine Zahlen vorliegen. Problemlösungen werden im Studium vergangener Phänomene gesucht und dann meist in einer enormen Datenmenge so komplex gelassen oder gemacht, daß klare, einfache Entscheidungen nicht mehr möglich sind.

Die meisten mitteleuropäischen Unternehmenskulturen lieben folglich das analytische Denken, und die verschiedenen Formen der Datenverdichtung zu synthetischen Aussagen sind erstaunlich unbekannt oder werden lächerlich gemacht: „Mit Visionen verdient man kein Geld."

Die Kunst der Synthese ist es, zu dem zu gestaltenden Gegenstand die richtige Distanz zu gewinnen, bei der das Ganze gerade gut sichtbar und die relevanten Teile in ihren Zusammenhängen verstanden werden können. Hilfen hierzu sind unter anderem überordnete Größen mit einem logischerweise höheren Abstraktionsgrad. So muß man sich zum Beispiel auf die Ebene der Unternehmensziele begeben, um die Zweckmäßigkeit von Abteilungs- oder Gruppenzielen beurteilen zu können. So müssen Märkte betrachtet werden, um Produkt- und Verkaufsstrategien zu entwickeln.

Diese Beispiele zeigen, daß auch hier der Faktor Zeit eine Hilfe bieten kann, wenn er intelligent genutzt wird. Unternehmensziele unterscheiden sich von Gruppenzielen unter anderem dadurch, daß sie viel stabiler, umfangreicher und damit längerfristig sein müssen. Das Synthetisieren von Kunden zu Kundengruppen und dann zu Märkten ist auch eine Frage der zeitlichen bzw. räumlichen Gestaltung.

Wenn es einem also gelingt, zuerst langfristiges Denken zu erzeugen, kommen quasi automatisch synthetische Aussagen heraus. Diese haben dann noch eine eigene Dynamik, da sie es zulassen, sich in diesem Schritt auf das Positive zu konzentrieren. Es ist viel leichter, sich mit vereinfachenden, aber durchaus gewichtigen Aussagen zu identifizieren als mit Detailplänen.

Dieser Prozeß muß in der Regel ganz am Anfang unterstützt werden, damit der Absturz in das analytische Ja-Aber nicht zu schnell erfolgt. Wir benutzen hierzu zum Beispiel graphisch-bildliche Darstellungsformen, auf die unter der Anregung 4 etwas ausführlicher eingegangen wird. Die intellektuelle Attraktivität des synthethischen Arbeitens kann als Herausforderung motivierend auf die Teilnehmer der Strategie-Sessions wirken, solange es schnell genug zu Erfolgserlebnissen führt.

Anregung 3 zum Zeitmanagement:
Zeitliche Distanz erzeugt eine logische Planungshierarchie

In vielen Organisationen erleben wir, daß zum Beispiel Personalentwicklungsansätze in Gang gesetzt werden, um dann festzustellen, daß die Arbeitsabläufe überholt werden müßten, bei deren Überarbeitung man dann bemerkt, daß die Produktstrategie nicht mehr stimmt. Der hohe Anteil als gescheitert betrachteter BPR-Prozesse wie auch Personalentwicklungsansätze illustriert ebenfalls die Notwendigkeit ganzheitlicher Betrachtungsweisen und strategischer Einbindungen von taktischen Maßnahmen. Nach dem vorher Gesagten ist damit klar, daß Zukunftsmanagement beim höchsten Abstraktionsgrad, also bei dem längstmöglichen Planungshorizont für die gesamte Organisation beginnen muß.

Damit werden selbstverständlicherweise zuerst die Beziehungsstrategien mit dem Umfeld (hauptsächlich Marktstrategien), dann erst die Produkt- und Leistungsstrategie entwickelt. Daraus leiten sich die Strategien für die Leistungserstellung (Arbeitsabläufe), die Mitarbeiterkompetenzen, die Organisationsstrukturen, die Kooperationsformen innen und außen und weitere Teilmaßnahmen ab. Wie mit einem Teleskop fährt man bei der Planung immer näher an die immer konkreter werdenden Elemente heran.

Strategische Arbeit hat damit eine logische Reihenfolge: Man plant vom Größten zum Kleinsten, vom Langfristigen zum Kurzfristigen, vom Synthetischen zum Analytischen. Auf dieser Ebene der Prozeßgestaltung handelt es sich um ein exklusives Top-down-Modell. (Durch das bewußte Einbeziehen vieler Kompetenzträger und weiterer Stakeholdervertreter kommt das Bottom-up-Element aber auch nicht zu kurz.)

Zwischen dieser Erkenntnis und der Umsetzung in der betrieblichen Realität ist aber ein weiter Weg, insbesondere, wenn man nur für Teile einer Gesamtorganisation verantwortlich ist. Meist traut man sich nicht, eine größere Perspektive als Ausgangsbasis seiner eigenen Überlegungen zu wählen, weil darin ein ungerechtfertigtes Anmaßen von Bedeutung gesehen wird oder eine Herausforderung von übergeordneten Stellen. Mithilfe von „Als-ob"-Betrachtungen, Alternativszenarios, kann dieser Widerstand jedoch überwunden werden. Dabei spielt (!) man das Zooming aus der Sicht der Stakeholders aus brauchbarer zeitlicher Zukunftsdistanz durch, bis man auf die Planungseinheit und ihre Außen- und Innenbeziehungen stößt.

Anregung 4 zum Zeitmanagement:
Zeit sparen mit graphischen Verdichtungen

Eines der am wenigsten tauglichen Werkzeuge in der strategischen Arbeit ist das Wort, vor allem das gesprochene. Gerade in Schichten der Spitzenmanager wird die Sprache oft als Waffe benutzt, (eigene) Interessen so gut wie möglich zu verstecken und zu verteidigen. Deshalb bedarf es in der Gestaltungsarbeit mit der Zeit einer Ablösung von herkömmlichen Kommunikationsmustern. Neue Sprachwerkzeuge müssen aber so geartet sein, daß sie im Team benutzt und verstanden werden können und dann in einer möglichst breiten internen und externen Öffentlichkeit Interesse erzeugen.

Wir haben mit graphisch-bildlichen Darstellungen gute Erfahrungen gemacht, die von den Know-how-Trägern zu bestimmten strategischen Fragen in Arbeitsgruppen erarbeitet werden. Eingebettet in die vorher dargelegten zeitlichen Konzepte (Zooming mit Rückwärtsplanung, Synthese statt Analyse) bieten wir zu den jeweiligen strategischen Fragestellungen unterschiedliche graphische Werkzeuge an, die aber alle einige gemeinsame Charakteristika haben: Synthetische Planungswerkzeuge müssen folgenden Kriterien genügen, um von Managern akzeptiert zu werden:

- sie müssen schnell „sichtbare" Ergebnisse zeigen
- sie müssen attraktiv sein, Spaß machen und anregen
- sie müssen möglichst alle Inputs aufnehmen können
- sie müssen Übersichtlichkeit und Prioritätensetzung ermöglichen
- sie müssen *Commitment* erzeugen können und beweisen lassen.

The good news and the bad news

Die Herausforderung, wie man als Unternehmen der Zeit immer einen Schritt voraus sein kann, beschäftigt heute viele Verantwortliche. Hamel/Prahalad zum Beispiel ergänzen die Planungsperspektiven mit dem Hinweis auf die Bedeutung der Kernkompetenzen für die Zukunft. In *Competing for the Future* schlagen sie eine Reihe von Aktivitäten vor, um Kernkompetenzen entstehen und wirksam werden zu lassen (S. 235). Ohne es zu wollen, legitimisieren sie damit eigentlich unseren hier beschriebenen Ansatz, Kernkompetenzen auch als Quelle der Strategiefindung einzusetzen. Man könnte unsere Vorgehensweise „competency based strategizing" nennen und sie als eine logische Weiterentwicklung der Kernkompetenz-Idee ansehen.

In unserem in der Praxis entwickelten Ansatz beauftragen wir die Träger vor allem zukünftig wichtiger Kernkompetenzen mit der Gestaltung der zukünftigen Strategien auf allen Ebenen: vom Markt über die Produkte bis zu den Zulieferern. In einem in der Unternehmenshierarchie fest verankerten Prozeß erfolgt so eine Dezentralisierung, Entmystifizierung und Entprivilegisierung der sonst so elitären Strategieplanung. *The good news:* In einfacher Weise (Kernteam plus fallweise Studiengruppen gegebenenfalls mit Einbeziehung von Kunden und Lieferanten) werden die wichtigsten Leistungsträger aller Ebenen einbezogen und erleichtern so wesentlich eine schnelle Umsetzung nach den Entscheidungen.

Das Einrichten und Betreuen dieser Arbeitsgruppen ist relativ leicht zu realisieren. *The bad news:* Sie am Leben zu erhalten, fällt meist viel schwerer, weil die herkömmlichen Arbeitsweisen und Denkmodelle für strategisches Arbeiten einfach zu schwerfällig sind. Die Umstellung auf synthetische Denk- und Arbeitsweisen braucht meist viel Hilfe. Vor allem das enorm zeitsparende Konzept, von der Zukunft zur Gegenwart zu planen, bedarf methodischer und moderativer Unterstützung, um zum Erfolg zu führen. Ist es aber einmal bewiesen, daß hochkomplexe strategische Herausforderungen in drei Tagen gelöst und die im Konsensus gefundenen Aktionen von den Trägern der Kernkompetenzen getragen werden, dann will man diesen Ansatz nicht mehr missen.

… und jenseits des Unternehmens

UND SIE BEWEGT SICH DOCH!

Wie Bürokratien lernen

I. Es war schon immer so ...! – Trägheitselemente der Bürokratie

In seiner Ausgabe Nr. 45 vom 2. November 1995 begann der *Stern* eine neue Serie mit dem Titel „Die deutsche Krankheit". Gemeint war damit die Staatsbürokratie in Deutschland. Nun gibt es Bürokratien nicht nur in Deutschland und auch nicht nur in der öffentlichen Verwaltung, doch manchmal hat man den Eindruck, deutsche Beamte seien besonders gründlich, wenn es um die Einhaltung hergebrachter Grundsätze und überkommener Verhaltensweisen geht. Das Beharrungsvermögen im öffentlichen Dienst ist schon sprichwörtlich, es ist Teil der Verwaltungskultur. Nicht umsonst lauten die drei Grundsätze des Allgemeinen deutschen Landrechts: 1. „Es war schon immer so" 2. „Da kann ja jeder kommen!" 3. „Wo kommen wir da hin?!"

4. Das haben wir noch nie so gemacht!

Betrachtet man die Strukturmerkmale, das Arbeitsumfeld sowie das Ethos des öffentlichen Dienstes, so wird deutlich, daß angesichts dieser herkömmlichen Bedingungen weder Notwendigkeit noch Anreiz zur Veränderung bestehen können. Der Arbeitsplatz ist sicher, die Karriere durch Laufbahn- und Besoldungsstrukturen vorgezeichnet, und das Gehalt kommt pünktlich jeweils zu Beginn oder in der Mitte des Monats. Wozu also besonderer Einsatz oder Leistungsstreß? Der durchschnittlich pflichtbewußte Beamte, der nicht auffällt, fährt immer noch am besten. Im Gegenteil: besonderes Engagement für eine Sache oder Person kann als Ungleichbehandlung oder gar Willkür ausgelegt werden, Sparsamkeit wird sogar bestraft, indem nicht voll ausgegebene Haushaltstitel im nächsten Jahr nicht mehr in dieser Höhe bewilligt werden. Den Staat wird es immer geben, er braucht seine Bediensteten, und die Bürger müssen zu ihnen kommen, weil sie bestimmte Leistungen, die für das Zusammenleben erforderlich sind, nur vom Staat bekommen können.

Die öffentliche Verwaltung ist an Gesetz und Recht gebunden, eine rechtsstaatliche Verwaltung erfordert die Einhaltung vorgegebener Zuständigkeiten und Verfahren. Der Vollzug der Gesetze, die Bewirtschaftung bewilligter Mittel erfolgen im Rahmen einer hierarchischen Ordnung und vorgegebener Weisungen. Diese Orientierung an Regeln, an den Belangen des Dienstherrn, am ordnungsgemäßen Vollzug und der routinemäßigen Abarbeitung der Eingänge, an der Prüfung von Bedenken gegen entgegenstehende Vorschriften sowie an der kontinuierlichen Fortschreibung des Bestehenden sind Ausdruck einer bürokratischen Ordnung, die die Arbeitsumstände der Menschen prägt und die sie auf Dauer verinnerlichen. Zukunftsorientierte Problemlösung, Dienstleistung und Wertschöpfung sowie Bewegung und Innovation sind dieser Kultur von Natur aus fremd. Um so mehr erstaunt es, daß seit zwei, drei Jahren Bewegung und Unruhe in die öffentliche Verwaltung gekommen ist, die vor allem von der Praxis ausgeht, und dort insbesondere von den Kommunen.

II. Wir wollen besser werden! – Herausforderungen und Lernimpulse

Ebenso wie für viele Unternehmen gilt auch für die öffentliche Verwaltung die Erkenntnis, daß Veränderungen selten oder kaum in guten Zeiten stattfinden, vielmehr erst bei entsprechendem Druck Reformen in Gang kommen. Vieles von dem, was zur Zeit im öffentlichen Sektor praktiziert wird, ist nicht neu. Schon vor zwanzig und mehr Jahren haben sachverständige Kommissionen entsprechende Vorschläge gemacht. Es fehlte indessen der unmittelbare Druck zur Änderung, der zur Zeit vor allem durch die Finanzkrise aller öffentlichen Haushalte entsteht.

Weiterer Druck erwächst durch wirtschaftliche Verflechtung und internationale Beziehungen, die deutlich werden lassen, daß gerade auch öffentliche Verwaltung ein Wettbewerbsfaktor am Standort Deutschland ist. Besonders der Aufbau der Verwaltung im Osten hat dies gezeigt. Konkurrenz für die öffentliche Verwaltung entsteht schließlich dadurch, daß ihre Leistungen mit denen der Privatwirtschaft verglichen werden. Dem Bürger als Kunden ist es eigentlich gleich, von wem er seine Leistungen erhält, sei es etwa eine Bank, die Post oder das Rathaus, wichtig ist, daß die Leistungen in guter Qualität erbracht werden. Dabei fordert der Bürger „value for money". Er will einen guten Gegenwert für sein Steuergeld.

Nicht zuletzt kommt der Reformdruck aber auch von innen, aus der Verwaltung selbst. Mitarbeiter, die zu Hause in der Lage sind, komplexe Managementtätigkeiten eigenverantwortlich zu erfüllen, wollen sich nicht mehr länger in Dienstweg, Kästchendenken und Formulare einpressen lassen, sondern Selbstverantwortung gegenüber dem Kunden für die Ergebnisse ihrer Tätigkeit und ihre Leistungen übernehmen. Sie stört es, daß öffentliche Bedienstete immer als Trottel der Nation dargestellt werden. Sie wollen mit guten Leistungen die Qualität ihrer Produkte verbessern und damit nicht nur zur eigenen Imageverbesserung, sondern auch zum Abbau von Staatsverdrossenheit beitragen. Diese Revolution in den Köpfen ist nicht zuletzt auch durch den Wandel des Beamtenethos bedingt. Das neue Selbstverständnis erlaubt Beweglichkeit und Eigeninitiative. Was noch fehlt, ist die Änderung der Rahmenbedingungen, um die Entfaltung von Leistungsbereitschaft und Kreativität zuzulassen und zu fördern.

Dieser Aufbruch im Selbstverständnis vieler Mitarbeiter im öffentlichen Dienst wird verstärkt durch den Ehrgeiz verschiedener Chefs, mit dem Image eines modernen Dienstleistungsunternehmens auch das eigene kommunalpolitische Ansehen zu verbessern. Zunehmend werden Initiativen zur Modernisierung auch von Ratsmitgliedern angeregt, die Erfolge bei anderen Verwaltungen beobachten und mit der eigenen Stadt im Wettbewerb der Regionen und Standorte nicht zurückstehen wollen. Die Aufmerksamkeit der Presse und der Bürger für das Thema der Verwaltungsmodernisierung führt schließlich dazu, daß daraus nicht nur ein Karriere-, sondern auch ein politisches Thema wird.

III. Laßt es uns mal versuchen! – Initiativen und Instrumente

Im Rahmen einer Umfrage des Deutschen Städtetages vom Dezember 1994 bis Februar 1995 unter seinen Mitgliedsstädten haben 140 von 195 antwortenden Städten mitgeteilt, daß derzeit bei ihnen konkrete Modernisierungsmaßnahmen stattfinden bzw. kurzfristig geplant sind. Nimmt man die mittleren und kleinen Städte sowie die Kreise hinzu, sind es sicherlich weit über 300 Kommunen, die sich derzeit mit der Modernisierung ihrer Verwaltung beschäftigen. Die Zahl nimmt ständig zu. Nach der Umfrage des Deutschen Städtetages ist zwar die akute Finanzkrise der wichtigste Grund für die in Angriff genommenen Modernisierungsmaßnahmen, ihre Bewältigung scheint jedoch nicht vorrangiges Ziel der Reform zu sein. Hauptziel ist vielmehr mit 93 Prozent die Umgestaltung der Verwaltung zu einem effizienten Dienstleistungsunternehmen. Weitere Ziele sind die Erhöhung der Bürgerfreundlichkeit und Kundenorientierung und die Sicherstellung von Verwaltungsleistungen trotz knapper Mittel. Nahezu alle Städte haben erkannt, daß die Umstrukturierung und Modernisierung der Verwaltung ein langfristiger Prozeß ist, der grundlegende Mängel, wie z. B. die ungenügende Kundenorientierung der Verwaltung, beheben soll, daß aber diese Reformbemühungen nicht dazu geeignet sind, kurzfristig aus der aktuellen Finanzkrise herauszuführen.

Wichtige Anregungen für die Modernisierung hat die Kommunale Gemeinschaftsstelle für Verwaltungsvereinfachung (KGSt) mit ihrem sogenannten „neuen Steuerungsmodell" gegeben, das versucht, ausländische Erfahrungen und betriebswirtschaftliche Managementansätze in die öffentliche Verwaltung zu übertragen. Dieses Modell ist indessen kein Patentrezept, das nur schematisch angewendet werden muß, vielmehr liefert es lediglich wichtige Bausteine. Auf dieser Grundlage gibt es zur Zeit vielfältige Experimente und Pilotprojekte. Die Kommunen suchen ihren eigenen Weg. Die für die Aufsicht der Kommunen verantwortlichen Länder haben inzwischen erkannt, daß diese Entwicklung notwendig ist und Spielraum erfordert, und haben deshalb in den Gemeindeordnungen Experimentierklauseln eingeführt, die den Kommunen ein Abweichen vom traditionellen Verwaltungsmuster gestatten.

Die Hochschule für Verwaltungswissenschaften Speyer hat 1992 zum ersten Mal in Deutschland einen Qualitätswettbewerb für öffentliche Verwaltungen durchgeführt. Anfangs noch mit Skepsis verfolgt, hat sich der Gedanke des Wettbewerbs inzwischen auch im öffentlichen Sektor als Instrument der Standortbestimmung und Leistungsverbesserung durchgesetzt. Dem 2. Speyerer Qualitätswettbewerb 1994 wird 1996 ein dritter Wettbewerb folgen, der sich nach Absicht der Initiatoren auch auf die Schweiz und Österreich erstrecken soll. Die Bertelsmann-Stiftung hat diese Bewegung 1993 durch ihren weltweiten Wettbewerb „Demokratie und Effizienz in der Kommunalverwaltung" weiter verstärkt. Die Konzepte und Ideen der Sieger Phoenix, Arizona, und Christchurch, Neuseeland, sind inzwischen in aller Munde. Durch die Unterstützung und Förderung eines landesweiten, flächendeckenden Wettbewerbs im Saarland gibt die Stiftung nun auch kleinen Kommunen die Chance, sich im Rahmen eines zweijährigen Schulungszeitraums für die abschließende Konkurrenz zu qualifizieren.

Weitere Wettbewerbe für Kommunen sind von den Landesregierungen in Brandenburg sowie in Mecklenburg-Vorpommern geplant bzw. stehen unmittelbar bevor. Erwähnung verdient auch die Untersuchung des Rechnungshofs Baden-Württemberg über erfolgreiche Behörden, die durch die Definition und Beschreibung von Erfolgsfaktoren Anregungen und Beispiele für andere Verwaltungen liefert. Neuerdings werden in verschiedenen Regionen in Deutschland, teilweise auch überregional, sogenannte interkommunale Leistungsvergleiche durchgeführt. Vereinzelt gehen auch Verwaltungen dazu über, ihre Leistungen mit privaten Konkurrenten zu vergleichen. Benchmarking wird damit auch zu einem Instrument der öffentlichen Verwaltung.

Die Modernisierung in der öffentlichen Verwaltung geht unterschiedliche Wege. Wir haben dazu das Konzept eines Selbstbewertungsworkshops entwickelt, in dem Mitarbeiter einer zentralen Lenkungs- oder Projektgruppe sowie später hierarchieübergreifend Mitarbeiter anderer Bereiche die eigene Verwaltung mittels eines Fragebogens, der sich auf verschiedene Modernisierungsfelder erstreckt, auf ihre Stärken und Schwächen hin analysieren. Viele Verwaltungen arbeiten nach diesem oder einem ähnlichen Modell. Teilweise stehen auch Mitarbeiter- oder Kundenbefragungen am Anfang. Auf der Basis dieser Selbsterkenntnis wird dann ein Leitbild entwickelt. In manchen Verwaltungen nimmt dieser Prozeß auch die wesentliche Position ein. In einigen Städten werden dabei nicht nur Mitarbeiter, sondern auch Bürger einbezogen. Aus dem Leitbild und der Stärken-und-Schwächen-analyse werden Ziele abgeleitet und konkrete Projekte vereinbart. In manchen Verwaltungen bilden sich auch near-the-job-angesiedelte Qualitäts- bzw. Lernzirkel. Neuerdings werden sogar vereinzelt Qualitätszirkel gemeinsam mit Bürgern gegründet.

In diesem Reformprozeß ist es sicherlich notwendig, daß jede Verwaltung ihre eigenen Erfahrungen macht. Doch auch der Austausch von Erfahrungen ist eine wesentliche Voraussetzung für einen erfolgreichen Modernisierungsprozeß. Die lernende Verwaltung muß auch zur lehrenden Verwaltung werden. Deshalb haben wir an der Hochschule für Verwaltungswissenschaften Speyer verschiedene Innovationsringe für kleine und mittlere Städte, für große Städte, für Landkreise sowie für Bezirksregierungen gegründet. Dabei wird nach unterschiedlichen Methoden vorgegangen. Teilweise präsentiert eine Verwaltung ihr Modell, das anschließend im Austausch mit anderen Erfahrungen diskutiert wird. Teilweise werden auch themenbezogen verschiedene Ansätze gegenübergestellt und mit systematischen Fragen der beteiligten Wissenschaftler konfrontiert. Schließlich hat der Innovationsring „Kreisverwaltung der Zukunft" im Rahmen einer einjährigen Studie eine vergleichende Untersuchung aktueller Modernisierungsansätze in ausgewählten Kreisverwaltungen durchgeführt und auf dieser Basis eine gemeinsame Empfehlung der beteiligten Kreise, des Deutschen Landkreistages und der Hochschule für Verwaltungswissenschaften Speyer erarbeitet.

Manche Verwaltungen sind stolz darauf, die Modernisierung aus eigener Kraft auf den Weg gebracht zu haben, andere haben sich dabei der kritischen Fragen und Anregungen eines Beratungsunternehmens bedient. Viele Unternehmensberatungsfirmen haben inzwischen eigene Geschäftsbereiche für die öffentliche Verwaltung entwickelt. Software-Häuser bemerken, daß das Denken in Geschäftsprozessen in öffentlichen Verwaltungen auch ihnen neue Anwendungen ermöglicht. Schließlich sind es professionelle Kongreßveranstalter, die diesen Markt entdeckt haben und in Tagungen und Seminaren einen Erfahrungsaustausch organisieren. Vielfach helfen sich aber auch die Verwaltungen untereinander selbst. Erfahrene „Innovationschamps" werden bundesweit angefordert und ihr Wissen in direktem Austausch und in unmittelbarer Anwendung vor Ort von der einzelnen Verwaltung und ihren Mitarbeitern genutzt. Teilweise haben auch Mitglieder kommunaler Vertretungskörperschaften einen Verwaltungstourismus in „Wallfahrtsorte" der Verwaltungsinnovation in Gang gesetzt, die vor allem durch Presseberichte bundesweites Aufsehen erregt haben.

IV. Wir gehen auf die Reise! – Der Veränderungsprozeß: Gestaltung und dauerhafte Etablierung

Erfolgreiche Modernisierungsvorhaben können nicht von oben oder von außen verordnet werden. Es reicht nicht, daß ein Parlament eine Reform beschließt, ein Verwaltungschef sie anordnet oder ein Berater von außen eine Sonde an die Organisation anlegt. Vielmehr müssen Reformen, wenn sie wirksam sein sollen, einen Veränderungsprozeß im Innern in Gang setzen. Wie jede Veränderung ist dies mit Bedenken, Unsicherheit und Widerständen verbunden. Die Reform kann daher nur dann gelingen, wenn die Mitarbeiter von Anfang an in den Reformprozeß einbezogen werden. Ziel muß es dabei sein, Vorteile der neuen Arbeitsweise aufzuzeigen, Anreize zur Veränderung zu schaffen sowie konkrete Eigenerfahrungen mit den neuen Methoden zu ermöglichen. Es muß eine Modernisierung in den Köpfen stattfinden, die dem tatsächlichen Änderungsvorgang eine hohe Akzeptanz- und Bereitschaftsgrundlage vermittelt. Die von der Modernisierung Betroffenen müssen sich zumindest mehrheitlich mit ihr identifizieren können, wenn das Entstehen von Ängsten und Widerständen verhindert werden soll. Ein integratives Veränderungsmanagement in der Form eines Organisationsentwicklungsprozesses ist daher zwingende Voraussetzung für einen erfolgreichen Veränderungsprozeß.

Nach unseren Erfahrungen, insbesondere im Rahmen des Innovationsrings „Kreisverwaltung der Zukunft“, sind dabei folgende Prozeßgestaltungsregeln zu beachten:

- Die Verwaltungsführung muß in einem Modernisierungprozeß klare Zeichen setzen, um die Notwendigkeit der Veränderung sowie die eigene Bereitschaft und Unterstützung zu verdeutlichen und Vertrauen und Zuversicht sowie eine entsprechende Aufbruchstimmung zu wecken.
- Es sollten Prozeßregeln vereinbart werden, die den Mitarbeitern Sicherheit vermitteln, etwa Verzicht auf Entlassungen aufgrund von Modernisierungserfolgen während der Einführung.
- Durch ein breites Informationsangebot (Personalversammlungen, Informationsmärkte, Mitarbeiterbesprechungen, Projektzeitungen etc.) sollte der Veränderungsprozeß von Anfang an durch eine hohe Transparenz gekennzeichnet sein.
- Es empfiehlt sich eine Verbindung von Top-down-Elementen mit Bottom-up-Elementen im Sinne eines Gegenstromprinzips. Die Vorgabe bzw. Vereinbarung von Eckwerten durch die Führung sollte den Mitarbeitern genügend Freiräume zur verantwortlichen Ausfüllung und Umsetzung belassen. Durch Methoden der Organisationsentwicklung (Workshops, Mitarbeiterbefragungen, Qualitätszirkel, Diskussionsforen) sollten die Betroffenen zu Beteiligten gemacht werden.
- Möglichst viele Entscheidungsträger (Führungskräfte, Personalrat, Vertretungskörperschaft) sollten frühzeitig einbezogen und Innovationspromotoren als Multiplikatoren und Moderatoren gewonnen werden.

- Eine gemischte Konsens- und Konfliktstrategie erscheint erforderlich. Einerseits sollte der Lernprozeß partnerschaftlich begleitet werden, um auch Zögerer und „Wetterfähnchen" zu gewinnen, andererseits sollte man auch verdeutlichen, daß Behinderungen nicht toleriert und Gegner bzw. Verhinderer isoliert werden.
- Es muß eine Zeit- wie Prozeßplanung entwickelt und durchgestaltet werden, die den Reformschwung nutzt, aber nicht überfordert, die flexibel und transparent ist, für spürbare Zwischenerfolge sorgt und „Durchhänger" vermeidet.

Nach anfänglichen Einstiegserfolgen sind inzwischen in manchen Kommunen nach einem ersten Durchatmen und Bilanzieren einige Irritationen aufgetreten. Unangenehmes wird gern abgegeben bzw. verlagert, Vorteile werden genutzt, doch Pflichten nicht immer begeistert wahrgenommen. Die Vielfalt der Produktbeschreibungen, die Diskussionen über die Steuerungsrelevanz und Detailgenauigkeit von Kennzahlen sowie die Veränderung der Rolle der Querschnittsämter bezeichnen nur einige der aufgetretenen Probleme. Karrieremuster in flachen Hierarchien müssen erst noch entwickelt werden. Manche fühlen sich als Opfer einer Sparkampagne, insbesondere die Kommunalpolitik befürchtet einen Verlust an Steuerungsmöglichkeiten.

In dieser Phase ist es erforderlich, die erreichten Schritte kritisch zu reflektieren, Vorteile offenzulegen und Erfolgsbeispiele schnell flächendeckend umzusetzen. Es muß deutlich werden, daß Verwaltungsmodernisierung kein einmaliger Akt ist, sondern einen ständigen Prozeß darstellt, der sich mit einer sich selbst tragenden und sich selbst verstärkenden Dynamik entwikkelt. Nur die gemeinsame Arbeit an diesem Prozeß schafft weitere Qualifikationen für seinen Erfolg.

V. Wir werden es schaffen! – Nächste Schritte

Die Entwicklung des Modernisierungsprozesses darf in der Sache nicht bei den Produkten stehenbleiben, sondern muß ihren Blick zunehmend auf die Geschäftsprozesse richten. Darüber hinaus führt der Weg zu einem Totalquality-Management, in das auch die Bürger einbezogen werden. Bisher ist Verwaltungsmodernisierung lediglich eine reine Binnenveranstaltung. Auch eine zur Zeit diskutierte Zertifizierung von Qualitätsverwaltungen kann nur ein erster Schritt auf dem Weg zu einem umfassenden Qualitätsmanagement sein, das Mitarbeiter, Bürger und die Politik einbezieht und als ständiger Prozeß zur Verwirklichung des Gemeinwohls verstanden wird.

Die vielfältigen Initiativen, Experimente und Modellprojekte müssen miteinander vernetzt und systematisch noch stärker ausgewertet werden, um daraus weitere Lernhilfen auch für andere Verwaltungen zu entwickeln, die den Prozeß erst beginnen. Notwendig ist auch eine Weiterentwicklung der Rechtsgrundlagen, die das gewünschte Verhalten nicht nur zuläßt, sondern auch anerkennt und belohnt. Insoweit sind insbesondere das Kommunalrecht, das Haushaltsrecht sowie das Dienstrecht gefordert. Erfreulicherweise hat die Modernisierungsbewegung in den Kommunen inzwischen auch auf Länder und den Bund übergegriffen und dort eigene Experimente in Gang gesetzt. Der Austausch der Praktiker, die wissenschaftliche Begleitung sowie die politische Unterstützung werden daher letztlich dazu führen, daß die Selbstheilungskräfte der Bürokratie aktiv weiterentwickelt werden, daß Ernährung (Information) und Bewegung dazu beitragen, daß die deutsche Krankheit geheilt wird und leistungsfähige öffentliche Dienstleistungsunternehmen entstehen.

Literatur

Hill, H. (1994): Lernen und Innovation in der öffentlichen Verwaltung. *Verwaltung und Fortbildung* 22 (4): 275–286.

Hill, H. (1994): Personal als Schlüsselfaktor für Effizienzsteigerung. *Der Landkreis* 64 (7): 310–313.

Hill, H. u. H. Klages (Hrsg.) (1995): Lernen von Spitzenverwaltungen. Eine Dokumentation des 2. Speyerer Qualitätswettbewerbs 1994. Düsseldorf (Raabe).

Hill, H. u. H. Klages i.V.m. dem Deutschen Landkreistag (Hrsg.) (1995): Kreisverwaltung der Zukunft. Vergleichende Untersuchung aktueller Modernisierungsansätze in ausgewählten Kreisverwaltungen. Düsseldorf (Raabe).

Klages, H. (1995): Modernisierung als Prozeß. In: H. Hill u. H. Klages (Hrsg.): Reform der Landesverwaltung. Düsseldorf (Raabe), 7–23.

Löffler, E. (1995): A Survey on Public Sector Benchmarking Concepts. In: H. Hill, H. Klages a. E. Löffler (eds.): Quality, Innovation and Measurement in the Public Sector. Frankfurt am Main (Peter Lang), 137–160.

Paul, G. (1994): Organisationsentwicklung. Verwaltungen helfen sich selbst. Stuttgart et al. (Boorberg).

Stratemann, I. u. H. Wottawa (1995): Bürger als Kunden. Wie Sie Reformkonzepte für den öffentlichen Dienst mit Leben füllen. Frankfurt/New York (Campus).

NPO-MANAGEMENT

Perspektiven für ein eigenständiges Verständnis der Architektur und Führung

Einleitung

Non-Profit-Organisationen (NPOs) sind im Gespräch. Zahlreiche Kongresse und Forschungsforen, vermehrte Veröffentlichungen und letztlich auch die markant ansteigende Nachfrage nach Organisationsberatung seitens der NPOs belegen diesen Trend.

Können wir einen nennenswerten Beitrag in diese Diskussion einbringen, wenn wir NPOs über die tradierten akademischen Fachperspektiven der Nationalökonomie (Thema: dritter Sektor zwischen Markt und Staat), der Betriebswirtschaftslehre (Implementierung betrieblicher Steuerungsinstrumente) oder der Rechtswissenschaft (Rechtsformengestaltung) hinaus aus dem Blickwinkel der neueren Systemtheorie beschreiben? Wir wollen im folgenden einen solchen eigenständigen Zugang für das Verständnis von Architektur und Führung von NPOs vorstellen, wie er in vielen Diskussionsrunden von Beratern und Wissenschaftlern im Rahmen eines Themencenters der Beratergruppe Neuwaldegg in Wien erarbeitet wurde.[1]

1. Was charakterisiert Non-Profit-Organisationen?

Die Begriffsbestimmung „Non-Profit-Organisation" ist als Negation von Profit-Organisationen (POs) schlicht ein Hinweis auf ein Faktum: „Wir wollen uns nicht am Profit orientieren, wir wollen in unserer Leistung nicht am Profit gemessen werden!" Ebenso wie die zweite, im politischen Feld häufig gebrauchte, Bezeichnung „Non-Governmental-Organisation" (NGO) als Abgrenzung zum staatlichen Politiksystem getroffen wurde, sagt diese Bezeichnung selbst noch wenig darüber aus, *worum* es in der jeweiligen Organisation geht – nur darüber, worum nicht. Dem Interessenten an Fragen von Gestaltung, Steuerung und Management solcher Organisationen bieten sich damit wenig Anhaltspunkte – sie verweisen eher darauf, wovor man sich zu hüten hat, und führen das negierte Thema damit als wesentlichsten Fokus doch wieder in die Selbststeuerung der Organisationen ein.

Wir haben im letzten Jahr positive, über die bloße Negation hinausgehende Bezeichnungen gesucht und möchten hier einen Vorschlag für eine Begriffsbestimmung anbieten, der auf zwei Beobachtungszugängen basiert:

- der Beschreibung der modernen Gesellschaft als funktional differenziert, d.h. als koevolutionäres Zusammenspiel operativ eigenständi-

ger gesellschaftlicher Subsysteme – wie Recht, Wirtschaft, Politik, Wissenschaft;
- der Erkenntnis, daß Kommunikation, solange sie nur auf Sprache vertraut, zur Steuerung komplexer Systeme nicht ausreicht. Oder unter Bezugnahme auf den Turmbau von Babel anders formuliert: *„Jeder versteht, was er will, solange nur Sprache als Kommunikationsmedium zur Verfügung steht."*[2]

Wie aber kann die Wirkung von Kommunikationsofferten gesteigert werden, wie kann der für Strukturbildung und -entwicklung notwendige Nachdruck auf Annahme oder zumindest Berücksichtigung einer Botschaft gegeben werden? *„Indem ich ihr eine (implizite) Drohung oder einen (impliziten) Anreiz mit auf den Weg gebe. Dadurch kopple ich meine bloße Offerte mit Motiven für die Übernahme meines Angebots durch meinen Kommunikationspartner."*[3] Die „Mittler" solcher Botschaften nennt Niklas Luhmann „symbolisch generalisierte Kommunikationsmedien" und versteht darunter Einrichtungen wie Macht, Geld, Wissen, Liebe etc. in ihrer Eigenschaft, komplexe Sachverhalte in symbolischer Verdichtung zu kommunizieren. Helmut Willke spricht unter besonderer Betonung ihrer Leistungsfähigkeit für Selektion und Entscheidungsfindung von „Steuerungsmedien". Medien deswegen, weil es sich um hochabstrakte Konstrukte handelt, die – so wie Sprache – gerade aufgrund ihrer Abstraktheit die Fähigkeit haben, in einer enormen Vielfalt an Formen hochdifferenzierte Leistungen zu erbringen. Luhmann konzentriert sich für die Beobachtung von gesellschaftlichen Vorgängen vor allem auf die Medien *Macht, Geld und Wissen.*

Diesen beiden Gedanken – funktionale Differenzierung und Steuerungsmedien – folgend, schlagen wir hier ein Schema vor, das eine Differenzierung von Organisationen – und in der Folge: ihrer spezifischen Herausforderungen an Management – entlang zweier Fragen vornimmt:

- Wieviele gesellschaftliche Subsysteme werden für das Prozessieren der jeweils eigenen Entscheidungen als relevant erachtet und sind in der eigenen Selbstreproduktion somit identitätsstiftend?
- Welche Steuerungsmedien werden intern bevorzugt, um die Wahrscheinlichkeit „wirkungsvoller" Kommunikation zu erhöhen?

Wir erhalten hierdurch ein Schema, in dem wir Organisationen einerseits danach unterscheiden, ob sie sich als nur einem der gesellschaftlichen Subsysteme (Recht, Wirtschaft, Politik, Wissenschaft, Erziehung, Kunst ...) zugehörig definieren oder ob sie sich als Mittler zwischen mehreren dieser Subsysteme bzw. eines Subsystems und Individuen verstehen. Andererseits unterscheiden wir, welches Steuerungsmedium sie (vorrangig) benutzen, um erwartbares, im Sinn der Organisation nützliches Verhalten zu erreichen.

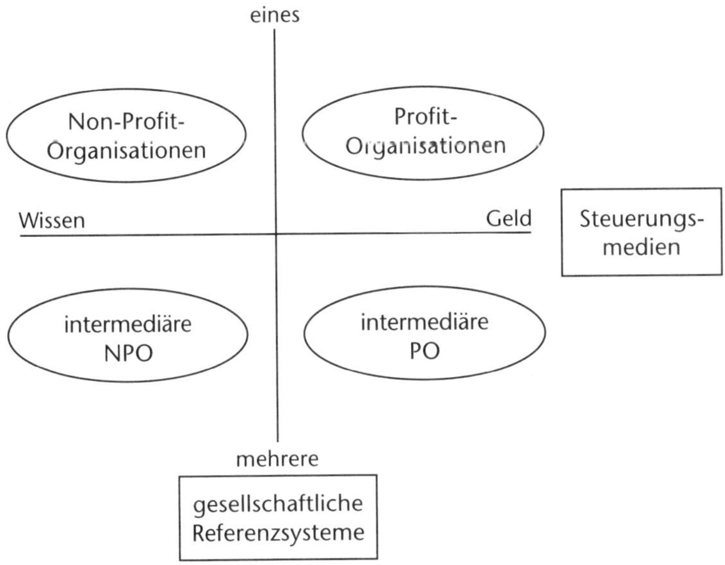

Abb. 1

Wissen als Steuerungsmedium definiert sich hierbei in einer sehr allgemeinen Form als *„Verfestigung brauchbarer Beobachtungen einerseits und als kognitiv stilisierter Sinn andererseits“*.[4] *„Wissen erzeugt demnach geltende Definitionen für Realität und geltende Definitionen für die Bedeutung dieser Realität.“*[5] Der herausragende Stellenwert gerade auch dieser zweiten Bedeutung von Wissen für NPOs wird in einer älteren Textstelle bei Amitai Etzioni offenkundig, wenn es heißt:

„First, (knowledge) provides a relation to reality by containing information about the non-social environment, other actors, and the actor himself. Second, *knowledge, in conjunction with religion and ideology, provides „meaning“*, an important bond that ties actions and actors to one another and affects social commitments.“[6]

In diesem Sinn liefert Wissen – ebenso wie Geld – ein Medium, das (hier qualitativ, dort quantitativ) ausreichenden Formenreichtum bereitstellt, um für höchst unterschiedliche Zwecke kommunikations- und verhaltenssteuernde Anreize zu setzen.

Wenn wir in dieses Schema beispielhaft Organisationen einordnen, wird manches bisher sehr abstrakt Erscheinende deutlicher:

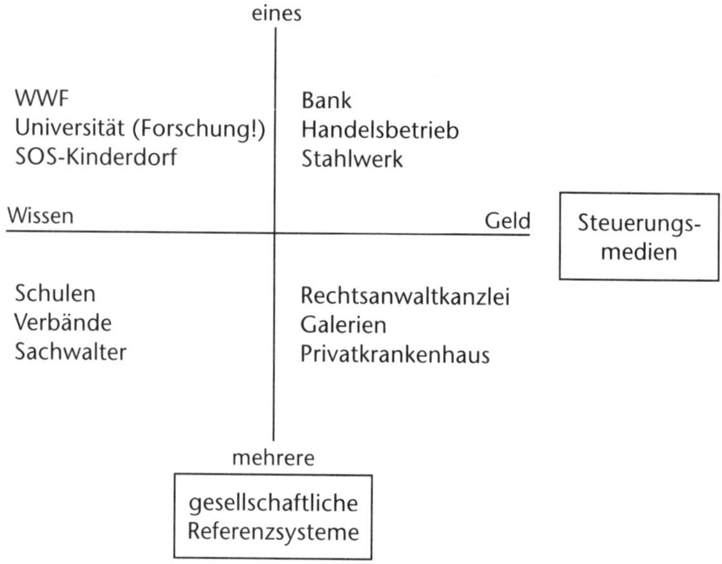

Abb. 2

Das wohl älteste organisationskonstituierende Steuerungsmedium – nämlich Macht – haben wir hier bewußt nicht als Differenzierungskriterium gewählt, da es sowohl in Kombination mit Geld als auch mit Wissen in den uns hier interessierenden Organisationen genutzt wird, in der Regel jedoch *nicht* primäres – über Zugehörigkeit bzw. Nichtzugehörigkeit entscheidendes – Medium ist. Einschluß bzw. Ausschluß und konsequenterweise dann auch die Abstufung der Bedeutung (von Aufgaben, Erfolgen, Positionen, Bereichen usw.) orientieren sich in geldbasierten Organisationen eben am – zugerechneten – internen Beitrag zur ökonomischen Wirksamkeit der Organisation. In wissensbasierten Systemen leistet die Zuschreibung von Beiträgen zur jeweils spezifischen Wissens-/Wahrheitsproduktion bzw. der Dienst an einer – in diesem Sinne – „guten" Sache, die vergleichbare Funktion. Über die zur Kommunikationen und Entscheidungen jeweils mitgeführten entsprechenden Bedeutungsgehalte – „dies bringt viel Geld/spart Kosten" bzw. „dies dient der Entwicklung/Verbreitung unseres Wissens/unserer Sache" – werden Prioritäten transportiert und letztendlich auch laufend Sinnhaftigkeit und Zugehörigkeit von Themen, Aufgaben und Positionen reflektiert.

Für NPO-Management bedeutet dies nun konsequent gedacht, zur Steuerung des organisatorischen Geschehens Kriterien auszuarbeiten, die die *Wirkung* der Tätigkeit in sinn- und funktionsentsprechender Weise als Ziel formulierbar machen und ex post auch Evaluierungsmöglichkeiten für den einzelnen, die Bereiche und die Organisation als Ganzes bieten. Für Bildungsorganisationen könnten solche Kriterien zum Beispiel wie folgt lauten:

- gesellschaftliche Position der SchülerInnen 10 Jahre nach Schulabschluß;
- jährliche Anmeldezahlen;
- Vertrauen der SchülerInnen und Eltern in die Kompetenz der Schule;
- Entwicklung der sozialen und kognitiven Fähigkeiten der SchülerInnen;
- Beteiligungs-/Erfolgsquoten bei Projekten.

Diese Kriterien bilden die Grundlage, um für alle relevanten organisationsinternen Entscheidungen (Lehreraufnahme, Gestaltung der Schulräume, Methodenauswahl etc.) quantitative und qualitative Faktoren zu benennen, an denen sind die Entscheidungen und das laufende schulische Geschehen orientieren können und müssen. Hieraus wächst dann ein system- (hier schul-)spezifischer Wissensschatz, den zu bewahren, zu entwickeln und kommunizierbar zu machen die Kunst des Managements in NPOs ist.

2. Was sind die Lösungsperspektiven für spezielle Managementherausforderungen von NPOs?

Die wesentlichen Managemententwicklungen haben sich einerseits im machtbasierten politisch-administrativen System – Hierarchie und Bürokratie – und andererseits im geldbasierten Wirtschaftssystem – marktförmiger Wettbewerb (um Macht und Geld) – vollzogen. Genau davon wollen und müssen sich „Non"-Organisationen jedoch differenzieren, wollen sie nicht von der Eigenlogik dieser Medien aufgesogen werden.

Gleichzeitig bedürfen NPOs aber Mechanismen, die es Ihnen ermöglichen, angemessene Strukturen und Prozesse hinsichtlich ihrer zunehmenden Komplexität, ihrer jeweils spezifischen Aufgabenstellungen und der Ressourcensteuerung auszubilden. Die Verlagerung dieser Aufgabe an die einzelnen Mitglieder – Professionalisierung – oder der Rückgriff auf vororganisatorische Kooperationsformen – familiale oder gruppenähnliche Strukturen, wie sie vor allem bei stark auf Freiwilligen-„Arbeit" beruhenden Organisationen anzutreffen sind – reichen dafür bei steigendem Produktivitäts- und/oder Effizienzdruck nicht mehr aus.

Interessanterweise sind jedoch auch Profit-Organisationen mit vergleichbaren Herausforderungen konfrontiert. Dort, wo sie *intermediäre Funktionen* – teilweise schon in langer Tradition – bewältigen (Ärzte, Rechtsanwälte usw.), haben sie zur Abstützung ihrer Verankerung im Rechts- und Gesundheitssystem Formen individueller Professionalisierung und entsprechende *Standesregeln* ausgebildet und durch eigenständige Disziplinarrechte abgesichert.

Alternativ, aber auch komplementär hierzu, hat sich in anderen Segmenten – z.B. Kunst/Wirtschaft – neben einer ökonomischen *„Rangleiter"* eine *künstlerische* etabliert; gepflegt und verwaltet von Organisationen und Institutionen (Akademien, Massenmedien usw.), die nicht dem Wirtschaftssektor zurechenbar sind. Wenn wir uns beispielhaft die Musikbranche betrachten, muß wirtschaftlicher Erfolg keineswegs mit künstlerischer Akzeptanz bzw. Bedeutung korrelieren, wenn auch das eine das andere natürlich nicht zwangsläufig ausschließt.

Während das Problem der Intermediarität sozusagen Tradition besitzt, wird *wissensbasierte Steuerung* als gesamtorganisatorisches Phänomen erst seit einigen Jahren verstärkt beachtet. Dies geschieht im Zusammenhang mit den Fragen des Übergangs von der Industriegesellschaft zur sogenannten Informations- oder Wissensgesellschaft und den in diesem Kontext thematisierten Organisations- und Führungsfragen.[7] Hier wird deutlich, daß Geld als Steuerungsmedium weder imstande ist, wissensorientierte Leistungen entsprechend zu generalisieren – und damit meß- und vergleichbar zu machen – noch für „symbolanalytische Problemlöser"[8] ausreichende Motivationsanreize generiert, um sinnvolle Entscheidungssteuerung sicherzustellen. Hier stehen Profit-Organisationen vor ähnlichen und vergleichbaren Herausforderungen wie Non-Profit-Organisationen. Ob dies zu partieller Annäherung führen wird, wie das manche Untersuchungen vermuten lassen,[9] wird sich erst zeigen.

2.1 Das Problem der Effizienz

Effizienz thematisiert die Frage, wie in der Relation von Mitteleinsatz zu Nutzen eine Steuerung erfolgt. NPOs erweisen sich hinsichtlich dieses Problems doppelt sperrig:

– Sie zeigen eine relativ verbreitete Tendenz, die Wirkung ihrer Tätigkeit nicht wirklich meßbar zu machen (siehe „Erfolg" weiter unten). Dies ermöglicht vielfältige Nutzenwahrnehmungen und -interpretationen und gibt daher Platz für die gleichzeitige Erfüllung unterschiedlicher Stakeholder-Erwartungen und -zuschreibungen. Vor dem Hintergrund der Abhängigkeit von praktischer und/oder ökonomischer Unterstützung nicht direkt leistungsempfangender Personen und Organisationen verringert dies mögliche Konfliktpotentiale, birgt jedoch andererseits die Gefahr von Diffusität und daraus resultierender schwindender Attraktivität.

Damit parallel wird im internen Entscheidungsgeschehen Wissen zwar als Zugehörigkeitskriterium verwendet, Differenzierung im Sinne von mehr oder weniger, also in der Folge Leistungsdifferenzierung, erfolgt – wenn überhaupt – über wechselseitige persönliche Einschätzungen; Meßbarkeit wird jedoch weitgehend vermieden. So wird z.B. im schulischen, im psychotherapeuthischen oder im Forschungsbereich die Wirksamkeit unterschiedlicher Methoden kaum operationalisiert, noch werden vorhandene Operationalisierungen zu Entscheidungen und Selektion herangezogen. Dies setzt sich konsequenterweise in der Personalführung fort, wo der Bezug auf Fähigkeiten und Leistung bei Entgelt- und Karriereentscheidungen wenig ausgeprägt ist. Die reale Differenzierung muß dann oft über informelle Strukturen laufen, deren Strukturierungspotential jedoch relativ begrenzt ist.

- Was den Mitteleinsatz betrifft, treten in NPOs – neben den unspezifischen, allgemeinen Verschleierungsinteressen – zwei grundsätzliche Probleme auf:
  - Erstens ist NPO-Arbeit von Freiwilligkeit im Sinne von Selbstverpflichtung durchzogen. Dies äußert sich in manchen Organisationen in einem hohen Anteil von tatsächlichen Freiwilligen bzw. in einer unscharfen Trennung von Arbeitszeit und Freizeit bei den Angestellten – Stichwort Selbstausbeutung.
  - Zweitens ist Wissensarbeit per se weder hinsichtlich Beginn und Ende leicht abgrenzbar – „Es denkt, wenn es denkt" – noch in ihrer Intensität bestimm- und steuerbar.

Vor diesem Hintergrund ist der alleinige Weg hin zu einer Ökonomisierung – Geldbasierung! – von Steuerung und Controlling keine Lösung des Problems; sie führt „nur" implizit die Organisation in Richtung von Geschäften und Leistungen, die im Medium Geld beschreibbar und attraktiv sind. Exemplarisch dazu Helmut Willke: *„Die Schatten, die der Glanz (des Geldes) wirft, treffen die Funktionssysteme der Gesellschaft außerhalb der Ökonomie. Sie müssen sich der expansiven Dynamik des Geldes erwehren, um ihre eigene Autonomie, ihre Logik und die spezifische Rationalität ihrer Zwecke zu bewahren."*[10]

Das Management – und dies gilt nun nicht nur für Non-Profit-Organisationen, sondern ebenso für die zunehmenden wissensbasierten Teilbereiche von Profit-Organisationen – muß sich daher darauf konzentrieren:

- die spezifischen Wirkungsergebnisse der Organisation – möglicherweise in unterschiedlichen Referenzsystemen – als Ziel- und Meßkriterien beschreibbar zu machen; so wie man zum Beispiel eine Bank über ein Sample von Zufriedenheitsindikatoren bestimmter Kundengruppen führen kann, wären adäquate Indikatoren für jede Organisation zu vereinbaren *und* zu beobachten.
- die Leistungsbeiträge einzelner Subsysteme und gegebenenfalls einzelner Personen sichtbar und einschätzbar zu machen.

Inwieweit diese Informationen in hierarchischen, demokratischen oder verhandlungsorientierten Steuerungsverfahren prozessiert werden, wird Rückwirkungen haben und ist in diesem Kontext, aber gleichfalls im Kontext des Zwecks und der Strategie der Organisation insgesamt, zu diskutieren – das heißt spezifisch und nicht generell.

2.2 Das Problem des Erfolgs

Während für den Erfolg von Profit-Organisationen *eine* System-Umwelt-Beziehung, nämlich Unternehmen – Kunde/Markt, die eindeutig dominierende Bedeutung besitzt und dieser Erfolg in der Währung Geld direkt (Gewinn, Umsatz, Rentabilität usw.) oder indirekt (Marktanteil, Shareholder Value usw.) benannt werden kann, sieht die Lage für Non-Profit-Organisationen hier grundsätzlich anders aus. Obwohl auch im Wirtschaftsbereich mit dem Stakeholder-Konzept eine Erweiterung der Bezugssysteme erfolgt, so sind diese doch meist Randbedingungen für Erfolg und längerfristige Entwicklung, während Multirelationen für viele NPOs kurzfristig-operative Existenzbedingungen darstellen.

Generalisierend lassen sich einige solcher Umfeldrelationen benennen:

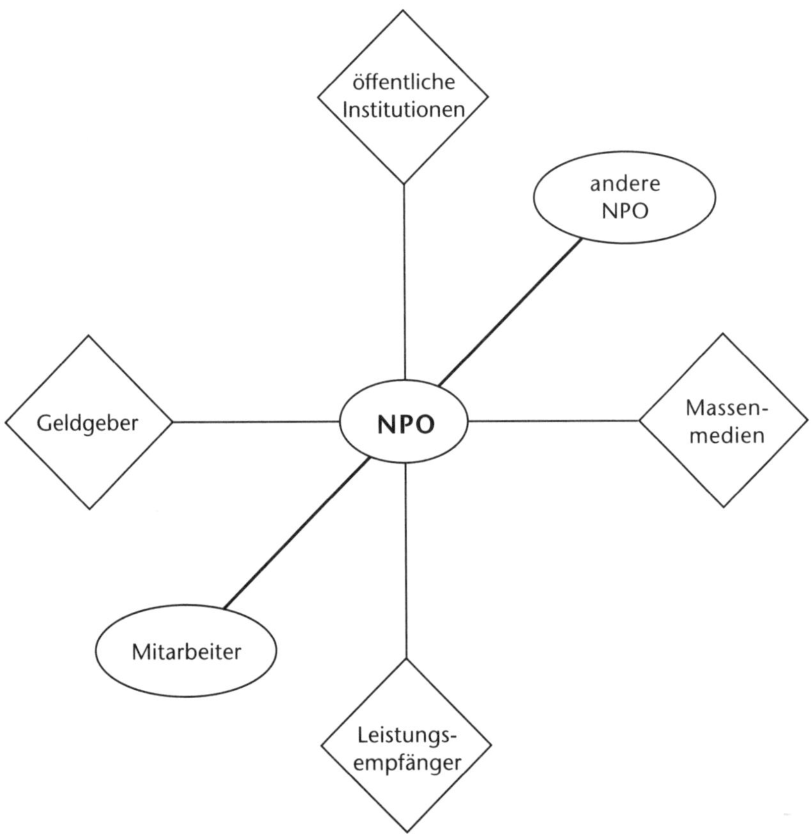

Abb. 3

Diese Darstellung ist keinesfalls vollständig – bei intermediären NPOs erweitert sie sich noch grundsätzlich (siehe weiter unten), sie macht jedoch bereits in dieser Form deutlich, daß die Nutzenerwartungen in den einzelnen Relationen nicht nur unterschiedlich, sondern in manchen Bereichen durchaus widersprüchlich sein können. Die interne Reproduktion jeweils entsprechender Anschlußfähigkeiten würde somit entsprechende organisatorische Differenzierung und ausgeprägte Dissens- respektive Dialogfähigkeit erfordern. Ein entsprechendes Organisationsverständnis und Know-how ist heute erst in Ansätzen vorhanden.

In der von uns beobachteten Praxis äußern sich diese grundlegenden Fragen beispielhaft in folgenden Formen:

- Gedanken zum Erfolg von NPOs
- NPOs können Erfolg haben, der ihnen von Seiten der Umwelt nicht zugerechnet wird.
- NPOs produzieren öffentliche Güter, wer für deren Qualität letztendlich verantwortlich gemacht wird, kann oft nur schwer beeinflußt werden. Beispiel WWF, Naturschutzgebiet Lange Lacke: Der WWF hat jahrelang dafür gekämpft, den Erfolg haben sich Politiker auf ihre Fahnen geschrieben ... Wie weit gilt das Erreichen inhaltlicher Ziele dann dennoch als Erfolg der NPO – bzw. wie wird das von unterschiedlichen Umwelten wahrgenommen?

Non-Profit-Organisationen können Schwierigkeiten haben, bei unerreichbaren oder nicht meßbaren Zielen dennoch Erfolg wahrzunehmen. Erfolg kann gerade in politisch-sozial-ökonomischen NPOs darin bestehen, nicht etwas Positives zu erreichen, sondern negative Entwicklungen zu verhindern bzw. einzuschränken (Erfolg kann hier auch sein, das – unlösbare – Problem erträglicher zu machen, anstatt es zu lösen); die Frage, wie es denn ohne die Arbeit der NPO aussehen würde, ist dann eine hypothetische.

Non-Profit-Organisationen brauchen stärker als andere Organisationen herausragende Ereignisse, damit Erfolge wahrgenommen werden. In Profit-Organisationen summieren sich viele kleine Erfolge in der Bilanz, Erfolg ist dann eher deren Summe; in NPOs bleibt die eine große Aktion, das eine spektakuläre Ereignis im Bewußtsein von Mitarbeitern, Mitgliedern, Geldgebern hängen.

Erfolge von Non-Profit-Organisationen können meist in den Dimensionen Fund-raising, Public relations und inhaltliche Ziele erreicht werden. Sowohl in bezug auf Gesamtziele als auch bei bestimmten „Projekten" gibt es meist alle drei Aspekte, Erfolge können auf jeder der drei Ebenen erzielt werden; problematisch kann dabei sein, daß die leicht und schnell meßbaren Erfolge (FR, PR) in den Vordergrund rücken.

Geldgeber und Mitglieder haben kein unmittelbares Interesse an Erfolgsnachweisen. Spendern und Erhaltern scheint ein grundlegendes Vertrauen in die NPO zu reichen: gutes Image der NPO, Übereinstimmung mit den grundlegenden Zielen, Abwesenheit von negativer Presse (Skandale, Geldveruntreuungen) in Kombination mit vielleicht ein oder zwei identitätsstiftenden und spektakulären Events bilden eine zufriedenstellende Basis, daß man so weitermacht wie bisher.

Bei Non-Profit-Organisation gibt es unterschiedliche Interessen der Stakeholder. Solange es wechselseitig kein Interesse an der Aushandlung klarer Erfolgs- und Leistungserwartungen gibt – und oft ist das sehr sinnvoll, weil nur unter solchen Bedingungen überhaupt Bereitschaft besteht, sich bestimmten Themen und Anliegen anzunehmen! –, kann und muß Erfolg primär intern definiert werden.

Erfolg kann dann heißen:

- Überleben sichern (Subventionen, Mitgliedsbeiträge, Spenden weiterhin erhalten oder ausbauen)
- inhaltlichen Intentionen folgen
- inhaltliche Ziele erreichen
- sparsamer Umgang mit Geld als Selbstzweck (geringer Verwaltungsaufwand)
- Mitarbeiterzufriedenheit (Spaß an der Arbeit, gutes Gruppengefühl etc. steht gerade bei NPOs im Vordergrund, bedeutet aber nicht zwangsläufig auch Erfolg der Organisation).

Zusammenfassend wird hieraus deutlich, daß wir es im Zusammenhang mit Erfolg wohl mit dem sensibelsten Thema des Managements von Non-Profit-Organisationen zu tun haben. Nur auf Grundlage eines jeweils sehr spezifischen Systemverständnisses lassen sich Steuerungspakete entwickeln, die die dynamische Balance ausreichend irritieren, um Entwicklung – statt Selbstbewahrung – anzustoßen, ohne unkontrollierbare Kippeffekte auszulösen.

2.3 Das Problem der Intermediarität

Ausgehend von der Gesellschaftstheorie Niklas Luhmanns[11] beobachten wir in der modernen Gesellschaft eine zunehmende Ausdifferenzierung gesellschaftlicher Subsysteme. Jedes dieser Subsysteme übernimmt für einzelne gesellschaftliche Belange (Recht, Politik, Erziehung usw.) die Verantwortung und entwickelt funktionsentsprechende Leitdifferenzen und Entscheidungs- und Verfahrensprogramme. Diese Ausdifferenzierung führt einerseits zu einer nahezu explosionsartigen Entwicklung der Fähigkeiten der Einzelsysteme, stellt jedoch gleichzeitig die Frage der Gesamtsteuerung gesellschaftlicher Entwicklung strukturell – Entkopplung vom Primat der Politik – und operational – Vielfalt und Dynamik – völlig neu. Die geschichtlich dominierenden Steuerungsprinzipien – Hierarchie und Demokratie – scheinen für sich alleine genommen an Leistungsgrenzen gekommen zu sein. Hierarchische Über- und Unterordnung gefährdet die aus der Entkoppelung gewonnenen evolutionären Gewinne, demokratische Verfahren haben oft zu geringe Selektivität für die anstehenden Fragen bzw. scheitern an systemübergreifenden Sprach- und Referenzproblemen.

Immer stärker kommt daher heute die Idee von Verhandlungssystemen[12] ergänzend zum Tragen. Dies reicht von Schiedsgerichten und Außerstreitverfahren für den gesellschaftlichen Mikrokosmos bis zu Großkonferenzen für globale Klima- oder Wirtschaftsfragen. Nicht zufällig bilden sich also vielfältige Verhandlungssysteme an den Grenzflächen von Demokratie und Hierarchie einerseits, an den Berührungspunkten der funktional differenzierten Subsysteme andererseits. Die Leistungsfähigkeit von Verhandlungssystemen liegt vor allem dort, wo sich die Erfordernisse von Beteiligung, Mitentscheidung und zurechenbarer Verantwortlichkeit mit den Zwängen fachlich kompetenter, längerfristiger und problemangemessener Entscheidung begegnen. Verhandlungssysteme führen die jeweils spezifischen Wirklichkeitskonstruktionen und Interessenkalküle der Beteiligten zusammen und stellen Kommunikation über die normative Bindung an ein bestimmtes Verfahren – „die Verhandlung" – sicher. Das Risiko dieses Konzepts liegt in seiner aktuell geringen Bindungskraft für alle Beteiligten und in seinen hohen Transaktionskosten. Verhandlungssysteme werden also dort gesucht, wo die Problemlösungskapazität bestehender Steuerungsprinzipien nicht ausreicht und die vermuteten längerfristigen Folgeschäden als beträchtlich eingeschätzt werden.

Alle diese Faktoren zusammengenommen scheinen uns der Hintergrund für die Entwicklung von intermediären Organisationen, deren Fähigkeit gerade darin liegt, durch Repräsentanz unterschiedlicher Logiken in sich selbst Ausgleichsfunktionen zu übernehmen – zum Beispiel den Interessenausgleich zwischen verschiedenen Gruppierungen der Wirtschaft im Rahmen der Wirtschaftskammern – oder durch Interventionen das Entstehen und die Wirksamkeit von Verhandlungssystemen zu fördern – zum Beispiel durch öffentliche Aktionen den gesellschaftlichen Druck hinsichtlich ökologischer oder sozialer Fragen so zu erhöhen, daß Verhandlungssysteme institutionalisiert werden.

Die Annahme ist nun, daß Organisationen diese Leistungen nur dauerhaft erbringen können, wenn sie sich darauf einlassen, die zur Verhandlung stehenden Unterschiede auch in den eigenen Prozessen und Fähigkeiten zu spiegeln, um damit überhaupt kundig und anschlußfähig für verschiedene Logiken zu werden; das unterscheidet Organisationen zum Beispiel ganz wesentlich von Bürgerbewegungen. Damit wird jedoch das gesellschaftliche Problem zu einem organisatorischen, das externe zu einem internen. Die Hoffnung ist, daß im Rahmen der Organisationsgrenzen und -bindungen

Formen entwickelbar sind, die Vermittlung bzw. Transfer möglich machen, und dieses Potential dann seitens der Organisation als Problemlösungskapazität der Gesellschaft wieder zur Verfügung gestellt werden kann.

Wir möchten hier einige Konzepte interner Widerspruchsbewahrung *und* -verarbeitung aufzeigen, gleichwohl wir wissen, daß in diesem Bereich noch vieles zu leisten ist und geleistet werden kann!

Professionalisierung
Professionalisierung weist Non-Profit-Organisationen in zwei Richtungen:

– Die eine Richtung führt von einer Freiwilligenorganisation in Richtung einer Organisation von „Professionellen". Das darin als Gegenbild angelegte Bild vom „amateurhaften Verhalten" impliziert zwar die Problematik von nicht ausgereifter Qualifikation und quasi nebenberuflicher Tätigkeit, ist jedoch durch ein eben noch „wirkliches" – weil nicht über Einkommen und Lebensnotwendigkeit – laufendes Engagement für die Sache auch sehr positiv besetzt. Professionalisierung bedeutet in diesem Sinn zwar Zugewinn an Zielorientiertheit und fachlicher Ausdifferenziertheit, gleichzeitig aber den möglichen Verzicht auf die – oft ursprüngliche – Unmittelbarkeit des Einsatzes für ein persönliches Ziel und das damit einhergehende Gemeinschaftsgefühl einer Gruppe von Gleichgesinnten.

– Die andere Richtung der Debatte nützt die mit Professionalisierung einhergehende Notwendigkeit zur Definition, Standardisierung und Beobachtung von berufsentsprechendem Verhalten, um die Tätigkeit gerade in intermediären Organisationen gegen die Verführung einzelner Sublogiken abzusichern. Dies läuft – wie zum Beispiel bei Rechtsanwälten und Ärzten schon angedeutet – dann über entsprechende Qualifikations- und Zugangsbedingungen zum Beruf, über einen Verhaltenskodex für die Berufsausübung und ein entsprechendes eigenständiges Disziplinarrecht. Bei allen leicht einsehbaren Schwächen greifen doch die meisten Organisationen auf diese Kernelemente – Qualifikation, Zugangsselektion, Verhaltenregelungen – in jeweils spezifischer Art und Weise zurück.

Den beiden Tendenzen ist gemeinsam, daß die Last der Veränderung respektive Konfliktbalancierung den einzelnen Mitgliedern der Organisation zugemutet und überantwortet wird. Dies mag für verschiedene Aufgabenstellungen vorteilhaft sein, vor allem dort, wo nach wie vor individuelle Kompetenz und Hilfestellung gefragt ist. Dort, wo für komplexere Aufgabenstellungen das Zusammenspiel verschiedenster Akteure zur Disposition steht, reicht Professionalisierung in diesem Sinne nicht mehr aus; es müssen Verfahren gefunden und stabilisiert werden, die Raum für die Artikulation und Entwicklung divergenter Interessen bieten und Perspektiven für ihr produktives Prozessieren – im Sinne von potentiellen Nicht-Nullsummenspielen – eröffnen. Eine derartige *Legitimation von und durch Verfahren* stellt eine völlig neue Herausforderung für die Gestaltung der internen Architektur und der Leistungsbeziehungen von Organisationen dar. Praktische Ansätze finden sich beispielhaft im Bereich der Arbeitsbeziehungen in den Kammern, hinsichtlich der Schulautonomie und -partnerschaft im Bildungsbereich oder hinsichtlich der elterlichen Fürsorge im Sozialbereich. Dies alles verweist über die individuelle Professionalisierung auf die Perspektive einer organisatorisch bzw. managementmäßigen Professionalisierung hin.

Qualitätsmanagement

Qualitätsmanagement weist insofern über die Professionalisierungsperspektive hinaus, weil es primär nicht auf Verhalten, sondern auf Wirkungen von Verhalten fokussiert. Die Einhaltung bestimmter individueller oder organisatorischer Operationsweisen ist damit kein Wert mehr an und für sich, sondern wird laufend an seinen Folgen für bestimmte, als relevant definierte Umfeldentwicklungen gespiegelt. Erwünschte Wirkungen der eigenen Tätigkeiten in definierten Feldern müssen somit benannt, Zielsetzungen und damit Maßstäbe für die eigene Leistung intern vereinbart werden. Hinsichtlich potentiell widersprüchlicher Aufgabenstellungen – zum Beispiel ökologisch wirksame Veränderungen zu erreichen und gleichzeitig eine breite gesellschaftliche Akzeptanz zu gewinnen – müssen *explizit* kompatible Wege gesucht und entsprechende interne Dissensarbeit geleistet werden. Gelingt dies, so müssen im nächsten Schritt Beobachtungssysteme aufgebaut werden, die eine selektive und handlungsrelevante Rückkopplung eigener Wirkungen im Umfeld ermöglichen.

Das mittlerweile entwickelte Kriterienbündel aus

- Ergebnisqualität
- Preisqualität
- Prozeßqualität
- Potentialqualität

scheint für die Anforderungen von wissensbasierten Organisationen wesentlich besser geeignet, als die oft zur Diskussion angebotenen rein monetären Controlling- und Steuerungssysteme. Qualitätsmanagement stellt jedoch sowohl in Profit-Organisationen wie in Non-Profit-Organisationen deutlich differenziertere Anforderungen an Management-Know-how und Systemverständnis – nicht nur für interne Dynamiken, sondern auch für die Einbettung der eigenen Organisation in das Zusammenspiel mit anderen gesellschaftlichen Akteuren.

Holding- und Geschäftsfeldbildung

Noch wenig experimentiert wird unseres Wissens in Non-Profit-Organisationen mit einem Konzept, das in den letzten 20 Jahren geholfen hat, das

Problem der Vielfältigkeit und Multizugehörigkeit in Wirtschaftsunternehmen zu bewältigen. Dieses Konzept beruht darauf, unterschiedliche Geschäftsbereiche operativ und weitgehend auch strategisch voneinander zu separieren und ihnen die Möglichkeit zu eröffnen, sich ihren Anforderungen entsprechend zu organisieren und im jeweiligen Markt adäquat zu positionieren. Eine integrierende Beeinflussung bzw. Steuerung erfolgt im Extremfall nur mehr über rein ökonomische, im Normalfall jedoch auch über strategische Rahmenvorgaben. Zusätzlich existiert meist ein Monitoring der Dachorganisation hinsichtlich potentieller Synergie- und Innovationspotentiale mit der Zielsetzung, zu entsprechenden Projekten anzuregen oder – wenn diese Anregungen nicht aufgegriffen werden – neue Geschäftsfelder zu kreiern.

Übertragen wir dieses Modell auf Non-Profit-Organisationen, so führt es zur Idee einer Dachorganisation, die sich auf die grundsätzliche Reflexion von Sinn und Wirkung, die Steuerung entsprechender Mittelströme und die Generierung – dann im wesentlichen autonomer – operativer Teilorganisationen beschränkt. Diese Teilorganisationen könnten dann im wesentlichen wie „normale" NPOs – vielleicht auch in Teilsegmenten Profit-Organisationen! – agieren; das Problem der Intermediarität kann dann im Rahmen der Dachorganisation in Form von „Dissensdialogen" thematisiert und über strategische Rahmenleitlinien wieder in die operative Praxis rückgekoppelt werden.

Beispielhaft könnte dies in einer ökologischen NPO zu unterschiedlichen „Aktionsbereichen" führen, die mit jeweils spezifischen ökologischen und PR-Zielen beauftragt werden, während der Fund-raising-Bereich im Rahmen gewisser inhaltlicher und ethischer Grenzen nach den Rationalitätsprinzipien einer Profit-Organisation operiert und andere interne Dienstleister wie Cost Center operieren. Ähnlich könnten im Bereich der Kammern Service, hoheitsrechtliche und Interessenvertretungsagenden nach je unterschiedlichen Prinzipien organisiert und gestaltet werden, ohne insgesamt an Schlagkraft zu verlieren – verloren ginge nur der Omnipotenzanspruch gewisser Mechanismen, Ideologien und vielleicht auch Personen.

2.4 Das Problem der Zeitlichkeit

Wir wurden in unseren vielen Gesprächen mit Vertretern von Non-Profit-Organisationen immer wieder mit zwei gegenläufigen Befürchtungen konfrontiert:

- Je erfolgreicher wir sind, desto unnötiger werden wir!
- Je tüchtiger wir arbeiten, um so mehr Aufgaben tauchen auf!

Bei aller Unterschiedlichkeit weisen beide Befürchtungen für das Management von NPOs jedenfalls in einem Aspekt in eine gemeinsame Richtung: *Aufgaben* und *Organisation von Non-Profit-Organisationen inhaltlich und zeitlich begrenzt zu halten!*

Dies kann in Grenzfällen zu einer Begrenzung des Lebenszyklus der NPO selbst Anlaß geben, um der Falle der Problemerhaltung bzw. -ausweitung zum Zwecke der Organisationserhaltung bzw. des Organisationswachstums zu entgehen. Dieses Problem wurde zum Beispiel im Kontext des Kranken-/Gesundheitssystems schon vielfach erörtert, das Krankheit als „Nahrung" für Erhaltung und Wachstum benötigt, während „Gesundheit" (im Rahmen der derzeitigen ökonomischen Rahmen) zu einer Systemrückbildung führen würde. Generell taucht jedoch die Frage auf, inwieweit nicht *prinzipiell* Aktivitäten im Rahmen von Non-Profit-Organisationen als begrenzt zu definieren wären, womit sich als adäquate Organisationsgestalt die *Projektform* anbieten würde. Projektorientierte Gestaltung würde eine generelle Temporalisierung von Aufgaben, Beziehungen und Strukturen bedeuten und zu einer konsequenten Reflexion von Erfolgen und Zielen zwingen und darüber die Flexibilität und Anpassungsfähigkeit von NPOs und entsprechender gesellschaftlicher Ressourcen erhöhen. Das gerade diese Form – kombiniert mit netzwerkartigen Elementen von Kooperation – das vermutlich beste Potential für Wissensentwicklung und Transfer bereitstellt, ist ein nicht unwesentlicher Zusatzgewinn.

Zur gleichzeitigen Sicherstellung der Attraktivität für qualifizierte und engagierte Personen bedarf es jedoch organisationsübergreifender Netze, die diesen Personen auf Dauer neue attraktive Tätigkeitsfelder und Aufgaben anbieten bzw. ein sich selbst organisierendes „Biotop" bilden, aus dem neue Organisationen für neue Aufgaben herauswachsen.

3 Zusammenfassung

Ausgangspunkt unserer Überlegungen zum Management von NPOs war der Versuch, eine bloß negative Charakterisierung der *Non*-Profit-Organisation durch ihre Ortsbestimmung im Feld gesellschaftlicher wie organisationaler Entwicklungsströme zu überwinden.

Hilfreich erwies sich dabei zum einen die Unterscheidung der Organisationen nach ihrer Einbindung in den weiteren Rahmen gesellschaftlicher Teilsysteme: Hier zeigt sich, daß Non-Profit-Organisationen, typischerweise mehreren gesellschaftlichen Subsystemen zuzurechnen – also *intermediär* – sind. Daraus folgt, daß sie die Logik ihrer unterschiedlichen Bezugssysteme *intern* abzuarbeiten und zu vermitteln haben und *extern* das Problem mehrfacher Anschlußfähigkeit bewältigen müssen. Es scheint nun zielführend, unter dem Schlagwort der Professionalisierung des Managements von NPOs nicht einer naheliegenden Neigung zur Personalisierung dieser Vermittlungsaufgaben zu erliegen, sondern Professionalisierung organisational zu fassen, d.h. der spezifischen Umweltkomplexität durch den Aufbau komplexer innerorganisatorischer Strukturen und Prozesse *professionell* zu begegnen.

Ein zweites fruchtbringendes Differenzierungskriterium fanden wir in der Unterscheidung der vorherrschenden *Steuerungsmedien*. Jenseits des basalen Mediums der Macht scheinen heute Geld und Wissen als symbolische Kommunikationsmedien geeignet, in Organisationen die Wahrscheinlichkeit wirkungsvoller Kommunikation zu erhöhen, d.h. die Erfolgsaussichten von Steuerungsintentionen zu verbessern.

Die unterschiedliche Gewichtung von geldbasierter Steuerung in Profit-Organisationen und wissensbasierter Steuerung in Non-Profit-Organisationen verdankt ihre Plausibilität nicht zuletzt einem doppelt gefaßten Begriff von Wissen: Wissen gilt einmal als Formprinzip relevanter Information, einmal als Medium sinnstiftender Realitätsdeutung. Auch wenn wir mit guten Gründen in Rechnung stellen, daß auch im gesellschaftlichen Teilsystem Wirtschaft als dem primären Aktionsraum von Profit-Organisationen Wissen als Steuerungsmedium sprunghaft an Bedeutung gewinnt, so eröffnet die Positionierung der Non-Profit-Organisationen als wissensbasierter Organisationstypus zwischen dem vornehmlich machtbasierten politisch-administrativen System und dem primär geldbasierten Wirtschaftssystem doch erhellende Perspektiven in Steuerungsprobleme und Managementanforderungen von NPOs. Dies insbesondere auch im Hinblick darauf, daß NPOs die dort entwickelten Steuerungsmuster und Managementtechniken nicht unbesehen, besser: nicht risikolos übernehmen können: Unter dem Leitziel von *Identität und Wandel* wissensbasierter NPOs scheint vor allem das Verhältnis der Steuerungsmedien Wissen und Geld ein sensibler und ertragreicher Gegenstand organisationstheoretischer Reflexion und managementpraktischer Kreativität.

Im vorliegenden Beitrag haben wir unter den Problemfeldern *Effizienz, Erfolg, Intermediarität* und *Zeitlichkeit* verschiedene Lösungswege zusammenfassend skizziert. Vielfach blieb es im gegebenen Rahmen nur bei kursorischen Andeutungen, mit denen wir gern zu weiterer Diskussion anregen wollen.

Anmerkungen

1 Mitglieder dieses Themencenters sind Rudolf Hlavacsek, Heinz Jarmai, Michael Patak, Ruth Simsa, Alfred Zauner und Atiye Zauner.

2 Helmut Willke (1995): Systemtheorie III: Steuerungstheorie. Stuttgart/Jena.

3 ebd. S. 147.

4 Niklas Luhmann (1990): Die Wissenschaft der Gesellschaft. Frankfurt, S. 123 und 138.

5 Willke, a.a.O., S. 237.

6 Amitai Etzioni (1968): The Active Society. New York, S. 136 (Hervorhebung von uns).

7 Siehe beispielhaft Peter Drucker (1993): Die postkapitalistische Gesellschaft. Essen (Econ).

8 Robert Reich (1991): The Work of Nations. New York.

9 James Collings, Jerry Porras (1994): Built to last. New York.

10 Willke, a.a.O., S. 225.

11 Grundlegend in: Niklas Luhmann (1984): Soziale Systeme. Frankfurt.

12 Siehe hierzu ausführlicher: Willke, a.a.O., S. 109 ff.

Andere Inerventionsformen: Kunst und Invent

VOM NEUEN SINN EINES SELTSAMEN AMTES ODER: DIE WIEDERBELEBUNG DES HOFSTAATES

1. Einstimmung

Organisations- und Personalentwicklung ist ein Abenteuer! Wer das versteht, ist auf der richtigen Spur.

In Amerika und Frankreich werden schon eigens für Unternehmen Theaterstücke inszeniert, die besonders interessante Unternehmensthemen spielerisch zum Ausdruck und damit zur Wirkung bringen. Dabei geht es um ein kritisches Erleben der jeweiligen „Grenzsituationen“, um anschließend Sinnvolles gemeinsam weiter zu unternehmen. Spezifische Themen der Organisations- und Personalentwicklung werden so bewußt überzeichnet, bewußt gespielt, daß die Menschen innerhalb der Organisation in ihr wirkliches Erleben gelangen.

Häufig ist heute noch immer Organisations- und Personalentwicklung die Fortführung der Entmündigung des Menschen durch den Versuch, ihn zu bilden. Doch werden immer häufiger Wege sichtbar, die uns aus dem Licht der Verbildung hinein in das Dunkel der Erleuchtung führen.

Ein Beispiel ist das Theater als integrativer Bestandteil der Organisations- und Personalentwicklung, ein anderer Beitrag – ebenfalls in Frankreich – ist der „Clownanalytiker“, der den Unternehmen und den darin wirkenden Menschen mit Hilfe der Clownerie die Wahrheit sagt. Immer noch benötigt die Wirklichkeit den rettenden Mantel des Wahnsinns. Als denn, hüllen wir uns in Wahnsinn, um Organisationen dorthin zu führen, wohin sie gehören: in ihre ganz spezifische Wirklichkeit.

Organisations- und Personalentwicklung ist dort am sinnvollsten, wo sie dem Menschen ermöglicht, sich selbst zu entwickeln. Wir werden uns hier mit Grenzüberschreitungen beschäftigen, weil dieser Weg Kreativität erfordert, gleichzeitig erneute freisetzt und der Organisation Ressourcen sichert, die ihr ein lebendiges Wirken ermöglichen.

2. Narren

„Wenn dasselbe ein Weiser sagte, würde es ihn den Kopf kosten, spricht es aber ein Narr, bereitet es unvorstellbaren Spaß. Denn die Wahrheit besitzt eine natürliche Kraft zu erfreuen, wenn sie nichts enthält, was verletzt.“ So spricht Erasmus von Rotterdam in seinem Buch *Das Lob der Torheit* und verdichtet damit die zentrale Funktion des höfischen Narren.

Der Narr ist im Mittelalter antithetisch zum Kanzler, ja sogar zum König zu verstehen. Er vertritt die Unvernunft (lat. *insipientia*) in unmittelbarer Nähe des Herrschers. Allerdings war er bei Hofe der Königin zugeordnet, was darauf hindeutet, daß er einen minderen Rang innehatte. Auch auf der mittelalterlichen Standestreppe nimmt er gleich dem Kinde den untersten Stand ein.

Die Figur des Narren findet sich schon zur Zeit der römischen Saturnalien (17.–23. Dezember) in Form der „Narrenfreiheit der Sklaven". Um 1000 gelangt dann das Schachspiel nach Frankreich, und die „Läufer" heißen im französischen „les fous". Sie stehen direkt neben Königin und König. In der Zeit vom 12. bis zum 16. Jahrhundert erreicht das Narrentum vermutlich seinen Höhepunkt. Zu dieser Zeit war die Figur des Narren von zentraler gesellschaftlicher Bedeutung, es gab Narren bei Hofe, aber auch die Narren der Städte, bei Ritterspielen, in Kunst und Literatur. Später vermindert sich deren Bedeutung; allerdings gibt es bis heute noch Überreste dieser einst sehr wichtigen sozialen Funktion (Fastnacht, Karneval, Kunst, Literatur, Tarot ...).

Der Herrscher und der Narr stehen im sozialen Gefüge sehr dicht beieinander. Der Herrscher symbolisiert die Vernunft, das Bewahrende, alles, was Ihnen jetzt selbst dazu einfällt, weil es Ihnen so vertraut ist. Der Narr ist selbstgefällig, er gefällt sich selbst, sieht weder seine Mitmenschen, noch irgendeinen Gott. Er steht außerhalb der Ordnung, stiftet Verwirrung und ist permanent in Bewegung. Bei Hofe richtet er seine Aufmerksamkeit auf das Neue und zukunftsweisende. Er symbolisiert eine heidnische Zeit, in der die Menschen zur Sünde verführt werden, weil sie von bekannten Wegen abweichen. Der Hofnarr ist also nicht nur faszinierend, sondern auch beunruhigend und abgründig. Oft haben die Narren wohlklingende Namen und Titel, weil es sich – so erzählt die Geschichte – teilweise um entmachtete Herrscher handelte, die nun aus neuer Perspektive die Gepflogenheiten der Macht erleben und gestalten durften.

Der Narr war im Hochmittelalter das Symbol für die ganze Epoche. Er wird in unserem Kulturkreis um 1480 zum Sinnbild für menschliche Unzulänglichkeit, Sündhaftigkeit und Verblendung. Der Narr bedeutet den Untergang, die Verdamnis und den Verlust des Heils. Und all das ist nur verständlich, wenn wir wissen, daß Eva die Mutter aller Narren ist. Auch hier rückt die Frau wieder in unmittelbare Nähe des Narren. Sie kann nicht ohne ihn und er nicht ohne sie existieren. Da die Vertreibung aus dem Paradies für viele auch heute noch gleichbedeutend mit dem Tod ist, wundert es nicht, daß in der damaligen Zeit der Tod in unmittelbarem Zusammenhang mit dem Narren gesehen wurde. Die Totentanzidee des frühen Mittelalters wird durch die Narrenthematik fast vollständig abgelöst. Der Narr wird zum Hüter der Zeit – und damit zum Wächter über das Leben. Er mahnt bei Hofe die ständige Vergänglichkeit. In dieser Zeit wird der Narr auch im direkten Zusammenhang zum goldenen Vlies gebracht, was einmal mehr seine große Bedeutung symbolisiert. Im 15. und 16. Jahrhundert wird der Narr dann zum Künder höheren Wissens und zum Visionär verborgener Wahrheiten. Er wird zum verkannten Weisen, der die Herrscher vor (hauptsächlich) politischen Dummheiten warnt.

„Genau dieses eigentümliche Spannungsfeld zwischen Scherz und Ernst, zwischen Unsinn und Prophetie, zwischen Erheiterung und Furchteinflößen kennzeichnet das nie ganz in den Griff zu bekommende Spektrum der Möglichkeiten, in dem die Rolle der Hofnarren im Mittelalter angesiedelt war."
(Werner Mezger)

Wie schon erwähnt ist der soziale Status sehr niedrig, obgleich er meist in unmittelbarer Nähe zum König steht. Er ist ein sozialer Außenseiter. Der Narr ist dumm, uneinsichtig, intellektuell beschränkt, oftmals auch geisteskrank bis hin zur Bösartigkeit. Krüppel werden ebenfalls häufig in Zusammenhang mit Narren gebracht. Beide stammen direkt vom Teufel ab. Der Narr ist ohne Heimat – er hat kaum sozialen Anschluß. Bis ihn dann ein Adeliger findet und ihn zum Hofnarren macht. Die Narren wurden oft spontan von der Straße weg engagiert. War das geschehen, konnten sie fortan auch ein recht angenehmes Leben führen. Ihnen wurde ein großer Handlungsspielraum eingeräumt – die sogenannte Narrenfreiheit. Sie genossen dieses angenehme Leben aufgrund zweier wesentlicher Aspekte, die die Narren den Herrschern wertvoll machten. Einmal waren sie in der damaligen Zeit Statussymbole, einige Adelige „hielten" sich gleich mehrere Narren; zum anderen demonstrierten die Herrscher mit dem Engagement eines Narren karitative Elemente.

Persönliches wird über die Narren erst seit der Renaissance berichtet. In dieser Zeit existierten zwei Arten von Narren. Die einen waren die „natürlichen Narren", die körperliche und/oder geistige Behinderungen aufwiesen, häufig auch bösartig waren, so daß sie an das Narrenband gebunden wurden. Die sogenannten „Schalksnarren" waren normale, besonders intelligente Menschen (Männer). Von dieser Sorte Narren gab es in der Renaissance zunehmend mehr. Ihre Eigenschaften waren Mutterwitz, Courage, hohe Intelligenz, Schlagfertigkeit, Trancezustände, Visionsfähigkeit und noch vieles mehr. Ihnen kam zu dieser Zeit eine ganz besondere gesellschaftliche Funktion zu. Gleichzeitig löst sich die mittelalterliche Narrenidee auf. Es wird zur Modeerscheinung, es gründen sich sogar „Narrengesellschaften", die mit der Narrenidee spielen.

Im 18. Jahrhundert spielen selbst die Adeligen mit der Narrenidee, indem sie wirkliche Gelehrte zu Hofnarren degradieren und sie somit lächerlich machen. Die Gesellschaft kann die hilfreiche Funktion des Wahnsinns nicht mehr wahrnehmen. In Shakespeares Dramen wird der Narr noch einmal zur

Figur, „die tiefe Reflexion über die Natur menschlichen Glanzes und menschlichen Elends zugleich" betreibt und damit die Menschen wirklich vorwärts bringt. Endgültig begräbt Anselm Feuerbach 1877 die hilfreiche Narrenidee.

Heute wird es Zeit, daß die Narren wieder Einzug in unsere Gesellschaft, in die Höfe der Moderne halten. Die folgenden Ausführungen beschreiben eine Narrenidee und ihre Wirkungen an den Höfen. Sie erfahren, was heute Narren leisten wollen, wo Sie sie finden und an welchen Höfen es sinnvoll ist, sie wirken zu lassen. In diesem Sinne: Seien Sie selbst jetzt König oder Königin, und erlauben Sie sich die Entführung in eine fast vergessene Welt.

3. Narren und Künstler

„Was die Kunst vor allen Dingen ist und immer bleiben wird, ist ein Spiel, während das Werkzeug das Prinzip der Arbeit ist."
(Georges Bataille)

Im Jungpaläolithikum gab es den Menschen als Werktätigen, nicht als Künstler und damit nicht als ganzen Menschen. In der Höhle von Lascaux wird aus dem werktätigen der schöpferische Mensch. In den Jahrtausenden danach gab es den Menschen meist als Werktätigen *oder* Schöpferischen, nun gilt es, beide miteinander zu verbinden, um den Menschen erneut einen Entwicklungsschritt weiterzubringen. Die Zukunft braucht den schöpferisch Werktätigen und den werktätig Schöpferischen, um so der Welt wertschöpferische Organisationen zu erhalten und neu zu finden.

Der Künstler heute ist der Provokateur im Erfinden neuer Wirklichkeiten. Er ist derjenige, der seinem Weltverständnis nach flexibel, kreativ, umweltorientiert, selbstverantwortlich, geheimnisvoll und aufmerksam ist. Der Künstler ist der „Anderswohnende" (Peter Sloterdijk), was ihn dem Narr des Mittelalters und der Renaissance sehr nahestellt, weil dieser eben auch nicht in dieser Welt wohnte.

Narren und Künstler sind die Reisenden zwischen den Welten. Immer wieder hält der Künstler Wissen bereit, was uns Daheimgebliebenen die Möglichkeit des Reisens gibt. Wir können so unsere Heimat verlassen und an anderer Stätte wieder gemeinsam wohnen.

„Sind die Gäste bereit, an der reichen Konversation teilzunehmen, die unter seinen Gebilden herrscht, so dürfen sie sich in den Werken niederlassen. Was ihnen der Künstler in seiner Werkstatt bietet, ist nicht weniger als die Aufnahme in ein Paradies, in dem das älteste Glücksfluidum bis heute fließt: Aufmerksamkeit."
(Peter Sloterdijk)

4. Die Honigpumpe

Kunst weist auf Verborgenes und Zukünftiges hin. Der Künstler produziert Visionen, mit denen er uns das Lesen aufgibt. Diese ins Bild, in die Form gebrachten Visionen eröffnen uns Gestaltungsräume für eine lebenswerte Zukunft. Schon Friedrich Nietzsche beschwor die Kunst als einzig irdische Rettung, und Werner Lippert schreibt:

„Die Wirtschaft muß sich von einer Kunst als Repräsentation verabschieden und zu einer Akzeptanz von Kunst als geistigem Produktivkapital finden."

Hierbei geht es auch um die Nutzbarmachung der Kunst für das Wirtschaftsleben und ebenso um die erweiterte Nutzbarmachung der Wirtschaft für die Kunst. Im Kern allerdings geht es um die Schaffung einer Poesie des Alltags (wobei die Poesie des Alltags in der ursprünglichen Bedeutung des Wortes „poiesis" zu verstehen ist). Die Gestaltung eines Alltags und damit auch eines Wirtschaftslebens, durch das der ganze Mensch zur Freiheit kommt.

„Es ist die Schönheit, durch welche man zur Freiheit wandert."
(Friedrich Schiller)

Mit der *Honigpumpe* schafft Joseph Beuys 1977 auf der documenta in Kassel ein Kunstwerk, was diesen Weg weist. Die Honigpumpe am Arbeitsplatz weist einen Weg, um festzustellen, was an den Arbeitsplätzen fehlt. Letztendlich kann dies allerdings nur der Werktätige selbst beantworten. Grundsätzliche Betrachtungen sind allerdings möglich, da sie das Gestaltungsprinzip der Honigpumpe erklären. Zunächst einmal fehlt das Prinzip der Kommunikation, das wirklich freie Gespräch am Arbeitsplatz, in dem Ideen, Fragen, Sorgen und Ängste offen miteinander besprochen werden. In der Honigpumpe symbolisiert der Honig dieses Prinzip der freien Kommunikation, die in einem Kreislauf fließt. Beuys sagt, daß eben diese freie Kommunikation an sich schon fehlt. Dadurch verliert der Wirtschaftsprozeß eine zentrale Produktivkraft, nämlich die menschliche Kreativität. Der schöpferisch Werktätige ist im Wirtschaftsleben kaum aufzufinden. Damit ist die momentane Wirtschaftssituation im höchsten Maße unproduktiv. Zudem haben wir heute eine Zeit, in der das kreative Potential immer notwendiger wird, da positive Antworten auf ein in Zukunft erfolgreiches Wirtschaftsleben ausbleiben.

In diesem Sinne ist jeder Werktätige wesentlicher Produzent in seiner Organisation, da er sein ganzes Menschsein einbringt. Er stellt sein geistiges Kapital zur Verfügung, er tut es gerne, weil er den direkten Nutzen für sich, seine Organisation und die Gesellschaft erlebt. Wir sprechen dann von schöpferisch Werktätigen, die in unterschiedlichen Prozessen ihr Wissen und ihre Fähigkeiten einbringen. Die Unterscheidung von Arbeitgeber und Arbeitnehmer ist damit zunehmend hinfällig. Der Mensch wird zu einem sozialen Wesen, welches sich gleichberechtigt und auf Freiheit basierend dem sozialen Organismus eingliedert. Da Honig von Natur aus (siehe Bienenvölker) den sozialen Organismus symbolisiert, wird er eben auch in der Honigpumpe als Symbol benutzt. Die weiteren zentralen Prinzipen der Honigpumpe am Arbeitsplatz sind Koordination und Kooperation, die gemeinsam mit der freien Kommunikation – „Die dümmste Frage wird die allerwertvollste sein" (Joseph Beuys) – ein Wirtschaftsleben für eine erfolgreiche und soziale Zukunft ermöglichen.

Die Honigpumpe als Kunstwerk im Sinne des erweiterten Kunstbegriffs von Joseph Beuys erzählt von den ungeheuren Potentialen, die in der Kunst liegen, wenn sie sich selbst kommunikativ, koordiniert und kooperativ mit dem Wirtschaftsleben auseinandersetzt.

Diese Prozesse sind zu befördern, um den schöpferisch Werktätigen in die Welt und damit ins Spiel zu bringen.

Lauscht dem Gesang der Bienen.

5. Kunst und Wirtschaft

Was ist jetzt gut daran, zwei so unterschiedliche Prozesse miteinander in eine wirklich partnerschaftliche Beziehung zu bringen? Wir sprechen hier nicht von Kunst als nur dekorativem Bestandteil in Organisationen, sondern wir verstehen Kunst als Prozeß, der aktiv in die Personal- und Organisationsentwicklung eingebunden wird.

„Kunst kann dekorativ sein, aber sie ist keine Dekoration.
Sie ist eine Form kultureller Erfahrung."
(Marjory Jacobson)

Hier werden wir weiter aufzeigen, welche Möglichkeiten in der Kunst verborgen sind, um der Wirtschaft zu einer neuen Qualität zu verhelfen. Die Wirtschaft benötigt dringend Hilfe und sucht sie meist nach dem Prinzip „mehr desselben". Dabei geht es in der momentanen Krise eher um eine existentielle Neuorientierung, die ein Finden neuer Gestaltungskräfte ermöglicht. Eben diese Kräfte lassen sich in der Kunst auffinden, um sie zu transformieren und der Wirtschaft gestaltend zur Seite zu stellen. Was es braucht, sind mutige Manager, die sich aus dem Sumpf der „Nieten in Nadelstreifen" erheben und bereit sind, mit Künstlern in einem Dialog zu begegnen. Ebenso sind Künstler nötig, die den Mut haben, mit ihrer Kunst Verantwortung für einen gesellschaftlichen Wandel zu übernehmen. Dieser Wandel ist gemäß seiner Struktur kein politischer Wandel, sondern ein kultureller beziehungsweise ästhetischer, der alle Sinne nutzt, um sinnvoll zu sein.

Kunst wird hier nicht gesponsort, obwohl dem Sponsoring in keinem Fall Abrede getan werden soll. Es erfüllt ein wichtiges marktwirtschaftliches Bedürfnis, was auch einen erweiterten Zugang zur Kunst in der Wirtschaft überhaupt erst ermöglicht. Im erweiterten Zugang zur Kunst soll dem dekorativen und lukrativen Aspekt von Kunst in der Wirtschaft der konfrontative und assoziative Aspekt hinzugestellt werden. Konfrontativ in dem Sinne, daß eine Denkwelt (Kunst) einer anderen Denkwelt (Wirtschaft) einen völlig neuen Denkraum erschließt. Die Wirtschaft hat den Standpunkt der Betrachtung aufzugeben und sich auf ein Erleben einzulassen, was nur durch Kunst entsteht. Genau dieses Erleben setzt die Kräfte frei, die die Menschen in der Wirtschaft benötigen, um sich aus der persönlichen und gesellschaftlichen Krise zu befreien.

Dieser Denkraum ist deshalb neu, weil in ihm Denk- und Fühlprozesse über die Konstruktion und Dekonstruktion von Wirklichkeit in ihrer Qualität andere sind, als sie bisher in der Wirtschaft üblich waren. Die Prozesse der Wirtschaft sind in ihrer Tendenz eher: logisch, mathematisch, funktional, linear, detailliert, verbal, kontrolliert, sequentiell, aktiv, weltgewandt, dominierend, intellektuell, analytisch, ordnend – die Prozesse der Kunst sind eher: figurativ, symbolisch, intuitiv, kreativ, musikalisch, emotional, sprunghaft, aufbauend, träumerisch, gleichzeitig, divergierend (Ned Hermann). Wichtig ist allerdings, die Denkräume der Wirtschaft nicht zu schließen oder aufzugeben, sondern sie im Augenblick eher zu Bibliotheken und Archiven zu machen und sich eben im Kunstdenkraum als Lebensraum einzurichten. Dieser Kunstdenkraum ist für die Wirtschaft bis heute in weiten Teilen ein fremder Schauplatz, auch weil er ein Platz des inneren Erlebens ist. Viele Erlebnisse stehen im Gegensatz zu den Erlebnissen des Wirtschaftslebens und sind daher konfrontativ. Die ehernen Werte und Spielregeln der Wirtschaft werden in Frage gestellt, weil sie zu dynamisieren sind.

Assoziative Prozesse werden in Bewegung gebracht, weil es nach dem konfrontativen Erleben darum geht, die aus dem Erleben geschöpften und gewonnenen Erkenntnisse auf das Wirtschaftsleben zu übertragen. Die Kunst zeigt von jeher, wie Spielregeln geschaffen, verändert und – wo nötig – gebrochen werden. Dem einen geht es um das Finden geheimer Spielregeln (Peter Scott-Morgan), weil er denkt, so die Wirtschaft zu entwickeln, uns geht es um das Erproben neuer Spielregeln, um damit möglicherweise und nötigerweise ein neues Spiel zu erfinden. Kunst ist Bewußtseinsentwicklung am Arbeitsplatz und trägt somit wesentlich zur Identitätsbildung der tätigen Menschen und der Organisation bei. Die assoziativen Prozesse, die in der nächsten industriellen Epoche das Wirtschaftsleben gestalten werden, brauchen Menschen, die im wesentlichen erkennen, daß sie sich selbst organisieren dürfen, innovationsfreudig sind, multiphren sind, in Netzwerken denken und leben, wandlungswillig und mitweltverantwortlich sind. Das künstlerische Moment in das Wirtschaftsleben einziehen lassen bedeutet, die Wirtschaft um die ästhetische Dimension im Schillerschen Sinne zu erweitern. Nur hier vermuten wir eine wirkungsvolle, weil sinn-volle Transformation unserer Gesellschaft in eine reizvolle Zukunft. Die Verantwortung der Wirtschaft liegt dann nicht nur in der Ästhetisierung der Arbeitswelt, sondern sie wird Verantwortung für die ästhetische Bildung aller Menschen übernehmen wollen. Kunst wird zum Symbol für Herausforderung und Wandel in eine menschengerechte Zukunft.

Es ist Zeit

Die Narren weisen den Weg, denn sie erlauben die Unvernunft und das Spiel. Aus beiden kann eine neue Wirklichkeit erwachsen, die der Gesellschaft und jeder einzelnen Organisation ein Lebendigsein ermöglicht. Organisationen, die die Narren zulassen werden, sind allerdings auch schon jetzt in ihrer kulturellen Entwicklung weit vorangeschritten. Im Phasenmodell von Glasl und Lievegoed befinden sie sich in der Assoziationsphase. Sie haben einen erweiterten Identifikationshorizont über Unternehmensgrenzen hinweg, spielen Gewinner-Gewinner-Spiele, und Vertrauen ist Unternehmensphilosophie. Der Führungsstil basiert auf einer hohen Frustrationstoleranz, weil mit vielen Unsicherheiten und Konflikten umgegangen wird. Sie werden Konflikte lieben. Die Führungskräfte benutzen imaginative, intuitive und Vernetzungsmethoden. Eben diese Organisationen arbeiten mit der Kunst, weil die Kunst diese Methoden schon immer benutzen kann.

6. Der König hat die Bilder

„Der König hat die Bilder" ist das Projekt, das Organisationen ermöglicht, wieder Narren bei Hofe zu haben. Diese Narren entstammen der Tradition der Schalksnarren. Sie spielen mit den Notwendigkeiten der Moderne, um Organisationen auf dem Weg eines erfolgreichen und sinnvollen Wandels in die Zukunft zu begleiten. Sie bringen Bilder mit, die entweder aus einer Begegnung mit dem Wirtschaftsleben entstanden sind, oder sie haben Bilder speziell für diese Organisation gemalt. Somit bekommt stellvertretend für die gesamte Organisation der König die Bilder, die den Wandel vorbereiten und möglicherweise auch begleiten.

> *„Der Prozeß ist ja einfach. Die Menschen kommen ja nicht, weil sie denken, sie müssen lernen, Kunst zu schauen, sondern sie kommen zu der Begegnung erst mal, weil in ihrem Unternehmen sich irgend etwas verändern soll, ein Prozeß in Gang kommen soll. Dabei taucht dann plötzlich die Kunst auf, als ein zusätzliches Medium. Dann sind sie erst mal irritiert, aber ihre Fragestellung ist klar. Über die Kunst haben sie die Möglichkeit, die Fragestellung neu zu formulieren und auch andere Antworten zu finden. Weil Kunst in erster Linie mit Schauen zu tun hat.*

Bezogen auf die Veränderung sind sie, wenn sie Kunst sehen, im Rahmen ihrer herkömmlichen Vorstellung, wie Veränderung im Unternehmen funktioniert, eben irritiert. Und diese Irritation ist auch aus meiner Sicht notwendig, um eine erfolgreiche Veränderung durchzuführen, weil das sehr viel mit sehr genauer, praziser Wahrnehmung zu tun hat. Durch die Kunst, durch die Irritation, die dann entsteht, bin ich, wenn ich damit etwas anfangen will, gezwungen, sehr genau hinzugucken. Und das Hingucken ist ein Symbol für einen Prozeß, zu beobachten."

(Jörg Frank)

„Es ist ein unterschiedlicher Prozeß, du kannst Kunst in ein Unternehmen bringen und dann dazu Prozesse der Auseinandersetzung mit den Mitarbeitern in Gang bringen: Was bringt uns das für die Arbeit, ganz konkret? Oder du machst Prozesse, was für Kunst brauchen wir bei uns, damit wir innovativer, erfolgreicher, besser, kooperativer, oder was auch immer miteinander arbeiten? Das wäre ja auch ein Prozeß, da wäre der Künstler dabei, der solche Bilder malt."

(Jörg Frank)

„Das, was Du sagst, sind für mich aber auch ganz wesentliche Punkte, die ich in der Begegnung mit Kunst gelernt habe, daß ich Spannung aushalte, daß ich das auch wertschätzen kann, wenn etwas spannend ist und wenn ich auch eine Störung aushalte in meinem normalen Leben. Oder meine Sehgewohnheiten, daß ich mich dann nicht abwende oder aggressiv werde, sondern mich dem stelle, was da an Störung oder Spannung ist. Und das kann heißen, daß das mal ein Jahr dauert, bis ich begreife, oder zwei."

(Christian Jacobs)

„Dann könnte sich ein Unternehmen dafür entschieden, zwei Bilder weniger zu nehmen, oder vier, einfach nur um eine Zahl zu nennen, und sich lieber darum kümmern, daß Möglichkeiten geschaffen werden, daß die Mitarbeiter den Bildern begegnen können und die Qualität, die in den Bildern steckt, für sich übertragen können, für ihre Arbeit und auch für das Unternehmen. Das ist ja realisierbar, das ist auch realistisch. Wenn, was Du vorhin gesagt hast, die, die verantwortlich sind für die Kunst im Unternehmen, auch begriffen haben, daß sie dann Bereitschaft haben müssen zu lernen, sich auch der Spannung auszusetzen, nämlich der Spannung mit ihren Mitarbeitern, der Spannung der Organisationsveränderung. Wenn sie dazu nicht bereit sind, dann können sie auch nicht bereit sein, sich auf Kunst einzulassen. Das hängt zusammen."

(Christian Jacobs)

Zum Abschluß wollen wir noch einige Projekte erwähnen, mit denen Königshöfe an uns herangetreten sind, um mit der Präsenz der Narren sinnvolle Veränderungsprozesse zu initiieren oder weiterzuentwickeln. Die Projekte mögen Ihnen den Horizont öffnen für eine andere Kunst der Veränderung.

Konzentrationsraum

In einem Königreich herrscht zunehmende Unruhe, und von allen Seiten, die mit dem Reich zu tun haben, werden immer mehr Bilder einer vermeintlich sinnvollen Zukunft angeboten. Wir richten bei Hofe einen Raum der Konzentration ein. Mit dem König und dem Hofstaat haben wir die Bedingungen soweit geklärt, daß er den Narren vertraut. Allerdings sind die genauen Erfahrungen, die alle mit diesem Raum erleben werden, Überraschungen. Die Narren bringen Bilder in diesen Raum, die sich aus ihrer Sicht mit der Situation des Königreiches beschäftigen. Die Bilder erzeugen bei den Betrachtern kreative Unruhe. Diese Unruhe nutzen die Narren, um dem Königreich wieder eine konzentriertere Sicht in die Zukunft zu ermöglichen. Im Raum herrschen immer für die jeweilige Veränderung passende Spielregeln, von denen wir als Narren glauben, daß sie dem Königreich jetzt helfen. Aufmerksamkeit braucht Konzentration, und Konzentration ist die Kraft für die erfolgreiche Tat.

Chaosmanagement

Sie wollen bei Hofe erfahren, welche Kräfte und Spielregeln wirklich den Erfolg und/oder Mißerfolg bestimmen. Die Narren arbeiten mit ihnen an den Geheimnissen des Erfolges und bringen diese ins Bild. Diese Bilder werden in ihrem Königreich für alle sichtbar aufgehängt und anschließend mit uns weiter hin zu ihren Prozessen des gemeinsamen Wirkens entwickelt.

Ein Königreich befand sich in einer sehr mißlichen Lage, da der König und sein Kanzler Großes wollten und daher viel von ihren Vasallen verlangten. Zusätzlich waren Berater von fremden Höfen beauftragt, sinnvolles Wissen einzubringen. In dieser Zeit kamen die Narren an den Hof und erkundigten sich gründlich nach der Befindlichkeit der Vasallen, denn wenn der König Großes will, sollte er sich auf seine Vasallen verlassen können. Die Narren arbeiteten jetzt mit allen Vasallen an langen Tagen mit Bildern, um das Königreich wieder auf einen erfolgreicheren Weg zu begleiten. Anhand der für das Königreich gemalten Bilder wurde der bisherige und zukünftige Erfolg ermittelt. Der Weg wurde von allen Vasallen gemeinsam beschritten, und der König und sein Kanzler bekamen Unterstützung für ihre großen Ziele.

Innovationstage

Die Könige wissen nicht weiter. Die Zukunft in ihren Reichen ist sehr ungewiß. Einige geben schon ihre Reiche auf, weil sie glauben, es lohnt nicht mehr, ein König zu sein. Die Narren haben in ihrer Fähigkeit, sich Zukunft auszudenken und auszumalen, diese Notsituation erkannt und bieten den Königen die Chance zum Wandel an. Sie haben sich Insignien der Höfe schenken lassen und arbeiten diese zu Bildern einer erfolgreichen Zukunft um. Mit diesen Bildern arbeiten die Könige, um ihre eigene Kreativität zu erweitern und somit in der folgenden Zeit selbst eine Zukunft für ihre Reiche besser gestalten zu können. Die neuen Insignien werden bei Hofe benutzt, um allen Bewohnern der Königreiche einen positiven Blick in die Zukunft zu ermöglichen.

Bilderrahmen

Könige und Vasallen wollen wissen, wo ihre Grenzen sind und wie sich ihr Raum innerhalb dieser Grenzen neu gestalten läßt. Die Narren laden die Gäste an einen Ort der besonderen Art und bieten ihnen die Möglichkeit, für einige Zeit zu bildenden Künstlern zu werden. Die Könige und die Vasallen bauen ihren eigenen Rahmen, der eben ihre Grenzen bestimmt. Sie bespannen diesen mit Nessel und gestalten die Fläche mit ihrer Farbe. Während der Arbeit an den Grenzen und den Räumen beschäftigen die Narren die Könige und die Vasallen mit Aufgaben, die ihre Persönlichkeit weiter stärken und ihnen die Möglichkeit geben, aus der Kraft der eigenen inneren Bilder Motivation für ein kraftvolles Tun in ihren Königreichen zu schöpfen.

Wertvolle Bilder

Ein Königreich entsteht neu und will sich selbst sinnvolle Werte geben, die dem Königreich eine besondere und erfolgreiche Identität verleihen. Die Narren sind gerufen, um diesen Weg zu unterstützen und auf dem Weg der Eroberung Ressourcen zu plazieren, die allen im Königreich die Kraft geben, Visionen in die Welt zu tragen. Der König und die Vasallen treffen sich mit den Narren an einem Ort, der aus einer anderen Zeit stammt, die es jetzt zu überwinden gilt. Sie erarbeiten in kreativen Prozessen ihre eigenen und die tragenden Werte des Königreichs. Von den Dingen ausgehend, die ihnen wichtig sind, planen sie ihre Zukunft. Der König und die Vasallen gestalten selbst ein wertvolles Bild, was ihnen in der Phase der Neugründung als Ressource dient. Die Narren lassen im Anschluß an diese Tage wertvolle Bilder entstehen, die dann im Königreich auf Wanderschaft gehen, und von den einzelnen Vasallen mit ihrem Gefolge für wertvolles Handeln benutzt werden. Im Königreich entsteht ein wertvolles Spiel der wandernden Werte.

Die Zukunft braucht Mut.

Literatur:

Bataille, G. (1983): Die Höhlenbilder von Lascaux oder Die Geburt der Kunst. Genf (Klett-Cotta).

Beuys, J. (1977): Die Honigpumpe. (Vortrag im Rahmen der documenta, Kassel.

Doppler, K. u. Ch. Lauterburg (1994): Change Management. Frankfurt am Main (Campus).

Glasl, F. u. B. Lievegoed (1993): Dynamische Unternehmensentwicklung. Stuttgart (Freies Geistesleben).

Herrmann, N. (1991): Kreativität und Kompetenz. Das einmalige Gehirn. Fulda (PAIDIA).

Herrmansdorfer, U. (1991): Kunst und Wirtschaft – Wirtschaft als Kunst. (Vortrag in der Werbeagentur Selinka, 4.12.1991, Zürich).

Jacobsen, M. (1994): Kunst im Unternehmen. Frankfurt am Main (Campus).

Kunst Spezial. *Max* 9/1995: 128–149.

Lippert, W. Hrsg. (1993): Corporate Collecting. Manager – Die neuen Medici? Düsseldorf (Econ).

Meseth, G. (1995): Kunst und Wirtschaft. Gespräch mit Jörg Frank und Christian Jacobs. (Unveröffentl. Interview im Rahmen einer Diplomarbeit, März 1995, Köln).

Mezger, W. (1981): Hofnarren im Mittelalter. Konstanz (Universitätsverlag).

Nietzsche, F. (1993): Also sprach Zarathustra I–IV. In: Sämtliche Werke. Kritische Studienausgabe in 15 Einzelbänden. Bd. 4, 3. Aufl. Hrsg. v. G. Colli u. M. Montinari. München (DTV).

Rotterdam, E. von (o. J.): Lob der Torheit. Ditzingen (Reclam).

Schiller, F. von (1965): Über die ästhetische Erziehung des Menschen in einer Reihe von Briefen. Ditzingen (Reclam).

Schönsee, R. (1995): Wenn der Manager vom Künstler lernt. (Konzept im Rahmen der Kunstsignale, 1995, Hamburg).

Scott-Morgan, P. (1994): Die heimlichen Spielregeln. Die Macht der ungeschriebenen Gesetze im Unternehmen. Frankfurt am Main (Campus).

Sloterdijk, P. (1992): Versuch über das Leben der Künstler. In: S. Polke: Stedelijk Museum Amsterdam.

DER INVENT
Die Kunst kreativer Irritation

Ein Invent ist ein Elixier.
Eine elektrisierende Mischung aus unverschämten Ideen und faszinierenden Interaktionen.

Ein Invent ist der leidenschaftliche Versuch, das Medium des Gesamtkunstwerks im System der Wirtschaft *produktiv werden zu lassen.*

Da warnt uns die systemische Vernunft vor der Verführung der Wirtschaft in den Garten der Sinnlichkeit. *You can never kiss a system. Der Invent riskiert schamlos den Kuß über die Grenze.*

Die Irritationen, die dabei auftreten, sind ein Attentat *auf die perfekt eingespielten Rituale der Mittelmäßigkeit. Invents sind hochriskante Indikationen gegen die alltägliche Angst – im Denken, im Fühlen, im Handeln.*

„So etwas dieser Art"

Andreas Burhorn im Gespräch mit Niklas Luhmann

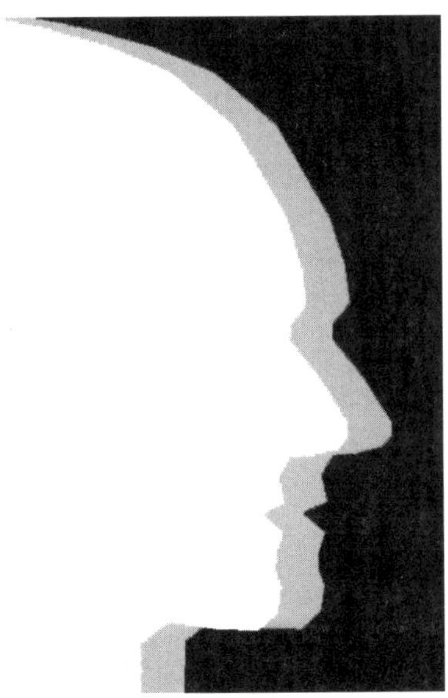

Prof. Luhmann, was haben wir aus systemischer Sicht mit unseren Invents eigentlich gemacht?

In der Terminologie der Art-and-Language-Leute könnte man es mit dem Begriff „redescription" beschreiben: Wieder- oder Neubeschreibung. Ihre künstlerische Inszenierung im Kontext von Wirtschaft wäre dann eine Neubeschreibung dieses Systems

im Kunstsystem. Ich persönlich habe mehr mit dem Aspekt der Fiktionalität gearbeitet. Wie sieht eine „reale Realität" aus, wenn man eine fiktionale Realität daneben setzt?

Genau diese beiden Realitäten lassen wir in den Invents parallel miteinander interagieren.

Ja, beides ist real, und die Differenz von real und fiktional wird sozusagen in die Realität hineinkopiert. Bei Ihnen natürlich im gleichen Raum.

Das Haus der Industrie wurde aus Eis nachmodelliert • das Schmelzwasser wird im Prunksaal in industrieblauen Rinnen durch das Publikum geleitet • die gefrorenen Strukturen verflüssigen sich und durchlaufen Metamorphosen • die Vortragenden des Symposiums müssen mit den „Störungen" umgehen

Symbolische Gestaltung des Themas

Wandel und Dynamik in der Industrie

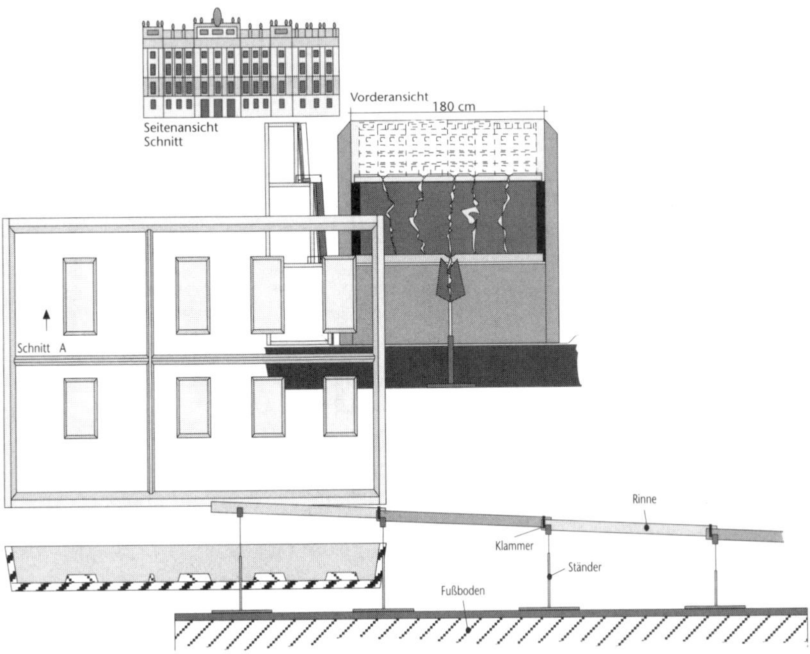

Diese Realitäten stellen unterschiedliche *frames* dar. So verändert sich die Bedeutung dessen, was sonst eigentlich ungebrochen wäre.

Ja, man läßt durch eine fiktionale Form, die irgendwelche formalen Verwandtschaften hat, einen anderen Blick auf das, was man alltäglich tut, werfen.

Auf diesen sich selbst begegnenden, sich selbst aufklärenden Blick auf das, was man sonst alltäglich tut, darauf kommt es an.

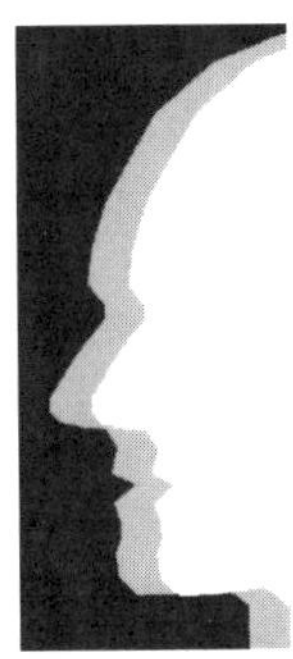

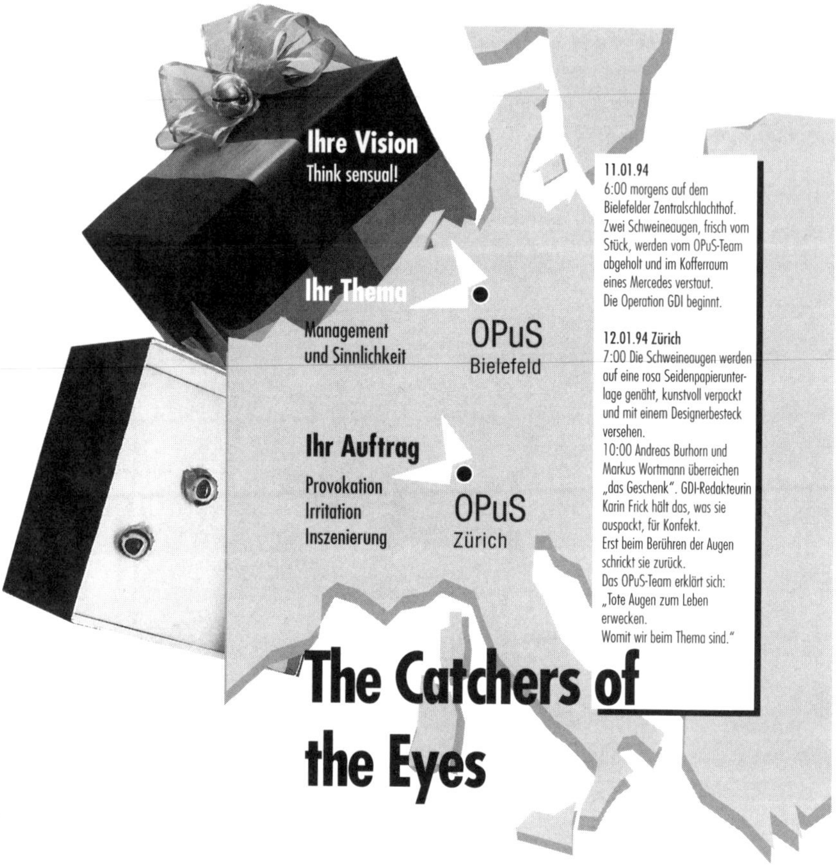

Daß wir die Leute mit ihren eigenen Alltagsmustern konfrontieren. Die Teilnehmer bei unseren Invents waren ja kein „Kunstpublikum", sondern Wirtschaftsleute, die mit besonderen Erwartungen in eine Wirtschaftstagung gekommen sind.

Herr Luhmann, wie können Sie sich die Wirkung dieser Konfrontation mit systemfremden Kontexten, die zum Teil ja unverstanden bleiben, vorstellen?

Im Begriff der Irritation liegt gerade, daß man nicht weiß, was hinterher passiert, und daß derjenige, der Irritation erlebt, selbst eine Information daraus machen muß. Die Umwandlung von Irritation in Information ist wiederum eine Sache des Aufnehmenden, und insofern ist es natürlich innerhalb des Kunstsystems einfacher, weil man systemisch vorprogrammiert ist. Man weiß, das muß was Neues sein, sonst wäre es keine Kunst. Da weiß man, gegen was das gerichtet ist, während dies hier, was Sie machen, offensichtlich eine Konfrontation über die Grenzen von Kunst und Nichtkunst hinweg ist. Es ist der Versuch, etwas, was man auch hätte sagen können, vorzuführen, um dadurch die Erinnerung und den Problemdruck zu

EXPERI-MENTAL I
Zürich 1994

Der Kongreß:
Mind-Management •
Die Teilnehmer zerschlagen eine riesige Kiste im Park des Instituts •
darin: ein Berg, darin: eine Maschine, darin: ein Kokon, darin: ein nackter zerbrechlicher Mensch •
Die Teilnehmer legen ihn frei •
Begriffshülsen sind gesprengt •
open senses – open mind

Fern, der Garten

Unbedeckt
nicht Scham, so Schande
kommt

Fadenriß

Auf Körper auf Lippen
noch Flaum
Nicht Ich nicht Du
Mensch
Fleisch, Blut, die Knochen

Auswurf auf Zeit

Meine Seele gebündelt, wagt
den ersten Schritt
im Körper

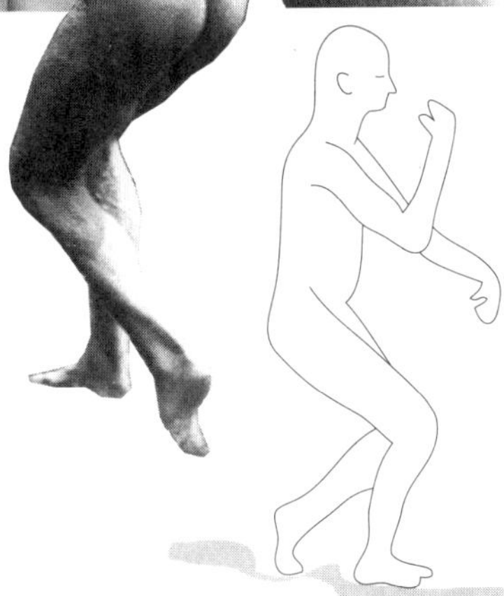

schärfen. Wenn das ein Vortrag wäre, würden das natürlich 90 Prozent sofort wieder vergessen und den Rest am nächsten Tag. So etwas dieser Art bleibt in Erinnerung.

Wie wirkt dieses Erleben aus systemtheoretischer Beschreibung?

Für mich ist das unter anderem eine Frage des Gedächtnisses. Mit was konfrontiert einen das Gedächtnis, wenn man später wieder Konsistenz herstellen will, wenn

man das Neue in einen Zusammenhang bringen will; das Gedächtnis als eine Struktur, die erinnern und vergessen kann und die Unterschiede erzeugt. Viel vergesse ich, und das ist natürlich wichtig, daß man vieles vergißt, denn sonst würde man ja völlig blockiert werden.

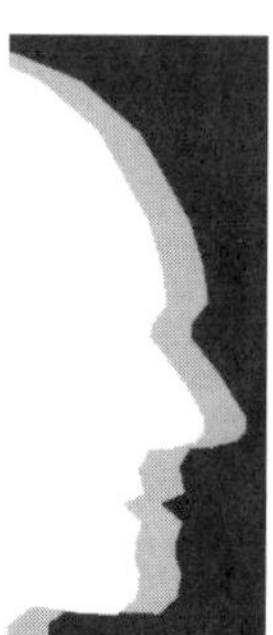

Dieses Phänomen haben wir auf einem Kongreß zum Thema Wissensmanagement in einem Mini-Invent bearbeitet: Im Programm des Veranstalters war ein Referent mit dem Namen Rob Goldmaker angekündigt, mit dem Titel „Chief Consultant of the White House". Manche Teilnehmer, die bestimmte Erwartungen mit diesem Namen verknüpften, wurden nun, wie bei einer Privataudienz, einzeln in den Raum geführt, in dem Rob Goldmaker, unser Dummy residierte. Rob Goldmaker saß auf der Erde, in der Haltung eines Zenmönches, und bat mit stummer Geste die jeweiligen Ratsuchenden, auf einer

Matte vor ihm Platz zu nehmen. Dann überreichte er eine Teetasse und füllte sie. Er füllte sie so lange, bis der Tee über den Rand floß und sich auf den Boden ergoß. Er verabschiedete seine Besucher mit dem lapidaren Kommentar: „Wie soll ich dir noch mehr Wissen schenken, Dein Gefäß ist doch so voll.“ Das war die gesamte Beratung, und die Leute gingen raus. Viele völlig irritiert natürlich. Manche haben gelacht, haben gesagt: Super! Auf mich selbst reingefallen, da hast du mir über mich was gezeigt, wie ich normalerweise funktioniere. Mit einer so einfachen Geste.

Das ist Reframing pur. Das hat, wie Sie sagen, natürlich etwas mit Gedächtnis zu tun und mit der Selbstbeschreibung, die man über sich anfertigt. Durch ein anderes Setting werden die eigenen Glaubensmuster und Programmierungen bloßgelegt. Die Überraschung und die Enttäuschung der Besucher konfrontierte diese in unmittelbarer Weise mit ihren eigenen Erwartungshaltungen und Verhaltensprogrammen in bezug auf das Thema: zum Beispiel sich „goldene Tips“ zum besseren Wissensmanagement reinzuziehen.

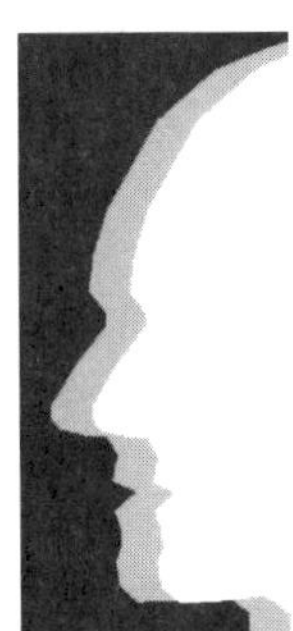

Die Frage ist natürlich, wie tief das wirkt, welche Dauereffekte das hat, da hat man ja bei so vielen therapeutischen Prozessen und Sensitivity Trainings seine Enttäuschungen erlebt. Insofern ist der psychische Ansatz ein Problem. Wenn man es auf ein soziales System beziehen könnte, dann wäre es vieleicht eine andere Situation, dann würde man das System selbst ändern und den Kontext, in dem der einzelne sich zu realisieren versucht, verschieben. Ich wüßte nicht, wie das geschehen sollte.

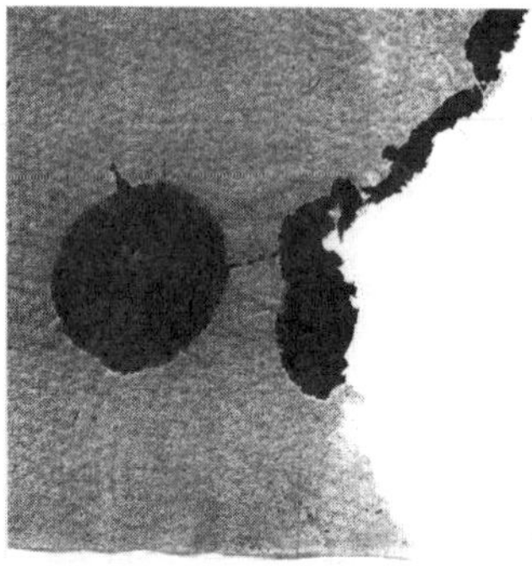

Ist das Erleben des psychischen Systems nicht über strukturelle Koppelung oder Interpenetration, wie sie es nennen, an das soziale System angeschlossen, sobald die Erlebenden sich mittels Kommunikation zu einem sozialen System konstituieren?

Ja, wenn die Kommunikation Struktureffekte im sozialen System hat. Wenn sie an Organisationen denken, kann das nur über Entscheidungsprämissen, andere Programme oder über Organisation, Vernetzung oder sogenannte Organisationskultur passieren. Hier bei Ihren Invents ist ja zunächst nur an ein Irritieren der Manager gedacht.

Der eigenen Wahrnehmungsmuster.

Ja, und da bin ich eher von der Theorie her skeptisch, wie das dann im sozialen System einen Effekt haben kann.

Unsere weitere Idee war dann, daraus eine Trainingskonzeption zu entwikkeln.

Auf einem großen Managementtreffen in Wien haben wir, auf kleiner Flamme, diesen Versuch gestartet. Auf kleiner Flamme deshalb, weil wir keine Narrenfreiheit hatten, weil die Zielsetzungen und Spielregeln des Unternehmenssystems uns nicht erlaubt haben, das Unternehmen in diesem Kontext offen mit unserer Fremdbeschreibung zu konfrontieren. Durch unsere Invents halten wir sowohl den Personen als psychischen Systemen als auch dem sozialen System eine Art Spiegel vor, ohne zu sagen: So seid ihr. Wir liefern durch unsere symbolischen *redescriptions* bedeutungsoffene Sinnangebote. Jeder holt sich ja seine eigenen Bedeutungen und Konnotationen heraus, die

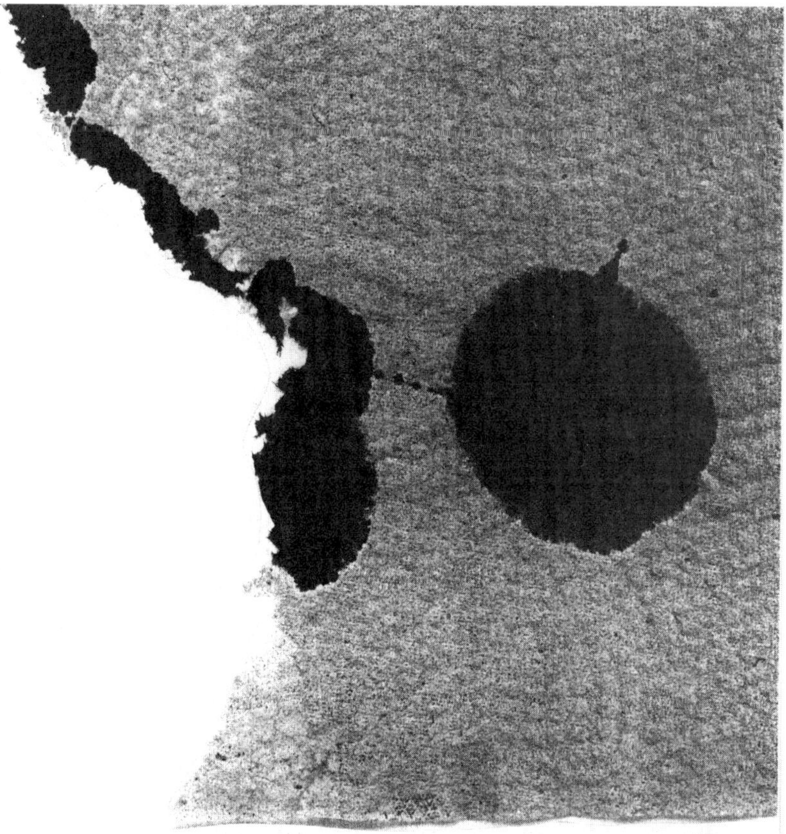

für ihn als psychisches System charakteristisch sind. Wir arbeiten nicht mit dem Zeigefinger. Im Gegenteil, es ist die permanente Einladung, die eigenen Wahrnehmungen mit mehr Optionen zu versorgen, um daraus neue Möglichkeiten zu entwickeln.

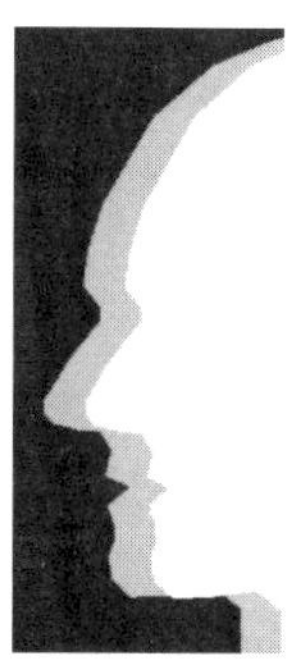

Das können Sie, weil Ästhetik den Vorteil hat, ohne Verbot des Gegenteils zu operieren, im Vergleich zu Religion oder Moral oder Rezeptur.

Die man von uns als Trainer und Berater ja oft erwartet.

Sie versuchen ja eine neuartige Verbindung von ästhetischer Konfiguration oder einer aus der Realität herausgenommenen Konstruktion einerseits und der normalen, langweiligen, streßbelasteten oder routinierten Alltagswirklichkeit andererseits. Also eine Veränderung

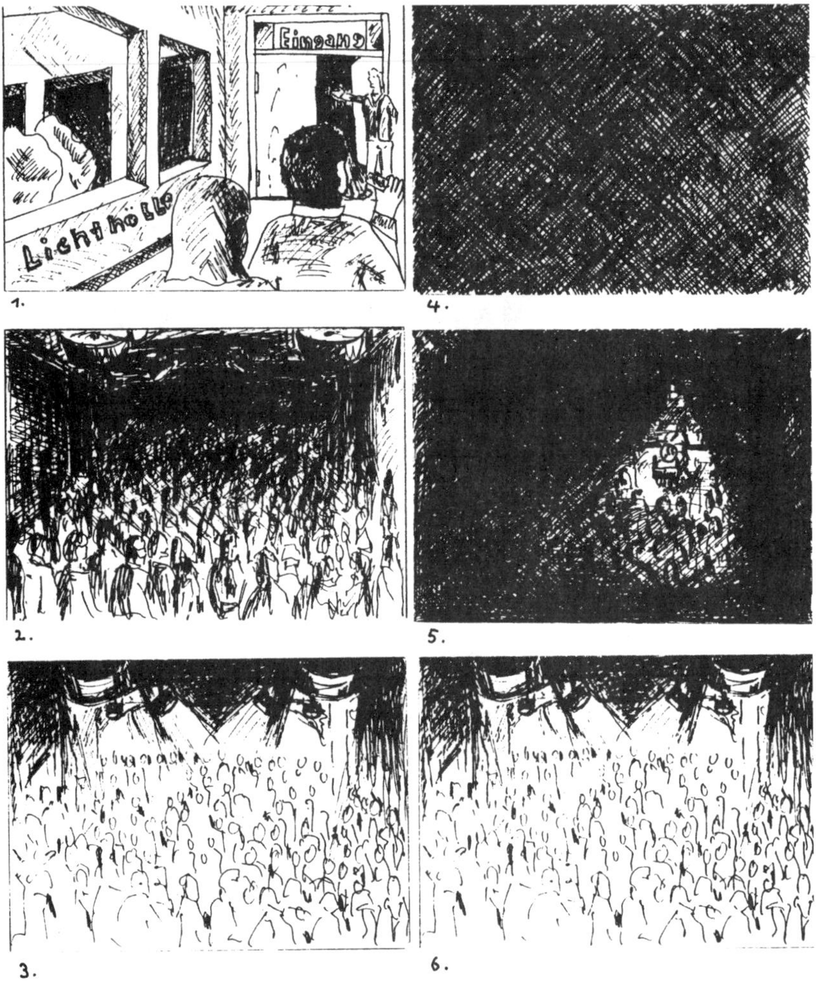

des frames. *Die Frage ist natürlich: Wie nachhaltig ist der Effekt, wenn sich die sozialen Strukturen nicht ändern. Ich bin von meiner Theorieanlage her natürlich dazu disponiert, die Effekte psychischer Veränderung auf die Veränderung sozialer Wirklichkeiten für etwas problematisch zu halten. Oder anders gesagt, nach den Regeln der Chaostheorie: Es kann riesige Effekte haben oder gar keine.*

Wir sagen dies auch in bezug auf die Erlebnisebene der Personen, die an unseren Invents teilnehmen: Entweder man findet es beschissen oder man ist begeistert. Aber dadurch, daß das sinnliche System mit dem physischen System der Personen eng gekoppelt ist, zeigen unsere Themen, die sich oft über den Zustand von Ergriffenheit vermitteln, so etwas wie eine „Depotwirkung". Ich denke da an eine Tagung zum Mind-Management, wo einige

7.

8.

„Dichtgedrängt stehen der wissenschaftliche Assistent, die Großrätin, der Controller/Prokurist und die Rechtsanwältin in einem dunklen, engen Raum. Nichts geschieht, bis plötzlich von allen Seiten Licht erstrahlt und Musik ertönt – immer lauter, bis der Körper gegen die starken Reize rebelliert. Plötzlich wird es wieder angenehm dunkel, ruhig warm. Aus dem Nichts tragen zwei Menschen lautlos einen glühenden heißen Metallkopf mitten durch die Menge. Eine Mischung zwischen Andacht und Angst greift um sich, wird zum Schrecken, als ein lauter, kurzer Schlag und grelles Licht unvermittelt die Szene beherrscht."

Paul Weber

Manager angesichts eines nackten Mannes, der von ihnen aus einer Kiste freigelegt wurde, angefangen haben zu weinen. Diese sinnlichen Eindrücke haben auch bei manchen gewirkt, die sich erst mit einer ablehnenden Haltung den emotionalen Gehalt dieser Eindrücke vom Leibe halten wollten.

Dabei arbeiten wir oft nach dem Prinzip, Gegensätze miteinander interagieren zu lassen, das heißt, die Eindrücklichkeit unserer Invents beziehen ihre Kraft nicht aus einem vordergründigen Spektakel, nach der Devise: noch lauter, noch heller, noch schneller, noch mehr Laserpower. Für uns ist die vorherrschende Tendenz – gerade auch auf sogenanten Event-Veranstaltungen oder in der Werbung – mit starken Reizen Aufmerksamkeit zu erregen, die schwächste Version, um Intensität herzustellen. Wir intonieren gerne mit der Dramatik des Minimalen, bei der wir mit der Nuance spielen. Wir oszillieren dabei zwischen den Polaritäten des Lauten, Schrillen, Provokativen und des Stummen, Zarten, Nichtexpliziten.

Durch dieses Oszillieren zwischen den Polaritäten spannen wir neue Bedeutungsspektren auf, weil sich die gegensätzlichen Kontexte, *frames* gegenseitig beeinflussen und neue Bedeutungen kreieren.

Wie sehen Sie das denn als Kommunikation? Bei normaler Kommunikation läuft das ja immer auf eine Ja-Nein-Akzeptanzentscheidung hinaus, wo man oft zu schnell reagieren muß und sich dann festlegt und dann Konsistenzprobleme mit

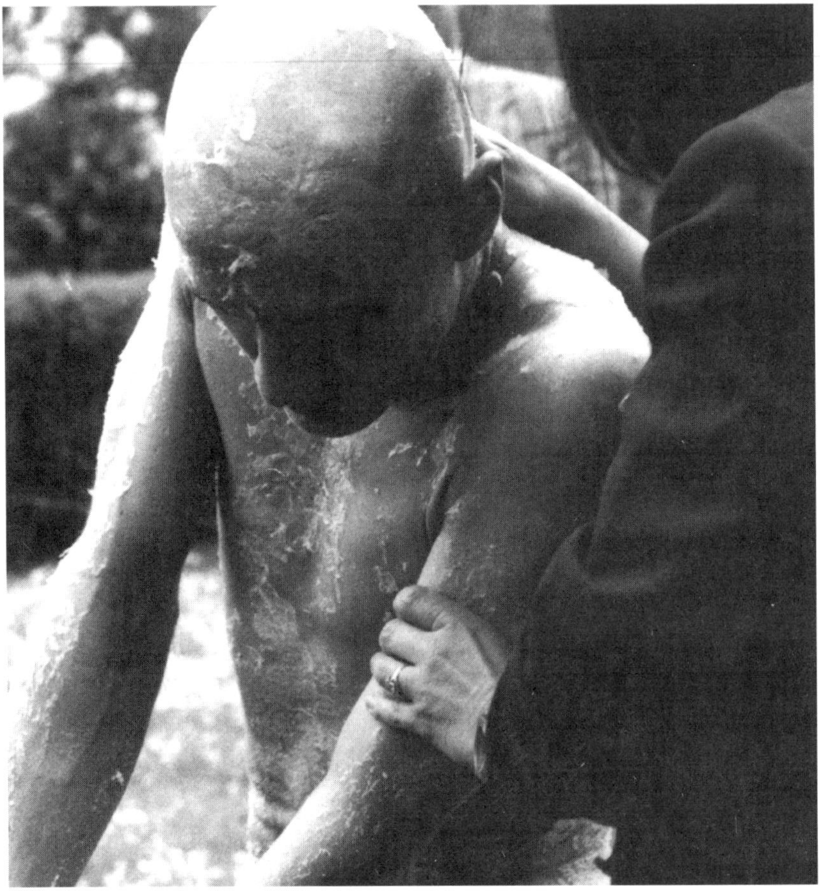

dem, was man selbst gesagt hat, bekommt. Kann man das durch Ihre Form der Sinnangebote vielleicht verzögern?

Diesen Verzögerungseffekt finde ich sehr einleuchtend, wir beobachten ihn, wie eben erwähnt, oft in den Reaktionen der Teilnehmer auf die Invents. Entweder man ist sehr unmittelbar betroffen und die Person muß mit dem „Nachhall" leben, oder wir erleben das Grundmuster einer Abwehrhaltung, die man demonstriert: „Ich lasse das, was immer ich vermute, was emotional an mich herangetragen wird, nicht an mich heran." Und dann kommt oft dieser Verzögerungseffekt, den Sie beschrieben haben. Zunächst müssen die natürlich schmoren mit ihrem eigenen Abwehrverhalten, das wird ihnen natürlich glasklar dadurch verdeutlicht, daß andere anders reagieren, das heißt betroffen reagieren. Oft kommt jedoch ein „Nachbeben", vielleicht auch dadurch, daß wir unsere Aktionen nicht mit bestimmten Denotationen besetzen, nach dem Muster: Das soll euch genau dies oder das bedeuten. Wir

Experi-mental III
Heavymental – *Zen*timental

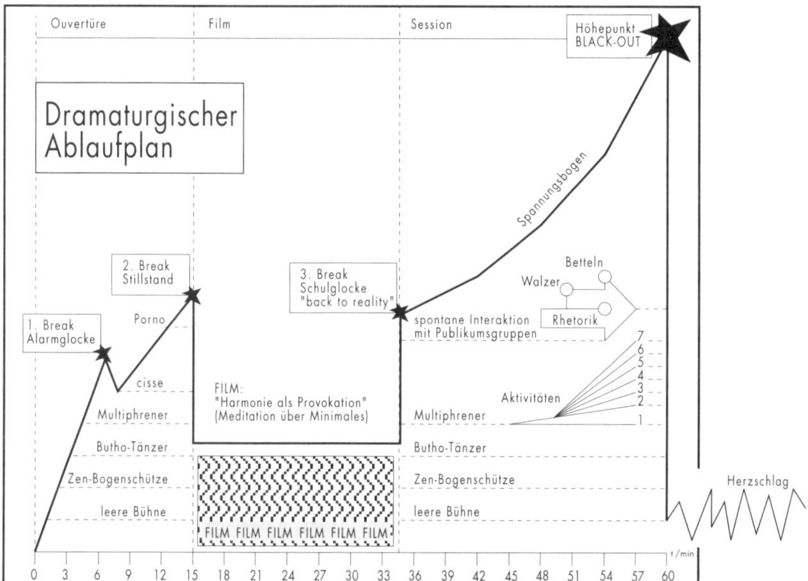

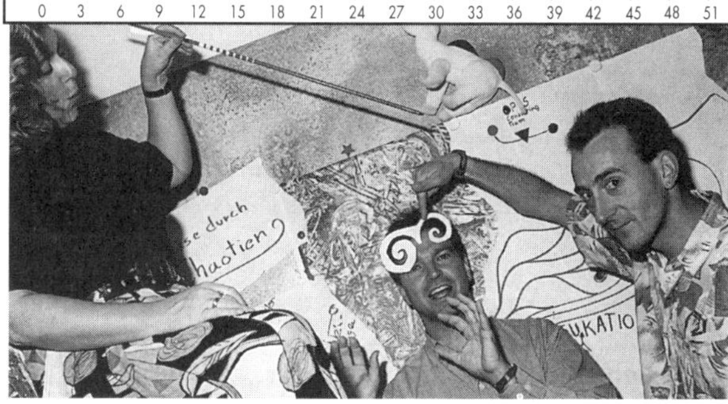

lassen eigentlich den Bedeutungskosmos offen, so daß dadurch eine sehr eigene, sehr selektive Interpretation auftritt, und vielleicht entbindet dies von dem Zwang, ja oder nein sagen zu müssen.

Man kann sich natürlich immer in der verbalen Kommunikation herausziehen, durch die Floskel „ich weiß nicht", aber dann hat man immer diese Zumutung, sich festzulegen auf Akzeptanz und Nichtakzeptanz, während man sich bei Ihnen ein Bild mitnehmen kann, das in neuen Situationen anders wirken kann, als man gedacht hat. Gedächtnis ist Verzögerung der Wiederaufnahme. Wenn man sich an

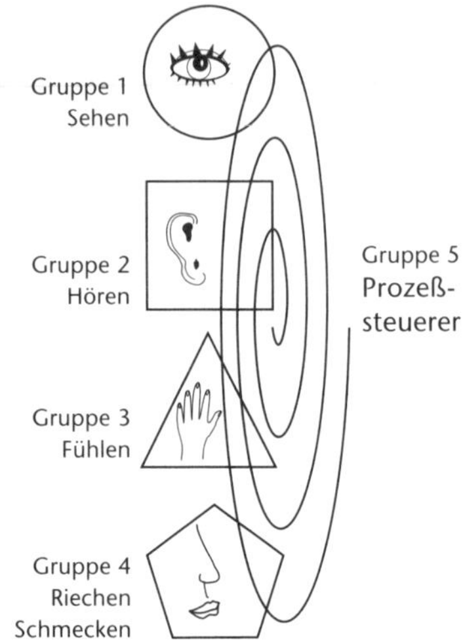

Hesekiel schaut die Herrlichkeit des Herrn

Im dreißigsten Jahr am fünften Tage des vierten Monats, als ich unter den Weggeführten am Fluß Kebar war, tat sich der Himmel auf, und Gott zeigte mir Gesichte. Am fünften Tag des Monats – es war das fünfte Jahr, nachdem der König Jojachin gefangen weggeführt war –, da geschah das Wort des Herrn zu Hesekiel, dem Sohn des Busi, dem Priester, im Lande der Chaldäer am Fluß Kebar. Dort

etwas erinnert, dann kommt das in anderen Situationen später zu seiner Bedeutung. Da könnte eine Linie liegen, das zu beschreiben, was Sie mit Ihren Invents tun. Und es ist ja die Krassheit der Konfrontation, das hat ja auch mit Gedächtnis zu tun; man erinnert etwas auffallend Abweichendes stärker, als dasselbe in anderer Version.

Hinzu kommt, daß wir dabei manchmal direkt die Anschlußfähigkeit unseres Kommunikationsangebotes verweigern. Das haben wir zuletzt auf dem Kongreß Wissensmanagement in der Schweiz praktiziert. Dadurch machen wir uns oft „schuldig", diesen sinnhaften Anschluß nicht „geleistet zu haben". Das ist für uns oft selber schwer auszuhalten, da es für uns als Prozeßsteuerer recht leicht wäre, durch einfache Interventionen die Erwartungen, die an das Gelingen dieser Prozesse gestellt werden, zu befriedigen. Das ist sehr spannend, die Position des „eingeschlossenen Dritten" einzunehmen, der offiziell die Verantwortung für das Erreichen eines konstruktiven Ergebnisses übernommen hat und gleichzeitig die inhaltliche Verantwortung an die Teilnehmer redelegiert.

Das scheint mir ein interessanter Beitrag für die Gedächtnistheorie zu sein, daß man auffallen muß, um gespeichert zu werden, ohne daß dies deswegen geschieht, weil

Das Geheimnis des Cherubim

Der Beitrag vom OPuS-Team zum Thema Wissensmanagement:
Wir wollten die Manager mit einem vieldeutigen Phänomen konfrontieren. Dazu haben wir ein vielgestaltiges Wesen aus der christlichen Mythologie gewählt, ein Cherubim, das vier Gesichte besitzt: Löwe, Stier, Adler und Mensch.

Das Spektrum von Eigenschaften dieses Wesens wurde in gesonderte sinnliche Informationskategorien zerlegt.
Eine Gruppe erhielt nur visuelle Eindrücke, eine andere lediglich auditive, eine weitere nur kinästhetische und eine vierte Gruppe gustatorisch-olfaktorische Informationen.
Eine fünfte Gruppe, die „Prozeßmanager", hatte die Aufgabe, das Wissen der einzelnen Gruppenmitglieder durch Kommunikation zu integrieren. Keiner der Teilnehmer aus den fünf Gruppen besaß allein ausreichendes Wissen.

Nach 1 Stunde kamen die Teilnehmer aus den Sinnesstationen ins Plenum zurück. Dort fanden sie einen großen Stoffhaufen auf dem Boden liegen. Nach kurzer Zeit entdeckte man, daß sich ein Lebewesen in dem Stoff verbarg. Die Teilnehmer wurden zum Interagieren mit dem noch unbekannten Wesen aufgefordert, damit dieses seine Gestalt offenbare.
Der Prozeßsteuerergruppe gelang es kaum, die anderen Teilnehmer zu einer kreativ-konstruktiven Interaktion zu animieren.
Das Wesen unter dem Stoff entwickelte sich daraufhin autologisch zum Cherubim, in einer getanzten Inszenierung mit Musik, Wasser, Feuer und Rauch. Viele Teilnehmer waren sinnlich von der Dramaturgie sehr beeindruckt, konnten aber den Anschluß zum Kontext Wissensmanagement nur schwer herstellen. Selbstkritischer Kommentar eines „Top-Managers": „Wir hielten uns bisher für sehr weit vorn. Sie haben uns demonstriert, wieviel wir noch lernen können."

man weiß, was man damit anfangen kann. Es fällt einem etwas auf: Ich weiß nicht, was ich damit anfangen kann und in welche Kontexte es hineinpaßt; die ganz normalen Routinen sind ausgehakt, und entweder vergißt man es, oder die Irritation bleibt, und irgendwann erinnert man sich.

Unserer neuester Ansatz ist es, die Invent-Inszenierungen zur symbolischen Bearbeitung bestimmter Themen in Unternehmen zu nutzen. Durch die Invents bieten wir ein analoges Medium an, mit dem man die Wirklichkeitskonzepte, die in einem Unternehmen gelten, in neuen Spiegelungen gegenüberstellt. Dadurch schaffen wir die Möglichkeit, den Konsensbereich, den gemeinsam geteilten Sinnhorizont für die Beteiligten zu reformulieren und zu konkretisieren. Das würde auch Ihrer Beschreibung des Redescription-Konzepts entsprechen.

Die Umsetzung von Irritation in Strukturveränderungen erfordert ein anderes Netz von Rekursivitäten, ein anderes Netz auch von Erinnerungen oder Gedächtnis, auch von vielen Leuten. Da liegt dann eigentlich das Problem.

Was müßte gewährleistet sein, damit das funktionieren könnte?

Ich nehme an, daß das die Situation ist, in der man nicht vorhersehen kann, ob irgendetwas multiplikatorisch wirkt oder versickert. Da müßte man die Theorie eines sozialen, nicht psychischen Gedächtnisses haben.

Das Interface-Modell

Worum geht es da?

Es geht darum, einen Transfer der Lernerfahrungen in die berufliche Situation herzustellen, eine Schnittstelle zu schaffen, die die Impulse aus dem Invent(training) aufnimmt und der Organisation als Ressource zur Verfügung stellt.

Prallen da nicht zwei völlig verschiedene Welten aufeinander?

Genau, um Unverträglichkeitsreaktionen zwischen Trainingswelt und Unternehmenswelt zu vermeiden, gilt es, die Teilnehmer nach den Trainings integrierend zu begleiten.

Was heißt das?

Wir machen z. B. „gemischte Workshops". Hier treffen sich Teilnehmer aus den Trainings mit Arbeitskollegen aus dem Unternehmen: Was wollen die einen an neuen Inputs einbringen, was halten die anderen davon für sinnvoll? Die Methode dazu ist ein konsequenter „Öko-Check".

Was verstehen Sie darunter?

Die Teilnehmer werden systematisch durchchecken, welche Chancen bestehen, bestimmte Veränderungsimpulse in das Arbeitssystem zu integrieren, und welche Konsequenzen sie dafür bereit sind zu tragen. Der Pfiff bei dem Interface-Modul ist der wechselseitige Dialog über Erwartungshaltungen, um Anschlußfähigkeit zu gewährleisten.

Das Problem, das man vor sich herschiebt, lautet: Wie setzt man das in soziale Strukturen um?

Im dritten Teil unseres Trainingskonzeptes, den wir „Interface" genannt haben, soll diese Fragestellung explizit thematisiert werden: Wie schaffen wir es, die persönlichen Erfahrungen und Erlebnisse, die in anderen Trainingsmodulen gemacht wurden, in das soziale System zu integrieren? Dort werden Teilnehmer, die in den Workshops waren, mit Personen aus dem Unternehmen, die nicht an den Workshops teilgenommen haben, erarbeiten, wie sich die Anschlußfähigkeit der Erfahrungen herstellen läßt. Zum Beispiel wird die Frage gestellt: „Was würden eure Erfahrungen bedeuten auf der Ebene von Ablaufprozessen oder Strukturen. Müssen wir z. B. ein „Bypass-System" einrichten, weil wir im Invent erlebt haben, wie man spontanes Ressourcenmanagement anders betreiben kann, als wir es bisher in unseren organisatorisch-logistischen Abläufen praktiziert haben. Und in diesen Transfer-

Was ist das Schwerste im Leben?
Was Dich das Leichteste dünkt:
Mit den Augen zu sehen,
was vor den Augen liegt.
J.W. Goethe

Sinnliche Wert-

Latenter
Ressourcenmangel
spornt uns zur aktiven Suche
nach Alternativen und Äquivalenten an.
Dazu müssen unterschiedliche Phänomenbereiche
auf die Möglichkeit zur Analogiebildung hin abgesucht werden.
Analogien bilden heißt Verbindungen stiften, die in der „Realität" so nicht
aufzufinden sind. Die Kunst dabei ist: Ähnliches im Unähnlichen zu entdecken.
Die Vergleichbarkeit des scheinbar Unvergleichbaren setzt metaphorisches Denken voraus.
Dazu muß ich die Konzepte meiner eigenen Wirklichkeitswahrnehmung laufend in Frage stellen.
Es gilt: die Dinge wie zum ersten Mal zu sehen, die Begriffshülsen meiner eigenen rigide
gewordenen Wahrnehmung aufzubrechen. Mit unverstelltem Blick den gesamten Reichtum
an Bedeutungen eines Phänomens freilegen, der unter den „Verpackungen" meines *mind* vergraben
lag. Sensible, vorurteilsfreie Wahrnehmung als Archäologie geheimer Bedeutungen, zu denen
ich mir Zugang verschaffe. Sinnlichkeit wird zur Quelle neuer Wert-Schöpfung.
Das vorurteilsfreie Interagieren mit Personen aus unterschiedlichen Sphären mit
unterschiedlichsten Wahrnehmungen, Denkstilen und Weltsichten war der Mahlstrom,
in dem die Grenzen meiner Ein-Sicht kreativ aufgebrochen wurden
und die Bedeutungen der Dinge miteinander zu tanzen begannen,
um sich zu neuen Konstrukten eigen-sinnig zu vermählen.
Aus diesem neuen Reichtum von Möglichkeiten zu schöpfen,
heißt Ressourcenmangel als Ressourcenvermehrung
zu begreifen. Radikale Kreativität rankt an
den Wurzeln meiner Wahrnehmung,
die alles, was passiert, zunächst als
originär gleichwertig
an-erkennt.

Schöpfung

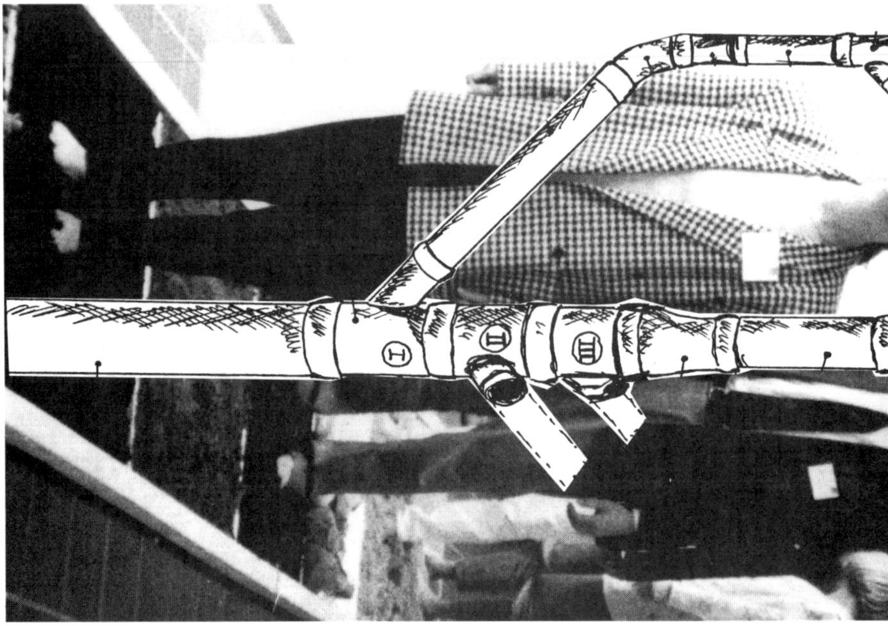

workshops wird dann über die entsprechenden institutionellen Schnittstellen auch die Ankopplung an jene Strategien vorgenommen, die in der systemischen Organisationsberatung mit den Schlüsselpersonen im Unternehmen entwickelt wurden.

Ich habe neulich bei einem Symposium über Innovation und Kreativität den Eindruck erhalten, daß viele lediglich wissen wollten, wie man es macht; nach der Devise: Kreativität – wo kann man das kaufen, erwerben? Ich habe in meinem Vortrag darauf hingewiesen, daß das, was man auswählt, als erwähnenswerte Wirkung nur ein Miniteil aus einem riesigen Bereich ist, und diese Auswahl müßte reflektiert werden. Wie kommt man dazu zu sagen, Kreativität ist nützlich? Ich würde spontan eigentlich das Gegenteil vermuten, weil es ja viel leichter ist zu zerstören als aufzubauen. Und die ganzen Erfahrungen aus Reformbewegungen in Organisationen sprechen ja auch in die Richtung. Immer führt die Reflexion der verwendeten Schemata, kognitive maps, frames, *die so starke Vereinfachungen der komplexen Systeme sind, auf die Frage: Warum vereinfachst du so und nicht anders? Warum diese Unterscheidung und keine andere?*

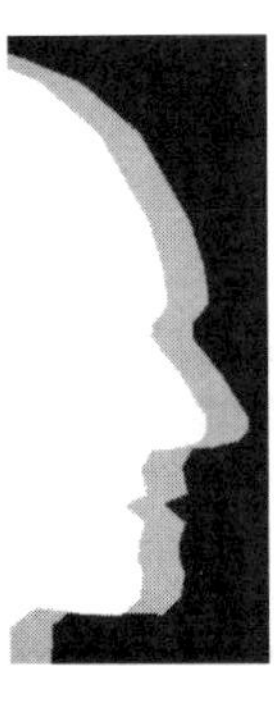

Und das könnte Gegenstand der sozialen Reflexion im Unternehmen sein. Warum hat dich das beeindruckt und anderes nicht? Und man würde sich über die Unterscheidungen, die man benutzt, verständigen und klar werden.

Wir müßten auch wieder lernen, auf den schnellen Blick der glatten Einordnung zu verzichten, den Blick aufzustauen, ihn lehren, sich festzusaugen an die Falten, die Nuancen, die Undeutlichkeiten eines Phänomens. Hier beginnt der nicht-feststellende Blick schöpferisch zu werden, den Phänomenen ihre Vielgestaltigkeit abzugewinnen."
Horst Rumpf

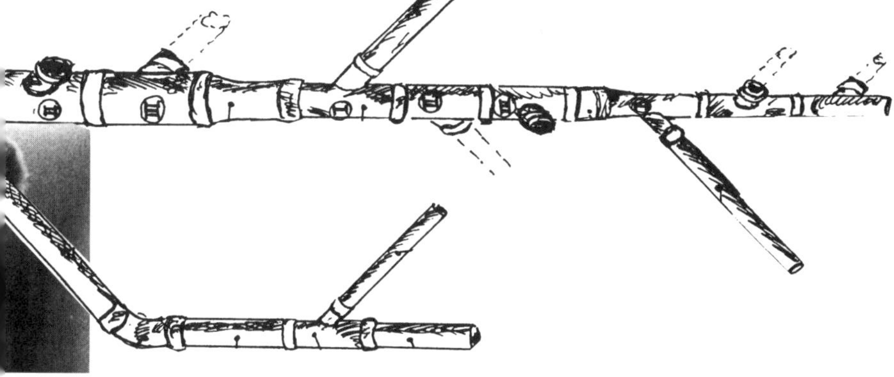

Das praktizieren die Wiener Gruppen in der second order cybernetic*: Beobachtung von Beobachtung und Dekonstruktion von Konstruktion.*

Und es hängt mit Optionalität zusammen, doppelter Kontingenz, wenn man erkennt, daß etwas auch anders sein könnte, und Ressourcen wahrnimmt, die man sich vorher verboten hat oder an die man nicht denken durfte.

Vor allen Dingen, daß diese Optionalität niemals auf Willkür hinausläuft. Willkür kommt gar nicht vor. Man fällt immer wieder in Formen anderer Art, und die Weigerung, von Gewohntem wegzugehen, hängt mit der Angst zusammen: Was dann, ich weiß ja gar nicht ... Es wird alles beliebig, dezisionistisch.

Der Baum der Erkenntnis

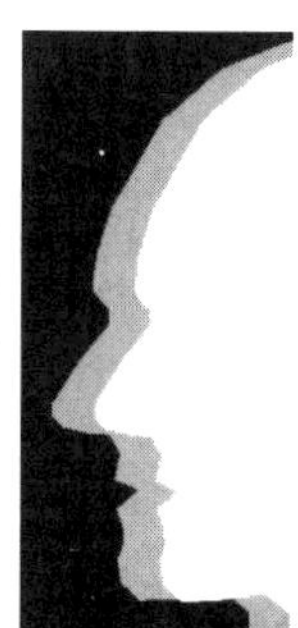

Und in unseren Invents wird Konstruktion, wird „Scheitern" gleich wieder als Möglichkeit zu neuen Konstruktionen begriffen, als Möglichkeit, sich von Altem zu verabschieden, eine neue Auswahl zu treffen. Die alte Ressource gar nicht mehr zur Verfügung zu haben, wird zur Chance.

Immer etwas Neues daraus machen – mit dem, was nicht geht. Es ist immer eine Option da, die funktioniert, und wenn es in einem anderen System ist.

Also wenn es beispielsweise im physischen System nicht funktioniert, vielleicht gibt das eine Ressource im sozialen System frei, und das ist ein faszinierendes Erlebnis, das wir auch selber erfahren haben. Es war wie ein Elixier, ein Sprudelbad, in dem man als Team Konzepte entworfen hat und gleichzeitig Konzepte vernichtet hat, im nahezu gleichen Augenblick. Man hatte kaum Zeit, sich in etwas zu verlieben, was man erdacht oder getan hat, und konnte leichter wieder sagen: Ich kann mich davon lösen, hänge da gar nicht dran, nehmen wir doch folgende Idee von dir. Dadurch waren die Prozesse sehr fließend und dynamisch. Es gab kaum die üblichen Verzögerungseffekte beim Tun, eine multioptionale *just-in-time production*, man hat neue Optionen sofort reintegriert, sofort die neuen Beschreibungen ausprobiert.

The medium is the message. The medium is

Und am Ende die Krise

DER UMGANG MIT KRISEN IN ORGANISATIONEN

„Der Umgang mit Veränderung und Krise kann traumatisch und erschreckend sein, aber sowohl Individuen als auch Organisationen können diesen Umgang erlernen. In einer unsicheren Umwelt und in der Situation inneren Konflikts und der Instabilität zu handeln ist heute sowohl für erfolgreiche als auch für erfolglose Unternehmen typisch."

Simon A. Booth

1. Einleitung:

Wie kann man Krisen definieren?

Man kann – wie etwa das Grimmsche Wörterbuch – unter Krise eine Entscheidung in einem Zustande, in dem Altes und Neues, Krankheit und Gesundheit u.ä. miteinander streiten, verstehen.

Jedenfalls ist eine Krise eine Situation, mit der ein Individuum, eine Gruppe oder eine Organisation nicht durch die bestehenden Routineprozeduren fertig wird und in der Streß durch plötzlichen Wandel ausgelöst wird. Eine Störung berührt das ganze System und erschüttert es in seinen Grundannahmen und seinem Selbstverständnis.

Krisen unterscheiden sich in der Art ihres Wesens, ihres Umfangs und ihrer Intensität, aber alle produzieren Ergebnisse, die ernsthaft die Funktionsweise der Organisation behindern können.

Die häufigsten Quellen der Veränderung sind nach Toffler dabei Auswirkungen der Ergebnisse einer Organisation auf die physische und auf die soziale Umwelt. Zusätzlich zu der für die meisten Organisationen wichtigen politischen Umwelt wird in einer Zeit, in der Information zunehmend zur zentralen Ressource wird, die Informationsumwelt immer wichtiger. Weiters wäre, da Organisationen auch nach moralischen Kriterien beurteilt werden, noch eine „moralische Umwelt" zu nennen.

Es haben sich im Lauf der Zeit verschiedene Disziplinen mit Krisen beschäftigt.

Der psychologische Zugang konzentriert sich auf Individuen und deren Reaktion auf Krisen.

Die Perspektive der politischen Ökonomie konzentriert sich auf den Zusammenhang zwischen der Entwicklung von Krisen und politischen Initiativen oder auf die ökonomische Analyse von Organisationen.

Die soziologische Perspektive beschäftigt sich mit Gruppen, Organisationen und Gemeinden und deren Umgang mit Krisen.

Im folgenden werden die drei verschiedenen Betrachtungsweisen von Organisationen – die jeweils einen unterschiedlichen Umgang mit Krisen nahelegen – dargestellt und verschiedene Krisenstadien, typische Krisenformen und Fehler zur Lösung von Krisen dargestellt.

Anschließend wird die Frage gestellt, wie man vom kurzfristig orientierten Krisenmanagement zum strategischen Management von Veränderungsprozessen kommen kann.

2. Der Umgang mit Krisen

a) Unterschiedliche Betrachtungsweisen von Organisationen

Es gibt unterschiedliche Bilder und Vorstellungen von Organisationen, die einerseits aus verschiedenen Ansätzen der Organisationstheorie und andererseits aus unterschiedlichen praktischen Erfahrungen gespeist werden (vgl. Pellert 1993).

Diese Vorstellungen steuern das Verhalten in Organisationen und legen einen jeweils unterschiedlichen Umgang mit Krisen nahe:

Maschinenähnliche Vorstellungen von Organisationen

Wenn man versucht, einige der wesentlichen Aspekte dieses Organisationsbildes herauszufiltern, dann fällt auf, daß das Hauptaugenmerk auf der Organisation als eher technischer Aufgabe liegt. Es gilt, einen logischen Plan für die Aufgabenverteilung und -erfüllung zu entwerfen, damit die Rationalität der Aufgabenerfüllung gewährleistet ist.

Organisation wird als die Summe von Elementen gesehen; Aufgaben, Menschen, Sachmittel, Informationen, Raum, Zeit werden in gewünschter Weise zur Organisationsstruktur verknüpft. Entscheidungs- und Informationsprozesse sollen möglichst rational gestaltet werden.

Die Konzentration liegt auf der Frage, wie sich Menschen verhalten sollen; es werden in erster Linie Verhaltenserwartungen formuliert; Rationalität und Machbarkeit werden betont.

Der oberste Zweck der Organisation wird von der Spitze gesetzt und repräsentiert. Durch den hierarchischen Aufbau von Zielen und Mitteln bzw. von Befehlenden und Gehorchenden ergibt sich eine zweckgerichtet einsetzbare „Maschinerie“. Steuerung und Führung ist die Aufgabe weniger, bei einem fehlerhaften Resultat ist direktes Eingreifen in das Geschehen notwendig. Auch die Maschine wird von ihrem Konstrukteur einer bewußten Zwecksetzung und einem Plan entsprechend konstruiert.

Management ist Menschenführung im Sinne eines zielorientierten Einwirkens auf einzelne Individuen. Der Manager benötigt daher ausreichendes Wissen über alle Details der Einzelteile und deren Zusammenwirken, wie auch der zur Erreichung des Ziels notwendigen Ursache-Wirkungs-Beziehungen. Die Sammlung dieses Wissens wird für erreichbar gehalten.

Krisen werden – nach dieser Vorstellung – im wesentlichen ausgelöst durch den Gegensatz bzw. durch den internen Konflikt zwischen Management (dispositiver Faktor) und den anderen Organisationsmitgliedern (ausführender Faktor), wobei die Hauptverantwortung beim Management liegt, dessen Aufgabe ja die Planung, Organisation und Kontrolle ist.

Die Wahrnehmung der Umwelt des Unternehmens erfolgt über die Leitung, sie stellt Veränderungsbedarf fest und hat diesen auch in entsprechende Weisungen und Strukturen umzusetzen (Top-down-Planungs- und Veränderungsprozesse). Ein Lernen der Organisation ist gleichbedeutend mit dem Lernen der Führungsspitze. Für die übrigen Mitglieder der Organisation schlägt sich dieses Lernen vorwiegend in veränderten formalisierten Regeln nieder. Veränderungen sind unter Umständen rasch möglich, aber – da eine sehr starke hierarchische Strukturierung vorliegt – nur in die Richtung, in der die oberste Ebene Entwicklungsmöglichkeiten sieht.

Die Leitung behält sich nahezu alle zielsetzenden Funktionen vor, oft dominiert die Vorstellung von „viel hilft viel“, es werden besonders hoher Einsatz der Mitarbeiter und extrem lange Arbeitszeiten gefordert. Jede Vorstellung von Mehrdeutigkeit und Unsicherheit stört (vgl. Stratemann 1994, S. 165).

Dieser Ansatz ist geeignet für stabile Umwelten, in denen Wandel meist in einer voraussagbaren und meßbaren Weise auftritt (also etwa für große Teile der Industrie in der ersten Hälfte des Jahrhunderts, für große Fabriken, vielleicht auch für Verwaltungseinheiten, die mit großen standardisierten Informationsmengen zu tun haben).

Dort aber, wo Veränderungen in der externen Umwelt und sehr gut qualifizierte Mitarbeiter einen hohen Grad an Flexibilität erfordern und gleichzeitig hoher Koordinationsbedarf gegeben ist, paßt diese Vorstellung nicht mehr. Sie beruhte auf der Fähigkeit des Managements, die Zukunft vorherzusagen und jegliche Veränderung zu messen. Seit den 60er Jahren sind Vorhersagbarkeit und Stabilität immer mehr durch Unvorhersagbarkeit und Instabilität abgelöst worden. Der maschinenorientierte Ansatz ist daher zunehmend unbrauchbar geworden, jetzt sind vielmehr Flexibilität, Ad-hoc-Organisationsstrukturen und die Fähigkeit, sofort auf externe Veränderungen zu reagieren, gefragt. Genau diese Flexibilität wird durch stark zentralisierte

Entscheidungsfindungen, lange Befehlsketten und Informationswege – die dieser Ansatz zwangsläufig mit sich bringt – behindert.

Insgesamt wird der internen Umwelt wesentlich mehr Beachtung geschenkt als der externen. Man geht von der Vorstellung eines geschlossenen Systems aus, sieht nur einen möglichen Weg, differenziert wenig und unterschätzt die Bedeutung des menschlichen Faktors und unterschiedlicher (Unternehmens-)Kulturen.

Psychologische/gruppenorientierte Vorstellungen

Anstatt Management als ein Set an Prinzipien, Strukturen und Prozeduren zu sehen, sehen sie Management eher als einen sozialen Prozeß des Miteinander-Arbeitens, um organisatorische Ziele zu erreichen. Erfolgreiches Management beruht dabei nicht so sehr auf individuellen Eigenschaften, sondern auf der Fähigkeit, mit anderen zu arbeiten. So wurde auch zunehmend in der Organisationstheorie festgestellt, daß die Realität von Organisationen sehr oft nicht nach einem rationalen Plan arbeitet und trotzdem funktioniert.

Die Human-Relation-Schule brachte den menschlichen Faktor stärker ins Spiel und betonte die Rolle der Motivation, der sozialen Bedürfnisse, der Kleingruppen, des Informellen etc.

Die zentralen Erkenntnisse dieser psychologischen Ansätze waren folgende: Das einzelne Organisationsmitglied ist primär durch seine sozialen Bedürfnisse motiviert. Der soziale Druck von Arbeitskollegen in der Arbeitsgruppe wirkt u.U. stärker als die von der Unternehmensleitung geschaffenen formalen Anreizsysteme. Das Management gewinnt Einfluß in dem Maße, wie es die sozialen Bedürfnisse und das Bedürfnis nach Anerkennung befriedigen und ein entsprechendes soziales Klima gestalten kann.

In der Tradition der Human-Relations-Bewegung stehen auch viele der psychologisch orientierten Motivations- und Bedürfnistheorien, die den „komplexen Menschen" ins Leben riefen, also von der Annahme eines komplexen Gefüges menschlicher Motive geprägt sind.

Maslow etwa unterscheidet fünf Grundbedürfnisse (physiologische Bedürfnisse, Sicherheitsbedürfnisse, soziale Bedürfnisse, Bedürfnis nach Anerkennung, Bedürfnis nach Selbstverwirklichung), die einen hierarchisch ansteigenden Aufbau ergeben. Die relative Befriedigung des einen Bedürfnisses aktiviert das in der Hierarchie nächsthöhere Bedürfnis.

Die Übertragung des Maslowschen Bedürfniskonzeptes in die Organisationspraxis hat zur Folge, daß von nun an die Vorgesetzten für einen Führungsstil bzw. ein Arbeitsklima verantwortlich sind, in dem die Mitarbeiter ihre Bedürfnisse befriedigen und sich selbst verwirklichen können. Nach dem

Grundsatz „Ein befriedigtes Bedürfnis hat seine Motivationskraft verloren" ist es daher wichtig, in der Organisation genügend unterschiedliche Anreize zu schaffen. Vor allem sollte versucht werden, den Arbeitenden mehr Autonomie und Verantwortung einzuräumen sowie eintönige Arbeiten zu minimieren. Als Ergebnis müßten damit sowohl Produktivitätssteigerung als auch ein höheres Ausmaß an Arbeitszufriedenheit erreicht werden können.

In einer Krisensituation sollte ein Unternehmen auch versuchen, alle Bedürfnisebenenen der Mitarbeiter zu nützen, um die angestrebte Verantwortungsakzeptanz sicherzustellen (Stratemann 1994, S. 56).

Insbesondere geht es auch darum, Mitarbeitern Freiräume und Partizipationsmöglichkeiten zu gewähren.

Insgesamt bleibt aber, was den Umgang mit Krisen betrifft, dies ein Problem des Managements bzw. der Leitung. Leiter mit ihren Eigenschaften, Persönlichkeitsmerkmalen und Verhaltensweisen (Führungsstil) sind die Ursache wirksamer Führung, die Geführten sind durch geschickte Führung motivierbar. Leistung wird gegen das Eingehen auf die Bedürfnisse der Geführten getauscht.

Für das Lernen der Organisation wird – wie bei den maschinenorientierten Ansätzen – das Lernen einzelner als genügend angesehen, allerdings wird eine breitere Vorstellung von Lernen vertreten, die sehr an Motivation gebunden ist und die sich in veränderten Beziehungen zwischen Führern und Geführten niederschlagen kann. Die Beteiligung an Veränderungsprozessen wird als notwendige Voraussetzung für die Bewältigung von Krisen gesehen.

Die gruppenorientierten Ansätze beschäftigen sich ausdrücklich mit dem Lernen in und von Gruppen. Während lange Zeit (informelle) Gruppen und ihre Auswirkungen auf die Organisation als schädlich und als Störfaktor betrachtet wurden, entdeckten diese Ansätze die mehrfache Bedeutung der Gruppe für die Organisation. Die gruppenorientierten Ansätze untersuchen auch, in welchen Aufgabensituationen der Einsatz von Arbeitsgruppen geeignet ist und in welchen weniger.

In einem gruppenorientierten Verständnis wird die spezielle Betrachtung, das Leiten und das Steuern von Gruppenprozessen, zur wesentlichen Managementaufgabe. Die Auseinandersetzung mit Gruppen schärft auch den Blick für so bedeutende Phänomene in Organisationen wie Kommunikation, Kooperation, Konflikt, Macht.

Die Auseinandersetzung mit Gruppen und ihren Reaktionen auf Krisen (wie Interessenwahrung, Abschottung, Isolation, Widerstand etc.) und die Bedeutung von Intergruppenprozessen werden in dieser Perspektive besonders beachtet. Dem Konfliktmanagement – ein oft vernachlässigter Aspekt bei der Krisenbewältigung – wird demgemäß auch besondere Beachtung geschenkt.

Insgesamt beschäftigen sich auch diese Ansätze mehr mit dem Inneren einer Organisation als mit der jeweiligen Organisationsumwelt.

Systemische Betrachtungsweisen von Organisationen
Diese Betrachtungsart ist mit der Entstehung systemorientierter Ansätze in Verbindung zu bringen, die zu einer Zeit entstanden, als die Informationstechnologie boomte, Schlagworte wie „Vernetzung" und „systemisches Denken" aufkamen und zunehmend die innere Dynamik von Organisationen und ihres Verhältnisses zur Umwelt empfunden wurde.

Die Systemtheorie sieht die Organisation als sinnvolles Ganzes, in dem jeder Teil eine wichtige Funktion hat. Dabei gibt es vier zentrale Bereiche: Inputs aus der externen Umwelt, Transformationsprozesse, Outputs und Feedback. Dieser Ansatz unterstreicht die Beziehung zwischen einer Organisation und ihrer Umwelt und hat damit den Blick für Veränderungen geschärft.

Im Mittelpunkt der Betrachtung von Organisationen stehen nicht Grundbausteine, sondern Organisationsmuster. Während in den bisher vorgestellten Ansätzen eher versucht wird, die Dynamik des Ganzen aus Eigenschaften der Teile (Individuen, Gruppen) zu verstehen, liegt bei einer systemischen Betrachtungsweise die Konzentration auf der Dynamik des Ganzen, jeder Teil wird als Muster in einem Netzwerk von Beziehungen verstanden. Die Konzentration auf die Ebene der Beziehungen führt dabei zu einer gewissen Ausblendung der Rolle des einzelnen. Am einzelnen Mitglied der Organisation interessieren nur die für das Unternehmen relevanten Handlungsweisen. Organisationen produzieren eigenständige Realitäten, ihr Verhalten ist nicht nur auf die Handlungen von Personen reduzierbar.

Jede Organisation braucht außerdem unterschiedliche Wege der Differenzierung und Integration, um in ihre jeweilige Umwelt zu passen. Damit brachten diese Ansätze die Erkenntnis, daß es nicht die beste Form der Organisation gibt, sondern sehr verschiedene. Die passende organisatorische Form hängt von der jeweiligen Aufgabe und der jeweiligen Umwelt ab.

Manche der systemischen Betrachtungsweisen vergleichen die Organisation mit einem lebendigen Organismus, in dem lineare Kausalitäten kein ausreichendes Erklärungsmuster darstellen, sondern höchst komplexe Rückkoppelungsprozesse zu bemerken sind. Und wie im Bereich natürlicher Systeme würden sich auch in sozialen Systemen Selbstorganisationsprozesse beobachten lassen, also Ordnungen, die zwar durch das Handeln von Menschen entstehen und zweckmäßig sind, aber von niemandem gemacht sind und nicht unbedingt im voraus gefaßten Absichten und Zwecken entsprechen.

Die Krise wird dabei als ein Teil eines funktionierenden ökologischen Systems gesehen, Lernen scheint jedenfalls nur durch Krisen möglich zu sein. Die Organisation ist, wie das Individuum, gekennzeichnet durch Geburt, Wachstum, Reife und Tod.

Permanenter Wandel ist angesagt – es muß daher Ressourcen für Wandel und eine Haltung des Lernens geben. Interne Konflikte kann die Organismus-Analogie aber nicht gut erklären.

Andere systemische Ansätze stehen biologischen Analogien eher ablehnend gegenüber und sehen die Organisation als „Kultur". In diesen Ansätzen werden die Normen-, Wert- und Überzeugungssysteme betont, ein besonderes Interesse besteht an den Mythen, Ritualen, Sprachen einer Organisation, an der Frage, wie Organisationen ihre eigene Wirklichkeit konstruieren und ihr eigenes Selbstverständnis reproduzieren. Hier wird insbesondere die Fähigkeit einer Organisation zur eigenen Interpretation ihrer Umwelt hervorgehoben. Es wird die kommunikative, auf mehr oder weniger geteilten Weltbildern beruhende Konstruktion von Organisation thematisiert.

Es wird davon ausgegangen, daß es so viele Kriseninterpretationen wie Beteiligte gibt.

Jede Definition hat in einem Teilbereich recht. Aber bei der jeweiligen Kriseninterpretation zu bleiben, löst die Krise noch lange nicht. Der erste und wichtigste Schritt zur Krisenbewältigung ist daher die gemeinsame Konstruktion einer „Krisenrealität", die von allen Beteiligten akzeptiert werden kann.

In manchen der systemorientierten Ansätze läßt sich eine „Politisierung" der Organisationstheorie feststellen. Während ältere Zweck-Befehls-Modelle an einfachen, leicht beherrschbaren Umwelten orientiert waren, versucht die politikorientierte Perspektive der realen Komplexität dadurch eher gerecht zu werden, daß sie die Organisation als „Arena" interessensgeleiteter Interventionen, Aushandlungen und Konflikte mit jeweils nur temporärer Problemlösung auffaßt. Hier wird der „tägliche Kampf um die Kontrolle", d.h. um Macht, Einfluß, Prestige und Ressourcen, untersucht. Organisationen werden in diesem Blickwinkel zu „Spielräumen", die offiziellen Ziele der Organisation stecken oft nur das Gebiet ab, in dessen Rahmen das eigentlich Bewegende abläuft.

Eine Krisenbewältigung verletzt auch immer bestehende Interessen; die Widerstände, die sich daraus gegen Wandel ergeben können, werden daher in dieser Perspektive besonders beachtet.

Gemeinsam ist den systemischen Ansätzen auch die besondere Beachtung der Dynamik der Organisationsumwelten. Eine einseitige Beherrschung der Organisationsumwelt wird (nicht mehr) für möglich gehalten, vielmehr müßten „Sensoren" für die (jeweils relevanten) Umwelten entwickelt werden. Es müßte aber nicht nur die jeweilige Selbständigkeit und Eigenart der Umwelten berücksichtigt werden, sondern diesen quasi ein Platz in der Organisation eingeräumt werden.

Die Managementaufgaben werden weniger im Einwirken auf einzelne Individuen oder im Erreichen bestimmter Zielzustände gesehen, sondern in der Beschäftigung mit allgemeiner Politik, dem Leitbild, der Gestaltung und Überwachung der Einhaltung von Regeln.

Managementaufgaben werden mit den Aufgaben eines Moderators oder Katalysators verglichen. Management wird nur sinnvoll gesehen im Sinne eines indirekten Einwirkens auf der „Metaebene"; indirekten Steuerungsformen auf der Ebene der Ziele und Regeln wird gegenüber direkten Eingriffen der Vorzug gegeben. Insbesondere die Annahme eines hohen Anteils von Selbstorganisationsprozessen ist hier für geänderte Erwartungen an das Managen verantwortlich. Diese Annahme führt auch zu einer starken Reduktion von Machbarkeits- und Steuerbarkeitsvorstellungen.

Organisationen werden als eigendynamische, nicht voll durchschaubare Systeme gesehen, die ständiger Veränderung unterliegen, insofern finden auch permanent (bewußt und unbewußt) Lernprozesse statt. Eine direkte Steuerung dieser Lernprozesse wird aber als problematisch bzw. unrealistisch angesehen. Es können bestenfalls Irritationen ausgelöst werden, wobei es von der Eigenlogik des Systems abhängt, welche Irritationen aufgegriffen und damit Anlaß für Lernprozesse werden.

Veränderungen der Organisation erscheinen nur dann möglich, wenn die relevanten Beziehungen verändert werden. Daran müssen aber möglichst viele – da sie alle Muster dieser Beziehungen sind – beteiligt werden, wodurch zwar das Potential an Entwicklungsmöglichkeiten groß ist, aber Veränderungen u.U. nur sehr langsam vor sich gehen, denn man muß nicht nur Personen, sondern Systeme zum Kommunizieren bringen.

b) Unterschiedliche Stadien im Umgang mit Krisen (vgl. Booth 1993, S. 110)

1. Schock

Man zieht sich (chaotisch) auf traditionelle Werte und Normen zurück, friert die Verwendung der Ressourcen ein, die Führung ist paralysiert, die Intergruppenbeziehungen sind zusammengebrochen, die Kommunikationsbeziehungen sind einseitig, die organisatorischen Strukturen funktionieren nur teilweise.

2. Leugnung/Rückzug

Organisationen sind soziale Systeme, die die fatale Tendenz haben, so zu bleiben, wie sie sind. Nicht nur Personen, auch Organisationen neigen zur Tabuisierung von Krisen. Wie weit werden Krisensymptome überhaupt wahrgenommen?

Alle Anzeichen einer Krise können ignoriert oder mißinterpretiert werden. Selbst wenn es klare Indikatoren gibt, wird es lange dauern, bis die Krise akzeptiert wird, da Organisationen sich selbst schützen wollen.

Es herrschen die traditionellen Werte vor, man verwendet alte Ressourcen, der Führungsstil ist autokratisch, die Planungsaktivtiäten sind begrenzt. Die Intergruppenbeziehungen sind von Selbstschutz geprägt, man vertraut noch in die alte Struktur.

3. Anerkennung

Man begibt sich auf die begrenzte Suche nach neuen Wert- und Zielsystemen und nach neuen Ressourcen. Entwicklungsaktivitäten finden statt, der Führungsstil ist eher beratend, die Intergruppenbeziehungen treten in Aushandlungsprozesse

4. Anpassung

a) mißlungene Anpassung:

Man zieht sich wieder auf die alten Wert- und Zielvorstellungen zurück, man hat Mißerfolge bei der Suche nach neuen Ressourcen erlitten, der Führungsstil wird wieder autokratisch, die Gruppen isolieren sich voneinander, man baut die alten Strukturen wieder auf.

b) gelungene Anpassung:

Neue Werte und Ziele werden etabliert, es gibt einen erfolgreichen Gebrauch von neuen Ressourcen, die Organisation funktioniert besser in neuen oder geänderten Bereichen, es entstehen neue Planungsaktivitäten unter Beachtung der nun relevanten neuen Umwelten, neue Strukturen werden aufgebaut und die Intergruppenbeziehungen sind durch Kooperation gekennzeichnet.

c) Typischer Phasenverlauf von Krisen in Organisationen

Krisenmanagement bedeutet, unvorhergesehene Veränderungen managen zu müssen. Krisen sind keine plötzlich auftretenden Phänomene, sondern natürliche Phasen in der Entwicklung von Organisationen.

Wenn Organisationen wachsen und größer werden, gehen sie durch verschiedene Entwicklungsstadien; wenn dann gebräuchliche Managementmethoden nicht mehr greifen, kommt es zur Krise (Greiner 1972).

Phase	Veränderung in organisat. Werten/Zielen	Verwendung	Funktionieren v. Ressourcen	Fühlungsstil d. Organisation	Planungs-aktivitäten	Kommuni-kationsbe-ziehungen	Intergruppen-beziehungen	organisator. Struktur
Schock	Rückzug auf traditionelle Werte und Ziele	eingefroren	chaotischer Rückzug	paralysiert	kaum	einseitig	zusammen-gebrochen	funktionieren nur teilweise
Leugnung/ Rückzug	Dominanz der traditionellen Werte/Ziele	Verwendung alter Ressourcen	begrenzt, teilweise	autokratisch	begrenzt, zweiseitig	begrenzt	Selbstschutz	Vertrauen auf alte Strukturen
Anerkennung	begrenzte Suche nach neuen Wert- u. Ziel-systemen	Suche nach neuen Ressourcen	Entwicklungs-aktivitäten	beratend	neue Aktivitäten	begrenzt, mehrere Kanäle	Aushandlung	Neubewertung d. Strukturen
mißlungene Anpassung	Rückzug auf alte Werte u. Ziele Ressourcen	Mißerfolg bei der Suche nach neuen	begrenzt funktionierend	autokratisch	begrenzt und teilweise	restriktiv	Isolation	Rückzug auf alte Strukturen
gelungene Anpassung	Etablierung neuer Werte u. Ziele	erfolgreicher Gebrauch neuer Ressourcen	neue/verbes-serte Funktio-nen, erweiterte/ veränderte Bereiche	partizipativ	neue Planung Beobachtung relevanter Umwelten	offen, alle Kanäle	Koordination	Aufbau neuer Strukturen

Die Antwort von Organisationen auf Krisen. Aus: Booth 1994, S. 110 (Übersetzung A.P.)

Die erste Krise ist die der Führung – zunächst muß man von der Betonung der Kreativität zu einem Schwerpunkt auf Organisation, Effizienz und Planung kommen.

Die zweite Krise ist die der Autonomie – wenn Zentralisation und Effizienz die Freiheit der mittleren Manager zu sehr beschneiden, um direkt auf Kundenbedürfnisse reagieren zu können; es muß daher zu weitergehender Aufgaben- und Verantwortungsübergabe des mittleren Managements kommen.

Das führt – wenn die Organisation weiter wächst – zu einer Krise der Kontrolle, da die dezentralen Einheiten zunehmend mehr Macht im Verhältnis zur Zentrale bekommen. Es muß zu einer verstärkten Koordination unter den verschiedenen Elementen kommen, und zwar unter Beachtung der Aufrechterhaltung bestimmter Freiheitsspielräume für jedes Element.

Daraus wird dann meist eine Krise der Koordination, da die Komplexität der Koordination oft zu einer Überbetonung der Prozesse gegenüber den Inhalten führt. Um diese Krise zu lösen, muß meist die Notwendigkeit von Kooperation und Flexibilität – auf der Basis von Teamwork – anerkannt werden, und es muß zur steigenden Anerkennung der Bedeutung von einzelnen und Gruppen (sowohl nach innen als auch nach außen) kommen.

Krisenmanagement bedeutet, unvorhergesehene Veränderungen managen zu müssen. Krisen sind keine plötzlich auftretenden Phänomene, sondern natürliche Phasen in der Entwicklung von Organisationen.

3. Typische Fehler im Umgang mit Krisen

Neben Ungläubigkeit, aus der defensives Ausweichen folgt, Schreckensstarre, die zu inaktivem Verharren führt, und Panik, die irrationales Handeln ohne vorheriges Nachdenken auslöst, finden sich häufig folgende Reaktionsformen auf Krisen:

1. Personalisieren – Sündenbocksuche – Abwälzen der Verantwortung

„Personen statt Fehler ausmerzen"
Die Sündenbocksuche und das Personalisieren von Krisen sind sehr häufige Mechanismen. Schwarzweißdenken und Projektionen, durch die man eigene Schwächen anderen zuteilen kann, findet man häufig (vgl. Lay 1994). So sehr diese Reaktionen psychologisch verständlich sind, so fatal können sie für die Organisation sein. Insbesondere die Kündigung von Sündenböcken kann dazu führen, daß zukünftig die Verantwortungsübernahme für eingetretene Fehler sehr stark zurückgeht.

Ein anderer Aspekt der Personalisierung von Krisen, liegt auch im Holen von außenstehenden Krisenmanagern (*great men*), an denen u.U. zu große Heilserwartungen hängen, mit der Folge, daß die Übriggebliebenen keine kreativen Lösungen mehr wagen (Stratemann 1994, S. 52).

2. Schutz des eigenen Kompetenzgefühls

„Was werden die anderen denken?"
Wer sich nicht als kompetent einschätzt, wird nicht handeln (Selbstschutzfehler). Das kann aber auch so weit führen, daß man sich weigert, Mißerfolgsmeldungen zur Kenntnis zu nehmen, man sucht die Gründe für das Versagen nicht bei sich, sondern außerhalb (man „attribuiert external"; Dörner: *Die Logik des Mißlingens*) – siehe Sündenbocksuche. Größenwahn, Lernunfähigkeit und Beratungsresistenz hängen nicht zuletzt auch mit diesem Problemkomplex zusammen (Stratemann 1994, S. 47).

3. Rationalisieren – Kostenreduktion – Verschlanken

„Hauptsache die Zahlen stimmen"
In der Bedrohungsphase wird die Organisation meist sehr kostenorientiert und versucht, Rationalisierungspotentiale aufzufinden (vgl. Staudinger 1990, S. 49 ff.). Es dominieren der Einzelkämpfer und gegenseitiges Mißtrauen (Leerläufe müssen aufgedeckt werden), das Klima ist sachlich und nüchtern, die Kommunikation der Mitarbeiter ist auch sehr sachorientiert; das Management unvisionär und auf sehr kurzfristige (Einsparungs-)Ziele gerichtet. Die Produktivität wird durchleuchtet.

Wenn es gelingt, die unmittelbare Bedrohung abzuwehren, so muß es zu einer erneuten Pionierphase kommen, in der neue Orientierungen entstehen, Forschung und Entwicklung sowie Marketing wieder wichtiger und Riskiofreude wieder größer werden etc.

(Bemerkung: Durch die neuen Erfolge in der Pionierphase kann es u.U. zu einer völligen Ablehnung der eigenen Organisationsvergangenheit kommen, die mit negativer Mythenbildung einhergeht – hier ist es günstig, auch Mitarbeiter von außen hereinzuholen, die das „historische System" etwas objektiver betrachten können.)

4. Mythenbildung in Zusammenhang mit Krisen

Es gibt viele zerstörerische Mythen:
„Krisen sind unvermeidbar" – das kann zu Fatalismus führen; „Uns fehlt das Wissen für den Umgang mit Krisen", „Bessere Technologien werden zukünftige Krisen verhindern", „Krisenmanagement behindert den Fortschritt", „Emotionen haben keinen Platz im Krisenmanagement" (vgl. Booth).

5. Druck erzeugen (bis die Motivation ganz dahin ist)

Eine Krise kann eine wünschenswerte Veränderung tradierter Verfahrensweisen beschleunigen, ebenso die Entwicklung neuer Strategien; unerwartete Talente können entdeckt werden, das Zusammengehörigkeitsgefühl gestärkt werden.

Das die Krise oder Katastrophe als „Motivator" dienen soll, kann sich dann als gefährliche Strategie herausstellen, wenn eine permanente Katastrophenstimmung inszeniert wird und die Diskrepanz zwischen Ist und Soll so groß wird, daß die Motivation sich nicht mehr einstellen kann. Das ist auch dann der Fall, wenn die Krise zum dauernden und wiederholten Appell an die Mitarbeiter mißbraucht wird (Stratemann 1994, S. 78).

6. Wahrnehmungsverzerrung/Engstirnigkeit

Bei Krisen müssen Manager noch schneller arbeiten, da die Informationsmengen stark ansteigen. Manager filtern dann oft wichtige Informationen aus, verlieren die strategische Dimension und konzentrieren sich immer mehr auf die Details der Tag-zu-Tag-Entscheidungen. Dauernder Streß führt dazu, daß Manager zunehmend gereizt und unflexibel werden. Ihr Toleranzbereitschaft gegenüber Ambivalenzen sinkt und dies begünstigt die Entwicklung eines dominanten fundamentalistischen Welt- und Managementbildes, das trotz widersprechender Informationen aufrechterhalten wird. Führungspersonen neigen unter solchen Umständen zu einem autoritären Führungsstil.

Die Lösung komplexer Probleme ist schon zu „normalen Zeiten" eine schwierige Aufgabe, da die Informationsverarbeitungskapazität des Menschen begrenzt ist. Diese Kapazitätsbeschränkung scheint in hohem Maße Ökonomietendenzen, also Tendenzen zu komplexitätsreduzierenden Maßnahmen, zu erzeugen, wie z.B. die Verwendung von Abstrakta, die man dann am ehesten erhält, wenn man bestimmte Bedingungen für Handlungen nicht berücksichtigt und auf die Analyse von Neben- und Fernwirkungen verzichtet. Die Analyse von Fern- und Nebenwirkungen ist aber im Krisenfall ganz besonders gefragt (vgl. Dörner 1990).

7. permanentes Umorganisieren bzw. Nabelschau

Man beschäftigt sich so lange mit sich selbst, bis überhaupt kein Außenbezug mehr vorhanden ist. Dazu zählt etwa die Fokussierung auf interne Vorgänge in der Organisation, anstatt auf die spezifischen Umwelten der Organisation, die systematische Selektion negativer Vergleichsgruppen (jene, die noch schlechter sind oder in einer noch schlechteren Situation stecken), Konzentration auf negative Umwelteinflüsse (Wirtschaftskrise), auf die man keinen Einfluß zu haben glaubt (vgl. Stratemann 1994, S. 75).

Jede Umorganisation bindet Kapazitäten, einerseits nämlich Kapazitäten der Organisatoren des Wandels, andererseits die Kapazitäten der betroffenen Mitarbeiter und Abteilungen. Unabhängig davon, daß jede Umorganisation Geld kostet, darf nicht übersehen werden, daß eine Um- oder Neuorganisation eine Beschäftigung mit sich selbst ist. Wenn also eine Organisation zu oft umorganisiert, bindet sie Kapazitäten und Ressourcen, die für die Beschäftigung mit der Organisationsumwelt verlorengehen (vgl. Staudinger 1990, S. 23).

8. Regressionseffekt/Überwertigkeit des aktuellen Motivs

Das augenblickliche Problem okkupiert die Aufmerksamkeit, die Probleme, die man durch sein Handeln u.U. erzeugt, fallen kaum ins Gewicht (Dörner 1990).

Gerade in Krisen kommt es zudem häufig zu einem Regressioneffekt – man greift einfach auf geübte und altbewährte Denkmuster zurück, man wendet sich Tätigkeiten zu, die einem leicht fallen, aber nichts mit den anstehenden Problemen zu tun haben.

Der Regressioneffekt ist ein überaus stabiler psychologischer Mechanismus, der auch durchaus einige Vorteile hat (vgl. Stratemann 1994, S. 71): Neue, unerprobte Verhaltensweise sind – gerade in Krisenzeiten – riskant, die Verstärkung des persönlichen Einsatzes entlastet von der Verpflichtung nachzudenken; und führt zum Selbstbild: „Ich tu mein Bestes". Die Strategie des „mehr vom Bisherigen" bedeutet einen erheblichen emotionalen Vorteil.

Problematisch ist aber, daß durch die Beibehaltung bisheriger Gepflogenheiten die internen Krisenursachen verstärkt werden, das kreative Potential reduziert wird, Freiräume für notwendiges Entspannen reduziert werden und die Gefahr von Aggressionen besteht.

4. Vom „Turnaround-Management" zum „Change-Management"

Die Ausgangslage beim Krisen- oder „Turnaround"-Management ist eine Abwärtsbewegung, das Ziel eine Aufwärtsbewegung. Um eine Organisation dauerhaft zu stabilisieren, muß der Übergang vom kurzfristig und „revolutionär" angelegten Krisenmanagement zum evolutionären und langfristigen Change Management gelingen, das heißt, der Umgang mit Veränderungen muß institutionalisiert werden.

Für erfolgreiche Veränderungen müssen drei Bereiche einbezogen werden (vgl. Bergquist 1994):

- Strukturen
- Prozesse
- Einstellungen

Strukturen:
Strukturen werden dann verändert, wenn das Organigramm, die Aufbauorganisation, das Belohnungssystem, die institutionelle Politik Veränderungen erfahren.

Prozesse:
Prozesse werden verändert, wenn Veränderungen in der Art erfolgen, wie die Menschen arbeiten und sich zueinander in Beziehung setzen. Damit sind Veränderungen in den Kommunikationsbeziehungen, in der Entscheidungsfindung oder im Konfliktmanagement oder generell im Managementstil gemeint.

Einstellungen:
Einstellungen hängen damit zusammen, wie die Leute im Zusammenhang mit bestehenden Strukturen und Prozessen der Arbeitsorganisation fühlen. Veränderungen in diesem Bereich beinhalten Veränderungen der Organisationskultur ebenso wie persönliche Entwicklung innerhalb der Mitglieder der Organisation.

Mit jedem dieser Bereiche sind bestimmte *Vor- und Nachteile* verbunden:

Strukturveränderungen – Vorteile:
niedrige Kosten, leichte Implementation (im Vergleich zu den anderen Maßnahmen). Auch wenn die Ergebnisse struktureller Reformen kostenintensiv sein können, ist die Veränderung selbst relativ leicht und kostengünstig durchführbar; außerdem als Ansatz komaptibel mit den vorhandenen Management- und Verwaltungsstrukturen.

Strukturveränderungen – Nachteile:
verführerische Strategie: viele Verantwortliche glauben, strukturelle Veränderungen seien zur Krisenbewältigung hinreichend. Obendrein leicht durchführbar, da sie mit Zwangsmaßnahmen durchgesetzt werden können. Die Gefahr, daß die Organisationsmitglieder zu Opfern gedankenloser struktureller Änderungen werden, und die sich daraus ergebende Demotivierung und geringe Veränderungsbereitschaft wird übersehen. Darüber hinaus haben Veränderungen an den formalen Strukturen meist geringe Auswirkungen auf wichtige die Arbeit bestimmende informelle Netzwerke.

Prozeßveränderungen – Vorteile:
Diese Strategie zielt ab auf den Aufbau neuer Fähigkeit, das „skill building". Es wird davon ausgegangen, daß Menschen sich verändern können (indivi-

duell und als Gruppe) und daß sie mit Hilfe von Training und Weiterbildung ihre Beziehungen zu anderen verbessern können (Verantwortung übernehmen für das eigene Verhalten, neue Fähigkeiten lernen, reflektieren) und daß sie dadurch nicht zu „Opfern“, sondern „Tätern“ der Organisation werden müssen.

Prozeßveränderungen – Nachteile:
die Betonung von individualistischen Lösungen für komplexe, gruppenbezogene Probleme, durch die die Erfolge oft wieder zunichte gemacht werden. Diese Art Wandel ist teuer und langsam (Training, Abwesenheit von der Arbeit). Oft wird nicht mehr investiert, wenn das Geld knapp ist.

Back-home-Probleme können dann gemindert werden, wenn es kompatible Strukturen und eine unterstützende Umgebung (Strukturen, Einstellungen) gibt, wenn etwa die gesamte Arbeitgruppe involviert wird.

Einstellungsveränderungen – Vorteile:
Viele halten Wandel nur dann für möglich, wenn sich die Einstellungen der Mitarbeiter ändern. Veränderungen der Mitarbeiter und Veränderungen der Institutionen werden als ineinandergreifend gesehen. Eine Veränderung im „Geist“ bringt nicht nur bessere Beziehungen zu anderen Leuten, sondern auch größere persönliche Erfüllung.

Einstellungsveränderungen – Nachteile:
Probleme der Implementation eines erfolgreichen Projektes; fragile Einstellungsänderungen werden in einer „feindlichen“ Umgebung schnell wieder abgelegt. Diese Veränderungsprozesse produzieren eher Reflexion als Aktion, sie sind relativ still im Ergebnis und langwierig, sie erfordern Geduld und Ausdauer. Resultate sind nur langfristig zu erwarten. Andererseits scheint realer Wandel zumindest graduelle Veränderungen auch der Einstellungen vorauszusetzen.

Wenn sozusagen zunächst außer Haus ideale experimentelle Bedingungen geschaffen werden, in denen neue Erfahrungen gemacht werden können, die Perspektive erweitert wird (Einstellungen) – wenn diese mit Erfahrungen kombiniert werden, wie diese neuen Erkenntnisse umgesetzt werden können (Prozeßansatz), und gleichzeitig unterstützende Strukturen geschaffen werden, dann scheinen die meisten Chancen für tatsächlichen Wandel gegeben zu sein.

Diese Veränderungsprozesse lassen sich in vier Stadien gliedern:

1. Intitierung, Beginn:
Externe oder interne *Change Agents* verhandeln mit den wichtigsten Entscheidungsträgern die Notwendigkeit des Wandels. „Was sind die Stärken und Schwächen der Organisation?“

2. Diagnose:
Identifikation der Probleme, der Ursachen, Ziele und Mittel, um eine Veränderung herbeizuführen; klare Ziele, wobei Nebeneffekte und mögliche Konsequenzen mit in betracht gezogen werden müssen. Dazu gehört als bevorzugtes Analysemittel die Auslotung der Möglichkeitserwägungen einer Organisation. „Was wäre, wenn?"

3. Intervention und Implementierung:
ändern die organisatorischen Ziele, Prozesse und Beziehungen zwischen Gruppen und einzelnen.

4. Evaluation – Bewertung der Ergebnisse und Konsequenzen
(Evaluation, Monitoring, Review)

Umgang mit Widerstand:
Sobald in einer Organisation Veränderungen vorgenommen werden sollen, ist mit Widerstand auf den verschiedenen Ebenen zu rechnen. Folgende Widerstandsarten kann man unterscheiden.

a) Widerstand auf individueller Ebene:
Hier scheinen drei Hauptkräfte den Wandel zu behindern: (vgl. Booth 1993):

- Unsicherheit über Gründe für und Konsequenzen von Wandel
- geringe Bereitschaft, bestehende Vorteile und Privilegien aufzugeben
- Antizipation der mit dem Wandel möglicherweise verbundenen Nachteile und Unsicherheiten.

b) Organisationsbedingter Widerstand:
Selbst wenn alle Mitglieder einer Organisation von der Notwendigkeit der Änderungen persönlich überzeugt sein sollten, kann die Organisation als solche noch heftigen Widerstand leisten, da sie quasi als eigenständige Existenz zu verstehen ist. Verstärkt wird diese Änderungsresistenz durch (vgl. Stratemann 1994, S. 179):

- Erfolge am Markt, die auch bei Organisationen zu „Größenwahn" führen können,
- Erstarrung und Verlust von Flexibilität, wenn Organisationen zu lange unverändert bleiben,
- die Größe der Organisation: je größer die Organisation, desto größer der notwendige Kraftaufwand zu ihrer Veränderung, Roll-back der alten Haltungen kann Fortschritte in anderen Teilbereichen wieder zunichte machen.

Widerstand wird immer in unterschiedlicher Form auftreten und auch abhängig davon sein, welchen Ansatz des Veränderungsmanagements man wählt:

Es gibt drei verschiedene Ansätze des Change-Managements:

a) Der Macht-Ansatz:
Wandel wird als Managementverantwortung gesehen; Information kommt von unten, Entscheidungen von oben;

Gruppennormen, Loyalität und Motivation sind die sensiblen Bereiche in diesem Fall, hier kann viel Widerstand und Konflikt ausgelöst werden.

b) Der rationale Ansatz:
Logik und Rationalität werden hier als wesentliche Mittel des Wandels gesehen; wenn alle Betroffenen involviert sind und die Notwendigkeiten für Wandel erklärt werden, dann kann jeder davon überzeugt werden. Der Bedeutung von individuellen und Gruppeninteressen wird leicht übersehen, hier kommt leicht Widerstand. Rationalität allein wird kaum tatsächlichen Wandel ermöglichen.

c) Der Ansatz des Lernens:
setzt auf einen motivierenden Veränderungsprozeß, durch den die Organisation und die Individuen sich lernend verändern können.

Dieser Ansatz muß vorsichtig mit dem Machtansatz kombiniert werden; vorsichtig deshalb, weil man sonst den Lernprozeß als Indoktrinierungsprozeß mißverstehen könnte.

Diese drei Ansätze müssen miteinander kombiniert werden, wenn das Change-Management erfolgreich sein soll.

Insgesamt wird der Widerstand um so geringer sein, je stärker der Veränderungsprozeß über Kommunikation, Beteiligung und Partizipation/Unterstützung/Aushandlung und Kooperation läuft.

Wie läßt sich der Umgang mit Veränderungen institutionalisieren bzw. routinisieren?

Fehlerfreundliches System/Risikoakzeptanz
Gerade um ein innovationsfreundliches Organisationsklima zu etablieren ist der Aufbau eines fehlerfreundlichen Systems wichtig, da Rück- und Nebenwirkungen kaum ausgeschlossen werden können und als Lernfeld genützt werden sollten.

Eine prinzipielle Risikoakzeptanz hängt auch mit der Forderung nach Entscheidungsfreiräumen zusammen (vgl. Stratemann 1994, S. 55). Nur in einem solchen offenen Klima ist auch die Früherkennung von Krisenpotentialen möglich, da sonst eher eine „Politik des Vertuschens" gepflegt werden wird.

Krisenplan/Szenarien
Um einen reflektierten Umgang mit Krisen zu ermöglichen, scheinen „Trokkenübungen" in Nichtkrisenzeiten äußerst sinnvoll. Man sollte über einen Krisenplan (inkl. Kostenplan) verfügen, in Fallbeispielen Krisen einüben und verschiedene Ebenen des Managements in die Krisenkommunikation einführen, eine Analyse der spezifischen Organisationsumwelten durchführen und klären, welche Vorgehensweise durch welche Person bzw. welchen Personenkreis notwendig ist.

Das heißt auch, daß nach jeder (Klein-)Krise eine genaue Beschäftigung mit der Ursachen erfolgen muß, deren Ergebnisse dann veröffentlicht werden. Das spekulative Durchspielen der Möglichkeiten, auf geänderte Situationen zu reagieren, kann auch helfen, potentielle Schwachstellen zu identifizieren.

Hilfe von außen
Eine Analyse bestehender Strukturen und Gewohnheiten kann mit Hilfe eines von außen kommenden Beraters gut erfolgen, wenn die Arbeit des Beraters die Basis schafft, auf deren Grundlage dann die eigentliche Problemlösung durch die Organisationsmitglieder erfolgt.

Umgang mit Komplexität:
Es bestehen folgende Ansätze (Dörner 1990): zeitliche Informationen „verräumlichen" (Diagramme), um Vergessen vorzubeugen; Zeitrafferfunktion des Computers nützen, um darzulegen, welche neuen Probleme durch die Beseitgung der alten entstehen können; Speicherung von Informationen durch den Computer; vielleicht muß auch der Schutz des eigenen Kompetenzgefühls nicht so weit gehen, die Dinge immer so zu sehen, wie sie sein sollen, statt so, wie sie sind.

Emotionale Sicherheit (Stratemann 1994, S. 80)
In der aktuellen, durch Kosten- und Strukturkrisen verschärften Rezession muß man emotionale Sicherheit bieten; dazu gehört eine Stärkung des Wir-Gefühls genauso wie der Verzicht auf permanente Katastrophenstimmung. Es darf niemals Druck ausgeübt werden, ohne daß die betroffenen Mitarbeiter wissen, wie sie dem Druck begegnen sollen.

Führungsstil
Der Führungsstil sollte eher auf Zielvereinbarung denn auf alleinige Zielsetzung durch die Leitung aufbauen.

Statt auf die Hierarchie zu vertrauen, sollte man eher auf die individuellen Fähigkeiten, Ziele zu erreichen, setzen. Wichtig sind der Wille und die

Fähigkeit der einzelnen Mitarbeiter, das zu tun, was sie für am besten halten – dafür müssen Leute auf allen Hierarchieebenen ermuntert und befähigt werden. Man sollte sich eher auf Exzellenz und Kooperation als auf das Vernichten der Konkurrenz verlegen. Des weiteren müßten Manager aller Hierarchiestufen einen stärker lernorientierten Zugang zu ihrer Arbeit finden – alle Manager müssen sich permanent im Training befinden.

Das Management muß in querliegenden Arbeits- und Organisationsformen arbeiten können (multidisziplinäre Gruppen), Verhandlung und Diplomatie werden damit zu wichtigen Agenden (vgl. Kanter 1989).

Widerspruchsmanagement zwischen Stabilität und Veränderung
Organisationstrukturen müssen Kontinuität und Stabilität (Kontrolle, routinisierte Abläufe), gleichzeitig aber auch Flexibilität und Wandel (Innovationsfreundlichkeit, organisatorische Freiräume) ermöglichen (Staudinger 1990).

Jede Veränderung bedeutet auch eine Verhaltensänderung (nach innen und außen) und führt meist am Beginn zu Fehlern und Friktionen, das heißt, jede Umorganisation ist mit entsprechenden Fehlern und Gefahren verbunden. Diesen unterschiedlichen Anforderungen an die Organisation stehen ebenso unterschiedliche Bedürfnisse der Mitarbeiter gegenüber: Sicherheit, fixer Platz in der Organisation, andererseits Freiräume, hierarchiefreie Räume zum kreativen Tätigwerden – werden diese Freiräume nicht gewährt, kommt das innovatorische Potential der Mitarbeiter wo anders zum Tragen und kann nicht für die Organisation genützt werden.

Fazit: Neben den eher starren, Sicherheit bietenden Strukturen werden auch im Unternehmen Plätze zur gezielten Innovation gebraucht.

Prinzipien selbsttragender Innovation (Stratemann 1994, S. 198):
Dazu zählen Kontakte zwischen bereits innovativ gestalteten Organisationsteilen und noch zu gewinnenden Teilen (Vorbildwirkung). Des weiteren müssen den Innovationsträgern Vorteile winken (Anreizsystem). Kollektiv geteilte Einsicht in die Notwendigkeit der angestrebten Veränderungen ist genauso wichtig wie die Beseitigung aller organisationsinternen Regeln, die in einem dissonanten Verhältnis zu den angestrebten Innovationen stehen, das heißt, systemimmanente Hemmnisse müssen frühzeitig erkannt und beseitigt werden.

Begleitende Systemreflexion (Heintel)
Die Hierarchie ist eine Organisationsform, die zum Ausschluß von Widersprüchen neigt. Das so Ausgeschlossene meldet sich aber – meist über Krisen – wieder zurück. Es müßten nun räumlich und zeitlich Orte für die Auseinandersetzung mit systeminternen Widersprüchen geschaffen werden, um

eine Erstarrung der Organisation zu verhindern und ihre Anpassungsfähigkeit zu gewährleisten.

Dieses Einlegen von „Reflexionsschleifen" kann vom ganz persönlichen Unterbrechen von Routinen über kollektive Reflexionszeiten bis hin zu stabileren organisatorischen Orten für die Reflexion reichen.

Literatur:

Berge, T. (1989): Crash Management. Wien (Econ).

Bergquist, W. (1992): The four Cultures of the Academy. San Francisco (Jossey-Bass).

Booth, S.A. (1993): Crisis management strategy. London (Routledge).

Burnes, B. (1992): Managing Change. London (Pitman).

Clasen, J.P. (1992): Turnaround Management für mittelständische Unternehmen. Wiesbaden (Gabler).

Dörner, D. (1990): Von der Logik des Mißlingens. In: R. Fisch u. M. Boos (Hrsg.): Vom Umgang mit Komplexität in Organisationen. Konstanz (Univ.-Verlag), S. 257–283.

Greiner, L. (1972): Evolution and Revolution as Organisations Grow. *Havard Business Review*, July/August 1972.

Kanter, R. (1989): When Giants Learn to Dance. London (Unwin Hyman).

Lay, R. (1994): Wie man sich Feinde schafft. Düsseldorf (Econ).

Pellert, A. (1993): Organisation – ein organisationstheoretische Überblick. In: R. Fischer, M. Costazza u. A. Pellert (Hrsg.): Argumentation und Entscheidung. Wien (Profil).

Staudinger, R. (1990): Management des Wandels. Linz (Trauner).

Stratemann, I. (1994): Kreatives Krisenmanagement. Erfahrungen erfolgreicher Spitzenmanager – und was wir daraus lernen können. Frankfurt/M. (Campus).

Toffler, A. (1980): Die Zukunftschance. Von der Industriegesellschaft zu einer humaneren Zivilisation. München (Bertelsmann).

KRISE: DEIN FREUND ODER FEIND?

The times they are a changing ...

In der heutigen Zeit nimmt Wechsel eine beinahe bedrohlich astronomische Geschwindigkeit an. Durch Erfahrungen im persönlichen und beruflichen Bereich wie auch durch unsere Seminare erleben wir, daß die Rate der Veränderung den einzelnen überwältigt und von ihm als Krise empfunden wird. Vom Standpunkt der Kollektivgeschichte des Menschen aus gesehen, sind wir mit einem außergewöhnlichen Umstand konfrontiert: Morgen sieht garantiert ganz anders aus als Heute.

Welcher Politanalytiker hätte den Fall der Berliner Mauer, den Zerfall der alten Sowjetunion oder die Abschaffung der Apartheid in Südafrika vorhersagen können? Die größte und am schnellsten wachsende Gemeinschaft in der Welt kennt weder örtliche Gebundenheit, Regierungssystem noch Gesetze – Internet, ein weltweites Computernetzwerk mit über 30 Millionen Mitgliedern. Ökonomische Zukunftsforscher sind sich darin einig, daß 90 Prozent der Produkte, welche wir in zehn Jahren gebrauchen, noch nicht auf dem Markt sind! Wer kann sich die dadurch ausgelöste Krise vorstellen? Als Beispiel sei die kürzliche Erfindung von Messerschmiedewaren aus Sand angeführt, produziert auf Lebenszeit. Wird es dem heutigen Hauptproduzenten von Messern, Sheffield and Sollingen, gelingen, erfolgreich zu konkurrieren?

Wechsel geschah in der Vergangenheit über eine lange Zeitspanne und war vorhersehbar. Der Reichtum des Agrartums lag in den Händen derjenigen, welche das fruchttragende Land besaßen. Der Reichtum des Industriezeitalters folgte demjenigen, welcher die Maschinen besaß, die die Güter produzierten. Heute jedoch haben sich die Kriterien, welche Reichtum bestimmen, gewaltig geändert. Länder wie Rußland, Brasilien und Nigeria sind Länder mit dem höchsten Vorrat an natürlichen Rohstoffen und haben gleichzeitig den niedrigsten Einkommensstandard. Und welche Länder haben den höchsten Einkommensstandard? Die Schweiz und Japan, Länder mit dem niedrigsten Vorrat an natürlichen Rohstoffen.

Das Heute und Morgen sind das Kommunikationszeitalter. Die Welt des „Habens“ und „Nichthabens“ wird zu einer Welt des „Wissens“ und „Nichtwissens“. Der Mikrochip ist die Stoßkraft dieser neuen Zeit. All dies beschleunigt den Vorgang von Wechsel dramatisch und vernichtet unsere alten Ideen von Produzieren und dem Anhäufen von Reichtum. Reichtum im heutigen Kommunikationszeitalter geht Hand in Hand mit dem Besitz von Information, welche das Wissen beschafft. Die Konzepte, Instrumente und Lösungen, welche sich in der Vergangenheit erfolgreich bewährt haben, sind nun die Wurzel unserer wachsenden Probleme. Starre Strukturen gehören der Geschichte an. Peter Drucker, der bekannte Managementguru sagt: „Jede Unternehmung muß bereit sein, ihr ganzes Wissen hinter sich zu lassen, falls sie überleben und gedeihen will." (P. Drucker 1989, S. 213).

Die Fähigkeit, Altes loslassen zu können, ist wichtig auch für den einzelnen. In einer Welt von *Corporate Mergers, Downsizing,* abnehmenden Staatssubventionen und wachsender internationaler Konkurrenz genügt es nicht mehr, einfach gut zu sein, um Jobs zu sichern. Die Anzahl der Leute wächst, welche, gegen ihren lautstark bekundeten Willen, gezwungen sind, angesichts steigender Scheidungsraten und abnehmender Karrieremöglichkeiten ihr Leben kritischer unter die Lupe zu nehmen.

Wir erfahren den Übergang von Alt zu Neu, besonders wenn die Veränderungen gewaltig und drastisch sind, oft als Krise. Die Kluft zwischen dem Altbekannten und dem Unbekannt-Neuen scheint so groß, daß sich kein Halt bietet. Der Boden unter den Füssen zerbröckelt. Die Krise hat uns. Wie gehen wir mit ihr um? Sind wir überwältigt, ziehen wir uns zurück, leisten wir Widerstand und beharren wir auf dem Alten? Ist die Krise unser Freund oder Feind?

Krisen spielen sich auf allen Ebenen des Lebens ab, für den einzelnen, die Familie, Organisation, Nation und auf weltweiter Ebene. Obwohl die Prinzipien, wie mit Krisen umzugehen ist, auf allen Ebenen dieselben bleiben, ist es deutlich, daß das Individuum die Hauptrolle spielt. Organisationen und Nationen verändern sich im Grunde nicht – das Individuum verändert sich. Sobald genügend viele einzelne gelernt haben, mit Wechsel umzugehen und die Krise zu umarmen, werden sich zur Folge auch Organisationen und Nationen verändern. Wollen wir Organisationen als Ganzes erfassen, müssen wir das Thema Krise nicht nur auf Unternehmungsebene, sondern auf persönlicher Ebene angehen.

Viele Artikel über Krisenmanagement sind schon publiziert. Dieser Artikel wird hoffentlich mit neuen Lösungsansätzen überraschen. Aus unserer Perspektive muß jeder Versuch, eine Krise zu managen, fehlschlagen, weil es ein Versuch ist, eine grundsätzlich unkontrollierbare Situtation zu kontrollieren. Unsere Absicht ist es, den oft ungewohnten Weg zur Transformation der Krise aufzudecken. Um eine Krise und ihre Auswirkungen umgestalten zu können, müssen wir erst klar sehen, was eine Krise wirklich ist.

Krise – Kraftwerk für Wechsel bzw. Veränderung

Der Gegenstand der Krise unterscheidet sich von anderen Topthemen der Geschäftswelt, wie zum Beispiel besseres Zeitmanagement. Man studiert

Zeitmanagementtheorien, um sich etwas anzueignen, das man jetzt nicht hat. Krisen hingegen haben wir, ohne sie zu wollen. Zum Vorschein kommt dann oft ein Zwang, die Krise so schnell als möglich loszuwerden. Niemand macht sich die Mühe, das „Was ist?“ wirklich zu untersuchen. Wir wollen deshalb damit beginnen. Der Duden zum Beispiel definiert Krise als *Wendepunkt* oder *kritische Situation*. Die folgende Anekdote gibt weiteren Einblick.

Vor sehr, sehr langer Zeit, als Gott auf der Erde lebte, kam ein Bauer zu ihm und sagte: „Du magst wohl die Welt erschaffen haben, du bist aber kein Bauer. Du weißt nichts übers Bauern.“ Gott fragte ihn: „Was rätst Du mir?“ Der Bauer antwortete: „Gib mir ein Jahr und laß die Dinge nach meinem Willen geschehen und sieh, was geschieht. Es wird keine Armut geben.“ Gott sagte: „So sei es.“ Der Bauer verlangte nur das Beste – kein Donner, keine Stürme, keine starken Winde, Sonne und Regen nur falls nötig. Der Weizen stand hoch; so hoch, daß der Bauer zu Gott sagte: „Schau nur, wir werden genug Frucht haben für die nächsten zehn Jahre, selbst wenn niemand mehr pflanzt.“ Bei der Ernte der Frucht stellte sich heraus, daß die Hülsen leer waren. Der Bauer war schockiert. Er fragte Gott: „Was ging falsch?“ Gott antwortete: „Weil der Konflikt, die Krise fehlte, und weil du alles Schlechte vermeiden wolltest, gedieh der Weizen schwach. Das Ringen hat seinen Platz, Stürme, Donner und Blitze. All diese rütteln die Seele im Weizen auf.“

Krisen rütteln unsere Seele auf; sie erzeugen genug Treibkraft, um Altes zu überwinden, und initiieren tiefgründigen Wechsel. Von diesem Standpunkt aus werden Konkurse, Krankheiten, Verletzungen, seelischer Kummer zu Agenten der Veränderung. Krisen zwingen uns, alte Gewohnheiten, Glaubenssätze und ausgediente Besitztümer loszulassen und uns nach innen zu wenden, um Antworten, Einsichten und schlußendlich die Wahrheit in uns selber zu finden.

Das chinesische Wort für Krise erläutert dieses Verständnis beispielhaft. Krise steht sowohl für *Chaos* oder *Gefahr* als auch für *günstige Gelegenheit*. Dieser Widerspruch erlaubt uns, Krisen nicht nur als Kampf zwischen Gut und Böse zu sehen, sondern vielmehr als eine Einladung, ein tieferes Verständnis für das Lebensparadox, das Gesamtbild, die innewohnende Ganzheit zu gewinnen. Es ist von großer Bedeutung, Krisen nicht als böse oder schlecht zu verstehen. Die Antwort liegt in der Art und Weise, wie mit Krisen geschaffen wird. Man kann Krisen nicht nur als Bedrohung, sondern auch als Freund sehen. Krise ist das Potential, welches versucht, sich zu verwirklichen. Die Krise verlangt oft, daß wir die nicht akzeptablen, furchterregenden Teile in uns akzeptieren. Nur durch ein Öffnen und Einbringen von Neuem und Andersartigem ist Transformation im Privatleben, am Arbeitsplatz und in der sozialen Gemeinschaft möglich. Es ist absolut unerläßlich, daß sowohl in der Kleinfamilie als auch in multinationalen Konzernen das Überschreiten des Vertrauten zum normalen Prozeß wird und nicht nur zu Widerstand anregt.

Je heftiger wir widerstehen, desto kräftiger wird das Leiden. Krise führt zu Chaos, welches seinerseits neue Türen öffnen kann, die uns erlauben, über uns selbst hinauszuwachsen.

Betrachten wir, wie sich Veränderungen in der Natur abspielen, so stellen wir fest, daß Leben sich nicht in logischen, regelmäßigen und vorhersehbaren Progressionen abspielt. Der Moment, in dem die Raupe zum Schmetterling wird, ist ein lehrreiches und buntes Beispiel dieses Prozesses. Wechsel besteht aus einem dynamisch-kreativen Prozeß, welcher Neues, Nie-da-Gewesenes schafft. Es ist ein dynamischer Prozeß von Ordnung und Wiederordnung. Diesen Prozeß nennt man Evolution. Unordnung, Chaos, Zufälligkeit – welche wir häufig als Krise empfinden – ermöglichen uns die tieferen, weiteren und komplexeren Verbindungen zwischen Menschen, Ideen und Sachverhalten zu ziehen, und dies sowohl im internationalen Geschehen als auch in der unmittelbaren Umwelt. Im Erleben der Krise und in der Übergabe an das Unbekannt-Neue, machen wir riesige, unvorhergesehene Sprünge in Evolution und in Kreativität.

Und dennoch, fast immer antworten Menschen auf Krisen oder auf große Veränderungen mit Widerstand und Rückzug, mit Pochen auf das Alte, das Vertraute. Jedes stabile System reagiert zu Beginn auf Veränderung in einer Art und Weise, welche die ursprünglichen Bedingungen wiederherzustellen versucht. Deshalb ist es entscheidend, die Kraft der Paradigmen und die Rolle der Krise als Bote für Veränderung in unserer Weltanschauung zu untersuchen.

Krise und Paradigmawechsel

Ein Paradigma ist eine Anzahl von geteilten Voraussetzungen, Glaubenssätzen, Regeln und Vorschriften, welche unsere Weltanschauung bestimmen. Unsere Weltanschauung ist unsere fundamentale Idee über das Funktionieren der Welt. Wir sind uns der Gedanken, welche die Weltanschauung bilden, nicht bewußt. Wir halten es für den unangezweifelten Gang der Dinge – wie in der Vergangenheit so sei es in der Zukunft. Wie der Fisch sich des Wassers nicht bewußt ist, so sind wir uns der Paradigmen nicht bewußt. Wir leben in ihnen. Aber wir wissen, daß wir einem Paradigma in der Geschäftswelt auf die Füße getreten sind, wenn wir zur Antwort bekommen: „Das ist unmöglich“ oder „Wir haben es noch nie so gemacht in unserer Unternehmung.“

Einerseits schaffen Paradigmen Stabilität und Komfort. Andererseits schließen sie uns ein und filtern unsere Erfahrungen. Paradigmen bestimmen, was zugelassen und was verschleiert wird. Wir werden oft blind für notwendige, neue Lösungen, weil uns unser Rahmen oder unsere Weltanschauungen bisher erfolgreich gedient haben. Beispiele von Paradigmen in der Vergangenheit sind: „Die Welt ist eine Scheibe" und „Vögel können fliegen, Menschen nicht."

Was sind die Anzeichen einer notwendigen Veränderung? Eine große Krise. Häufen sich unlösbare Probleme an der Zahl, ist das ein Zeichen, daß das Altbekannte nicht mehr lange währt. Was sind nun die alten Paradigmen? Für viele, und vor allem für zwangsmotiviert Handelnde, ist es der „Mehr-ist-Besser" Glaubenssatz, der zu unglaublichem Streß, zu Krankheit, Frustration und Unglücklichsein führt. Auf die Gesellschaft bezogen sehen wir, daß der Überkonsum des Westens zu Umweltkatastrophen und einer vertieften Kluft zwischen Arm und Reich führt.

Was in der Vergangenheit funktionierte, muß es nicht in der Zukunft tun. Und mit einer zunehmenden Anzahl von Krisen wird die Lebenserwartung von Paradigmen kürzer. Wir befinden uns am Punkt des Paradigmenwechsels. Die anhaltenden und verstärkten Krisen verlangen ein radikales Umdenken in bezug auf unsere fundamentalen Weltanschauungen. Das neue Paradigma verlangt von uns:

1. Verbundenheit
Wir müssen die Verbindung unserer Handlungen mit der Umwelt sehen, und unsere Taten und Entscheidungen müssen das Fortbestehen des Planeten, die Wirtschaft und das Wachstum fördern. Wir lernen, Lebensqualität dem Lebensstandard vorzuziehen. Mehr Sein, Weniger Tun.

2. Rückbesinnung auf Gemeinschaft
Zusammenarbeit mit und Beziehungen zu Mitmenschen. Je größer das System, desto mehr müssen die einzelnen Teile integriert werden. Unternehmungen sind aufgefordert, ihre hierarchischen Strukturen fallenzulassen.

3. Rückbesinnung auf Spiritualität
Der einzelne und die Unternehmung schenken ihren Zielen und Zwecken mehr Bedeutung; sie sehen Leben und Arbeit als ein Mittel zum Wachstum. Beide streben nach Ganzheitlichkeit und werden reelle Beiträge an die Gesellschaft dadurch leisten, daß sie Leben und Arbeit sinnvoller machen.

Jede Unternehmung, die ihre Paradigmen umstellt, wird sich auf eine fünf- bis zehnjährige Verpflichtung einstellen müssen. Es braucht Zeit, alte Regeln aufzugeben, neue zu lernen und diese wirkungsvoll einzusetzen. Die Umstellungsphase ist nicht einfach. Krise und Unbehagen sind Indikatoren für das Nahen von neuem Boden. Stell dir vor, dein Boß kommt und sagt: „He, wir wechseln unsere Regeln. Alles, was du heute kannst, zählt deshalb ab sofort nicht mehr." Mitgefühl und Ermunterung von leitenden Angestellten ist notwendig, um Arbeitnehmer in ihrem Glauben an ihre Fähigkeit, sich verändern zu können, zu stärken.

Der Weg zur Transformation der Krise

Auch wenn wir die Wichtigkeit und den Wert einer Krise erkannt haben, bleibt die Frage, wie wir mit ihr umgehen. Wie begegne ich der Herausforderung, oder besser gesagt: Wie umarme ich den Tiger?

Suchen wir in der Mythologie nach einer Antwort, stoßen wir auf den Weg des Helden/der Heldin, und wir stellen fest, daß wir alle den gleichen Weg gehen; wir sind bloß an unterschiedlichen Stellen des Weges.

Der Weg des Helden

Ein „göttliches Unbehagen" veranlaßt den Helden zur Suche. Er verläßt sein Heim und seine Familie und tritt eine lange Reise an. Die Berufung ist so stark, daß er bereit ist, zahllosen Versuchungen zu widerstehen und Widerstände zu überwinden. Er gelangt zu einem Punkt, wo es scheint, daß ihm kein Ausweg offensteht, er sitzt in tiefer Verzweiflung. Das einzige, womit er solchen Herausforderungen begegnen kann, ist die Hilfe seiner Verbündeten, um seine Kraft und seinen Glauben wiederzugewinnen. Schlußendlich erreicht er den Ort, wo der gesuchte Schatz oder die erstrebte Antwort liegt. Ein Drache wacht über das Gesuchte/Erstrebte. Nun muß er dem Drachen standhalten, er muß bereit sein, Opfer und Verlust zu erfahren. Er weiß nicht, wie die Konfrontation mit dem Drachen enden wird. Unerwarteterweise gelingt es ihm, die Bestie zu töten und zum Schatz zu gelangen. Dieser Erfolg bleibt nicht nur seiner. Der Held kehrt nach Hause zurück mit großer Erfüllung, Kraft und Weisheit, und dadurch kann er seinem Stamm ein besserer Helfer und Führer sein.

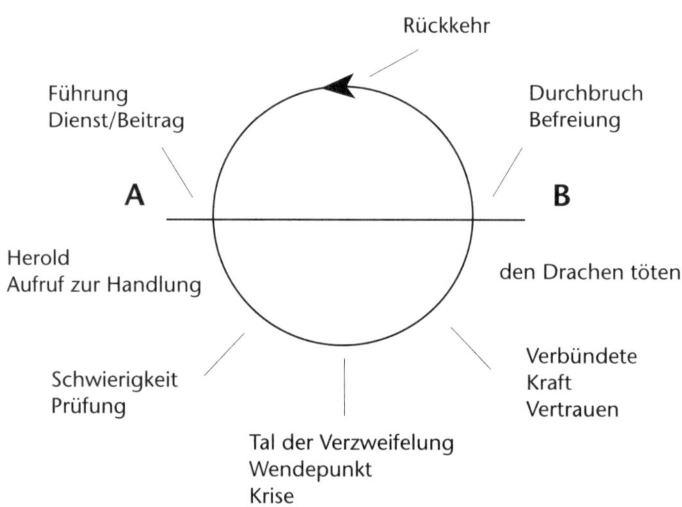

Diagramm: Das Abenteuer der Krise – Die Reise des Helden

Heutzutage begegnen wir dem Drachen in Form einer Krise, welcher ins Gesicht gesehen werden muß. Man muß sich mit der Krise auseinandersetzen, um zu den verborgenen Schätzen zu gelangen. Es ist ein gefährlicher Weg, der aber zur Transformation führt. Kreativität gedeiht in Unsicherheit. Aus dieser Perspektive kann man den Drachen/die Krise sowohl als gefährliche Herausforderung als auch als Freund auf der Reise des Helden zur Selbstentdeckung sehen. Mit diesem Bewußtsein kann der Drache/die Krise vom zu überwindenden Hindernis zu einem ständigen Freund und Begleiter werden.

Auf dem Weg zum erfolgreichen Kampf mit dem Drachen – der Überwindung der Krise – gilt es, bestimmte Fähigkeiten zu lernen. Davon wollen wir fünf näher erläutern:

1. Erkenne und verbessere deine Reaktionsfähigkeit!
Um aus der Krise einen Freund zu machen, bedarf es einer gründlichen Untersuchung unseres Denkens, unserer Glaubenssätze und unserer Annahmen, die unser tägliches Handeln bestimmen. Für sehr lange Zeit glaubte zum Beispiel niemand, daß es möglich sei, eine Meile unter vier Minuten zu laufen. Das war der übliche Glaube, die Annahme. 1954 stellte Roger Bannister einen neuen Weltrekord auf mit einer Zeit unter vier Minuten. Er durchbrach die etablierten Glaubenssätze. Innerhalb eines Jahres gelang es 37 anderen Sportlern, eine Meile unter vier Minuten zu laufen.

Die Ereignisse in unserem Leben einerseits und die Geschichten, die wir uns darüber erzählen andererseits, stehen nebeneinander. Die Geschichten, die wir uns erzählen, beruhen auf unseren Glaubenssätzen, welche unser Treibstoff sind. Die untenstehende Gleichung zeigt die Wichtigkeit unserer Reaktionsfähigkeit:

Ereignis + Reaktion = Ergebnis

Ereignisse aktivieren Glaubenssätze, welche ihrerseits zu Gefühlen und bestimmten Verhaltensweisen führen, welche eine Folge nach sich ziehen. Sowohl das Ereignis als auch unsere Reaktion (Gedanken, Gefühle, Verhaltensweisen) bilden das Ergebnis. Nehmen wir einen Verkehrsstau, über den man sich ärgert und der einen dazu veranlaßt, einen anderen Autofahrer anzuschreien. Jede kennt diese Situation. Der Verkehrsstau an und für sich ist jedoch nicht das Problem. Die Frage ist, wie ein jeder darauf reagiert. Das Ereignis, zum Beispiel den Verkehrsstau, kann man nicht ändern. Man kann aber seine Reaktion darauf ändern.

Betrachten wir Krisen aus dieser Perspektive, ist es wichtig anzuerkennen, daß jeder die *Wahl* hat, auf eine bestimmte Weise zu reagieren, und die Folge zu tragen. Diese Erkenntnis erlaubt uns, unsere Reaktionsfähigkeit zu verbessern. Oft jedoch, wenn wir das gewünschte Ergebnis nicht erreichen, machen wir das Ereignis dafür verantwortlich (sprich: den einzelnen, Mitmenschen, die Unternehmung, die Kultur). Warum? Weil es einfacher ist, als das in dieser Situation Notwendige zu tun, nämlich genau hinzuschauen, wie wir reagieren.

Bei der unerwarteten Veränderung von spezifischen Aufgaben hat der Arbeitnehmer z.B. die Wahl, mit Widerstand, Wut, Schuldzuweisung oder Sabotage zu reagieren. Er kann der neuen Herausforderung aber auch mit einer positiven Haltung und mit Flexibilität begegnen. Jede Wahl trägt Konsequenzen. Die erstgenannte führt zu Trübsal, schlechter Moral, Hoffnungslosigkeit und Produktivitätsverlust, während die letztgenannte erhöhte Motivation, bessere Moral, mehr Energie und Leistungsfähigkeit schafft. Interessant ist, daß die erste Wahl einfacher scheint, aber schmerzvollere Konsequenzen mit sich bringt. Die zweite Wahl ist anfangs schwieriger durchzuführen, hat aber bedeutend geringere Konsequenzen.

Bei der Veränderung von Glaubenssätzen und Annahmen sind neue Fragestellungen besonders wirkungsvoll. Wo das Auge hinschaut, findet es. Wir tun gut daran zu lernen, unseren Fokus bewußt zu wählen. Dadurch entsteht eine geeignetere Gemütsverfassung. Die Kunst des Fragestellens hilft uns, unseren Fokus zu lenken. Oder einfacher gesagt: Wenn du bessere Antworten willst, stell bessere Fragen. Wenn man sich fragt: „Warum kriege ich nicht, was ich will?“, kann die Antwort darauf lauten: „Weil du dumm bist, du verdienst es nicht.“ Der springende Punkt besteht darin, die Qualität der Fragen zu verbessern. Die folgenden Beispiele illustrieren dies. „Wie kann ich meine Arbeiter in dieser Krise unterstützen“ ist besser als „Warum versucht mein Personal, sich dem Wechsel zu widersetzen?“. „Wie kann ich von dieser Situation lernen?“ ist wirkungsvoller als „Warum geschieht all dies in meinem Leben?“.

Wenn sich eine Organisation zu einer inneren Veränderung entschließt, müssen Tabufragen erlaubt sein. Jede Abteilung hat die Erlaubnis, in der Fragelösung über bestehende Grenzen zu springen. Zum Beispiel wird jede Abteilung gefragt: „Welche Probleme möchtet ihr lösen, wißt aber nicht wie?“ oder „Welche Probleme waren so überwältigend, daß die Suche nach Lösungen aufgegeben wurde?“ In dieser Aufzählung sind jene Fragen eingeschlossen, welche anhand des gegenwärtigen Paradigmas nicht beantwortet werden können.

2. Begegne der Angst vor der Angst!

Wir fürchten das Unbekannte und den Verlust der etablierten Identität. Das kann dazu führen, daß wir uns scheuen, eine Krisensituation gründlich zu hinterfragen. Jeder einzelne bestimmt, ob sich dies transformierend oder einschränkend auswirkt. Tatsache ist, daß, wenn die Angst fehlt, einem die

Aufgabe nicht genügend herausfordert. Angst ist ein wenig mehr Aufregung als man glaubt, ertragen zu können. Krisen, tumultartige Lebensumstände und emotionale Aufwühlung sind Katalysatoren für das Auftauchen und Erschließen von neuen Fähigkeiten. Um Angst zu integrieren, muß man sie umarmen, oder wie man im Amerikanischen sagt: Just Do It! (nicht: Just Do It Well!). Wer wartet, bis die Angst vergeht, wird nie handeln. Man muß handeln inmitten von Angst. Mut ist nicht die Abwesenheit von Angst, sondern der Wille, trotz Angst vorwärtszugehen. Man muß handeln, auch wenn es einem schwierig erscheint. Wie? Beginne mit etwas Kleinem, wo du Erfolg haben kannst! Mit dieser positiven Erfahrung und guten Gefühlen im Rücken schreite voran.

Zu viele Manager verwenden zu viel Zeit auf die Analyse des neuen Schrittes, aufs Plänemachen und auf die Diskussion. Ihre erschöpfenden Vorbereitungen führen statt zum „Auf die Plätze – fertig – los!" zu einem „Auf die Plätze – fertig – fertig – fertig – fertig –…" Der letzte Schritt wird oft nicht gemacht aus Angst vor einem Fehlschlag. Wer daran festhält, daß er etwas kennen muß, bevor er es tun kann, wird nur unternehmen, was er schon kennt.

Wir sollten Risiken auf kluge Art und Weise auf uns nehmen. Risiken tragen bedeutet nicht nur handeln an und für sich, sondern auch, nicht der Norm entsprechend zu handeln, vom eigenen gewohnten Handeln abzuweichen. Risiken auf sich nehmen ist wie alles andere lernbar. Bevor du große Risiken auf dich nimmst, übe dich im Kleinen! Zum Beispiel: Schenk einem Unbekannten ein Lächeln! Tu nichts für eine halbe Stunde! Tu etwas Albernes! oder: Sage die Wahrheit etwas früher! Schließe einen Pakt mit dir, jeden Tag mindestens einmal etwas Ungewohntes zu tun! Mit der Zeit wirst du immer größere Risiken ertragen können. Jedesmal, wenn du ein Risiko erfolgreich getragen hast, belohne dich dafür! Genieße in vollen Zügen, wenn du erreicht hast, was du willst!

In den meisten Arbeitsumfeldern fürchten sich Menschen aus Angst vor Mißerfolg davor, Risiko zu tragen. Unternehmen, die dies verändern möchten, müssen gescheite Fehler belohnen – das wird Menschen ermuntern, neue Ideen auszuprobieren. Hewlett-Packard zum Beispiel verleiht jedem besonders unermüdlichen und letztendlich erfolgreichen Angestellten die Ausdauermedaille.

3. Schenk 100 Prozent Aufmerksamkeit!

Der dritte Verbündete der Krisentransformation kommt am besten in einer Zen-Anekdote zum Vorschein:

Ein Geschäftsmann verkaufte sein Unternehmen. Er suchte vier Jahre lang nach einem bestimmten Zenmeister. Als er ihn endlich auf einem Berggipfel traf, fragte er ihn: „Kannst du mir die drei Geheimnisse des Lebens nennen, die mich für immer glücklich machen können?" Der Zenmeister verbeugte sich und antwortete: „Ja, ich werde dir die drei Geheimnisse nennen. Das erste ist: Schenk 100 Prozent Aufmerksamkeit! Das zweite ist: Schenk 100 Prozent Aufmerksamkeit! Das dritte ist: Schenk 100 Prozent Aufmerksamkeit!"

Wer hätte eine so einfache Antwort erwartet? Aber wir müssen genauer hinschauen. Aufmerksamkeit schenken schließt sowohl das innere Geschehen als auch das äußere Geschehen ein. Das innere Geschehen schließt Hinweise ein, die der Köper gibt, sowie Gefühle und Gedanken, die eine bestimmte Situation in einem hervorruft. All dies sind Hinweise, die helfen, mit einer neuen Situation umzugehen. Das äußere Geschehen schließt alle Ereignisse ein, die sich einem präsentieren. Welche Bücher erwecken unerwartetes Interesse? Welche Veränderungen spielen sich am Arbeitsplatz ab? Welchen Mitmenschen begegnet man? Worüber unterhalten sie sich mit einem? Schenk Aufmerksamkeit mit der Absicht, zu einem tieferen Verständnis zu gelangen! Oft hören wir zu, ohne uns um das Verständnis zu kümmern. Während des Zuhörens bereiten wir bereits unsere Reaktion vor. Wenn man den Standpunkt seines Gesprächspartners kennt und deshalb ein besseres Verständnis von ihm hat, fühlt sich der andere gelöster, und beide können zusammen nach Lösungen suchen.

Jeder kann in Krisen erstaunliche Resultate erzielen. Es braucht den Glauben an sich, daß man die bevorstehende Aufgabe hinter sich bringen kann. Viele bekannte Manager geben auf die Frage nach dem Schlüssel für ihre Durchbrüche zur Antwort, daß sie nichts Unglaubliches taten, sondern der vorliegenden Krise 100 Prozent Aufmerksamkeit schenkten. Als Steven Jobs, der Mitbegründer von Apple Computer, zum Beispiel gefragt wurde, wie er auf das Design von Apple stieß, antwortete er bescheiden, daß sie damals unbedingt einen Computer brauchten, um eine bestimmte Aufgabe zu bewältigen. Da sie keine 500 Dollar hatten, um einen Computer zu kaufen, entwarfen sie einen.

4. Niemand schafft es alleine

Freunde zu gewinnen ist ein kritischer Teil der Reise. Die Indianer Amerikas kennen das folgende Sprichwort: „Verhalte dich gegenüber allen Lebewesen und Dingen, als ob sie zu deiner Familie gehören." Heutzutage spiegelt der Begriff „networking" die Wichtigkeit des Beziehungenknüpfens und Zusammenarbeitens. Besonders in einer Krisensituation schafft man es nicht alleine. Es ist notwendig, von einseitiger Abhängigkeit auf gegenseitige Abhängigkeit umzudenken. In unseren Beziehungen miteinander schaffen wir tiefe und kraftspendende gegenseitige Abhängigkeiten. Wir schließen andere auf Grund unserer Unterschiede oder unterschiedlichen Rollen nicht aus.

Will man eine Krise kreativ transformieren, tut man gut daran, mit Menschen, die nicht derselben Organisation angehören, gegenseitig erfüllende

Beziehungen aufzubauen. Wachstum gedeiht nicht in Ähnlichkeit, die unser Denken bloß limitiert, sondern im Austausch und Teilen von Unterschieden. Dadurch schaffen wir Neues und schöpfen das unerkannte und unbekannte Potential des Systems aus.

Einfacher gesagt: Auch wenn es ungewohnt sein mag, wir müssen einander Vertrauen und Liebe schenken. Was hat Liebe mit einer Organisation zu tun, die versucht, eine Krise erfolgreich zu überwinden? Wir meinen mit Liebe ehrlich Sorge tragen, tiefes Vertrauen entwickeln, gegenseitigen Respekt aufbauen und Ehrlichkeit mit Arbeitskollegen pflegen. Es ist nicht möglich, im Äußeren weiter zu gehen, als der innere Prozeß fortgeschritten ist. In dem Ausmaß, in dem wir einander wirkliche Liebe schenken und uns selbst akzeptieren, können wir andere unterstützen. Wir können die Möglichkeit für die potentielle Entfaltung, sprich den Kern der Krise, nicht sehen, wenn wir unsere Herzen unseren Mitmenschen gegenüber verschlossen halten.

5. Die Zukunft lockt

Wir sind nicht nur mit anderen verbunden, sondern auch mit unserer Zukunft. Mit anderen Worten: Veränderung zieht uns in eine Richtung – die Zukunft ist die Anziehungskraft. Jede Zelle eines Baumes, eines Käfers oder eines Menschen wächst und entwickelt sich nicht nur nach dem Bild der Vergangenheit, sondern ist auch angezogen von einem inneren Bild der möglichen Zukunft. Die naturwissenschaftliche Forschung hat gezeigt, daß die DNA diese Zukunft enthält. Auf diese Weise ist sichergestellt, daß alle Teile des Systems vereint nach der gleichen Zukunft streben. Um dieses Phänomen besser zu verstehen, wenden wir uns der Physik zu. Alles im Universum hat zwei Aspekte. Der eine ist materiell und sichtbar, der andere unsichtbar und kann deshalb als Welle beschrieben werden. In der Physik ist eine Welle die Beschreibung der möglichen Zukunft eines materiellen Partikels. Neutronen, Elektronen und Protonen tragen in sich Wellen, die genau so reell, konkret und wichtig sind wie der Gegenstand, den sie ausmachen. Reell, weil die in der Welle beschriebene Zukunft möglicherweise geschehen wird. Auf den Menschen übertragen heißt das: Der unsichtbare Aspekt, die Welle, ist das Potential. Jeder, der es unterläßt, die Welle als Teil der materiellen Welt zu verstehen, läßt die Chance aus, ihr Potential zu nutzen.

Wie können wir dieses Konzept der Anziehungskraft der Zukunft auf die Transformation von Krisen anwenden? Indem wir unseren Lebenszweck entdecken und leben. Wir definieren Lebenszweck wie folgt: Das Individuum oder die Organisation leistet einen aufrichtigen Dienst. Jeder trägt wesentlich zu einer besseren Welt bei, indem er/sie tut was, ihm/ihr am besten entspricht. Jede Person, jede Unternehmung trägt ein gegenwärtiges Bild von sich und auch ein Selbstbild mit den zukünftigen Möglichkeiten. Die Absicht gibt Schwung und Energie. Das Schaffen einer besseren Organisation oder Persönlichkeit inmitten einer Krise beginnt mit der Frage: Wie kann ich für mich und für meine Organisation sicherstellen, daß wir tun, was uns am besten entspricht? Die Antwort kommt direkt von dem zugrundeliegenden Zweck und Wertsystem, die sowohl den einzelnen als auch die Organisation motivieren. Betrachten wir Krisen von diesem Standpunkt aus, stellt sich die Frage: Wie sieht die Zukunft aus, die aus der Krise geboren wird?

Tom Chappell, Besitzer von Tom's of Maine, verkauft umweltschonende Shampoos, Zahnpasten, Deodorants und ähnliches. Er verkauft aber nicht nur Zahnpasta, sondern vielmehr eine motivierende Absicht, eine Vision, nämlich daß die Natur es verdient, geschützt zu werden. Er erhöhte seinen Marktanteil nicht durch kostspieligen Wettbewerb mit Giganten wie Colgate. Statt dessen konzentrierte er sich auf das, was er als wichtig erkannte und antwortete auf die Zerstörung der Umwelt mit Produkten, die seine persönliche Sorge ausdrücken. Das Ergebnis sind 25 Prozent Verkaufswachstum im Jahr.

Die Rolle des Managers bei der Transformation von Krisen

Der Manager spielt eine sehr wichtige Rolle in der Unterstützung der vielen Veränderungen, die eine Krise innerhalb einer Organisation hervorruft. Zu Beginn stößt er/sie oft auf Widerstand und nimmt eine vorübergehende Schwindung in Produktion und Arbeitsmoral in Kauf. Es ist deshalb unerläßlich, daß er/sie Struktur, Vertrauen und emotionale Unterstützung bietet. Wie kann er/sie dies tun?

Erstens: Legitimiere Ängste, Besorgnisse und Verluste des einzelnen durch das Schaffen einer offenen, achtsamen Umgebung, in welcher alle ihre Gefühle konfrontieren und anerkennen können! Gib den menschlichen Prozessen genügend Zeit! Je mehr Zeit die Menschen haben, Gedanken und Gefühle über die Krise zu registrieren, desto tiefer reicht die Transformation.

Zweitens: Halte die Angestellten über den Fortschritt und wichtige Entscheidungen so gut als möglich auf dem Laufenden! Teile ihnen den Prozeß und die Notwendigkeit des Wechsels mit! Du mußt ihnen zeigen, was für sie drin liegt. Auch dann, wenn es nicht spektakulärer ist als die Aussage „Du behältst deinen Job." Sprich und schreibe über die Zukunft, nicht über die Vergangenheit!

Drittens: Ermächtige deine Angestellten! Vermittle leidenschaftliche Hingabe an zweckvolle Veränderung! Involviere die Angestellten so weit als möglich und laß sie ihren Einfluß spüren in der Übernahme von neuen Verantwortlichkeiten, Aufgaben und Rollen, die die Krise verlangt! Organisiere die Angestellten in Arbeitsgruppen, die kreative Lösungen suchen, und belohne hilfreiche Verhaltensweisen!

Zusammenfassend gesagt: Nachdem wir das Wesen der Krise, die Fähigkeiten, die wir zu ihrer Transformation anwenden, und die Rollen, die wir spielen, untersucht haben, sind wir wieder am Ausgangspunkt, der Frage: „Ist die Krise dein Freund oder Feind?"

Wir antworten wieder mit einer Anekdote:

In einem kleinen Dorf im alten China treffen zwei kleine Jungen mit einem Vogel auf Konfuzius, den weisen Philosophen. Sie beschließen, ihm einen Streich zu spielen. Der eine sagt: „Ich halte den Vogel in meinen Händen und frage Konfuzius, ob der Vogel lebt oder tot ist. Falls er sagt, der Vogel lebe, zerdrücke ich ihn; falls er sagt, er sei tot, zeige ich, daß er lebt!" Die beiden gehen auf Konfuzius zu und fragen ihn, ob der Vogel lebt oder tot ist. Konfuzius schaut die beiden lange an und sagt: „Die Antwort liegt in deinen Händen."

Und so ist es wirklich.

Literatur

Braham, B.J. (1991): Finding Your Purpose. A Guide to Personal Fulfillment. Los Altos (Crisp Publications).

Caple, J. (1993): Finding the Hat that Fits. How to Turn your Heart's Desire into your Life's Work. New York (Plume).

Catford, L. a. M. Ray (1991): The Path of the Everyday Hero. Drawing on the Power of Myth to Meet Life's Most Important Challenges. Los Angeles (Jeremy P. Tarcher).

Drucker, P.F. (1989): The New Realities. In Government and Politics, in Economics and Business, in Society and Worldview. New York (Harper & Row)

Heider, J. (1988): The Tao of Leadership. Leadership Strategies for a New Age. New York (Bantam).

Jarman, B. a. G. Land (1992): Breakpoint and Beyond. Mastering the Future – Today. New York (Harper Business).

Joy, W. B. (1990): Avalanche. Heretical Reflections on the Dark and the Light. New York (Ballantine).

Moore, T. (1992): Care of the Soul. A Guide for Cultivating Depth and Sacredness in Everyday Life. New York (Harper Collins).

Myers, R. a. M. Ray (1989): Creativity in Business. Based on the Famed Standford University Course that has Revolutionized the Art of Success. New York (Double Day).

Peters, T. (1992): Necessary Disorganisation for the Nanosecond Nineties. New York (A. A. Knopf).

Robbins, A. (1991): Awaken the Giant Within. How to take Immediate Control of Your Mental, Emotional, Physical and Financial Destiny. New York (Summit).

Andreas Burhorn
Mag. d. Philosophie, geb. 1956; Studium der Systemtheorie bei Niklas Luhmann in Bielefeld; seit 1975 Dozent in der Erwachsenenbildung, internationale Workshops seit 1982, seit 1991 Managementtrainer und Coach, seit 1993 geschäftsführender Gesellschafter des OPuS Consulting Teams, Bielefeld.

Frank Ernst
geb. 1955, ist Teamleiter bei der *Mercedes-Benz AG* in Sindelfingen. Er arbeitet in den Themenfeldern Personalentwicklung und Organisationsentwicklung.

Jörg Frank
geb. 1950. Studium Bildbauerei und Steindruck an der HfBK in Frankfurt/Main und London. Danach Beschäftigung mit Rauminstallationen und Bühnenbild. Hinwendung zur Malerei. Beschäftigung mit Arbeisplätzen. Entstehen von Bildern zum visuellen Management. Gemeinsames Projekt mit Ch. Jacobs: „Der König hat die Bilder".

Thomas Gehlert

Dipl.-Ing., wohnhaft in Dachau bei München, geb. 1960, Studium der Werkstoffwissenschaften und der BWL in Erlangen-Nürnberg, zweijährige Gestaltfortbildung und zweijährige systemische Organisationsberatungsausbildung. Organisationsberatung und Training zu den Themen: Vertriebsmanagement, Teamentwicklung und Kommunikation, Prozeßberatung und Projektmanagement.

Peter-W. Gester

Dipl.-Psych., geb. 1952; Psychotherapeut (Systemische Therapie, Hypnotherapie, Verhaltenstherapie); Systemberater; Geschäftsführer des Heidelberger Instituts für systemische Forschung; geschäftsführender Gesellschafter der Carl-Auer-Systeme, Heidelberg.

Hermann Hill

Univ.-Prof. Dr. jur., geb. 1951. Lehrtätigkeit an den Universitäten Kiel, Göttingen, Münster und Heidelberg, 1986 Lehrstuhl für Verwaltungswissenschaft und Öffentliches Recht an der Hochschule für Verwaltungswissenschaften Speyer, 1989–1991 Minister für Bundes- u. Europaangelegenheiten des Landes Rheinland-Pfalz in Bonn/Brüssel. Anschließend wieder Übernahme des Lehrstuhls an der Hochschule Speyer.

Christian Jacobs

geb. 1965. Studium der Psychologie, Pädagogik und Ethnologie in Münster. Jetzt Human Ressource Development mit den Schwerpunkten Managemententwicklung und Innovation.

Heinz Jarmai

Mag., Gesellschafter und Geschäftsführer der Beratergruppe Neuwaldegg, Wien. Studium der Nachrichtentechnik und Betriebswirtschaft. Beratungstätigkeit in österreichischen Familienunternehmen und in Großorganisationen des deutschen Sprachraums.

Marlies Lenglachner

geb. 1948. systemische Organisationsberaterin; Lehrbeauftragte am Institut für Interdisziplinäre Forschung und Fortbildung der Universitäten Innsbruck, Klagenfurt und Wien; Lehrpsychotherapeutin für systemische Familientherapie, Lehrsupervisorin, NLP-Lehrtrainerin.

Susanne Mingers

Dipl.-Soziologin, geb. 1966. Seit 1992 wissenschaftliche Angestellte an der Fakultät für Soziologie der Universität Bielefeld. Studium der Soziologie in Bielefeld. Ausbildung in Beratung und Organisationsentwicklung. Derzeit Arbeit an Dissertation zum Thema „Theorie, Methodik und Praxis systemischer Beratung".

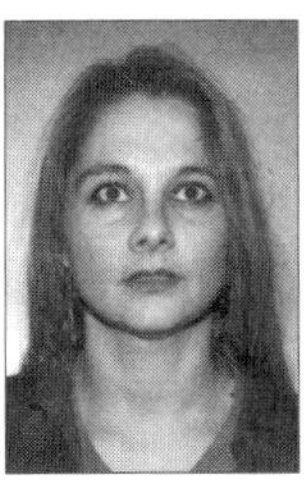

Ada Pellert

Mag. Dr. rer. soc. oec., Universitätsassistentin am Interuniversitären Institut für interdisziplinäre Forschung und Fortbildung (IFF) in Wien; Arbeitsschwerpunkte: Organisationsforschung und -entwicklung (insb. Wissenschaftsorganisationen), Wirtschaftsphilosophie.

Lutz B. Reuter

war 10 Jahre in verschiedenen Vorstandsausschüssen einer multinationalen Großfirma tätig und hat über 100 große Organisationen in Europa beraten. In den heutigen Veränderungssituationen möchte er Manager aller Ebenen ermutigen, aktive Zukunftsgestaltung auch jenseits der strategischen Megafragen zu betreiben.

Frank-Jürgen Richter

Dr. rer. pol., geb. 1967; Studium des Wirtschaftsingenieurwesens in Deutschland, Mexiko und Frankreich. Zweijähriges Postgraduate Studium in Japan. Country Manager/Asien bei einem multinationalen Elektronikkonzern.

Christof Schmitz

Dr., geboren 1959. Studium der Sozial- und Wirtschaftswissenschaften in Wien. Berater für Unternehmensentwicklung. Lebt in Zürich. Arbeitsschwerpunkte: Prozeß- und Wissensmanagement, Management von Veränderungen, Managemententwicklung.

Herbert Schober

geb. 1945, Mag. rer. soc. oec., Betriebswirt und Sozialwis-senschafter. Seit 1972 als Berater tätig, Gründungsmitglied der C/O/N/E/C/T/A. Lehrbeauftragter für Betriebspsychologie an der Universität Klagenfurt. Lehrtrainer in der Österreichischen Gesellschaft für Gruppendynamik und Organisationsberatung.

Alan Silow

Masters Degree in Öffentlichen und Internationalen Angelegenheiten an der Universität Princeton, USA. Direktor für nationales und internationales Marketing in Tourismus für die Stadt Santa Fe. Seminarleiter in Europa mit Schwerpunktthemen Transformation von Krise und Wandel sowie Ausbalancierung von persönlichen und professionellen Lebensaspekten.

Theresa Silow

Bewegungslehrerin und Immobilienmaklerin. Diplom-Sozialpädagogin, Intensivausbildung in Bewegungserziehung für Erwachsene. Co-leitet die obengenannten Seminare, wobei sie die konzeptuelle Darbietung in erfahrbare Bewegung übersetzt.

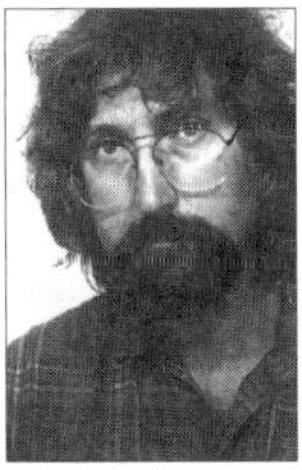

Fritz B. Simon
ist Psychiater und Psychoanalytiker, Privatdozent für Psychosomatik und Psychotherapie an der Universität Heidelberg. Er ist einer der Gründer und zur Zeit Geschäftsführer des Heidelberger Instituts für systemische Forschung. Neben zahlreichen wissenschaftlichen Artikeln in Fachzeitschriften hat er etliche Bücher veröffentlicht.

Heinz Klaus Stahl
Dr. rer. soc. oec., Diplom-Kaufmann, Ingenieur (Chemie); geboren 1939; 24 Jahre Managementerfahrung bei Unilever in Deutschland, Österreich, Großbritannien und Australien; Berater für Unternehmensentwicklung; Universitätslektor in Innsbruck; Dozent am NDU St. Gallen; lebt in der Nähe von Heidelberg.

Michael Steinbrecher
geb. 1951 in Düsseldorf, studierte Sozialwissenschaften, Geschichte, Philosophie und Pädagogik; 1983 Promotion; 1988 Zusatzausbildung zum Systemtechnologen Knowledge Engineer im Bereich wissensbasierte Systeme; seit 1989 wissenschaftlicher Mitarbeiter des Forschungsbereichs „Gesellschaft und Technik" der *Daimler-Benz AG* in Berlin.

Monika Veith
Dr., geb. 1959. Gesellschafterin und Geschäftsführerin von C/O/N/E/C/T/A, Gesellschaft für Organisationsberatung und Managementtraining. Wirtschafts- und Sozialwissenschafterin, Produktmanagerin in multinationalem Konzern. Beratungs- und Trainingstätigkeit in Österreich, Deutschland und USA.

Claudius Wegenast
Dr. oec. publ., geb. 1941; Studium der Betriebswirtschaftslehre an der Universität München. Mehrjährige Tätigkeit als Unternehmensberater in Südamerika. Kaufmännischer Geschäftsführer eines multinationalen Elektronikkonzerns.

Markus Wortmann
Dipl.-Graph., geb. 1962; Maler, Konstrukteur und Managementtrainer; Tischlerausbildung; Creativ Director im OPuS-Team, Bielefeld; Konzeption und Gestaltung von Invents; Durchführung von Invent-Trainings im In- und Ausland. Einsatz des Mediums Kunst für Beratungsprozesse in Wirtschaft und Verwaltung.

Alfred Zauner
geb. 1945, Dr. jur., Univ.-Doz. für Verwaltungswissenschaften an der Wirtschaftsuniversität Wien und Gastprofessor für Personalwirtschaftslehre an der Universität Innsbruck. Organisationsberater in Wien. Beratungsschwerpunkt: Konzeption und Moderation von Veränderungsprozessen in Unternehmen und Nonprofit-Organisationen.

Betty Zucker
Volkswirtin mit psychotherapeutischer Ausbildung, spürt als Leiterin der Unternehmensentwicklung am Gottlieb-Duttweiler-Institut neue Entwicklungen jenseits des Managementzauns auf. Zahlreiche Publikationen in der Tages- und Fachpresse zu den Schwerpunkten systemisches Managment und Führung von Familienunternehmen.